Das große Lexikon der Zimmerpflanzen

Das große Lexikon der Zimmerpflanzen

450 farbige Pflanzenporträts
für Haus, Balkon und Terrasse

KARL MÜLLER VERLAG

Einleitungstexte, Pflanzenbeschreibungen und Pflegemaßnahmen:
Florence Bernard und *Doria Philipps*

Fotos und Reproduktion:
Nova-Photo-Graphik GmbH, Wien
(Deutsche Bildrechte bei Klett Flora-Druck, Leinfelden-Echterdingen)
Siehe auch Abbildungsnachweis, Seite 248

Redaktion: Dr. Ernö Zeltner
Layout: Paul Wollweber

Zeichenerklärung: siehe Einleitung, Seite 6–7

Genehmigte Sonderausgabe 1994 für Karl Müller Verlag, Danziger Straße 6, D-91052 Erlangen

Printed in Spain

Inhalt

Einleitung

Je mehr Natur wir draußen verlieren, um so größer wird unser Verlangen nach Grünem und Blühendem in den eigenen vier Wänden. Dabei spielt der Wunsch nach Dekoration, also die Schmuck- und Wegwerfpflanze, längst nicht mehr die Hauptrolle. Vielmehr scheint der Mensch des Raketen- und Computerzeitalters nach neuen Möglichkeiten zum Dialog mit der Natur zu suchen. Oder drängt es den Menschen, gleich dem biblischen Noah, möglichst viel in eine der Natur besser gesonnene Zeit hinüberzuretten? Was immer man in die wachsende grüne Welle hineininterpretieren mag, sicher ist: es macht Freude, sich mit Pflanzen zu beschäftigen, sie wachsen, blühen und fruchten zu sehen. Wie viele Menschen sind mit ihren Lieblingspflanzen alt geworden und haben sie der nächsten Generation weitervererbt!
Ein französisches Sprichwort lautet: Maison sans fleurs, femme sans cœur – Haus ohne Blumen, Frau ohne Herz. Und fühlt sich nicht tatsächlich jeder, der ein grünes und blühendes Haus betritt, ein wenig miteinbezogen in diese Aura der Fürsorge?
Die Beschäftigung mit Pflanzen ist ein gegenseitiges Geben und Nehmen. Man weiß heute, daß Pflanzen günstig auf die Gegenwart von Menschen reagieren, besonders auf jene, denen man einen „grünen Daumen" nachsagt. Ein bißchen Wahrheit steckt schon dahinter, wenn auch die Hände stets nur das ausführen, was ihnen der Kopf befiehlt. Ohne entsprechendes Wissen wird auch der fingerfertigste Zauberkünstler als Gärtner erfolglos bleiben.
Dieses Buch soll Ihnen helfen, das Wichtigste über die Pflanzen zu erfahren, die Sie gekauft oder geschenkt bekommen haben. Es soll Sie dabei unterstützen, eine gute Hand für Pflanzen zu entwickeln. Pflanzen zu pflegen bedeutet zuallererst, ihre individuellen Bedürfnisse zu erkennen. A und O der Kultur von Gewächsen im Exil ist immer das Simulieren der für sie heimatlichen Bedingungen.
Alle folgenden Pflanzenporträts sind nach botanischen Namen geordnet; nur sie sind international gültig und daher unverwechselbar. Erst dann folgen die deutschen Bezeichnungen. Der Symbolleiste können Sie auf einen Blick zahlreiche Hinweise entnehmen. *1. Die Höhe bzw. Trieblänge:* Angegeben sind Durchschnittswerte, da der Wuchs durch Kultur, Sorten und Alter unterschiedlich sein kann. *2. Blütezeit und Blütenfarben:* Angegeben sind „normale" Blütezeiten, oder erwerbsgärtnerisch vorgezogene. Ein von Juni bis Oktober durchgezogener Strich bedeutet nicht immer, daß die Pflanze während dieser Zeitspanne ständig, sondern daß sie irgendwann innerhalb dieser Periode blüht. Verwendung: = für die Fensterbank; = für ein geschlossenes Blumenfenster, ein temperiertes, luftfeuchtes Gewächshaus oder eine Vitrine; = als Ampelpflanze; = als Kletterpflanze, zum Beranken von Stäben, Spalieren, Gittern etc.; = kann im Freien übersommert werden.
Damit Sie Ihre grünen Schützlinge besser kennenlernen, beginnen die Porträts meist mit einem kleinen Blick in die Heimat- oder Ursprungsgebiete. Es ist aufschlußreich, ob eine Pflanze aus den Tropen, Subtropen, aus mediterranen Gebieten, Regenwäldern, Steppen oder Wüsten, Küstenstrichen oder aus dem Hochgebirge kommt. Außerdem: Welche Licht- und Temperaturverhältnisse ist sie von Haus aus gewohnt? Wächst sie auf dem Boden, auf Bäumen, an Felsen, im oder am Wasser? Aus den Antworten darauf ergeben sich die Standortbedingungen, an die ein Zimmergärtner sich möglichst halten sollte.
Die Angabe des Standorts ist daher wichtigster Punkt des Pflegeplans. Sie enthält individuelle Licht- und Temperaturwünsche. Die größte Gruppe der Zimmerpflanzen braucht zum optimalen Gedeihen einen hellen, aber nicht vollsonnigen Platz. Ost-, West- und Nordfenster sind daher ideal. Wer sich mit besonders lichthungrigen Exoten beschäftigen möchte, braucht vor allem für die düsteren Herbst- und Wintermonate zusätzliche Kunstlichtquellen (werden von verschiedenen Herstellern angeboten). Leichter zu erfüllen sind in der Regel die Temperaturwünsche. Im Gegensatz zu früher erlaubt heute die gleichmäßige Wärme der Zentralheizung, auch wärmebedürftige Pflanzen zu kultivieren. Andererseits soll nicht verschwiegen werden, daß sich Großmamas altgediente Zimmerschönheiten wie Kamelie, Klivie, Alpenveilchen und Zimmertanne in den ofengeheizten Stuben mit kühler Fensterregion wohler gefühlt haben.
Die Erde ist neben Licht und Luft ein weiteres Lebenselement. Sie dient der Pflanze als Halt für ihre Wurzeln und als Nährstofflieferant. Die Frage, welche Erde man nehmen soll, stellt sich erstmals beim Umtopfen und Vermehren. Erfahrungsgemäß sind die meisten Pflanzen in Einheitserde oder Torfkultursubstrat (TKS) gut untergebracht. Manche Pflanzen sind dankbar für Zusätze von Lehm oder Sand, die den Mineralgehalt oder die Wasserdurchlässigkeit günstig beeinflussen. Was versteht man unter Einheitserde? Nichts anderes als eine hochwertige Blumenerde, die aus einer speziellen Mischung von Weißtorf und Ton besteht und dauerhafte, vergießfeste Krümel enthält. Einheitserde bleibt lange luft- und wasserdurchlässig, weist einen für die meisten Zimmerpflanzen idealen ph-Wert auf und enthält in ausgewogener Menge Nährstoffe, die langsam abgegeben werden. Ähnliche Eigenschaften besitzt Torfkultursubstrat. Für Kakteen, Bromelien, Orchideen, Bonsai oder andere Pflanzen mit Sonderwünschen gibt es Spezialsubstrate.
Wasser und Dünger. Hier vor allem ist Fingerspitzengefühl gefragt. Wieviele Pflanzen wurden schon totgegossen, verdorrten oder verhungerten? Grundsätzlich gilt: Wenn Pflanzen austreiben und wachsen, wenn sie dazu noch warm und hell stehen, benötigen sie mehr Wasser und Nährstoffe als in Reife- oder Ruheperioden. Weitere goldene Regeln: Nicht in voller Sonne gießen oder düngen. Das kühle Wasser wirkt dann wie ein Schock. Am besten morgens gießen. Dann kann die Pflanze tagsüber abtrocknen. Feuchte Kälte begünstigt nämlich Krankheiten. Erst gießen, wenn die Erde ganz abgetrocknet ist (gedüngt wird auf feuchte Erde). Abwechselnd von oben und von unten gießen (Ausnahme: Pflanzen, die eines von beiden nicht vertragen). Nur weiches und zimmerwarmes Wasser nehmen. Kalkhaltiges Wasser enthärten. Entsprechende Produkte gibt es im Zoo- oder Gartenfachhandel. Wer viele Zimmerpflanzen hält, sollte sich unbedingt einen elektrischen Luftbefeuchter zulegen. Er lohnt sich – für die Pflanzen und für die Menschen. Bei nur wenigen Exemplaren und bei Pflanzen, die Luftfeuchtigkeit brauchen, behilft man sich mit Sprühen. Für die Ernährung der Pflanze, die wegen des begrenzten Wurzelraums nötig ist, verwen-

det man am besten fertig gekaufte Dünger. Für Kakteen, Sukkulenten, Bromelien und Orchideen gibt es Spezialzubereitungen. Grundsätzlich gilt: Lieber öfter und dafür weniger konzentriert als seltener und hochdosiert düngen!

Umpflanzen, Vermehren. Beides läßt sich bei vielen Pflanzen in einem erledigen. Das Umpflanzen in bestimmten Abständen ist wegen Versalzung, Veralgung und Durchwurzelung des Bodens unumgänglich. Die Wurzeln müssen dabei weitgehend geschont werden! Besser den alten Topf zerschlagen, als einen Wurzelschaden riskieren. Gebrauchte Pflanzgefäße müssen aber vor der Weiterverwendung gut gesäubert und gewässert werden. Alle Pflanzen auf das gleiche Niveau wie vorher setzen und einen zweifingerbreiten Gießrand lassen!

Schädlinge und Krankheiten. Gegen sie ist kein Kraut gewachsen, obwohl die Züchter vielen Gewächsen Anpassungsschwierigkeiten und Anfälligkeit abgewöhnt haben. In den meisten Fällen sind Schädlingsbefall, Pilz- oder Virusinfektionen auf Pflegefehler oder schlechte Standortbedingungen zurückzuführen. Zimmergärtner können im Fachhandel handliche kleine Packungen verschiedener Pflanzenschutzmittel kaufen. Wertvolle Ratschläge erteilen auch die Pflanzenschutzämter.

Außer den schönsten und dankbarsten Zimmerpflanzen finden Sie in diesem Buch auch eine Reihe von Gewächsen für Balkon, Terrasse und Dachgarten. Längst schon betrachtet man diese Bereiche ja nicht mehr nur als einfache Sitzplätze im Freien, sondern schätzt sie als vollwertige zusätzliche Wohnräume für den Sommer. Freilandpflanzen, die auf Balkonen und Terrassen angesiedelt werden, müssen in der Regel mit dem geringen Wurzelraum in einem Kübel, Trog oder einem anderen Pflanzgefäß auskommen. Entsprechend haben wir uns bei der Auswahl auf Arten und Sorten beschränkt, deren Ausbreitungsdrang nicht allzu ,roß ist und die sich vor allem immer wieder als dachgartentauglich gezeigt haben.

Neben Blütensträuchern, Stauden, Immergrünen und Koniferen finden Sie in diesem Buch natürlich auch alle klassischen sowie einige noch nicht so eingeführte Blumen für die Balkonkastenbepflanzung und die schönsten tropischen und subtropischen Kübelgewächse. Im letzten Kapitel „Der Balkon als Nutzgarten" sind schließlich noch Pflanzen zusammengefaßt, die Sie in der Küche verwerten können, darunter viele Würz- und Heilkräuter, aber auch Tomate oder Kiwi.

Da sich die Pflege der Freilandpflanzen in verschiedenen Punkten von der der Zimmerpflanzen unterscheidet, werden Sie bei den Symbolleisten und Begleittexten einige Abweichungen entdecken. In den Kapiteln „Sommerblumen und Zweijährige", „Winterharte Stauden, Gräser und Blumenzwiebeln", „Laubgehölze für Balkon und Dachgarten", „Koniferen und Sträucher, die grün bleiben" und bei den „Kletterpflanzen" wurde die Zeile „Verwendung" durch „Standort" ersetzt. Das Symbol bedeutet, daß diese Pflanze am besten in der Sonne gedeiht. Bei wird ein halbschattiger, bei ein schattiger Standort bevorzugt. Das Kapitel „Pflanzengäste aus dem Süden" weist statt „Verwendung" die Zeile „Sonstiges" auf. Die Symbole bedeuten folgendes: im Sommer im Freien halten, **W** in milden Gegenden (z. B. Weinbaugebieten) ist diese Pflanze winterhart, immergrüne Pflanze, als Hochstämmchen geeignet. Schließlich noch das letzte Kapitel „Der Balkon als Nutzgarten": Hier sagt Ihnen das Zeichen , daß Sie eigentlich eine Nutzpflanze vor sich haben. Da sie jedoch gleichzeitig sehr ansprechend aussieht, kann man sie durchaus auch als Zierpflanze verwenden. Bei handelt es sich um eine Heilpflanze, das Zeichen weist eine Pflanze als Würz- oder Küchenkraut aus.

Zimmerpflanzen mit Blüten oder Fruchtschmuck

Zimmerpflanzen mit Blüten oder Fruchtschmuck

Hand aufs Herz: Wer erliegt nicht der Faszination einer über und über mit Blüten bedeckten Pflanze? Das ist kein Wunder: Blüten, Blumen, sie symbolisieren Vitalität, Üppigkeit, Fruchtbarkeit und Schönheit. Blüten gelten als Zeichen der Liebe und Zuneigung, die man gern in Form eines Blumenstraußes oder einer blühenden Topfpflanze weitergibt. Wer durch die Blume spricht, nimmt harter Kritik die Schärfe, wer sich einer blumigen Sprache bedient, gilt als besonders phantasievoller Erzähler.

Beim Durchstreifen der Blumenmärkte bleibt das Auge immer zuerst an den Blütenpflanzen hängen. Ihre Farbigkeit, ihre Formenvielfalt zeigen uns, welch großartige Künstlerin die Natur ist. Wo sie den Pinsel schwingt, entstehen die tollsten Farben. Die Blüten des Rittersterns z. B. taucht sie in satinschimmerndes Rosa, glutvolles Purpurrot, sanftes Lachsorange. Sie verpaßt der auch Amaryllis genannten Schönheit ein milchweißes Ballerinakleid mit rosa Paspelierung. Für *Browallia* und Glockenblume wählt sie ein frisches Himmelblau, für *Clivia, Columnea* und *Hibiscus* ein warmes Orange. Die kunterbunte Fröhlichkeit der Kaktusblüten und Aschenblumen entstammt beinahe allen Töpfen und Tiegeln des Farbkastens.

Einige Pflanzen malt die Natur nicht nur besonders schön an, sie gibt ihnen auch auffällige Formen, wie den lackroten Flamingoblumen oder den auffälligen Weihnachtssternen. Dabei mogelt sie ein bißchen, denn das Blütenrot ist streng genommen ein Blattrot, genauer, eine Färbung der Hochblätter. Diesen Trick wendet sie übrigens häufig an. Auch beim Zimmerhopfen, bei manchen Bromelien, bei nahezu allen Aronstabgewächsen und bei der Bougainvillea lassen prachtvoll getönte Hochblätter die eher bescheidenen Blüten vergessen. Die Familie der Aronstabgewächse, zu der die beliebte Flamingoblume zählt, gilt unter Botanikern als Paradebeispiel für diese Art von Hochstapelei. Auch Einblatt, Zimmerkalla, Monstera und das Sauromatum gehören hierher. Allen gemeinsam ist ein auffällig gefärbtes, raffiniert konstruiertes oder strukturiertes Hochblatt. Damit gelingt ihnen die Verführung bestäubungswilliger Insekten trotz ihrer mickrigen wurm-, kolben- oder ährenförmigen Blütenstände immer. Hinzu kommen noch andere durchaus nicht zimperliche Sirenenkünste. Wer sich einmal mit den Blüten der Aronstabgewächse eingehend befaßt hat, kommt aus dem Staunen nicht mehr heraus. Einige konstruieren meisterhafte Fallen, andere wieder locken mit Wohlgerüchen oder sind – mit Verlaub – die reinsten Stinkbomben. Eine *Amorphophallus*-Art aus Sumatra gar bläst sich riesengroß auf und bringt ein Hochblatt von zwei Meter Höhe hervor!

Andere Blüten wiederum erscheinen uns als reine Kunstwerke, wie die schweren Trauben der *Medinilla magnifica* oder die filigranzarten Blüten der *Passiflora*, Schmuckstücke, die auch der begabteste Juwelier so vollendet nicht zustande brächte. Und von den Entwürfen für Leuchterblumen könnten Lampen-Designer noch was lernen.

Vergessen wir nicht, welch talentierter Parfumeur die Natur darüberhinaus ist. Es gibt heute eine Menge gelungener synthetischer Wohlgerüche, dennoch sind die Düfte der Pflanzen in der Parfumindustrie die begehrtesten und teuersten. Nicht umsonst taufte Coco Chanel eines ihrer berühmtesten Parfums „Gardenia", gilt doch diese Zimmerpflanze als besonders exquisiter Duftspender. Weitere „Zimmerdufter" sind Wachsblumen, Myrten, Duftalpenveilchen und Jasmin.

Farbe, Form, Duft, diese drei Attribute machen die Blütenpflanzen so begehrenswert. Freuen wir uns, Nutznießer dieser Schönheit zu sein, denn eines ist sicher: die Pflanze blüht nicht für uns. Sie hat ganz andere, eigennützige Ziele.

Dazu ein kleiner Ausflug in die Botanik. In der Naturwissenschaft gelten Blütenpflanzen als modernste Errungenschaft der pflanzlichen Evolution. Aus diesem Grund beginnen wir hier auch mit jenen Zimmerpflanzen, die wir vor allem wegen ihres auffälligen Blütenschmucks kaufen.

Auf unserer Erde wachsen heute rund 250000 Arten, die blühen. Das ist eine ungeheure Zahl, wenn man bedenkt, daß von den Farnen der Urzeit nur zehntausend Arten und von den nicht ganz so „primitiven" Nadelhölzern nur sechshundert Arten übriggeblieben sind. Ein Großteil unserer blühenden Zimmerpflanzen stammt aus tropischen und subtropischen Regionen. Tatsächlich tauchten die ersten „Urblüten" in den tropischen Regenwäldern auf, wo sich die biologische Evolution seit eh und je ohne Zwischenfälle in einem ziemlich beständigen Klima vollzogen hat. Dies ist einer der Gründe für die Formen- und Farbenvielfalt der Tropenflora.

Alle Blüten haben eines gemeinsam: Sie dienen der Arterhaltung bzw. der Fortpflanzung. Um Insekten und Vögel zur Bestäubung zu animieren, scheut die Blüte keine Mühe. Jeder Trick, jede Falle, Verwandlung, Mimikry, ja sogar Selbstbestäubung sind ihr recht, um nicht als „alte Jungfer" zu verblühen. Beispiel: Die Kranzschlinge aus Madagaskar besitzt in ihren Blüten einen Klemmechanismus, der nur bestimmten Insekten ihrer Heimat eine Bestäubung erlaubt. Dennoch bildet sie auch bei uns im Exil manchmal ihre eiförmigen, grünen Früchte. Wie sie dies schafft, ist eines der vielen ungelösten Rätsel der Botanik.

Die Erfüllung jeder Blüte ist die Frucht. Wir stellen Ihnen daher in diesem Kapitel auch einige Zimmerpflanzen mit schönen Fruchtschmuck vor. Die Blüte ist die Voraussetzung für die Frucht, in deren Samen bereits das neue Leben schlummert.

Die meisten im Handel befindlichen Blütenpflanzen kann man immer wieder in Blüte bringen. Welche Behandlung und Kniffe im einzelnen dazu nötig sind, verraten wir Ihnen unter den Pflegehinweisen. Wichtig ist, daß man versucht, den heimatlichen Lebensrhythmus möglichst nachzuempfinden und zu sichern. Manche Pflanzen brauchen als Anreiz zur Blütenentwicklung sogenannte Kurztage, andere wieder Perioden, in denen sie kühl, dunkel oder hell oder trocken stehen müssen.

Für eine prachtvolle Blütenentwicklung sind Nährstoffe unentbehrlich. Die im Handel befindlichen Blumendünger sind heute ganz auf die Bedürfnisse unserer blühenden Gäste abgestimmt. Wo die Samenbildung nicht erwünscht ist, empfiehlt es sich, Verblühtes sofort zu entfernen, da die Pflanze für die Ausstattung der „Kinderzimmer" viel Kraft investieren muß. Wer seine Blütenpflanzen gern weitervermehren möchte, läßt einige Früchte dran und sät die Samen später aus. Diese Form der Arterhaltung ist vielleicht ein hübsches Dankeschön dafür, daß wir uns an ihrem Blumenschmuck erfreuen durften.

Abutilon

Zimmerahorn, Schönmalve — Malvaceae, Malvengewächse

Höhe/Länge	0	25cm	**50cm**	**75cm**	**1m**	**1,25m**	**1,5m**	**1,75m**	2m	2,25m	2,5m	2,75m 3m ▷
Blütezeit	**Jan**	**Feb**	**März**	**Apr**	**Mai**	**Juni**	**Juli**	**Aug**	**Sept**	**Okt**	**Nov**	**Dez**
Blütenfarbe	weiß/beige	**gelb**	**orange**	rosa	**rot**	**purpur**	violett	blau	grün			
Verwendung												

Abutilon-Hybriden zählen zu den am reichsten blühenden Zimmer- und Balkonpflanzen. Sie stammen ursprünglich aus Mittel- und Südamerika, sind leicht zu pflegen und wachsen mit beachtlichem Tempo. Die Namen der schönsten Sorten, 'Feuerglocke' und 'Goldglocke', weisen auf die Farben und die hübsche Form der Blüten hin. Die Art *Abutilon megapotamicum*, eine attraktive Ampelpflanze, blüht mit rot-gelb-schwarzen Glöckchen. Ihre Blätter sind ahornähnlich gezackt.

Standort: Heller bis halbschattiger Platz. Bei guter Versorgung mit Dünger und Wasser kann der *Abutilon* auch am Südfenster stehen. Im Sommer darf er an einen vor der Prallsonne und Wind geschützten Platz ins Freie, im Winter hält man ihn hell bei 12°–14°C. Erde: Mittelschwer humos, am besten Einheitserde. Wasser: Von März bis August reichlich gießen. Danach den Ballen nur gerade eben feucht halten. Im Frühjahr die ganze Pflanze mit weichem Wasser einsprühen. Düngen: Von März bis August zweimal wöchentlich. Umpflanzen: Bei Austriebsbeginn in reichlich große Gefäße. Verträgt starken Rückschnitt im Frühjahr oder vor dem Überwintern. Vermehrung: Durch Stecklinge im April/Mai. Hybriden auch aus Samen. Schädlinge, Krankheiten und ihre Ursachen: Blatt- und Blütenfall durch Temperaturwechsel oder durch Licht- und Nährstoffmangel. Rote Spinne durch zu sonnigen Standort. Blattläuse durch Zugluft.

Acalypha hispida

Nesselschön, Roter Katzenschwanz — Euphorbiaceae, Wolfsmilchgewächse

Höhe/Länge	0	25cm	**50cm**	**75cm**	**1m**	**1,25m**	1,5m	1,75m	2m	2,25m	2,5m	2,75m 3m ▷
Blütezeit	**Jan**	**Feb**	**März**	**Apr**	**Mai**	**Juni**	**Juli**	**Aug**	**Sept**	**Okt**	Nov	Dez
Blütenfarbe	**weiß/beige**	gelb	orange	rosa	rot	**purpur**	violett	blau	grün			
Verwendung												

Bis heute weiß man noch nicht genau, wo *Acalypha hispida* ursprünglich beheimatet war. Vermutet werden die Urwälder Burmas und Neuguineas. Das bedeutet, daß diese zweijährige Pflanze Kälte und Lufttrokkenheit schlecht verträgt. Zimmerkultur bei Heizungsluft ist daher immer etwas heikel. Mit Nesseln hat diese Verwandte von Christusdorn und Kroton übrigens überhaupt nichts zu tun. Der aus dem Griechischen stammende botanische Name, der übersetzt „Nesselschön" bedeutet, ist strenggenommen ein Irrtum. Der Volksmund nennt die *Acalypha* wegen ihrer Blütenstände, die so ähnlich aussehen wie die des Gartenfuchsschwanzes, meist Katzenschwanz.

Standort: Ganzjährig hell und warm, aber nicht prallsonnig. Auch im Winter nicht unter 16°C. Erde: Einheitserde mit Sand. Wasser: Während der Wachstumszeit gleichmäßig feucht halten. Über Winter sparsam gießen. Bei Heizungsluft öfter mit weichem Wasser einnebeln. Düngen: Von Februar bis Ende August wöchentlich. Umpflanzen: Bei Bedarf in etwas größere Töpfe. Vermehrung: Für Laien schwierig. Möglich im heizbaren Vermehrungsbeet (21°C) durch krautige Stecklinge im Frühjahr. Schädlinge, Krankheiten und ihre Ursachen: Schildläuse und Rote Spinne durch Lufttrockenheit. Wichtig: Verblühtes sofort wegnehmen.

Bemerkung: Gleich gepflegt werden die buntblättrigen Hybriden der Südseeinsulanerin mit Namen *Acalypha wilkesiana* (siehe auch S. 55).

Achimenes

Schiefteller — Gesneriaceae, Gesneriengewächse

Höhe/Länge	0, **25cm**, **50cm**, 75cm, 1m, 1,25m, 1,5m, 1,75m, 2m, 2,25m, 2,5m, 2,75m, 3m ▷
Blütezeit	Jan, Feb, März, Apr, Mai, **Juni**, **Juli**, **Aug**, **Sept**, Okt, Nov, Dez
Blütenfarbe	**weiß/beige**, gelb, orange, rosa, **rot**, **purpur**, **violett**, **blau**, grün
Verwendung	

Gärtnerkunst macht's möglich. Das ursprünglich bescheidene, kleine Gewächs aus Mittelamerika wird heute in Rosa, Violett, Rot, Blau und Weiß im Sommer überall als preiswerte Marktpflanze angeboten. Verwandt ist der Schiefteller mit einer Reihe von renommierten Zimmerpflanzen: Gloxinie, Usambaraveilchen, Kolumnee, Kußmäulchen, Äschynanthus und Rechsteineria.
Standort: Das üppig blühende Gesneriengewächs verlangt während seiner gesamten Wachstumsperiode von Frühling bis Herbst einen sehr hellen, unbesonnten Standort und ständige Wärme. Erde: Humos und kalkfrei. Wasser: Von Frühjahr bis Herbst mäßig gießen. Der Schiefteller verträgt kein kaltes Wasser! Er schätzt aber Luftfeuchtigkeit und ist dankbar, wenn man ihn öfter mit weichem Wasser besprüht. Düngen: Während der Blüte jede Woche. Umpflanzen: Der Schiefteller zieht nach der Vegetationsperiode ein. Wenn Blüte und Laub verwelkt sind, schneidet man die trockenen Stengel erdgleich ab, nimmt die schuppigen Rhizome weg und überwintert sie an einem warmen Platz (über 14°C) in trockenem Sand oder Torf. Im Frühjahr gibt man diese sogenannten Schuppenknöllchen in die Erde, gießt mit weichem, warmem Wasser an und sprüht ab Knospenbildung. Vermehrung: Durch Teilung der schuppigen Rhizome. Eintauchen der Blumentöpfe mit den Rhizomen in heißes Wasser soll das Wachstum beschleunigen. Schädlinge und Krankheiten: Blattflecken durch Gießfehler.

Adenium

Wüstenrose — Apocynaceae, Hundsgiftgewächse

Höhe/Länge	0, **25cm**, **50cm**, **75cm**, 1m, 1,25m, 1,5m, 1,75m, 2m, 2,25m, 2,5m, 2,75m, 3m ▷
Blütezeit	Jan, Feb, **März**, **Apr**, Mai, Juni, Juli, Aug, **Sept**, **Okt**, **Nov**, Dez
Blütenfarbe	weiß/beige, gelb, orange, rosa, rot, **purpur**, **violett**, blau, grün
Verwendung	

Früher konnte man diese Pflanze allenfalls in den Sukkulenten-Häusern der botanischen Gärten bewundern. Heute ist sie überall als reichblühende Zimmerpflanze zu bekommen. Das liegt daran, daß man die etwas heikle Wüstenrose einfach auf ein härteres Hundsgiftgewächs, nämlich den Oleander, veredelt hat. Zwei Arten, *Adenium obesum* und *Adenium swazicum,* sind im Handel. Sie unterscheiden sich nur durch ihre Blätter. Die Blütenfarben des ostafrikanischen Gewächses können von Rosa über Purpur bis hin zum Violett reichen. Die Wüstenrose blüht im Frühjahr und Herbst sehr üppig und ist wie die verwandte Madagaskarpalme ein ausgesprochen pflegeleichter Geselle.
Standort: Ganzjährig vollsonnig. Im Winter bei 18°C, dann sehr hell stellen, oder bei 13°C. Während des übrigen Jahres warm bis heiß. Sommerplatz an windgeschützter, aber sonniger Stelle möglich. Erde: Die auf Oleander veredelten Wüstenrosen wachsen in nahrhafter Erdmischung aus Rasenerde, Lehm, Sand und Kompost zu gleichen Teilen oder in Einheitserde plus Lehm. Wasser: Im Sommer regelmäßig gießen. Staunässe vermeiden! Je kühler im Winter, um so weniger gießen. Düngen: Während der Wachstumszeit alle zwei Wochen mit Kakteendünger. Umpflanzen: Nur wenn nötig im Frühjahr oder Sommer. Schädlinge, Krankheiten und ihre Ursachen: Woll- und Schmierläuse, Spinnmilben durch ungünstigen Standort.
Achtung: Die ganze Pflanze ist giftig!

Aechmea

Lanzenrosette — Bromeliaceae, Ananasgewächse

Höhe/Länge	0 · 25cm · **50cm** · 75cm · 1m · 1,25m · 1,5m · 1,75m · 2m · 2,25m · 2,5m · 2,75m · 3m ▷ (markiert: 25cm–50cm)
Blütezeit	**Jan** **Feb** **März** **Apr** **Mai** **Juni** **Juli** **Aug** **Sept** **Okt** **Nov** **Dez**
Blütenfarbe	weiß/beige · gelb · orange · rosa · **rot** · **purpur** · violett · **blau** · grün
Verwendung	

Die bekannteste Lanzenrosette heißt *Aechmea fasciata.* Sie ist mit gebänderten, weißmarmorierten Blättern und einem knallrosafarbenen Blütenstand ausgestattet. Auch *Aechmea fulgens* mit korallfarbenen Blüten kann sich sehen lassen. Mit roten Blütenständen und schön gestreiften Blättern schmückt sich *Aechmea chantinii,* Rot und Blau findet man in der Blütenlanze von *Aechmea miniata.* Jede Blattrosette blüht nur einmal. Bei guter Pflege bringt die *Aechmea* aber neue, blühfähige Ableger hervor. Wenn sie groß genug sind, aber trotzdem nicht blühen wollen, hilft der Apfeltrick. Dazu stellt man die *Aechmea* zusammen mit frischen Äpfeln etwa eine Woche in einen Folienbeutel. Die Äpfel strömen ein Gas aus, das die Blütenbildung anregt.
Standort: Hell, ohne Sonne, ganzjährig warm, auch nachts nie unter 16°C. Heizungsluft wird toleriert. Erde: Einheitserde oder TKS. Wasser: Den Sommer über zimmerwarmes, enthärtetes Wasser in den Trichter geben. Topfballen nur eben feucht halten. Von September bis Februar bei 22°–24°C Trichter etwas füllen, bei kühlerem Stand (16°–18°C) nur den Ballen befeuchten. Öfter sprühen! Düngen: Im Sommer alle 8 Tage mit Kakteendünger. Umtopfen: Alle zwei Jahre. Abgeblühte Rosetten entfernen. Vermehrung: Durch Kindel, die mindestens halb so groß sein müssen wie die Mutter. Schädlinge, Krankheiten und ihre Ursachen: Braune Blattränder durch Fäulnis und Unterkühlung. Wichtig: Pflanzenschutzmittel nicht in den Trichter geben.

Aeschynanthus speciosus

Äschynanthus — Gesneriaceae, Gesneriengewächse

Höhe/Länge	0 · 25cm · **50cm** · **75cm** · **1m** · **1,25m** · **1,5m** · 1,75m · 2m · 2,25m · 2,5m · 2,75m · 3m ▷ (markiert: 50cm–1,5m)
Blütezeit	**Jan** **Feb** **März** Apr Mai Juni Juli Aug Sept Okt Nov Dez
Blütenfarbe	weiß/beige · gelb · **orange** · rosa · rot · purpur · **violett** · blau · grün
Verwendung	

Der verwandten Kolumnee sieht sie zum Verwechseln ähnlich. Kein Wunder, man stammt schließlich aus der gleichen Sippschaft. Weil sie im warmen Zimmer, vor allem im Winter, wegen zu geringer Luftfeuchtigkeit nicht so einfach gehalten werden kann, empfiehlt sich diese imposante Hängepflanze für Vitrinen, Gewächshäuser und klimatisierte Blumenfenster. Wer sich den Besitz dieses Gesneriengewächses trotz fehlender Einrichtung nicht versagen will, sollte einen elektrischen Luftbefeuchter aufstellen. Man bedenke: Der *Aeschynanthus* ist im Saunaklima von Ostindien und Java zu Hause. Blütezeit ist das zeitige Frühjahr.
Standort: Hell, aber nicht vollsonnig. Liebt ganzjährige und ganztägige Temperaturen über 20°C. Gleiche Bodenwärme. Bei zu kaltem Stand gibt es keinen Blütenansatz. Erde: Einheitserde oder TKS gemischt mit Styromull. Wasser: Im Blumenfenster und Vitrine gleichmäßige, aber nicht übermäßige Feuchte. Auf der Fensterbank gerade eben mit temperiertem, enthärtetem Wasser feucht halten. Düngen: Frühjahr bis Sommer alle zwei bis drei Wochen, im Winter alle zwei Monate. Umpflanzen: Alle zwei Jahre im zeitigen Frühjahr oder Sommer. Vermehrung: Durch Stecklinge im Frühjahr. Sie wurzeln leicht bei 25°C Bodenwärme. Schädlinge, Krankheiten und ihre Ursachen: Knospenfall durch Platzwechsel. Pflanze nicht drehen!
Bemerkung: Gleich gepflegt wird der violett blühende *Aeschynanthus radicans.*

Allamanda cathartica

Allamande — Apocynaceae, Hundsgiftgewächse

Höhe/Länge	0	25cm	50cm	**75cm**	**1m**	**1,25m**	**1,5m**	**1,75m**	**2m**	**2,25m**	**2,5m**	**2,75m**	**3m** ▷
Blütezeit	Jan	Feb	März	Apr	**Mai**	**Juni**	**Juli**	**Aug**	**Sept**	**Okt**	**Nov**	Dez	
Blütenfarbe	weiß/beige	**gelb**	orange	rosa	rot	purpur	violett	blau	grün				
Verwendung													

Diese wunderschöne Kletterpflanze aus Brasilien konnte früher nur im Tropenfenster oder im warmen Gewächshaus gehalten werden. Inzwischen gibt es ein wenig schwächer wachsende Spielarten, die auch mit Zimmerluft zufrieden sind, wenn man sie im Sommer häufig einsprüht. In Hallenschwimmbädern soll die *Allamanda* sich z. B. recht wohl fühlen.
Standort: Sommer wie Winter hell, Blüten sollen der Sonne zugewandt sein. Ganzjährig warm, 16°–18°C und höher. Nur ältere Pflanzen dürfen im Winter etwas kühler stehen (12°–15°C). Erde: Lehm, Lauberde und Mistbeeterde zu gleichen Teilen. Wasser: Von April bis Oktober reichlich wässern. Öfter sprühen. Im Winter sparsam gießen und nicht sprühen. Düngen: Von April bis August einmal pro Woche. Umpflanzen: Nach Bedarf und Möglichkeit vor Austriebsbeginn im Februar. Vermehrung: Aus Stecklingen. Aber nur im geschlossenen Warmbeet (Bodenwärme 26°–30°C) möglich. Schädlinge, Krankheiten und ihre Ursachen: Woll- und Schildläuse bei Zugluft.
Tip: Wer buschiges Wachstum wünscht, schneidet die Langtriebe der *Allamanda* im November kräftig zurück. Die schönsten Sorten heißen: 'Grandiflora' mit zitronengelben Blüten und schwächer wachsend, 'Hendersonii', langsam wachsend, 'Nobilis', gelbblühend mit unterseits behaarten Blättern und gelben Blüten und die sehr starkwüchsige 'Schottii'.

Anthurium

Anthurie, Flamingoblume — Araceae, Aronstabgewächse

Höhe/Länge	0	**25cm**	**50cm**	75cm	1m	1,25m	1,5m	1,75m	2m	2,25m	2,5m	2,75m	3m ▷
Blütezeit	**Jan**	**Feb**	**März**	**Apr**	**Mai**	**Juni**	**Juli**	**Aug**	**Sept**	**Okt**	**Nov**	**Dez**	
Blütenfarbe	weiß/beige	gelb	orange	rosa	**rot**	purpur	violett	blau	grün				
Verwendung													

Für Zimmerkultur eignen sich eigentlich nur die Hybriden von *Anthurium scherzerianum.* Die stärkerwüchsigen *Anthurium andreanum*-Hybriden und *Anthurium crystallinum,* das große, weißgeäderte Blätter und unscheinbare, aber nach Nelken duftende Blüten besitzt, gehören ins klimatisierte Blumen- oder Tropenfenster. Alle drei stammen aus den tropischen Regenwäldern Mittel- und Südamerikas.
Standort: Keine volle Sonne, aber ein sehr heller Platz am Ost- oder Westfenster. Liebt Warmhausklima, haßt „kalte Füße". Hybridsorten brauchen 18°C Bodenwärme, *Anthurium crystallinum* sogar 20°. Erde: Einheitserde oder TKS. Möglich ist auch eine Mischung aus Sphagnum, Mistbeeterde und Lauberde. Wasser: Anthurien vertragen weder kaltes noch kalkhaltiges Wasser. Während der Wachstumszeit reichlich mit enthärtetem, temperiertem Wasser gießen und sprühen. Blüten aussparen, sonst gibt es Flecken! Düngen: Einmal wöchentlich mit normalem Dünger in dreimal dünnerer Konzentration als für andere Zimmerpflanzen oder mit flüssigem Hydrokulturdünger. Anthurien sind äußerst salzempfindlich. Umpflanzen: Nur bei völliger Durchwurzelung im Frühjahr. Vermehrung: Durch Teilen im Frühjahr oder durch Stecklinge von Seitentrieben im warmen Vermehrungsbeet. Schädlinge, Krankheiten und ihre Ursachen: Blattrollen bei zu trockener Luft und Sonne, Rote Spinne, Thrips und Schnecken bei ungünstigem Standort.

Aphelandra squarrosa

Glanzkölbchen — Acanthaceae, Akanthusgewächse

Höhe/Länge	0	**25cm**	**50cm**	75cm	1m	1,25m	1,5m	1,75m	2m	2,25m	2,5m	2,75m	3m ▷
Blütezeit	Jan	Feb	März	**Apr**	**Mai**	**Juni**	**Juli**	**Aug**	Sept	Okt	Nov	Dez	
Blütenfarbe	weiß/beige	**gelb**	orange	rosa	rot	purpur	violett	blau	grün				
Verwendung													

In seiner brasilianischen Heimat wächst das Glanzkölbchen als aufrechter, immergrüner Strauch. Die Blätter sind das Schönste an ihm: auffällig glänzend, sattgrün und elfenbein geädert. Die Pflanze ist darum auch ohne Blüten ein attraktiver Anblick. Die *Aphelandra* blüht bei uns zwischen April und August, meist drei bis acht Wochen ohne Unterbrechung. Im Handel erhältliche Sorten: 'Fritz Prinsler' mit Auslesen wie 'Typ Königin' und 'Diana'.

Standort: So hell wie möglich und so warm wie es geht, am liebsten bei 25°C und mehr. Beides, Wärme und Licht, sind zur Blütenbildung unbedingt erforderlich. Über Winter reichen 12°–15°C bei hellem Standort. Erde: Nahrhaftes, humoses Substrat, z. B. Einheitserde oder TKS. Wasser: Ab Austrieb alle zwei bis drei Tage reichlich mit enthärtetem Wasser gießen. Öfter sprühen. Nach der Blüte zwei Monate Ruhezeit bei 10°–15°C und wenig Wasser. Düngen: Während des Sommers wöchentlich. Umpflanzen: Nach Rückschnitt im Frühjahr in geräumiges Gefäß. Vermehrung: Durch Kopfstecklinge. Nur im Warmbeet mit gärtnerischer Kultur erfolgreich. Schädlinge, Krankheiten und ihre Ursachen: Schild- und Wolläuse durch Lufttrockenheit. Laubfall und Braunwerden der Blätter durch zu trockenen Stand.

Arachis hypogaea

Erdnuß — Leguminosae, Hülsenfrüchtler

Höhe/Länge	0	**25cm**	**50cm**	75cm	1m	1,25m	1,5m	1,75m	2m	2,25m	2,5m	2,75m	3m ▷
Blütezeit	Jan	Feb	März	Apr	Mai	Juni	**Juli**	**Aug**	**Sept**	Okt	Nov	Dez	
Blütenfarbe	**weiß/beige**	gelb	orange	rosa	rot	purpur	violett	blau	grün				
Verwendung													

Obwohl sie mit Erbsen und Bohnen eng verwandt ist, verhält sich ihre Frucht völlig anders. Während sich bei diesen beiden Gemüsepflanzen die Samenhülsen öffnen, bleiben sie bei der Erdnuß wie bei richtigen Nüssen geschlossen. Außerdem tut sie etwas völlig Ungewöhnliches: Nach der Blüte, die nur wenige Stunden geöffnet ist und nach der Selbstbestäubung welkt, verlängert die Erdnuß ihren Blütenstiel, senkt ihn nach unten und dringt damit in die Erde ein, wo die Samenreife stattfindet. Das brachte ihr den bezeichnenden Namen und einen „Dauerjob" als Studienobjekt ein. Beheimatet ist die Erdnuß in Südamerika, eine Urpflanze ist jedoch nicht bekannt. Heute ist sie als Ölfrucht sehr gefragt und hat sich über die Tropen und Subtropen der ganzen Welt ausgebreitet. Wer Kinder hat, sollte sich die Mühe machen, ihnen diesen sonderbaren Hülsenfrüchtler vorzuführen.

Aussaat: Im Februar. Samen von der äußeren Hülle befreien und je drei in einen Topf mit Anzuchterde stecken. Töpfe hell und 20°C warm stellen. Gut feucht halten. Nach dem Pikieren einzeln in Töpfe mit Einheitserde setzen. Standort: Warm, luftig und sonnig. Wasser: Gleichmäßig feucht halten. Düngen: Mit Beginn des sichtbaren Wachstums alle 14 Tage. Umpflanzen: Entfällt, da die Pflanze einjährig ist. Vermehrung: Aus Samen (siehe oben). Schädlinge und Krankheiten: Unerheblich.

Ardisia crenata

Ardisie, Spitzblume — Myrsiniaceae, Myrsinengewächse

Höhe/Länge	0 · 25cm · 50cm · 75cm · 1m · 1,25m · 1,5m · 1,75m · 2m · 2,25m · 2,5m · 2,75m · 3m ▷
Blütezeit	Jan · Feb · März · Apr · Mai · Juni · Juli · Aug · Sept · Okt · Nov · Dez
Blütenfarbe	weiß/beige · gelb · orange · rosa · rot · purpur · violett · blau · grün
Verwendung	

Die Ardisie kommt zur Zeit wieder groß in Mode. Sie ist noch ein wenig kostspielig, aber dafür hat man an dem immergrünen Gehölz mit den purpurroten Fruchttrauben auch sehr viel Freude. Ihren Namen erhielt die *Ardisia* von Ardis (griech. Pfeilspitze). Ihr Heimatland reicht von Japan bis Südasien. Ab Juli erscheinen die cremeweißen Blüten, die sich ziemlich schnell zu erbsengroßen Beerenfrüchten entwickeln. Die Früchte färben sich korallen- bis purpurrot und bleiben oft länger als ein halbes Jahr hängen, manchmal so lange, daß sie den neuen Blüten begegnen.

Standort: Hell, aber vor direkter Sonne geschützt. Ideal ist ein Ostfenster. Normale Raumtemperatur, im Winter kühler, bis 16°C. Die Bodentemperatur darf aber nicht absinken. Erde: Einheitserde. Wasser: Liebt hohe Luftfeuchtigkeit, ansonsten mäßig feucht halten. Düngen: Während der Wachstumszeit im Frühjahr und Sommer wöchentlich, in Herbst und Winter weniger. Umpflanzen: Jährlich im Frühjahr. Vermehrung: Durch Samen im Frühjahr bei mindestens 20°C Bodentemperatur. Sehr langwierig! Oder durch Stecklinge bei 25°C Bodentemperatur. Schädlinge, Krankheiten und ihre Ursachen: Schild- und Wolläuse möglich. Die knotenförmigen Verdickungen an den Blatträndern sind keine Krankheit, sondern Bakterienknoten. Der darin hausende Bazillus lebt mit der *Ardisia* in Symbiose.

Begonia-Corallina-Hybriden

Begonie, Schiefblatt — Begoniaceae, Schiefblattgewächse

Höhe/Länge	0 · 25cm · 50cm · 75cm · 1m · 1,25m · 1,5m · 1,75m · 2m · 2,25m · 2,5m · 2,75m · 3m ▷
Blütezeit	Jan · Feb · März · Apr · Mai · Juni · Juli · Aug · Sept · Okt · Nov · Dez
Blütenfarbe	weiß/beige · gelb · orange · rosa · rot · purpur · violett · blau · grün
Verwendung	

In Fachbüchern liest man, daß die korallenrote Begonie 1874 schon als Kulturform von einem Schiffskapitän aus Brasilien mitgebracht worden sei. Aller Wahrscheinlichkeit nach gibt es gar keine reine Art. Auf alle Fälle ist diese Begonie fürs Zimmer keine Eintagsfliege, sie kann bei liebevoller Pflege sehr schnell 2 m hoch werden. Dabei stellt sich die Frage, was schöner an ihr ist, die silbriggetupften Blätter oder die anmutig hängenden, rosenroten Blütenstände, die das ganze Jahr über an der strauchigen Pflanze erscheinen. *Corallina*-Hybriden gedeihen im normalen Wohnzimmer genauso gut wie im Wintergarten oder im geschlossenen Blumenfenster.

Standort: Ganzjährig hell, aber nicht vollsonnig. Im Frühjahr und Sommer warm, im Winter etwas kühler stellen (15°C), das beugt Krankheiten vor. Erde: TKS oder Einheitserde. Wasser: Mäßig, aber regelmäßig feucht halten. Enthärtetes, temperiertes Wasser verwenden. Düngen: Von Frühjahr bis Herbst alle 14 Tage. Umpflanzen: Bei starker Durchwurzelung im Frühjahr in nicht zu hohe Gefäße. Dabei den Ballen etwas verkleinern und die Pflanze kräftig zurückschneiden. Sie treibt dann wieder von unten aus. Vermehrung: Aus Stecklingen, die leicht in einem Torf-Sand-Gemisch bewurzeln. Schädlinge, Krankheiten und ihre Ursachen: Blattfall, Blattflecken, Blattrollen, Rote Spinne können bei ungünstigem Standort, Staunässe oder Ballentrockenheit auftreten.

Beloperone guttata

Zimmerhopfen — Acanthaceae, Akanthusgewächse

Höhe/Länge	0	25cm	50cm	**75cm**	**1m**	1,25m	1,5m	1,75m	2m	2,25m	2,5m	2,75m	3m ▷
Blütezeit	Jan	Feb	**März**	**Apr**	**Mai**	**Juni**	**Juli**	**Aug**	**Sept**	**Okt**	Nov	Dez	
Blütenfarbe	weiß/beige	gelb	**orange**	rosa	**rot**	purpur	violett	blau	grün				
Verwendung													

Viele, die den Zimmerhopfen im Frühjahr als preiswerte Pflanze für den Südbalkon oder für ein sonniges Gartenbeet kaufen, wissen gar nicht, daß diese Pflanze ein dankbarer Zimmergast über Jahre sein kann. Und was für ein hübscher dazu! Besonders apart wirken die orangeroten Blütenstände, die eigentlich fast nur aus Hochblättern bestehen. Die wirklichen Blüten dieses niedlichen Halbstrauches aus Mexiko sind die kleinen cremefarbenen Zipfelchen, die aus den dachziegelartig übereinanderliegenden „Ähren" hervorlugen. Im Blumenhandel sind verschiedene Sorten zu bekommen. Wer Spaß daran hat, kann Spielarten mit grünen, gelben oder rotbraunen Ähren sammeln. Ein bißchen gärtnerischen Ehrgeiz und vor allem Geduld erfordert das Erziehen eines Hochstämmchens. Rund fünf Jahre braucht man für so ein dekoratives Kronenbäumchen.

Standort: Ganzjährig sehr hell, aber im Zimmer besser keine direkte Sonne. Draußen nach Süden gerichtet, aber dennoch etwas geschützt. Im Sommer warm, zum Herbst hin kühler (12°–16°C). Überwinterung mäßig warm, keinesfalls aber über einem Heizkörper. Wasser: Von Austriebsbeginn bis August reichlich wässern, dann sparsam gießen. Erde: Einheitserde, TKS. Düngen: Während der Vegetationsperiode alle acht Tage. Umpflanzen: Nach Bedarf. Um buschigen Wuchs zu erzielen, Pflanze im Februar kräftig zurückstutzen. Vermehrung: Abfallende Stecklinge können im Warmbeet bewurzelt werden.

Billbergia nutans

Zimmerhafer — Bromeliaceae, Ananasgewächse

Höhe/Länge	0	**25cm**	**50cm**	75cm	1m	1,25m	1,5m	1,75m	2m	2,25m	2,5m	2,75m	3m ▷
Blütezeit	**Jan**	**Feb**	März	Apr	Mai	Juni	Juli	Aug	**Sept**	**Okt**	**Nov**	**Dez**	
Blütenfarbe	weiß/beige	gelb	**orange**	rosa	rot	purpur	violett	blau	grün				
Verwendung													

Während die meisten Bromelien in tropischen Regenwäldern auf Bäumen sitzen, lebt die *Billbergia* auf der Erde. In ihrer südamerikanischen Heimat wächst sie wie Unkraut. Sie bildet halbmeterhohe Rosettengruppen aus schmalen grasähnlichen Blättern. Auch bei uns im Exil versammelt die *Billbergia* bald zahlreiche Kindel um sich herum. Oft blühen, meistens in den Wintermonaten, mehrere Generationen auf einmal. Diese üppige Blüte, gepaart mit geringen Ansprüchen, machen die *Billbergia* zu einer der dankbarsten Zimmerpflanzen, die wir haben.

Standort: Hell bis halbschattig. Ganzjährig Zimmertemperatur, im Winter reichen aber auch 10°–15°C, im Sommer kann die *Billbergia* an einen geschützten Platz ins Freie. Erde: TKS oder Einheitserde. Wasser: Im Sommer reichlich gießen. Auch ruhig in den Trichter! Im Winter bei kühlem Stand wenig, bei warmem Stand mehr gießen. Verträgt trockene Heizungsluft, möchte aber im Sommer bei Zimmerkultur öfter eingenebelt werden. Düngen: Von Mai bis September jede Woche. Umpflanzen: Im Sommer in größere Gefäße. Bis zum Anwurzeln wässern. Vermehrung: Durch Teilen beim Umsetzen. Schädlinge und Krankheiten: Keine. Wichtig: *Billbergia-nutans*-Hybriden und andere *Billbergia*-Arten müssen wärmer und heller stehen, da sie empfindlicher sind.

Bougainvillea

Bougainvillee — Nyctaginaceae, Wunderblumengewächse

Höhe/Länge	0	**25cm**	**50cm**	**75cm**	**1m**	**1,25m**	**1,5m**	**1,75m**	**2m**	**2,25m**	**2,5m**	**2,75m**	**3m** ▷
Blütezeit	Jan	Feb	**März**	**Apr**	Mai	Juni	Juli	**Aug**	**Sept**	**Okt**	Nov	Dez	
Blütenfarbe	**weiß**/beige	gelb	orange	rosa	rot	purpur	**violett**	blau	grün				
Verwendung													

Sie ist eine internationale Schönheit, überall dort zu finden, wo man wegen des guten Klimas gern Urlaub macht. Der französische Admiral Louis Antoine de Bougainville soll sie im 18. Jahrhundert auf einer Weltreise in Südamerika zuerst entdeckt haben. Die Bougainvillee ist ein immergrüner oder sommergrüner Klettermaxe und wird im Freiland 3 bis 4 m hoch. Die violetten Blütenkaskaden, die jedem Betrachter den Atem rauben, sind nicht etwa Blüten, sondern gefärbte Hochblätter. Die eigentlichen Blüten verstecken sich als unscheinbare gelb-weiße Tupfer im Zentrum der Hochblätter. In unseren Breiten ist es, wenn überhaupt, nur an der Weinstraße und in der Oberrheinebene möglich, die *Bougainvillea* an geschützter Stelle im Freien zu halten. Als buschige Topfpflanze oder als kokettes Hochstämmchen ist sie aber nicht minder schön, und ab Mitte Mai kann man ihr ja draußen einen Platz mit frischer Luft verpassen.
Standort: Hell, von Frühjahr bis Herbst warm, danach hell und kühl (6° bis 8 °C) stellen. Erde: Einheitserde. Wasser: Ab Austrieb reichlich gießen, in Herbst und Winter sparsam. Düngen: Im Sommer alle acht Tage. Umpflanzen: Junge Pflanzen jährlich. Vermehrung: Nur in gärtnerischer Kultur. Schädlinge, Krankheiten und ihre Ursachen: Abfallen der Blätter durch Ballentrockenheit.
Achtung: Bei kühlem, regnerischem Wetter färben sich die Hochblätter nicht!

Brunfelsia

Brunfelsie — Solanaceae, Nachtschattengewächse

Höhe/Länge	0	**25cm**	**50cm**	75cm	1m	1,25m	1,5m	1,75m	2m	2,25m	2,5m	2,75m	3m ▷
Blütezeit	Jan	Feb	**März**	**Apr**	**Mai**	**Juni**	**Juli**	**Aug**	**Sept**	Okt	Nov	Dez	
Blütenfarbe	weiß/beige	gelb	orange	rosa	rot	purpur	**violett**	blau	grün				
Verwendung													

Benannt wurde diese Verwandte von Tomate und Aubergine nach Otto Brunfels. Der bekannte Professor zu Straßburg und Mainz verfaßte eines der ältesten Kräuterbücher, das berühmte „Contra fayt Kreuterbuch", und war zu seiner Zeit, er lebte von 1489 bis 1534, ein bekannter Arzt, Theologe und Botaniker.
Die *Brunfelsia* gehört zu einer Gattung kleiner Bäume und Sträucher, die in Mittel- und Südamerika zu Hause sind. Bei guter Pflege bringt das immergrüne, sparrig wachsende Sträuchlein von März bis September unzählige violette Blüten hervor. Bei der nur winterblühenden Varietät 'Floribunda' zeigen die veilchenblauen Blüten ein kleines weißes Auge.
Standort: Halbschattig bis schattig. Ideal für das kühl gehaltene Schlafzimmer, für Nord- und Ostfenster. Im Winter etwas heller stellen. Ab 20 °C fallen die Knospen. Im Winter 8°–15 °C. Eine Temperatur von 5° bis 15 °C fördert die Blütenbildung am optimalsten. Vorsicht vor Schwankungen! Erde: Einheitserde. Wasser: Von März bis September mit weichem Wasser regelmäßig gießen. In der Zeit von Oktober bis Januar weniger. Braucht Luftfeuchtigkeit. Sprühen. Düngen: Von März bis September alle 14 Tage. Umpflanzen: Nach Bedarf bei Austriebsbeginn. Vermehrung: Für Laien zu schwierig. Schädlinge, Krankheiten und ihre Ursachen: Schädlingsbefall durch zu trockene Luft und zuviel Sonne. Bei bleichsüchtigem Laub ein Antichlorosemittel (Eisenchelat) gießen.

Callistemon citrinus

Zylinderputzer — Myrtaceae, Myrtengewächse

Höhe/Länge	0	**25cm**	**50cm**	**75cm**	**1m**	1,25m	1,5m	1,75m	2m	2,25m	2,5m	2,75m	3m ▷
Blütezeit	Jan	Feb	März	Apr	Mai	**Juni**	**Juli**	**Aug**	Sept	Okt	Nov	Dez	
Blütenfarbe	weiß/beige	gelb	orange	rosa	rot	**purpur**	violett	blau	grün				
Verwendung													

Seine Blütenstände sehen aus wie Flaschenbürsten, mit denen man früher auch Lampenzylinder gereinigt hat. Der Zylinderputzer wächst wild in Australien und auf der Insel Tasmanien. In seiner Heimat ist er ein immergrüner Strauch oder kleiner Baum, der bis zu 3 m hoch werden kann. In Topf- oder Kübelkultur schafft er höchstens ein Drittel. Für die Fensterbank allerdings wird er mit der Zeit ein bißchen zu groß. Seine Blütezeit ist von Juni bis August. Die purpurfarbenen, weichen Borsten dieser „Flaschenbürste" sind übrigens nicht die Blüten, sondern die Staubfäden.

Standort: Hell und luftig, auch vollsonnig. Im Sommer am besten ins Freie stellen. Verträgt ganzjährig Zimmerwärme. Von November bis März kühl (6°–8 °C) stellen, sonst gibt es mit der Wiederblüte Schwierigkeiten. Erde: Humoses kalkfreies Substrat, TKS oder Einheitserde. Wasser: Mit enthärtetem Wasser regelmäßig gießen, während der Überwinterung weniger. Der Ballen darf aber nie ganz austrocknen. Trockene Zimmerluft wird erstaunlich gut vertragen. Düngen: Von Austriebsbeginn bis Ende August mit kalkarmem Dünger. Umpflanzen: Im Februar oder März, aber nur, wenn der Ballen den Topf zu sprengen droht. Rückschnitt fördert buschiges Wachstum. Vermehrung: Durch Kopfstecklinge im heizbaren Vermehrungsbeet bei 20 °C Bodenwärme. Schädlinge, Krankheiten und ihre Ursachen: Gelbe Blätter durch kalkhaltiges Wasser bzw. kalkhaltige Erde.

Camellia japonica

Kamelie — Theaceae, Teegewächse

Höhe/Länge	0	25cm	**50cm**	**75cm**	**1m**	**1,25m**	1,5m	1,75m	2m	2,25m	2,5m	2,75m	3m ▷
Blütezeit	Jan	**Feb**	**März**	**Apr**	Mai	Juni	Juli	Aug	Sept	Okt	Nov	Dez	
Blütenfarbe	**weiß/beige**	gelb	orange	rosa	**rot**	purpur	violett	blau	grün				
Verwendung													

Viele würden sich den immergrünen Strauch aus den kühlen Wäldern Asiens wegen seiner eleganten Blüten gerne zulegen, fürchten aber die Pflege. Sind Kamelien wirklich so heikel? Nicht, wenn man ihnen gleichmäßige Bedingungen bietet. Auf jähen Temperaturwechsel, unregelmäßige Wassergaben, zu viel Wärme, zu wenig Licht und Standortwechsel reagieren sie schon mal entrüstet mit Knospenfall. Außerdem wird Kalk weder im Wasser noch im Boden vertragen. Pflanzen, die man im Winter kauft, sollten nie wärmer als 15 °C stehen, eher kühler.

Standort: Halbschattig von Mitte Mai bis Mitte September an luftigem Platz im Garten oder auf dem Balkon. Nach der Blüte (Winter und Frühjahr, je nach Sorten) kühl stellen (6°–10 °C). Erde: Humose, saure Erde, Rhododendronerde. Wasser: Bis Juli reichlich mit Regenwasser gießen. Ab Ende Juli trockener halten. Im Winter bis zur Blüte feucht halten. Mit lauwarmem Wasser gießen. Bis zum Öffnen der Knospen für Luftfeuchtigkeit sorgen. Düngen: Von Dezember bis Juni mit Moorbeetdünger oder Hydrokulturdünger. Umpflanzen: Pflanze erst umsetzen, wenn die Wurzeln am Topfrand angelangt sind. Vermehrung: Durch Stecklinge, Abmoosen und Ableger im Spätsommer; Bodenwärme 18° bis 22 °C in einem Heideerde-Sand-Gemisch. Schädlinge, Krankheiten und ihre Ursachen: Läuse, Rußtau, Laubfall bei zu warmer Überwinterung und durch falsche Sommerpflege.

Campanula isophylla

Glockenblume — Campanulaceae, Glockenblumengewächse

Höhe/Länge	0	**25cm**	**50cm**	75cm	1m	1,25m	1,5m	1,75m	2m	2,25m	2,5m	2,75m	3m ▷
Blütezeit	Jan	Feb	März	Apr	Mai	**Juni**	**Juli**	**Aug**	**Sept**	**Okt**	Nov	Dez	
Blütenfarbe	**weiß**/beige	gelb	orange	rosa	rot	purpur	**violett**	**blau**	grün				
Verwendung													

Wunderbar, endlich einmal eine Zimmerpflanze, die auch hartes Wasser verträgt! Und was für eine herrliche Ampelpflanze noch dazu. Außerdem eignet sich diese mediterrane Glockenblumenart mit weißen oder blauvioletten Blüten auch gut zur Berankung von Spalieren. Die schönsten Sorten heißen 'Mayi' und 'Alba'. Der Milchsaft, den die brüchigen Triebe bei Verletzung absondern, ist ungiftig. Die Stauden kommen bei guter Pflege immer wieder und blühen mit den Jahren so üppig, daß kaum noch Blätter zu sehen sind.

Standort: Hell bis sonnig, aber vor praller Sonne im Sommer schützen. Während der Wachstumszeit luftig halten; kann im Sommer auf dem Balkon oder im Garten stehen. Im Winter reicht zum „Ausruhen" ein kühler Platz mit etwa 10°C. Erde: Einheitserde. Wasser: Stets gleichmäßig feucht halten. Während der Ruhezeit sparsam gießen. Düngen: Während des Sommers alle zwei Wochen. Umpflanzen: Im Frühjahr die Triebe zurückschneiden und die Pflanze in frische Erde geben. Vermehrung: Stecklinge bewurzeln leicht in einem Torf-Sand-Gemisch. Schädlinge, Krankheiten und ihre Ursachen: Bei zu warmem Winterstand, aber auch bei zu trockener Zimmerluft kann *Campanula isophylla* von Spinnmilben befallen werden.

Bemerkung: Ähnlich gepflegt werden verwandte Arten wie z. B. *Campanula fragilis,* die Brüchige Glockenblume oder *Campanula pyramidalis,* die im Volksmund auch Jakobsleiter genannt wird.

Capsicum annuum

Zierpaprika, Zierpfeffer — Solanaceae, Nachtschattengewächse

Höhe/Länge	0	**25cm**	50cm	75cm	1m	1,25m	1,5m	1,75m	2m	2,25m	2,5m	2,75m	3m ▷
Blütezeit	Jan	Feb	März	Apr	**Mai**	**Juni**	**Juli**	Aug	Sept	Okt	Nov	Dez	
Blütenfarbe	**weiß**/beige	gelb	orange	rosa	rot	purpur	violett	blau	grün				
Verwendung													

Auf ihrer Suche nach dem begehrten Pfeffer entdeckten die Spanier Anfang des 16. Jahrhunderts auf dem amerikanischen Kontinent dieses Nachtschattengewächs, das dann bald als Spanischer Pfeffer berühmt wurde. Obwohl zur Gattung *Capsicum* einige feurige Gewürze gehören, hat es mit dem Pfeffer nichts gemeinsam. Insgesamt kennt man heute ungefähr 30 Arten, die im südlichen Nordamerika sowie in Mittel- und Südamerika zu Hause sind. Dort wachsen sie als meterhohe Sträucher oder als einjährige Kräuter. Von Zierpaprika gibt es unterschiedliche Fruchtformen und -farben. Man kauft die Pflanze fruchtend und wirft sie weg, wenn die Früchte schrumpfen.

Standort: Hell bis sonnig. Luftiger Platz im Zimmer, möglichst nicht über 20°C. Im Herbst und Winter bei 12°–15°C. Erde: TKS, Einheitserde. Wasser: Immer gleichmäßig feucht halten, sonst schrumpfen die Früchte. Düngen: Während der Vegetationsperiode jede Woche, später einmal im Monat. Umpflanzen: Nicht nötig, da die Pflanze einjährig ist. Vermehrung: Durch herausgelöste, getrocknete Samen im Frühjahr. Keimt bei 18°–20°C Bodentemperatur. Wichtig: Blühende Pflanzen sehr hell stellen, sonst fruchten sie nicht! Schädlinge, Krankheiten und ihre Ursachen: Befall von Blattläusen und Spinnmilben möglich. Die Früchte sind übrigens eßbar, aber sehr scharf.

Catharanthus roseus

Catharanthus — Apocynaceae, Hundsgiftgewächse

Höhe/Länge	0	**25cm**	50cm	75cm	1m	1,25m	1,5m	1,75m	2m	2,25m	2,5m	2,75m	3m ▷
Blütezeit	Jan	Feb	März	Apr	**Mai**	**Juni**	**Juli**	**Aug**	**Sept**	**Okt**	Nov	Dez	
Blütenfarbe	**weiß/beige**	gelb	orange	**rosa**	rot	purpur	violett	blau	grün				
Verwendung													

Wer sie das erste Mal sieht, könnte diese niedrige, bei uns meist einjährig gehaltene Pflanze für eine rosa Spielart unseres beliebten Immergrüns halten. Tatsächlich hieß der *Catharanthus* früher auch *Vinca roseus,* Rosa Immergrün, und er ist auch mit dem violett blühenden Bodendecker unserer Breiten eng verwandt. Der exotische Vetter tropischer Regionen läßt sich sogar im Garten halten. Ein geschützter halbschattiger Platz behagt ihm am besten. Unsere deutschen Berufsgärtner ziehen den *Catharanthus* einjährig durch Aussaat heran. Die kleinen Halbsträucher blühen von Ende Mai bis Herbst mit hübschen phloxähnlichen Blüten in Weiß oder Tiefrosa.
Standort: Hell, aber nicht vollsonnig. Liebt normale Raumtemperatur und wärmer. Im Winter um 15 °C. Wichtig: Boden- und Lufttemperatur sollten etwa gleich sein. Der *Catharanthus* verträgt keine „kalten Füße"! Erde: Einheitserde oder TKS. Wasser: Braucht wie der ebenfalls mit ihm verwandte Oleander im Sommer sehr viel Wasser. Im Winter den Ballen nur eben feucht halten. Düngen: Von März bis September einmal wöchentlich. Umpflanzen: Jährlich im Frühjahr. Vermehrung: Durch Stecklinge im Frühjahr (März) oder durch Samen (Februar). Warm, hell und mäßig feucht halten. Jungpflänzchen ein- bis zweimal stutzen, damit sie schön buschig wachsen. Schädlinge und Krankheiten: Kommen kaum vor.
Achtung: Alle Teile der Pflanze sind giftig!

Ceropegia

Leuchterblume — Asclepiadaceae, Seidenpflanzengewächse

Höhe/Länge	**0**	**25cm**	**50cm**	**75cm**	**1m**	**1,25m**	**1,5m**	1,75m	2m	2,25m	2,5m	2,75m	3m ▷
Blütezeit	**Jan**	**Feb**	**März**	**Apr**	**Mai**	**Juni**	**Juli**	**Aug**	**Sept**	**Okt**	**Nov**	**Dez**	
Blütenfarbe	**weiß/beige**	gelb	orange	**rosa**	rot	purpur	violett	blau	grün				
Verwendung													

Auf den ersten Blick wirken die Leuchterblumen richtig unscheinbar. Wenn man sich aber näher mit ihnen beschäftigt, entdeckt man bald, welche botanischen Schätzchen diese grazilen Ampelpflanzen sind. Der Anspruchslosigkeit wegen ist *Ceropegia woodii* bei uns am häufigsten zu finden. Sie unterscheidet sich nur durch die Blattform von einer weiteren häufig kultivierten Art, *Ceropegia linearis.* Beide Leuchterblumen stammen aus Südafrika. Die anderen Arten sollte man sich allein wegen der merkwürdigen Blüten einmal in einem botanischen Garten ansehen. Designer von Lampen, Leuchten und Kandelabern könnten sich bei der Leuchterblumenfamilie viele Anregungen holen.
Standort: Hell und vollsonnig auch im Winter. Für *Ceropegia woodii* und *Ceropegia linearis* empfiehlt sich ganzjährig normale Zimmertemperatur, im Winter auch etwas kühler. Erde: Einheitserde oder TKS mit Sand und etwas Lehm. Wasser: Während der Vegetationsperiode leicht feucht halten. Düngen: Von Frühjahr bis September mit Kakteendünger. Umpflanzen: Alle ein bis zwei Jahre im Frühling. Vermehrung: Durch die Knollen in den Blattachseln. Schädlinge und Krankheiten: Keine bekannt.
Tip: Ceropegien gedeihen gut in Hydrokultur. Wenn man sie zu mehreren in den Rahmen eines Südfensters hängt, erhält man eine bizarre, lebendige Gardine.

Chrysanthemum indicum

Chrysantheme — Compositae, Korbblütler

Höhe/Länge	0, **25cm, 50cm**, 75cm, 1m, 1,25m, 1,5m, 1,75m, 2m, 2,25m, 2,5m, 2,75m, 3m, ▷
Blütezeit	Jan, Feb, März, Apr, Mai, Juni, Juli, Aug, Sept, **Okt**, **Nov**, Dez
Blütenfarbe	**weiß/beige**, **gelb**, **orange**, rosa, **rot**, **purpur**, **violett**, blau, grün
Verwendung	

Im Herbst, wenn Allerheiligen und Totensonntag vor der Tür stehen, gibt es das reichste Angebot an Chrysanthemen. Von Schneeweiß über Zitronengelb, Goldgelb, Bronze, Weinrot bis hin zum Purpur reicht das Farbenkaleidoskop dieses Korbblütlers. Die Topfchrysantheme, wie übrigens auch die Gartenchrysanthemen, stammen überwiegend von den chinesischen Arten *Chrysanthemum vestitum* und *Chrysanthemum indicum* ab. In China ist die Chrysantheme seit 2500 Jahren bekannt. Erst 1789 gelangten die ersten Pflanzen nach Europa. Die Hybriden von *Chrysanthemum indicum* sind eigentlich für die Kultur in geheizten Wohnräumen nicht gut geeignet. In den kühlen, hellen Wintergärten von früher waren sie dagegen ein beliebter Blickfang.

Standort: Hell und kühl. Nach der Blüte in den Garten setzen, während des Winters etwas abdecken. Vorher zurückschneiden. Oder: Wurzelstöcke bei 3°–5°C trocken überwintern. Frühjahrstriebe als Stecklinge nehmen. Erde: TKS, Einheitserde oder etwas kalkhaltige, lehmige Gartenerde mit Torf und Sand. Feuchtigkeit: Während der Wachstumsperiode ausreichend gießen. Düngen: Alle acht Tage. Umpflanzen: Siehe oben. Vermehrung: Durch Stecklinge, die man im Frühjahr in Töpfe setzt. Ab Mai ins Freie stellen. Schädlinge und Krankheiten: Unerheblich, da *Chrysanthemum* meist nur einjährig kultiviert wird.

Citrus microcarpa

Zwergorange, Zwergapfelsine — Rutaceae, Rautengewächse

Höhe/Länge	0, **25cm, 50cm, 75cm, 1m, 1,25m, 1,5m, 1,75m, 2m**, 2,25m, 2,5m, 2,75m, 3m, ▷
Blütezeit	**Jan, Feb, März, Apr, Mai, Juni, Juli, Aug, Sept, Okt, Nov, Dez**
Blütenfarbe	**weiß/beige**, gelb, orange, rosa, rot, purpur, violett, blau, grün
Verwendung	

Theoretisch könnte man alle Zitrusarten bei uns in Töpfen oder Kübeln kultivieren. Für die Fensterbank oder die Wohnung kommen jedoch nur die extra gezüchteten Zwergformen in Frage. Im Stammbaum dieser im Handel unter der Bezeichnung *Citrus mitis* oder *microcarpa* 'Calamondin' erhältlichen Bäumchen tummelt sich unter anderem auch die Kumquat, eine kleine aus Ostasien stammende Orange. Die kleinen Orangen schmecken ziemlich sauer. Als rohe Früchte sind sie ungenießbar, es soll aber Liebhaber geben, die daraus eine ganz vorzügliche Konfitüre bereiten. Bei richtiger Kultur erlebt man bei *Citrus* einen doppelten Genuß: Früchte und duftende weiße Blüten begegnen sich häufig an ein und demselben Strauch.

Standort: Ganzjährig hell. Im Sommer warm und luftig, am geöffneten Fenster oder im Freien. Von Herbst bis Frühjahr kühl (4°–6°C). Erde: TKS oder Einheitserde, mit etwas Sand und nahrhaftem Lehm vermischt. Wasser: Frühjahr bis Mitte August reichlich gießen, danach sehr sparsam, sonst wirft der *Citrus* die Blätter. Düngen: Frühjahr bis Herbst wöchentlich, im Winter alle zwei Monate. Umpflanzen: Im Mai bei völliger Durchwurzelung. Vermehrung: Gärtnersache. Aus Kernen selbst gezogene Pflanzen blühen und fruchten entweder sehr spät, meist erst nach 5–6 Jahren, oder nie. Schädlinge, Krankheiten und ihre Ursachen: Spinnmilben, Schildläuse und Blattfall bei zu warmem Stand und „dikker" Luft.

Clerodendrum thomsoniae

Losbaum — Verbenaceae, Eisenkrautgewächse

Höhe/Länge	0	25cm	50cm	75cm	1m	1,25m	1,5m	1,75m	2m	2,25m	2,5m	2,75m	3m ▷
Blütezeit	Jan	Feb	März	Apr	Mai	Juni	Juli	Aug	Sept	Okt	Nov	Dez
Blütenfarbe	weiß/beige	gelb	orange	rosa	rot	purpur	violett	blau	grün			
Verwendung												

Unsere Großmütter nannten den Losbaum poetisch „Liebe in Unschuld", wohl wegen seiner weißen Kelchblätter, aus denen kräftig rote Blüten hervorlugen. Der Losbaum ist im Kongo zu Hause. Dort klettert er mit windenden Stengeln bis zu 4 m hoch. Ab April erscheinen die Blüten in dichten Trugdolden. Am Heimatstandort blüht er zur Regenzeit und bietet in den dortigen Gärten ein berauschendes Bild. Aus Afrika kommt auch das mit knallroten Dolden blühende *Clerodendrum splendens.* Leider ist es bei uns nur selten im Handel.
Standort: Sehr hell, aber nicht in praller Sonne. Ganzjährig schön warm. Ideal ist ein geschlossenes Blumenfenster oder Kleingewächshaus. Da Heizungsluft schlecht vertragen wird, überwintert man den Losbaum zwischen Mitte Dezember und Mitte Februar bei 12°C. Erde: Einheitserde oder TKS. Wasser: Braucht nur maßvolle Bodenfeuchte, dafür viel Luftfeuchtigkeit. Während der Ruhezeit im Winter kaum gießen. Enthärtetes, lauwarmes Wasser verwenden. Düngen: Von März bis September einmal wöchentlich. Umpflanzen: Alle ein bis zwei Jahre Mitte Februar. Vermehrung: Durch Stecklinge im Mai im heizbaren Vermehrungsbeet. Schädlinge, Krankheiten und ihre Ursachen: Blüten- und Knospenfall durch zu lufttrockenen Stand. Laubschäden durch zu „kalte Füße".

Clivia miniata

Klivie, Riemenblatt — Amaryllidaceae, Amaryllisgewächse

Höhe/Länge	0	25cm	50cm	75cm	1m	1,25m	1,5m	1,75m	2m	2,25m	2,5m	2,75m	3m ▷
Blütezeit	Jan	Feb	März	Apr	Mai	Juni	Juli	Aug	Sept	Okt	Nov	Dez
Blütenfarbe	weiß/beige	gelb	orange	rosa	rot	purpur	violett	blau	grün			
Verwendung												

Merkwürdig, gerade in Gaststätten, wo sich kaum jemand um die Klivie kümmert, wo permanent schlechte Luft ist und meist auch nicht so gute Lichtverhältnisse herrschen, da stehen die prachtvollsten Klivien. Der Grund ist, daß dieser Gast aus Südamerika am liebsten jahraus, jahrein seine Ruhe hat und möglichst nicht von der Stelle bewegt wird.
Standort: Hell von Oktober bis Ende Februar, den Rest des Jahres halbschattig. Die Pflanze möglichst nicht drehen, Lichtmarke anbringen! Von Oktober bis Ende Februar kühl, nicht über 12°C halten. Die Pflanze braucht diese Ruheperiode zur Blütenbildung. Später wärmer stellen (18°–20°C). Erde: Einheitserde, eventuell mit etwas Lehm und gut verrottetem Stallmist angereichert. Wasser: Über Sommer reichlich gießen, aber Fußbäder und Staunässe vermeiden, sonst faulen die fleischigen Wurzeln. Von Oktober bis Ende Februar fast trocken halten. Während des Blattwachstums und der Entwicklung des Blütentriebes sprühen. Blätter gelegentlich mit einem feuchten Wattebausch vom Staub befreien. Düngen: Von Frühjahr bis Juli alle 14 Tage. Umpflanzen: Jungpflanzen jährlich. Wurzeln schonen! Vermehrung: Durch Kindel (Ableger) und Samen. Bis zur ersten Blüte dauert es drei bis sechs Jahre. Schädlinge, Krankheiten und ihre Ursachen: Bei zu warmem Winterstandort Schmier- und Schildläuse. Zu kurze Blütenschäfte sind eine Folge mangelnder Wärme während der Blütenbildung.

Coffea arabica

Kaffeebäumchen — Rubiaceae, Krappgewächse

Höhe/Länge	0	**25cm**	**50cm**	**75cm**	**1m**	**1,25m**	**1,5m**	**1,75m**	**2m**	2,25m	2,5m	2,75m	3m ▷
Blütezeit	Jan	Feb	März	Apr	Mai	**Juni**	**Juli**	**Aug**	**Sept**	Okt	Nov	Dez	
Blütenfarbe	**weiß**/beige	gelb	orange	rosa	rot	purpur	violett	blau	grün				
Verwendung													

Wenn der etwas heikle Kaffeebaum die ersten vier Jahre ohne Schaden übersteht, überrascht er uns mit wundervoll duftenden Blütenbüscheln. Samen- bzw. Kaffeebohnenansatz gelingt aber nur, wenn man den Pollen mit einem feinen Pinsel von einer Blüte zur anderen überträgt. Standort: Sehr hell, aber vor direkter Sonne geschützt. Ganzjährig warm, auch im Winter nie unter 15°C, aber auch möglichst nicht über 20°C. Boden- und Lufttemperatur sollten gleich sein. Erde: Einheitserde. Wasser: Mäßig, aber regelmäßig mit weichem Wasser gießen und sprühen. Hartes, kaltes Wasser ist Gift für den Kaffeebaum! Düngen: Von Frühjahr bis Herbst alle Wochen mit Rhododendrondünger, im Winter alle sechs bis acht Wochen. Umpflanzen: Alle ein bis zwei Jahre, ältere Exemplare in größeren Abständen. Vermehrung: Das ganze Jahr über möglich, bevorzugt aber von November bis Januar. Samen in nahrhafte Erde mit Torf und Sand stecken. Nicht übersieben, mit Pappe dunkel halten! Keimt in unregelmäßigen Zeitabständen. Schädlinge, Krankheiten und ihre Ursachen: Spinnmilben und Schildläuse durch zu trockene Zimmerluft oder zu warmen Winterstand. Plötzlicher Blattfall durch Standortwechsel und Zugluft. Vertrocknete Knospen und eingerollte Blätter kommen von mangelnder Luftfeuchtigkeit, braune Blätter werden durch hartes Gießwasser verursacht, Wurzelschäden, Verbrennungen durch zu sonnigen Stand.

Columnea

Kolumnee — Gesneriaceae, Gesneriengewächse

Höhe/Länge	0	**25cm**	**50cm**	**75cm**	**1m**	**1,25m**	**1,5m**	1,75m	2m	2,25m	2,5m	2,75m	3m ▷
Blütezeit	**Jan**	**Feb**	**März**	Apr	Mai	Juni	Juli	Aug	Sept	Okt	Nov	Dez	
Blütenfarbe	weiß/beige	gelb	**orange**	rosa	rot	purpur	violett	blau	grün				
Verwendung													

Wer in einem Blumenladen ihre feuerroten Blütenkaskaden sieht, kann selten widerstehen. Ganz einfach ist die Pflege aber nicht. Obwohl die neueren Züchtungen weniger urwaldsüchtig sind, verträgt die *Columnea* bis heute trockene Luft und Sonne nicht sonderlich gut. Wer ihr allerdings ein luftfeuchtes Blumenfenster bieten kann, wird mit üppigem Blütenflor belohnt. Die schönste unter den Kolumneen heißt *Columnea gloriosa* 'Purpurea'. Für die Zimmerkultur kommen nur die neuen Sorten von *Columnea hybrida* in Frage, da sie trockene Luft besser tolerieren. Standort: Hell bis halbschattig. Im Sommer in einen lichtdurchlässigen Baum hängen. Wintertemperatur: 15°–18°C. Erst wärmer stellen, wenn die Blütenknospen gut einen ½ cm groß sind. Sonst fallen sie vorzeitig ab. Faustregel: Die *Columnea* wächst am besten bei 18°–25°C und bildet am sichersten Blüten, wenn sie mindestens 40 Tage lang 12° bis 15°C kühl gestanden hat. Erde: TKS oder Einheitserde mit Sphagnum. Wasser: Mit weichem, warmem Wasser gleichmäßig gießen. Pflanze benötigt ständig hohe Luftfeuchtigkeit. Im Winter kaum gießen. Düngen: Wöchentlich mit kalkfreiem Dünger. Umpflanzen: Nach der Blüte in flache Gefäße. Sparrige Pflanzen und hängende Arten zurückschneiden, da nur neue Triebe blühen. Vermehrung: Gärtnersache. Schädlinge, Krankheiten und ihre Ursachen: Laubfall durch Zugluft. Bei zu trockener Zimmerluft verkahlen die langen Triebe. Empfehlenswert ist ein elektrischer Luftbefeuchter.

Crocus vernus

Treibkrokus — Iridaceae, Irisgewächse

Höhe/Länge	**0 – 25cm** 50cm 75cm 1m 1,25m 1,5m 1,75m 2m 2,25m 2,5m 2,75m 3m ▷
Blütezeit	**Jan** **Feb** März Apr Mai Juni Juli Aug Sept Okt Nov **Dez**
Blütenfarbe	**weiß**/beige gelb orange **rosa** rot **purpur** **violett** **blau** grün
Verwendung	

Krokusse werden an und für sich selten angetrieben. Ihre Blüten halten im Zimmer nur kurze Zeit, manchmal kaum länger als einige Stunden. Meist liegt dies an einem viel zu warmen Standort. Sowie die kleinen Blütenkelche sich öffnen, sollte man die Zwiebeln in einen kühlen Raum stellen.

Die Vorkultur entspricht weitgehend der von Tulpen und Narzissen. Anfang bis Mitte September werden jeweils 8 bis 12 Krokusknollen flach in eine Schale gepflanzt, gut angegossen und dann für mindestens 8 Wochen an einen dunklen, sehr kühlen Platz gestellt. Dabei sollte man sie gleichmäßig feucht halten. Nach dieser Zeit, in der die Krokusse ihre Wurzeln bilden, gewöhnt man sie langsam an höhere Temperaturen, hält sie aber dunkel, bis sich die Blütenknospen zu färben beginnen. Krokusse, die zu früh ans Licht geholt werden, treiben nur Laub, während die erwarteten Blüten steckenbleiben.

Crossandra infundibuliformis

Crossandra — Acanthaceae, Bärenklaugewächse

Höhe/Länge	0 **25cm – 50cm** 75cm 1m 1,25m 1,5m 1,75m 2m 2,25m 2,5m 2,75m 3m ▷
Blütezeit	**Jan** **Feb** März Apr Mai Juni Juli Aug Sept **Okt** **Nov** **Dez**
Blütenfarbe	weiß/beige gelb **orange** rosa rot purpur violett blau grün
Verwendung	

Ein tropischer Dauerblüher aus Indien und Ceylon. Während die *Crossandra* früher als heikles Gewächs galt, das ausschließlich im Tropenfenster gehalten werden konnte, gibt es heute dank Gärtnerkunst weniger tropensüchtige Sorten. Eine der schönsten und bekanntesten heißt 'Mona Wallhed'. Diese schwedische Züchtung ist weltweit beliebt und blüht auch bei Zimmerkultur sehr willig. Während die reine Art von *Crossandra* in ihrer Heimat meterhoch wächst, erreicht die Varietät 'Mona Wallhed' kaum die halbe Höhe. Die Blüten sind orange bis lachsfarben getönt und gaben wegen ihrer Form der Pflanze den Zunamen „infundibuliformis", was soviel wie trichterförmig heißt.

Standort: Hell, aber vor direkter Sonneneinstrahlung schützen. Ganzjährig warm, im Frühjahr und Sommer um 20°C, im Winter um 18°C. Wichtig: Warme Bodentemperatur. Kann in den Sommermonaten ins Freie an gut geschützten Platz. Erde: Einheitserde und TKS. Wasser: Mäßig, aber regelmäßig mit temperiertem, enthärtetem Wasser gießen. Liebt hohe Luftfeuchtigkeit. Blätter öfter sprühen. Düngen: Von Frühjahr bis Herbst wöchentlich, im Winter alle Monate. Umpflanzen: In jedem Frühjahr. Vermehrung: Durch Kopfstecklinge im heizbaren Vermehrungsbeet. Schädlinge, Krankheiten und ihre Ursachen: Einrollen der Blätter durch Ballen- und Lufttrockenheit, Wachstumsstörungen durch zu kalten Stand.

Cyclamen persicum

Alpenveilchen — Primulaceae, Primelgewächse

Höhe/Länge	0	**25cm**	50cm	75cm	1m	1,25m	1,5m	1,75m	2m	2,25m	2,5m	2,75m	3m ▷
Blütezeit	**Jan**	**Feb**	März	Apr	Mai	Juni	Juli	Aug	Sept	Okt	Nov	**Dez**	
Blütenfarbe	**weiß**/beige	gelb	orange	rosa	**rot**	**purpur**	**violett**	blau	grün				
Verwendung													

Schade, daß diese beliebte Topfpflanze nach der Blüte allzu leichtfertig weggeworfen wird, denn die Weiterkultur ist so einfach wie lohnend. Das ganze Pflegegeheimnis des Alpenveilchens heißt Kühle. Es stammt nämlich aus bergigen Waldregionen, wo es im lichten Schatten auf Kalkboden, im Geröll oder im Laubhumus wächst. Es blüht, wenn es draußen noch kalt ist: im Spätwinter und Frühling. Kein Wunder also, daß sich *Cyclamen* im kühlen Schlafzimmer wohler fühlen als im geheizten Wohnraum, wo sie rasch schlappe Stengel bekommen und faulen.
Standort: Hell, aber nicht vollsonnig. Ganzjährig luftig und nicht zu warm (15°–18°C). Die Pflanze nach den Eisheiligen an einen schattigen Platz im Garten stellen. Vor den Frösten hereinholen. Erde: Einheitserde oder TKS. Wasser: Hiermit wird am meisten gesündigt. Pflanze gleichmäßig feucht, aber nie naß halten. Nicht auf die Knolle gießen. Düngen: Alle acht Tage. Umpflanzen: Alle Jahre im Herbst. Verbrauchte Erde ausschütteln, Knollen oben etwas aus der Erde herausgucken lassen. Vermehrung: Aus Samen im geheizten Beet bei 20°C. Schädlinge, Krankheiten und ihre Ursachen: Bei nicht zusagenden Standorten kommt alles mögliche vor. Schlimmste Feinde: Staunässe, warmer und lufttrockener Stand.
Tip: Im Handel sind auch *Cyclamen* mit Duft oder kleinen Blüten, außerdem noch andere, botanisch interessante Cyclamenarten.

Cytisus

Geißklee, Ginster — Leguminosae, Hülsenfrüchtler

Höhe/Länge	0	25cm	**50cm**	75cm	1m	1,25m	1,5m	1,75m	2m	2,25m	2,5m	2,75m	3m ▷
Blütezeit	Jan	Feb	**März**	**Apr**	Mai	Juni	Juli	Aug	Sept	Okt	Nov	Dez	
Blütenfarbe	weiß/beige	**gelb**	orange	rosa	rot	purpur	violett	blau	grün				
Verwendung													

Die Glockenblume bekommt Gesellschaft. Auch der Geißklee liebt ausnahmsweise kalkhaltiges Gießwasser und kalkhaltige Erde. Das ist ja selten bei unseren sogenannten Zimmerpflanzen. Einen Nachteil des Geißklees darf man dennoch nicht verschweigen: Für warme Wohnstuben ist er nicht geeignet. Wenn er im Frühjahr blüht, quartiert man ihn besser ins ungeheizte Schlafzimmer um. Für den Botaniker ist *Cytisus* eine Kalthauspflanze. Woher die Vorfahren des mit leuchtend gelben Trauben blühenden Gehölzes stammen, weiß man nicht genau. Man vermutet die Eltern der heute angebotenen Züchtungen aber auf den Kanarischen Inseln und auf Madeira.
Standort: Ganzjährig hell bis sonnig, sogar im Winter. Nach den Eisheiligen am besten ins Freie, im Herbst hereinholen und nicht wärmer als 10°C stellen. Erde: Einheitserde oder selbsthergestelltes Substrat aus Gartenerde, Lehm und Sand. Wasser: Mäßig, aber ständig feucht halten. Im Winter etwas weniger gießen. Düngen: Vom Frühjahr bis zum Herbst wöchentlich, im Winter monatlich. Umpflanzen: Junge Pflanzen alle Jahre, ältere seltener. Vermehrung: Durch Stecklinge, die man im Sommer schneidet. Nach der Blüte Rückschnitt möglich. Schädlinge, Krankheiten und ihre Ursachen: Bleichsucht der Blätter und mickrige Triebe durch zu sauren Boden.

Episcia cupreata

Schattenröhre, Episcie — Gesneriaceae, Gesneriengewächse

Höhe/Länge	0	**25cm**	50cm	75cm	1m	1,25m	1,5m	1,75m	2m	2,25m	2,5m	2,75m	3m	▷
Blütezeit	Jan	Feb	März	Apr	Mai	**Juni**	**Juli**	**Aug**	**Sept**	Okt	Nov	Dez		
Blütenfarbe	weiß/beige	gelb	orange	rosa	**rot**	purpur	violett	blau	grün					
Verwendung														

Ihr Name sagt schon, wo sie stehen möchte: episkios heißt so viel wie „beschattet“. Im Handel sind heute unterschiedliche Sorten mit wundervollen Blattzeichnungen, z. B. 'Silver Sheen', erhältlich. Die Schattenröhre wird gern als attraktiver Bodendecker fürs Tropenfenster genommen. In ihrer süd- und mittelamerikanischen Heimat wächst sie in tropischen Regenwäldern teppichartig in tiefem Schatten. Ohne genügende Luftfeuchtigkeit und Wärme kann sie nicht leben. Selbst wenn man sie in Ampeln hält, was bezaubernd aussieht, ist ihr angestammter Platz das geschlossene Blumenfenster oder die Vitrine. Neben der rotblühenden *Episcia cupreata,* 'Frosty' ist eine der schönsten Sorten, findet man manchmal auch die ähnlich aussehende rosablühende *Episcia reptans.*
Standort: Halbschattig. Sommertemperatur warm und feucht, im Winter etwas lufttrockener, aber nie unter 18 °C. Erde: Torfreiche Blumenerde mit Holzkohlezusatz. Wasser: Von Frühjahr bis Herbst gleichmäßig feucht halten. Bei unzureichender Luftfeuchte sprühen. Temperiertes, enthärtetes Wasser verwenden. Düngen: Von März bis August alle Monate. Umpflanzen: Bei Bedarf in flache Gefäße. Für guten Wasserabzug sorgen. Vermehrung: Durch Ausläufer bei 25 °C Bodenwärme. Schädlinge, Krankheiten und ihre Ursachen: Asseln und Schnecken. Zugluft wird nicht gut vertragen.

Euphorbia milii

Christusdorn, Dornenkrone — Euphorbiaceae, Wolfsmilchgewächse

Höhe/Länge	0	25**cm**	**50cm**	**75cm**	**1m**	1,25m	1,5m	1,75m	2m	2,25m	2,5m	2,75m	3m	▷
Blütezeit	Jan	Feb	März	Apr	Mai	**Juni**	**Juli**	**Aug**	Sept	Okt	Nov	Dez		
Blütenfarbe	weiß/beige	gelb	orange	rosa	**rot**	purpur	violett	blau	grün					
Verwendung														

Beinahe ununterbrochen blüht der stachelbewehrte Verwandte des Weihnachtssterns. Er ist ein unverdrossener, anspruchsloser Hausgenosse, der trockene Heizungsluft, Wärme und prallsonnige Fenster duldet. Der Christusdorn stammt aus den Granitbergen im Hochland von Madagaskar und bildet lange, etwa bleistiftstarke bedornte Triebe, die sich formen lassen. Neuere Hybriden, z. B. Stirnadels 'Gabriela', wachsen auch aufrecht und können bis zu 60 cm hoch werden.
Standort: Ganzjährig hell und warm. Kann über Sommer ins Freie an einen windgeschützten Platz in die Erde eingesenkt werden. Ein Standort an einem Wintersonnenfenster bei Temperaturen zwischen 25° und 30 °C begünstigt die Blütenbildung. Wichtig ist, daß die Pflanze dort nicht länger als 40–50 Tage steht und daß sie kein Abendlicht bekommt (Kurztage). Erde: Sandig-humose Erde. Wasser: Mäßig gießen. Im Winter bei warmem Stand nur so viel, daß der Ballen nicht austrocknet. Düngen: Von Frühjahr bis Spätsommer alle 14 Tage. Umpflanzen: Junge Pflanzen alle zwei Jahre. Vermehrung: Durch Stecklinge im Frühjahr. Ältere Triebstücke verwenden. Schnittflächen einen Tag trocknen lassen, dann Stecklinge in ein Erde-Sand-Gemisch geben. Schädlinge, Krankheiten und ihre Ursachen: Laubfall durch zu kühlen Stand, zuviel Wasser oder beides.
Achtung: Der Christusdorn ist giftig. Saft nicht auf offene Schleimhäute oder Wunden bringen!

Euphorbia pulcherrima

Weihnachtsstern, Poinsettie — Euphorbiaceae, Wolfsmilchgewächse

Höhe/Länge	0	**25cm**	**50cm**	75cm	1m	1,25m	1,5m	1,75m	2m	2,25m	2,5m	2,75m	3m ▷
Blütezeit	**Jan**	**Feb**	März	Apr	Mai	Juni	Juli	Aug	Sept	Okt	Nov	**Dez**	
Blütenfarbe	**weiß/beige**	gelb	orange	rosa	**rot**	purpur	violett	blau	grün				
Verwendung													

Gekauft wird er als Saisonpflanze. Dabei braucht der Weihnachtsstern nach den Feiertagen durchaus nicht auf dem Kompost zu landen. Werfen Sie die Pflanze nur weg, wenn sie von Woll- und Schildläusen befallen ist. Bei noch tadellosen Pflanzen lohnt die Weiterkultur. Manchem gelingt sogar die Erziehung eines Kronenbäumchens. Voraussetzung: Pflanzen nach der Blüte auf 15 cm zurückschneiden und in neue Erde pflanzen. Zur Blütenbildung und Färbung der roten Hochblätter darf der Weihnachtsstern im September zwei Monate lang bei einer Temperatur von 15°–18 °C nur acht bis zehn Stunden Tageslicht bekommen. Schon das Einschalten von Licht oder eine Straßenlaterne bringen alles durcheinander. Der Gärtner nennt diese eingeschränkten Lichtgaben Kurztage. Für die restliche Zeit wird wie folgt kultiviert.
Standort: Ganzjährig hell, aber nicht knallsonnig. Übersommerung an einem geschützten Platz im Freien möglich. Im Winter kühler stellen (10°–15°C), ansonsten 18°–25°C. Erde: TKS, Einheitserde. Wasser: Von Mai bis November reichlich gießen, auch lauwarm sprühen. Nach der Blüte bis Mai sehr sparsam. Nie mit kaltem Wasser gießen. Düngen: Von Juni bis Oktober wöchentlich. Umpflanzen: Siehe oben. Vermehrung: Aus Triebspitzen im Sommer. Sie wurzeln aber nur bei 22°–25°C. Schädlinge und Krankheiten: Woll- und Schildläuse durch Lufttrockenheit. Der Saft, der bei Beschädigung der Pflanze austritt, ist sehr giftig. „Blutfluß" der Pflanze mit brennendem Streichholz stoppen.

Exacum affine

Blaues Lieschen, Bitterblatt — Gentianaceae, Enziangewächse

Höhe/Länge	0	**25cm**	50cm	75cm	1m	1,25m	1,5m	1,75m	2m	2,25m	2,5m	2,75m	3m ▷
Blütezeit	Jan	Feb	März	Apr	Mai	Juni	**Juli**	**Aug**	**Sept**	Okt	Nov	Dez	
Blütenfarbe	weiß/beige	gelb	orange	rosa	rot	purpur	**violett**	blau	grün				
Verwendung													

Obwohl das Bitterblatt genauso emsig blüht wie das Fleißige Lieschen, hat es mit dem Balsaminengewächs botanisch überhaupt nichts zu tun. Das *Exacum,* sein Heimatort ist die Insel Sokotra am Golf von Aden, zeigt vielmehr, daß Enziangewächse nicht nur in den Alpen vorkommen. Bei uns wird das Blaue Lieschen einjährig gehalten, man kann es aber auch überwintern. Die Pflanze wird etwa 30 cm hoch und blüht blauviolett, am intensivsten ist der Farbton bei der Sorte 'Atrocoeruleum'. Die zumeist im Juli erhältlichen blühenden Pflanzen besitzen einen wunderschönen Duft. Man kann sie übrigens auch im Balkonkasten halten, wo sie sich neben den rotblühenden Fleißigen Lieschen recht hübsch machen.
Standort: Hell und sonnig, aber vor Mittagssonne schützen! Normale Zimmertemperatur, luftig. Bei Überwinterung reichen 15°C. Erde: Einheitserde, TKS. Wasser: Mäßig, aber regelmäßig mit enthärtetem Wasser gießen. Bei Ballentrockenheit rieseln die Blüten. Düngen: Bis zum Herbst regelmäßig alle Wochen. Umpflanzen: Nicht nötig, da man von der überwinterten Pflanze nur die Stecklinge benötigt. Vermehrung: Durch Stecklinge im Frühjahr oder durch Samen. Aussaat im Februar unter Glas. Samen nicht mit Erde abdecken. Sämlinge zweimal verpflanzen, dann in Einheitserde topfen. Schädlinge und Krankheiten: Kaum bekannt. Da man die Pflanze auch nur eine Saison behält, unerheblich.

Gardenia jasminoides

Gardenie — Rubiaceae, Krappgewächse

Höhe/Länge	0	25cm	**50cm**	75cm	1m	1,25m	1,5m	1,75m	2m	2,25m	2,5m	2,75m	3m ▷
Blütezeit	**Jan**	**Feb**	März	Apr	Mai	Juni	Juli	Aug	Sept	Okt	Nov	**Dez**	
Blütenfarbe	**weiß**/beige	gelb	orange	rosa	rot	purpur	violett	blau	grün				
Verwendung													

Im vorigen Jahrhundert galt es als schick, im Knopfloch eine weiße Gardenienblüte zu tragen. Damals blühte der Handel mit diesem immergrünen Strauch aus Ostasien. Heute ist die Gardenie wieder im Kommen. Sogar in den Gartenkatalogen der Versandhäuser findet man sie schon im Angebot. Die kulturwürdigste Sorte heißt 'Veitchi'. Die rosenähnlichen, weißen, wundervoll duftenden Blüten erscheinen im Winter. Es ist nicht ganz einfach, sie alljährlich wieder zu neuer Blüte zu bringen. Standort: Bei Freilandaufenthalt im Weinbaugebiet ab Juni hell und sonnig, am Fenster hell, aber vor Mittagssonne geschützt. Warme Temperaturen im Frühjahr und Sommer, im Winter kühl, etwa 15°–18°C, bei hellem Stand. Erde: Einheitserde, TKS, Rhododendronerde. Wasser: Mäßig, aber gleichmäßig mit enthärtetem, temperiertem Wasser gießen. Kaltes und kalkhaltiges (hartes) Wasser ist Gift! Düngen: Ab Austriebsbeginn vier Monate lang mit einem kalkarmen Dünger. Umpflanzen: Vor Austrieb. Jungpflanzen jährlich, ältere nur alle vier Jahre. Vermehrung: Mit Kopfstecklingen. Bodenwärme von 25°C erforderlich. Plastikhaube über den Topf stülpen. Schädlinge, Krankheiten und ihre Ursachen: Rote Spinne, Schmierläuse und Thripse durch Pflegefehler. Knospenfall durch Lichtmangel bei zuviel Wärme. Bleichsucht durch zu hartes Wasser oder nasse, „kalte Füße".

Gloriosa rothschildiana

Ruhmeskrone, Gloriose — Liliaceae, Liliengewächse

Höhe/Länge	0	25cm	**50cm**	**75cm**	**1m**	**1,25m**	**1,5m**	**1,75m**	**2m**	2,25m	2,5m	2,75m	3m ▷
Blütezeit	Jan	Feb	März	Apr	Mai	**Juni**	**Juli**	**Aug**	Sept	Okt	Nov	Dez	
Blütenfarbe	weiß/beige	gelb	**orange**	rosa	**rot**	purpur	violett	blau	grün				
Verwendung													

Die Ruhmeskrone ist die einzige kletternde Lilie unter den Topfpflanzen. Ihre exotischen Blüten sind beliebte Schnittblumen. Sie erscheinen von Juni bis zum Herbst in feurigem, orangegelb gesäumtem Lackrot. Die mehr als 2 m hoch kletternde *Gloriosa* ist im tropischen Afrika beheimatet und liebt Sonne und Wärme. Man kann sie, ähnlich wie Dahlien, auch frei im Garten auspflanzen oder in einem geräumigen Kübel mit Spalier auf einem zugluftfreien Balkon kultivieren. Erhältlich sind fertige Pflanzen im Frühsommer oder Knollen, die man im März antreiben muß. Dabei ist darauf zu achten, daß die Vegetationsspitze am Ende der walzenförmigen Knolle intakt ist.
Standort: Zum Antreiben und während der Wachstumsperiode hell, sonnig und warm. Ruhende Knollen im Winter bei 17°C bodentrocken, aber wenn möglich etwas luftfeucht halten. Erde: TKS oder Einheitserde mit Lehm und Sand. Wasser: Bis September gleichmäßig feucht halten. Ab Austrieb bis Knospenbildung zusätzlich sprühen. Staunässe meiden! Düngen: Ab Austrieb alle Wochen bis Ende August. Umpflanzen: Im März überwinterte Knollen aus der Erde nehmen, Vertrocknetes entfernen und die neugebildeten Knollen etwa zweifingertief in ein großes Pflanzgefäß flach auslegen. Vermehrung: Durch Teilen der Knollen. Gelingt aber nicht immer. Schädlinge, Krankheiten und ihre Ursachen: Spinnmilbenbefall bei zu trockener Luft. Blühfaulheit bei zu wenig Wärme und Licht im Frühjahr.

Gossypium herbaceum

Baumwolle — Malvaceae, Malvengewächse

Höhe/Länge	0	**25cm**	**50cm**	75cm	1m	1,25m	1,5m	1,75m	2m	2,25m	2,5m	2,75m	3m ▷
Blütezeit	Jan	Feb	März	Apr	Mai	**Juni**	**Juli**	**Aug**	Sept	Okt	Nov	Dez	
Blütenfarbe	weiß/**beige**	gelb	orange	rosa	rot	purpur	violett	blau	grün				
Verwendung													

Die Baumwolle, exotischer Vetter von Stockrose und Hibiskus, wird selten als fertige Topfpflanze angeboten. Dazu macht es viel zu viel Spaß, sie aus Samen selbst heranzuziehen. Auf der Fensterbank wird die Pflanze etwa 40 cm hoch. Meist blüht sie ein halbes Jahr nach der Aussaat mit schönen, cremegelben Blüten. Diese befruchten sich selbst und bilden nach neun Wochen grüne Kapseln, die später platzen und die berühmten schneeweißen Watteballchen freigeben.
Anzucht: Die günstigste Aussaatzeit für Baumwolle sind die Monate Januar und Februar. Man gibt drei bis vier Samen in einen Topf mit angefeuchteter Blumenerde. Den Samen etwas an die Erde drücken und mit einem Blatt Papier abdecken. Sobald die ersten beiden Blättchen erscheinen, Papier entfernen. Topf so hell wie möglich stellen und ständig warm halten. Wenn die Jungpflanzen etwa 10 cm hoch sind, wird in größere Töpfe pikiert.
Standort: Hell bis sonnig. Aussaaten und Sämlinge warm halten. Später an gut gelüftetem Platz abhärten. Erde: Einheitserde. Wasser: Viel gießen, besonders im Sommer. Düngen: Ein- bis zweimal wöchentlich. Umpflanzen: Gesund gebliebene Pflanzen nach Bedarf. Vermehrung: Durch Samen. Schädlinge, Krankheiten und ihre Ursachen: Spinnmilben durch ungünstigen Standort. Da Baumwolle im allgemeinen als sehr krankheitsanfällig gilt, wirft man die Pflanze nach der Blüte meistens weg.

Guzmania

Guzmanie — Bromeliaceae, Ananasgewächse

Höhe/Länge	0	**25cm**	50cm	75cm	1m	1,25m	1,5m	1,75m	2m	2,25m	2,5m	2,75m	3m ▷
Blütezeit	**Jan**	Feb	März	Apr	Mai	Juni	Juli	Aug	Sept	Okt	**Nov**	**Dez**	
Blütenfarbe	weiß/beige	gelb	orange	rosa	**rot**	purpur	violett	blau	grün				
Verwendung													

Die leuchtend roten Herzblätter, wie sie *Guzmania lingulata* und ihre Spielarten und auch *Guzmania minor* und *Guzmania splendens* besitzen, sind das Auffälligste und Schönste an dieser Bromelie. Sie glänzen wie teurer Satin und kontrastieren wundervoll mit den weichen, grünen Blättern, von denen sie umgeben sind. Außerdem halten sie viel länger als die eigentlichen Blüten. Wer Guzmanien sammeln möchte, dem sei noch *Guzmania monostachya* ans Herz gelegt, die einen aparten, dreifarbigen Blütenstand hervorbringt, während *Guzmania musaico* auch ohne Blüten eine Schönheit ist. Lieblingsplatz all dieser Tropengewächse ist das feuchtwarme Blumenfenster. Die heute im Handel befindlichen Kulturformen von *Guzmania lingulata* und *Guzmania monostachya* vertragen jedoch auch Zimmeraufenthalt recht gut.
Standort: Hell bis halbschattig und ganzjährig warm. Nie unter 18 °C gehen. Das gleiche gilt für die Bodentemperatur. Erde: Einheitserde oder TKS mit Styromull. Wasser: Trichter ganzjährig gleichmäßig gefüllt, ebenso die Erde gleichmäßig leicht feucht halten. Nässe vermeiden! Düngen: Im Sommer alle 8–14 Tage schwach konzentriert (1–2 g auf 1 l), im Winter alle zwei Monate. Umtopfen: Jedes Jahr. Vermehrung: Wenn vorhanden, durch Kindel. Schädlinge, Krankheiten und ihre Ursachen: Braune Blattränder und Wurzelfäulnis durch zu viel Nässe und Unterkühlung.

Haemanthus

Blutblume — Amaryllidaceae, Amaryllisgewächse

Höhe/Länge	0, **25cm, 50cm**, 75cm, 1m, 1,25m, 1,5m, 1,75m, 2m, 2,25m, 2,5m, 2,75m, 3m ▷
Blütezeit	Jan, Feb, März, Apr, Mai, Juni, **Juli, Aug, Sept, Okt**, Nov, Dez
Blütenfarbe	**weiß**/beige, gelb, orange, rosa, **rot**, purpur, violett, blau, grün
Verwendung	

Am bekanntesten und am leichtesten zu pflegen ist *Haemanthus albiflos,* das Elefantenohr. Es blüht von Sommer bis Herbst mit weißen Kugeln und schönen gelben Staubgefäßen und besitzt dickfleischige, immergrüne Blätter. Mit großen scharlachroten Blütenkugeln schmücken sich *Haemanthus katharinae* und seine Varietät 'König Albert'. Während das sukkulente Elefantenohr als anspruchslose Kalthauspflanze gilt und ähnlich wie Kakteen oder Sukkulenten gehalten wird, pflegt man die rote Blutblume eher wie Amaryllis. Ab Ende August stellt man das Gießen langsam ein, damit die Blätter einziehen können. Im Januar und Februar treibt die Zwiebel dann wieder aus.

Standort: *Haemanthus albiflos* ganzjährig sonnig, wenn möglich im Winter um 12°C. *Haemanthus katharinae* hell und warm. Nach dem Verwelken der Blätter den Topf bei 15°C hell und fast trocken überwintern. Erde: Einheitserde oder TKS mit Lehm und Sand zu gleichen Teilen. Wasser: *Haemanthus albiflos* ganzjährig mäßig gießen. *Haemanthus katharinae* ab Austrieb bis August mäßig feucht halten. Düngen: Beide Arten im Sommer alle 14 Tage. Umpflanzen: *Haemanthus albiflos* nur bei Bedarf. Rotblühenden *Haemanthus* bei Austrieb in frische Erde setzen. Nur die oberste Schicht der alten Erde entfernen und die Zwiebel wie bei Amaryllis zur Hälfte aus der Erde gucken lassen. Vermehrung: Durch Kindel. Schädlinge, Krankheiten und ihre Ursachen: Staunässe ist für beide Gift.

Hibiscus rosa-sinensis

Roseneibisch — Malvaceae, Malvengewächse

Höhe/Länge	0, **25cm, 50cm, 75cm, 1m, 1,25m, 1,5m, 1,75m**, 2m, 2,25m, 2,5m, 2,75m, 3m ▷
Blütezeit	Jan, Feb, März, Apr, Mai, **Juni, Juli, Aug, Sept, Okt**, Nov, Dez
Blütenfarbe	weiß/beige, **gelb, orange, rosa**, rot, **purpur**, violett, blau, grün
Verwendung	

In tropischen und subtropischen Gärten wächst er mit ähnlicher Pracht wie hierzulande die Parkrosen. Der Roseneibisch, übrigens die Nationalblume Hawaiis, ist besonders sonnenhungrig. Entsprechend glühend fallen auch seine Blütenfarben aus! Überdimensional groß im Vergleich zum Laub erscheinen die farbintensiven Blumentrichter der neuen Züchtungen. Ob man das mag oder nicht, in jedem Fall halten die Blüten länger als die alten, kleinblütigeren Sorten, die nach einem Tag abfallen.

Standort: Sonnig oder sehr hell. Ab Juni ins Freie an einen geschützten Platz. Ältere Pflanzen auch prallsonnig. Temperatur: Frühjahr bis Herbst warm, danach 12°–15°C. Erde: Liebt lockere, humose, kalkhaltige Erde mit Sand und Torfzusatz. Wasser: Bis September regelmäßig und reichlich gießen. Bei Ballentrockenheit Knospenfall! Ab September mäßig gießen, öfter sprühen. Düngen: Ab Austriebsbeginn bis Mitte August wöchentlich. Großes Nährstoffbedürfnis. Umpflanzen: Jungpflanzen jährlich bei Austriebsbeginn im Februar, ältere in größeren Abständen. Bei Jungpflanzen durch Einkürzen der Triebspitze buschigen Wuchs erzwingen, ältere kräftig zurückschneiden. Vermehrung: Durch kaum verholzte Kopfstecklinge bei 24°–26°C Bodenwärme und über den Topf gestülpter Plastikhaube. Schädlinge, Krankheiten und ihre Ursachen: Wolläuse und Rote Spinne durch Zugluft, Knospenfall durch Ballentrokkenheit und Hunger. Blattrollen durch Lufttrockenheit.

Hippeastrum

Amaryllis, Ritterstern — Amaryllidaceae, Amaryllengewächse

Höhe/Länge	0, 25cm, **50cm, 75cm, 1m**, 1,25m, 1,5m, 1,75m, 2m, 2,25m, 2,5m, 2,75m, 3m
Blütezeit	Jan, **Feb, März, Apr, Mai**, Juni, Juli, Aug, Sept, Okt, Nov, Dez
Blütenfarbe	**weiß**/beige, gelb, orange, **rosa**, rot, **purpur**, violett, blau, grün
Verwendung	

Sie ist eine auffallende Schönheit, die Amaryllis mit ihren eleganten, lilienähnlichen Blüten. Das Farbenspiel der riesigen Blumen reicht von Perlmuttweiß über Rosa bis hin zu samtigem Purpurrot. Auch zweifarbige Blüten sind im gut 200 *Hippeastrum*-Hybriden umfassenden aktuellen Sortiment zu finden. Besonders kostbar erscheinen die weißen, rotgerandeten Blüten, die aussehen wie Ballröcke aus feinpaspeliertem Satin. Wenn man bedenkt, daß diese Pracht aus einer unscheinbaren Zwiebel hervorgezaubert wird! Man ersteht diese Zwiebel meist im Spätherbst oder um die Weihnachtszeit und beginnt Mitte bis Ende Dezember mit der Treiberei.

Standort: Neu erworbene oder gelagerte Zwiebeln nach dem Eintopfen sehr hell stellen und warm halten (25 °C). Nach der Blüte kann die Pflanze bei 15°–20 °C drinnen oder draußen stehen. Erde: Humose, lehmhaltige Erde mit guter Drainage. Die Zwiebel muß zur Hälfte herausgucken. Wasser: Frisch getopfte Zwiebel mit warmem Wasser angießen. Bis Austriebsbeginn nur feucht halten. Wenn die dicken Blütenknospen sich entwickeln, bis Anfang Oktober regelmäßig gießen, dann allmählich weniger. Wenn das Laub verwelkt ist, Zwiebeln in trockenem Torf lagern. Düngen: Bis September wöchentlich. Umpflanzen: Siehe oben. Vermehrung: Durch Kindel, die aber apfelgroß sein müssen. Schädlinge, Krankheiten und ihre Ursachen: Roter Brenner, eine Pilzkrankheit, die durch Lagerung in huminsäurereichem Torf oft allein verschwindet.

Hoya

Wachsblume, Porzellanblume — Asclepiadaceae, Seidenpflanzengewächse

Höhe/Länge	0, 25cm, **50cm, 75cm, 1m, 1,25m, 1,5m, 1,75m, 2m, 2,25m, 2,5m, 2,75m, 3m ▷**
Blütezeit	Jan, Feb, März, Apr, Mai, **Juni, Juli, Aug, Sept, Okt**, Nov, Dez
Blütenfarbe	**weiß**/beige, gelb, orange, rosa, rot, purpur, violett, blau, grün
Verwendung	

Zwei *Hoya*-Arten sind als Zimmerpflanzen besonders beliebt: *Hoya carnosa,* die Fleischige Wachsblume, und *Hoya bella*, die kleinere, wie der Name sagt „schöne" *Hoya.* Wer viel Platz hat und ein Klettergerüst am Fenster anbringen kann, wird an der vitalen immergrünen *Hoya carnosa* seine helle Freude haben. Die etwas wärmebedürftigere *Hoya bella* hält man besser als Ampelpflanze oder im Orchideenkörbchen. Beide blühen im Sommer mit süßlich duftenden Blütendolden. Bei warmem Wetter sondern sie manchmal etwas Honig ab. Bei *Hoya carnosa* ist es wichtig, den kurzen Blütenstiel stehen zu lassen. Daran bilden sich nämlich die neuen Wachsblumen. *Hoya bella* wirft ihn von allein ab.

Standort: Heller Platz ohne Mittagssonne bei Zimmertemperatur und wärmer. Im Herbst und Winter etwas kühler. *Hoya bella* ganzjährig warm. Sie verträgt keine „kalten Füße". Erde: Einheitserde oder TKS, mit Sand gemischt. Wasser: Beide vertragen trockene Zimmerluft gut. Sehr mäßig, aber regelmäßig gießen, im Winter in größeren Abständen. Düngen: Bei hellem Stand wöchentlich. Umpflanzen: Nach Bedarf im Frühjahr. Vermehrung: Im Frühjahr durch Stecklinge. Schädlinge, Krankheiten und ihre Ursachen: Blattfall und Absterben der Triebe durch Staunässe, Blütenfall durch zu dunklen Stand. Weiße Tupfen in den Blättern sind arteigen.

Hyacinthus

Treib-Hyazinthen — Liliaceae, Liliengewächse

Höhe/Länge	0 25cm 50cm 75cm 1m 1,25m 1,5m 1,75m 2m 2,25m 2,5m 2,75m 3m
Blütezeit	Jan Feb März Apr Mai Juni Juli Aug Sept Okt Nov Dez
Blütenfarbe	weiß/beige gelb orange rosa rot purpur violett blau grün
Verwendung	

Für die Blumenzwiebeltreiberei wird die Hyazinthe von allen Zwiebelarten am häufigsten verwendet. Man pflanzt sie ähnlich wie Tulpen oder Narzissen in eine Schale mit Erde, stellt sie zum Bewurzeln 8 bis 10 Wochen lang sehr kühl und dunkel auf und treibt sie dann, nach einer Übergangszeit an einem etwas wärmeren Platz, im geheizten Zimmer an. Die Triebe dabei mit Papierhütchen abdecken, bis sie 10 cm lang sind.

Hyazinthen kann man aber auch auf Gläsern antreiben. Dazu werden präparierte Zwiebeln Mitte September auf spezielle Hyazinthengläser gesetzt. In die Gläser kommt soviel Wasser, daß zwischen Zwiebelboden und Wasseroberfläche gerade noch ein Luftraum von wenigen Millimetern verbleibt. Sodann werden die Gläser an einen dunklen, kühlen Platz gestellt. Wenn die Wurzeln das Wasser berühren, Abstand zum Zwiebelboden auf 1–2 cm vergrößern. Hat der Austrieb eine Länge von 10 cm erreicht, kann man die Hyazinthen langsam an höhere Temperaturen gewöhnen. Die Triebspitze muß mit Hilfe eines Papierhütchens allerdings weiter dunkel gehalten werden. Erst wenn sie die Schutzhaube selbst anhebt, darf man sie ganz entfernen.

Hydrangea macrophylla

Hortensie — Saxifragaceae, Steinbrechgewächse

Höhe/Länge	0 25cm 50cm 75cm 1m 1,25m 1,5m 1,75m 2m 2,25m 2,5m 2,75m 3m
Blütezeit	Jan Feb März Apr Mai Juni Juli Aug Sept Okt Nov Dez
Blütenfarbe	weiß/beige gelb orange rosa rot purpur violett blau grün
Verwendung	

Die erste Bekanntschaft mit der Hortensie macht man meistens bei seiner Kommunion oder Konfirmation. Zum Glück landen die Pflanzen, deren Blütezeit von den Gärtnern vorverlegt wurde, meist nach den Eisheiligen im Garten, wo sie sich in klimatisch günstigen Lagen zu herrlichen meterhohen Sträuchern entwickeln. Die *Hydrangea,* ihr botanischer Name heißt soviel wie Wasserschlürferin, stammt ursprünglich aus Japan. Sie wird dort etwa 4 m hoch und bringt im Frühsommer zahlreiche üppige Blütenkugeln in Weiß, Rosa, Karminrot und in dem künstlich erzeugten Blau hervor.

Standort: Halbschattig, kühl und luftig. Nach den Eisheiligen am besten ins Freie an einen schattigen, windgeschützten Platz stellen oder auspflanzen. Topfpflanzen ab Herbst bei 6 °C überwintern. Ab Dezember etwas wärmer stellen. Erde: Einheitserde, TKS, Rhododendronerde. Wasser: Bis August reichlich mit weichem, warmem Wasser gießen. Danach bis zum Neuaustrieb im Februar/März nur eben feucht halten. Düngen: Bis August mit Rhododendrondünger. Umpflanzen: Zuerst jährlich, später in größeren Abständen. Nicht zurückschneiden! Vermehrung: Gärtnersache. Schädlinge, Krankheiten und ihre Ursachen: Blattläuse durch Zugluft, Mehltau, meist durch zu warmen Stand. Bleichsucht der Blätter durch kalkhaltige Erde und hartes Gießwasser.

Hypocyrta glabra

Kußmäulchen, Hypocyrte — Gesneriaceae, Gesneriengewächse

Höhe/Länge	0 · **25cm · 50cm** · 75cm · 1m · 1,25m · 1,5m · 1,75m · 2m · 2,25m · 2,5m · 2,75m · 3m ▷
Blütezeit	Jan · Feb · März · Apr · Mai · Juni · **Juli · Aug · Sept · Okt** · Nov · Dez
Blütenfarbe	weiß/beige · gelb · **orange** · rosa · rot · purpur · violett · blau · grün
Verwendung	

Man erkennt diese gängige Marktpflanze sofort an ihren ledrig-glänzenden, buchsbaumähnlichen Blättchen. Ursache für den putzigen deutschen Namen aber ist die orangefarbene Blüte. Die blasig aufgetriebenen Kronenblätter sehen aus wie ein zum Küssen gespitztes Mündchen. Das Kußmäulchen bildet zunächst aufrechte, später hängende Triebe. Neben *Hypocyrta glabra* findet man in Blumenläden manchmal auch die ähnlich aussehende *Hypocyrta strigillosa*. Beide Gesneriengewächse kommen aus dem brasilianischen Urwald. Wer ein warmes, luftfeuchtes Blumenfenster besitzt, erweckt bei ihnen am ehesten bekömmliche Heimatgefühle. *Hypocyrta glabra* allerdings nimmt auch mit der Fensterbank vorlieb.

Standort: Hell bis sonnig, aber auch halbschattig. Ganzjährig warme Temperaturen. Ausnahme: Winterruhe von Dezember bis Februar bei 10°–14 °C. Liebt ab Juni einen Sommerplatz im Freien. Erde: Sphagnum-Moos, Lauberde und Perlite oder Einheitserde mit Styroporflokken. Verträgt keine Staunässe. Darum für guten Wasserabzug sorgen. Wasser: Im Sommer mäßig gießen, im Winter sparsam. Luftfeuchter Platz wird vorgezogen. Düngen: Alle zwei Wochen. Umpflanzen: Nach der Blüte und erfolgtem Rückschnitt. Vermehrung: Durch Kopfstecklinge im Sommer. Schädlinge, Krankheiten und ihre Ursachen: Läusebefall durch zu lufttrockenen Stand.

Impatiens walleriana

Fleißiges Lieschen, Balsamine — Balsaminaceae, Balsaminengewächse

Höhe/Länge	0 · **25cm** · 50cm · 75cm · 1m · 1,25m · 1,5m · 1,75m · 2m · 2,25m · 2,5m · 2,75m · 3m ▷
Blütezeit	Jan · Feb · **März · Apr · Mai · Juni · Juli · Aug · Sept · Okt · Nov** · Dez
Blütenfarbe	weiß/beige · gelb · **orange** · rosa · **rot** · purpur · **violett** · blau · grün
Verwendung	

Was ein richtiger Zimmerpflanzengärtner werden will, übt sich als Kind beizeiten darin, Fleißiges Lieschen im Zahnputzglas zu bewurzeln. Es geht ganz einfach, wie überhaupt das Fleißige Lieschen einfach zu halten ist und sich wohl deswegen auch ununterbrochener Beliebtheit erfreut. Für die Topfkultur eignen sich besonders die gedrungen wachsenden, kleinbleibenden Spielarten, die heute auch meistens angeboten werden. Die Blütenfarben variieren von Orange über Lachs, Rosa und Rot bis hin zu Lavendellila. Es gibt Sorten mit zweifarbigen Blüten und weißbunten Blättern. Die Vorfahren des Fleißigen Lieschens, heute noch in den Gebirgswäldern Ostafrikas zu Hause, würden sich wundern, wie sehr sich ihre Nachkommen durch Gärtnerkunst verändert haben.

Standort: Hell, aber ohne direkte Besonnung. Nicht zu warm und vor allem, drinnen wie draußen, sehr luftig. Im Winter reichen 16 °C. Erde: Einheitserde oder TKS. Wasser: Je wärmer und heller der Stand, um so mehr mit warmem, enthärtetem Wasser gießen. Staunässe meiden! Düngen: Von März bis September wöchentlich einmal. Umpflanzen: Wenn überhaupt, im Frühjahr. Vorher die Pflanze zurückschneiden. Vermehrung: Aus Samen. Keimt in ca. 10 Tagen. Schädlinge, Krankheiten und ihre Ursachen: Blattfall, Blütenfaulheit und faulende Stengel durch Unterkühlung bei gleichzeitiger Staunässe. Rote Spinne durch Sommersonne, Blattläuse und Weiße Fliege bei zu trockener Luft.

Ixora coccinea

Ixora — Rubiaceae, Krappgewächse

Höhe/Länge	0	**25cm**	**50cm**	**75cm**	**1m**	1,25m	1,5m	1,75m	2m	2,25m	2,5m	2,75m	3m ▷
Blütezeit	Jan	Feb	März	Apr	**Mai**	**Juni**	**Juli**	**Aug**	**Sept**	Okt	Nov	Dez	
Blütenfarbe	weiß/beige	gelb	**orange**	rosa	**rot**	purpur	violett	blau	grün				
Verwendung													

Sie stammt zwar aus Indien, ist aber in zahlreichen botanischen und privaten Gärten der Tropen und Subtropen zu bewundern. Während die *Ixora* in unseren Blumentöpfen allenfalls Meterhöhe erreicht, wächst sie dort fast 2 m hoch und recht breit ausladend. Ohne Blüten meint man, einen buschigen Zitronenbaum vor sich zu haben. Die Blätter sind fast gleich geformt und ebenso immergrün und ledrig-glänzend wie bei *Citrus.* Wenn sie blüht, ist eine Verwechslung allerdings ausgeschlossen. Die orangeroten Blütenstände leuchten von weither. Bei liebevoller Pflege erfreut man sich daran von Mai bis September.
Standort: Hell, aber nicht vollsonnig. Ganzjährig Temperaturen von 20 °C oder wärmer. Die *Ixora* ist eine Warmhauspflanze und liebt den Aufenthalt im Tropenfenster. Im Winter reichen Temperaturen um 18 °C. Erde: Einheitserde oder eine Mischung aus Torf, Lehm und Erde. Wasser: Mäßig feucht halten. Luftfeuchtigkeit ist wichtiger. Düngen: Von Frühjahr bis Herbst alle acht Tage. Umpflanzen: Alle zwei bis drei Jahre im Frühjahr. Vermehrung: Durch Kopfstecklinge im heizbaren Vermehrungsbeet, allerdings sehr heikel. Schädlinge, Krankheiten und ihre Ursachen: Schildläuse durch zu kalten und lufttrockenen Stand. Eingerollte Blätter durch zu starke Besonnung. Blütenfall durch abrupten Temperaturwechsel.

Jacobinia

Jakobinie — Acanthaceae, Akanthusgewächse

Höhe/Länge	0	**25cm**	**50cm**	75cm	1m	1,25m	1,5m	1,75m	2m	2,25m	2,5m	2,75m	3m ▷
Blütezeit	**Jan**	Feb	März	Apr	Mai	Juni	Juli	**Aug**	Sept	Okt	Nov	**Dez**	
Blütenfarbe	weiß/beige	gelb	orange	rosa	**rot**	**purpur**	violett	blau	grün				
Verwendung													

Obwohl es rund fünfzig Arten gibt, kennen wir nur zwei, die sich für Zimmerkultur eignen: *Jacobinia carnea* und *Jacobinia pauciflora.* Beide sind Brasilianerinnen, allerdings mit unterschiedlichen Pflegeansprüchen. Während die wärmeliebende *Jacobinia carnea* ganzjährigen Zimmeraufenthalt bevorzugt, geht die Kalthauspflanze *Jacobinia pauciflora* gern im Sommer als Kübelpflanze an die frische Luft. Die heißblütige Südamerikanerin blüht im August fleischfarben bis purpurrot, die kühle im Winter, und zwar rot mit gelben Spitzen.
Standort: Hell aber absonnig. *Jacobinia pauciflora* ab Mitte Juni vollsonnig. Temperaturen: Für *Jacobinia carnea* 20°–24 °C, im Winter 18° bis 20 °C. Für *Jacobinia pauciflora* im Winter 10°–12 °C. Erde: Einheitserde, TKS. Wasser: Stets gleichmäßig feucht halten. *Jacobinia pauciflora* im Freien öfter gießen. Beide Arten lieben feuchte Luft, daher steht *Jacobinia carnea* im Tropenfenster besonders gut. Düngen: Während der Vegetationsperiode alle acht Tage, später alle Monate. Umpflanzen: *Jacobinia carnea* alle Jahre im Frühling, *Jacobinia pauciflora* im Februar. Vermehrung: Durch Stecklinge im heizbaren Vermehrungsbeet bei 20° bis 22 °C. *Jacobinia carnea* nach Bewurzelung stutzen. Schädlinge, Krankheiten und ihre Ursachen: Rote Spinne, Blattläuse und eingerollte Blätter durch zu trockene Luft. Tritt meist nur bei *Jacobinia carnea* auf.

Jasminum polyanthum

Jasmin — Oleaceae, Ölbaumgewächse

Höhe/Länge	0	**25cm**	**50cm**	**75cm**	**1m**	**1,25m**	**1,5m**	**1,75m**	**2m**	**2,25m**	**2,5m**	**2,75m**	**3m** ▷
Blütezeit	Jan	Feb	März	Apr	Mai	**Juni**	**Juli**	**Aug**	**Sept**	**Okt**	Nov	Dez	
Blütenfarbe	**weiß**/beige	gelb	orange	rosa	rot	purpur	violett	blau	grün				
Verwendung													

Wer zur Blütezeit des Jasmins nach Grasse in Südfrankreich kommt, wird vom Duft des Jasminöls nahezu betäubt. Das ätherische Öl des Echten Jasmins, *Jasminum officinale,* zählt zu den kostbarsten und teuersten Grundstoffen weltberühmter Parfümkreationen. Mit dem im Winter gelbblühenden Gartengehölz *Jasminum nudiflorum* ist der Duftjasmin verwandt, nicht aber mit dem Falschen Jasmin oder Pfeifenstrauch, botanisch *Philadelphus.* Von den ungefähr dreihundert Jasminarten sind als Topfpflanzen *Jasminum polyanthum, Jasminum officinale* und *Jasminum sambac,* letzterer fürs Tropenfenster, im Handel. Alle Arten klettern und benötigen ein Topfspalier.
Standort: Ganzjährig hell und luftig. Im Sommer an einen warmen, geschützten Platz ins Freie. *Jasminum officinale* kann mit Winterschutz im Weinbaugebiet auch frei ausgepflanzt werden. Zimmer-Jasmine im Winter kühl, bei 12°C halten. Ausnahme: *Jasminum sambac,* das gemäß seiner tropischen Herkunft Zimmerwärme verträgt. Erde: Einheitserde, TKS. Wasser: Während des ganzen Jahres mäßig gießen. Düngen: Frühjahr bis Herbst alle 14 Tage. Umpflanzen: Nur, wenn der Topf durchwurzelt ist. Vermehrung: Im Frühjahr durch nicht zu harte Stecklinge. Plastikhaube überstülpen! Schädlinge, Krankheiten und ihre Ursachen: Läusebefall durch Kulturfehler.
Wichtig: *Jasminum polyanthum* nach der Blüte kräftig zurückschneiden.

Kalanchoe blossfeldiana

Flammendes Käthchen, Brutblatt — Crassulaceae, Dickblattgewächse

Höhe/Länge	**0**	**25cm**	50cm	75cm	1m	1,25m	1,5m	1,75m	2m	2,25m	2,5m	2,75m	3m ▷
Blütezeit	**Jan**	**Feb**	**März**	**Apr**	**Mai**	**Juni**	**Juli**	**Aug**	**Sept**	**Okt**	**Nov**	**Dez**	
Blütenfarbe	**weiß**/beige	gelb	**orange**	rosa	**rot**	purpur	**violett**	blau	grün				
Verwendung													

Mit ihren leuchtendroten Blüten vertritt sie von allen *Kalanchoe*-Arten die auffälligste und schönste Art. An ihrem Heimatstandort im Gebirge von Nord-Madagaskar wächst sie als 30 cm hohe Staude. Die kopfartig beisammenstehenden, mennigeroten Blüten erscheinen im Januar. Bei uns ist sie als beinahe ganzjähriger Dauerblüher erhältlich. Die Gärtner wenden dazu den Kniff der Kurztagsbehandlung an. Außerdem gibt es das Flammende Käthchen mittlerweile nicht nur in Knallrot, sondern auch in Weiß, Gelborange und Violett.
Standort: Volle Sonne für dieses Dickblattgewächs! Damit sich wieder neue Blüten einstellen, dürfen die neuen fertigen Triebe vier bis fünf Wochen lang nicht mehr als acht Stunden Licht bekommen. Während dieser „Kurztage" die Pflanze kühl stellen, aber nie unter 15°C. Ansonsten ganzjährig warm halten. Verträgt trockene Heizungsluft. Erde: Einheitserde, TKS mit Sand. Wasser: Nur wenig gießen. Düngen: Während der Vegetationsperiode alle 14 Tage mit Kakteendünger. Umpflanzen: Im Frühjahr und Sommer möglich. Vermehrung: Durch Blatt- oder Kopfstecklinge, die vor dem Stecken ein paar Tage abtrocknen sollten. Schädlinge, Krankheiten und ihre Ursachen: Vorsicht vor Staunässe!
Bemerkung: Goethes Brutblatt, botanisch *Kalanchoe pinnata,* finden Sie unter der alten Bezeichnung *Bryophyllum.*

Lampranthus conspicuus

Eisblume, Eisnelke, Sonnenblitzle — Aizoaceae, Mittagsblumengewächse

Höhe/Länge	0	**25cm**	**50cm**	75cm	1m	1,25m	1,5m	1,75m	2m	2,25m	2,5m	2,75m	3m ▷
Blütezeit	Jan	Feb	März	Apr	Mai	Juni	**Juli**	**Aug**	**Sept**	**Okt**	**Nov**	Dez	
Blütenfarbe	weiß/beige	gelb	orange	rosa	rot	**purpur**	violett	blau	grün				
Verwendung													

In Norddeutschland nennt man sie kühl Eisnelke, in Süddeutschland hat man sie mit dem „wärmenden" Namen Sonnenblitzle bedacht. Überall aber wird sie seit altersher als Zimmer- oder Balkonpflanze geliebt. Kein Wunder! Schon der botanische Name *Lampranthus* bedeutet prächtige Blüte, und auf die braucht man in sonnigen Sommern nicht vergeblich zu warten. *Lampranthus conspicuus* bedeckt sich dann über und über mit karminroten Sonnen. Die rundlichen, fleischigen Blätter dieser sukkulenten Pflanze sind graugrün – ein schöner Kontrast. Die buschige Staude wird etwa 30–45 cm hoch.
Standort: Im Sommer und auch im Winter hell und vollsonnig. Kann nach den Eisheiligen auch ins Freie. Im Herbst vor den Frösten hereinholen und bis zum Frühjahr kühl halten (15°C). Erde: Einheitserde mit Sand. Wasser: Im Sommer nur leicht feucht halten. Bei anhaltenden Regenfällen an überdachten Platz holen. Im Winter sehr sparsam gießen, gerade soviel, daß die fleischigen Blättchen nicht schrumpfen. Düngen: Alle zwei Wochen von Mai bis September. Umpflanzen: Jedes Frühjahr. Vermehrung: Durch Stecklinge, die zum Sommerende oder im März leicht in sandiger Erde bewurzeln. Sie sollten weder verholzt noch zu weich sein. Stecklingspflanzen kühl überwintern. Schädlinge, Krankheiten und ihre Ursachen: Zuviel Wasser kann Wurzelfäule hervorrufen.

Lorraine-, Elatior-, Rieger-Begonien

Blütenbegonien — Begoniaceae, Schiefblattgewächse

Höhe/Länge	0	**25cm**	50cm	75cm	1m	1,25m	1,5m	1,75m	2m	2,25m	2,5m	2,75m	3m ▷
Blütezeit	**Jan**	**Feb**	**März**	Apr	Mai	Juni	Juli	Aug	Sept	Okt	Nov	**Dez**	
Blütenfarbe	**weiß/beige**	gelb	orange	**rosa**	**rot**	purpur	violett	blau	grün				
Verwendung													

1891 taufte der französische Pflanzenzüchter Victor Lemoine seine Züchtung aus *Begonia socotrana* und *Begonia dregei* auf den Namen 'Gloire de Lorraine'. Damit war der Grundstein für eine Pflanze gelegt, die noch heute ein beliebtes blühendes Weihnachtsgeschenk ist. Später entstanden in England die sogenannten *Elatior*-Begonien mit *Begonia socotrana* und Knollenbegonien als Eltern. Sie bezaubern mit weißen, roten, rosa- und lachsfarbenen einfachen oder gefüllten Blüten. Otto Rieger, Erwerbsgärtner aus Nürtingen, schließlich faßte die guten Eigenschaften beider zusammen und brachte die „modernen" Rieger-Begonien auf den Markt. Sie zeichnen sich durch Gesundheit, üppige Blütenpracht und leuchtende Farben aus.
Standort: Hell, ohne direkte Sonne. Rieger-Begonien sind zwar an warme Zimmerluft angepaßt, dennoch empfiehlt es sich, die Pflanzen nach dem Kauf einige Tage kühl zu stellen. Vorsicht aber vor kalter Zugluft! Erde: Einheitserde oder TKS. Wasser: Mit temperiertem, enthärtetem Wasser gleichmäßig feucht, aber nie naß halten. Düngen: Alle 14 Tage. Umpflanzen: Nicht nötig, da die Pflanze nach dem Verblühen weggeworfen wird. Vermehrung: Durch Kopfstecklinge im Frühjahr. Schädlinge, Krankheiten und ihre Ursachen: Befall mit Echtem Mehltau möglich. Pflanze samt Erde wegwerfen.

Medinilla magnifica

Medinille — Melastomataceae, Schwarzmundgewächse

Höhe/Länge	0	25cm	**50cm**	**75cm**	1m	1,25m	1,5m	1,75m	2m	2,25m	2,5m	2,75m	3m

Blütezeit	Jan	**Feb**	**März**	**Apr**	**Mai**	**Juni**	**Juli**	**Aug**	Sept	Okt	Nov	Dez

Blütenfarbe	weiß/beige	gelb	orange	**rosa**	rot	purpur	violett	blau	grün

Verwendung

Keine Frage, die *Medinilla* sieht, wie ihr Zuname deutlich sagt, großartig aus. Und sie ist auch nicht ganz billig, diese philippinische Schönheit. Das liegt natürlich vor allem daran, daß ihre Vermehrung schwierig und langwierig ist. Es wird von dieser Pflanzendiva also vorläufig keine Massenware geben. In ihrer philippinischen Heimat wächst sie als über meterhohes Gehölz mit dicken, ledrigen Blättern heran. Die Blütezeit dauert von Februar bis August. Nur zu dieser Zeit darf man sie auch mal als Renommierstück ins Wohnzimmer holen. Ansonsten gebe man ihr lieber ein warmes Gewächshaus oder ein geräumiges Tropenfenster als Aufenthaltsort.
Standort: Hell, ohne Sonne. Temperaturen ganzjährig 20°–30°C. Im Winter zwei Monate lang Ruhezeit bei 16°, damit Triebe und Blütenanlagen sich gut entwickeln können. Erde: Einheitserde, TKS, am besten mit Styroporflocken vermischt. Wasser: Stets gleichmäßig feucht halten. Während der Ruheperiode nur wenig gießen. Sobald sich Knospen zeigen, Wassergaben und Temperatur erhöhen. Nur weiches, warmes Wasser nehmen! Düngen: Von Frühjahr bis Herbst einmal pro Woche. Umpflanzen: Bei Bedarf im Frühjahr. Sparrig aussehende Pflanzen bis ins alte Holz zurückschneiden. Vermehrung: Für Laien äußerst schwierig. Schädlinge, Krankheiten und ihre Ursachen: Wachstumsstörungen und Schädlingsbefall durch zu trockene Luft.

Mimosa pudica

Sinnpflanze — Leguminosae, Hülsenfrüchtler

Höhe/Länge	0	**25cm**	**50cm**	75cm	1m	1,25m	1,5m	1,75m	2m	2,25m	2,5m	2,75m	3m

Blütezeit	Jan	Feb	März	Apr	**Mai**	**Juni**	**Juli**	**Aug**	**Sept**	Okt	Nov	Dez

Blütenfarbe	weiß/beige	gelb	orange	**rosa**	rot	purpur	violett	blau	grün

Verwendung

Wer Kinder hat, sollte diese hochinteressante Pflanze unbedingt einmal aus Samen heranziehen. Sie reagiert nämlich auf Reize von außen. Wenn man sie mit dem Finger antippt, den Topf ein wenig schüttelt oder gar ein brennendes Streichholz ans Laub hält, erschrickt sich die Mimose. Rasch klappt sie die zarten Blattfiederchen zusammen, senkt dazu noch den Blattstiel und sieht so regelrecht geknickt aus. Es kann bis zu einer Stunde dauern, bis sie sich wieder erholt. Kein Wunder, daß Botaniker ihr den Zunamen „schamhafte" Mimose gaben. Über Nacht kann man die Mimose aber nicht ärgern, weil dann die Blätter in Schlafstellung verharren, und auch tagsüber klappt es nur bei Zimmerwärme.
Standort: Sehr hell, im Tropenfenster auch sonnig. Temperatur immer um 18°–20°C, tagsüber auch wärmer. Erde: Einheitserde und TKS. Wasser: Immer gleichmäßig feucht halten. Düngen: Alle acht Tage. Umpflanzen: Nicht nötig, da man die Mimose nur einjährig kultiviert. Vermehrung: Durch Samen im Frühjahr. Sechs bis acht Körner, in Töpfe gelegt, keimen nach zwei Wochen. Töpfe warm halten, Keimlinge bis auf drei ausdünnen, Plastikhaube überstülpen. Zweimal pikieren. Ende April, meist im Mai, erscheinen die ersten rosa Kugelblütchen. Die Blütezeit dauert bis September. Schädlinge, Krankheiten und ihre Ursachen: Selten. Zugluft kann manchmal den Befall von Blattläusen begünstigen.

Myrtus communis

Brautmyrte — Myrtaceae, Myrtengewächse

Höhe/Länge	0 25cm 50cm 75cm 1m 1,25m 1,5m 1,75m 2m 2,25m 2,5m 2,75m 3m ▷
Blütezeit	Jan Feb März Apr Mai Juni Juli Aug Sept Okt Nov Dez
Blütenfarbe	weiß/beige gelb orange rosa rot purpur violett blau grün
Verwendung	

Am Duft, den das Laub und die kleinen weißen Blüten ausströmen, erkennt man die Myrte sofort. Der immergrüne Strauch stammt aus den Mittelmeerregionen und blüht von Juni bis September. Die Myrte ist eine Pflanze, um die sich Geschichten und Legenden ranken. Es soll sie schon im Paradies gegeben haben; sie war der griechischen Göttin Aphrodite geweiht und galt als Symbol für Jugend und Schönheit. Der bei den Griechen und Römern übliche Brauch, der jungfräulichen Braut einen Myrtenkranz aufzusetzen, kam vor etwa 300 Jahren auch zu uns. Im Handel sind heute Myrtenbüsche und die recht kostspieligen, aber traumhaft schönen Kronenbäumchen. Bei guter Pflege können Myrten übrigens uralt werden.

Standort: Hell. Von Mai bis September am luftigen Fenster oder am geschützten Platz im Garten halten. Von Oktober bis April hell und kühl (10°C). Erde: TKS oder Einheitserde mit Sand und Torf. Wasser: Ballentrockenheit vermeiden, aber nur mäßig gießen. Enthärtetes Wasser verwenden. Düngen: Mit schwacher Lösung im Frühjahr und Sommer wöchentlich. Umpflanzen: Junge Myrten alle Jahre, ältere nach Bedarf. Vermehrung: Durch nicht zu harte Stecklinge im Wasser. Schädlinge, Krankheiten und ihre Ursachen: Bei gestauter Luft und ungünstigem Standort Befall von Schildläusen und Weißer Fliege.

Wichtig: Pflanze regelmäßig stutzen.

Narcissus

Treibnarzissen — Amaryllidaceae, Amaryllisgewächse

Höhe/Länge	0 25cm 50cm 75cm 1m 1,25m 1,5m 1,75m 2m 2,25m 2,5m 2,75m 3m ▷
Blütezeit	Jan Feb März Apr Mai Juni Juli Aug Sept Okt Nov Dez
Blütenfarbe	weiß/beige gelb orange rosa rot purpur violett blau grün
Verwendung	

Ein nicht mehr sehr verbreiteter, aber dennoch netter Brauch ist das Treiben von Weihnachtsnarzissen. Bei diesen Narzissen handelt es sich um in unserem Klima nicht winterharte Tazetten-Hybriden. Ihre kleinen weißen Blüten sitzen zu 6 bis 8 Stück in Dolden zusammen und duften angenehm. Die Zwiebeln werden etwa 8 Wochen vor Weihnachten in eine Schale mit Sand oder Kies gepflanzt, und zwar nur so tief, daß die Zwiebeln noch zur Hälfte herausschauen. Dann gießt man gut an und stellt die Narzissen an ein kühles Fenster.

Von nun an stets für Feuchtigkeit sorgen. Stehen die Zwiebeln öfters trocken, schrumpfen die Knospen ein und entfalten sich nicht.

Nach der Blüte kann man die Zwiebeln wegwerfen.

Auch andere Narzissen lassen sich durch Treiben früher zum Blühen bringen. Dazu besorgt man sich präparierte Treibsorten und pflanzt sie im Oktober zu mehreren in eine Schale, die dann auf den Balkon oder an einen anderen sehr kühlen Platz gestellt wird. Ab Januar können die Zwiebeln ins Haus geholt und langsam an höhere Temperaturen gewöhnt werden. Dabei regelmäßig gießen. Trockene Erde und große Temperaturschwankungen führen zum Steckenbleiben der Knospen.

Nertera granadensis

Korallenmoos, Korallenbeere — Rubiaceae, Krappgewächse

Höhe/Länge	**0**	25cm	50cm	75cm	1m	1,25m	1,5m	1,75m	2m	2,25m	2,5m	2,75m	3m
Blütezeit	Jan	Feb	März	**Apr**	Mai	Juni	Juli	Aug	Sept	Okt	Nov	Dez	
Blütenfarbe	**weiß**/beige	gelb	orange	rosa	rot	purpur	violett	blau	grün				
Verwendung													

Zu Unrecht wird dieses schmucke Gewächs häufig nur als kurzlebige Marktpflanze betrachtet. Dabei läßt sich das niedliche Korallenmoos aus den Anden mit etwas Geschick leicht weiterkultivieren und vermehren. Voraussetzung dafür ist aber, daß *Nertera* nie austrocknet. Dann ist sie unweigerlich verloren. Die grünlichen, unscheinbaren Blüten, sie sehen aus wie weiße Sterne, erscheinen im Frühjahr. Daraus bilden sich dann bis August die kaum erbsengroßen, korallenroten Beeren in so großer Zahl, daß von Blättern kaum noch etwas zu sehen ist. Bei liebevoller Pflege können die Früchte bis in den Winter halten.
Standort: Sommer wie Winter sehr hell, aber nicht prallsonnig. Wichtig: Viel frische Luft! Im Sommer kühl, im Winter bei 8°–12°C halten. Erde: Sandig-humos, durchlässig, TKS oder Einheitserde. Wasser: Über Sommer gleichmäßig feucht halten, im Winter etwas trockener. Knappe Wassergaben von Oktober bis Februar. Außerhalb der Blütezeit hie und da etwas sprühen. Düngen: Frühjahr und Sommer alle vier Wochen mit möglichst stickstoffarmen Dünger, da sonst die Blättchen zu mastig werden. Vermehrung: Durch Teilen nach dem Abfallen der Früchte. Schädlinge, Krankheiten und ihre Ursachen: Blattläuse an den Triebspitzen durch Zugluft, Schnecken im moosartigen Laub.

Oxalis deppei

Glücksklee, Sauerklee — Oxalidaceae, Sauerkleegewächse

Höhe/Länge	**0**	**25cm**	50cm	75cm	1m	1,25m	1,5m	1,75m	2m	2,25m	2,5m	2,75m	3m
Blütezeit	**Jan**	Feb	März	Apr	Mai	**Juni**	**Juli**	Aug	Sept	Okt	Nov	Dez	
Blütenfarbe	weiß/beige	gelb	orange	**rosa**	rot	purpur	violett	blau	grün				
Verwendung													

Zu Neujahr werden sie alljährlich in den Blumenläden angeboten: Kleine Töpfe mit rosablühendem, vierblättrigem Glücksklee. Die hübsche kleine Pflanze, die mit dem Sauerklee unserer heimischen Wälder eng verwandt ist, kommt aus Mexiko. Dort ißt man die fleischigen rübenartigen Wurzeln, die an den Zwiebeln sitzen. Das Schönste am Glücksklee ist, daß er halb Zimmerpflanze, halb Gartenpflanze sein kann. Pünktlich zu Neujahr blühenden Glücksklee muß man allerdings fertig kaufen. Er stammt aus vorgekühlten Zwiebeln. Für den Garten kauft man die preiswerten Zwiebelchen und setzt sie im April an eine sonnige Stelle im Garten als Tuff oder Einfassung. Im Herbst erntet man die Zwiebeln und bewahrt sie kühl und trocken auf. Im Frühling kommen sie zu mehreren in Töpfe oder erneut ins Beet, wo sie bald austreiben und nach zwei Monaten bereits blühen.
Standort: Volle Sonne. Ab Mai ins Freie. Im Zimmer möglichst kühl, um 15°C. Erde: Einheitserde oder TKS. Wasser: Normal gießen. Düngen: Von Frühjahr bis Herbst wöchentlich. Umpflanzen: Von den Zwiebeln im Herbst die alte Erde entfernen. Vermehrung: Durch kleine Brutzwiebeln. Oder neue Zwiebeln kaufen. Schädlinge, Krankheiten und ihre Ursachen: Unerheblich. Lange schlaffe Stiele deuten auf zu warmen und zu dunklen Stand im Zimmer hin.

Pachystachys lutea

Gelbe Beloperone — Acanthaceae, Akanthusgewächse

Höhe/Länge	0 · **25cm · 50cm** · 75cm · 1m · 1,25m · 1,5m · 1,75m · 2m · 2,25m · 2,5m · 2,75m · 3m ▷
Blütezeit	**Jan Feb März Apr Mai Juni Juli Aug Sept Okt Nov Dez**
Blütenfarbe	weiß/beige · **gelb** · orange · rosa · rot · purpur · violett · blau · grün
Verwendung	

Die Familienähnlichkeit mit einigen ährenblütigen *Jacobinia*-Arten und dem Zimmerhopfen, *Beloperone guttata*, ist unverkennbar. Tatsächlich lief die beliebte Topfpflanze, die erst 1970 ein Comeback erlebt hat, schon unter beiden Namen. Sogar mit der gleichfalls verwandten *Aphelandra* gibt es gern Verwechslungen. Dabei gehört die peruanische Schönheit *Pachystachys lutea* zu einer eigenständigen Gattung. Sechs Arten sind im tropischen Amerika zu Hause. Normalerweise wächst die Pflanze als sparriger Strauch. Da sie so kein optimales Topfpflanzenbild abgibt, behandeln sie die Gärtner mit Wuchshemmstoffen. Das Ergebnis sind buschige, kompakte Pflanzen, die mit ihren goldgelben Ähren einen bezaubernden Anblick bieten. Natürlich handelt es sich hier, wie bei der *Beloperone*, um Hochblätter. Die richtigen Blüten sind die aus den Ähren herausragenden weißen Zipfel. Während diese bald herausfallen, halten die Goldähren lange. Die Blütezeit der Gelben Beloperone kann, je nach gärtnerischer Vorkultur, von Frühling bis Winter stattfinden.
Standort: Hell bis halbschattig, ganzjährig warm, am besten an einem Nordfenster. Erde: TKS oder Einheitserde. Wasser: Erde stets, auch im Winter, leicht feucht halten. Düngen: Von Frühjahr bis Herbst wöchentlich, im Winter alle Monate. Umpflanzen: Jährlich nach der Blüte. Vermehrung: Durch Kopfstecklinge im warmen Beet (25°C). Schädlinge, Krankheiten und ihre Ursachen: Blühfaulheit durch Hunger, zu kalten oder zu dunklen Stand.

Passiflora caerulea

Blaue Passionsblume — Passifloraceae, Passionsblumengewächse

Höhe/Länge	0 · **25cm · 50cm · 75cm · 1m · 1,25m · 1,5m · 1,75m · 2m · 2,25m · 2,5m · 2,75m · 3m ▷**
Blütezeit	Jan Feb **März Apr Mai Juni Juli Aug Sept** Okt Nov Dez
Blütenfarbe	**weiß/beige** · gelb · orange · rosa · rot · purpur · violett · **blau** · grün
Verwendung	

Die Blüte der Passionsblume gilt als Symbol der Leiden Christi. Die mit drei Spitzen beendeten Blätter, so heißt es in alten Schriften, stellen die Lanze dar. Die Ranken die Geißel, die drei Blumengriffel die Kreuznägel, die Narbe den Schwamm, die Blütenbodenfäden die Dornenkrone, die Zentralsäule den Pfahl, an den Christus während der Geißelung gebunden war. Jesuiten tauften sie auf den Namen „Passiflora" (lat. passio = Leiden, flos = Blüte). Von den mehr als 400 Passionsblumenarten stammen die meisten aus Südamerika. Die Blaue Passionsblume ist als Zimmerpflanze am bekanntesten. Sie bildet meterlange, rankende Triebe und blüht von Frühjahr bis Frühherbst ununterbrochen: weißblau die reine Art, rosa 'Kaiserin Eugenie', cremeweiß 'Constance Eliott'.
Standort: Hell bis sonnig und luftig. Kann auf dem Balkon oder im Garten übersommern. Wintertemperatur um 5°C. Erde: TKS oder Einheitserde. Wasser: Mäßig, aber regelmäßig feucht halten. Im Winter sparsamer gießen. Düngen: Von Frühjahr bis August wöchentlich. Umpflanzen: Im Frühjahr nach kräftigem Rückschnitt, jüngere Pflanzen jährlich, ältere seltener. Vermehrung: Von Mai bis Juli durch Ableger. Schädlinge, Krankheiten und ihre Ursachen: Blühfaulheit durch zu kalten Stand und Hunger, Schmierläuse bei Frischluftmangel und Wärme am Winterplatz. Blattverlust im Winter wird im Frühjahr wieder ersetzt.

Plectranthus fruticosus

Mottenkönig, Harfenstrauch — Labiatae, Lippenblütler

Höhe/Länge	0	**25cm**	**50cm**	**75cm**	**1m**	1,25m	1,5m	1,75m	2m	2,25m	2,5m	2,75m	3m ▷
Blütezeit	Jan	Feb	März	Apr	Mai	Juni	**Juli**	**Aug**	**Sept**	Okt	Nov	Dez
Blütenfarbe	weiß/beige	gelb	orange	rosa	rot	purpur	violett	**blau**	grün			
Verwendung												

Unsere Großmütter setzten den frischgrünen Lippenblütler aus Südafrika gern zur Mottenabwehr ein. Anscheinend verabscheuen die kleiderfressenden Insekten den Duft, der in Blättern und Stengeln der Pflanze sitzt und ausströmt, wenn man daran reibt. Heute findet man die Pflanze häufig noch in Schlafkammern auf dem Lande. Sie ist sehr anspruchslos und kann sogar im Winter an einem Nordfenster stehen, wo andere Pflanzen schon zu kümmern anfangen. Während der Mottenkönig in seiner Heimat im Winter und Frühling blüht, erscheinen bei uns die hellblauen Blütenrispen erst im Sommer.
Standort: Hell und luftig, im Winter kühl bis 10°C und vor Sonne geschützt. Der Mottenkönig kann ab Mai auch ins Freie. Man pflanzt ihn gern zusammen mit blattduftenden Pelargonien in Balkonkästen, die nicht der prallen Sonne ausgesetzt sind. Erde: Einheitserde und TKS. Wasser: Im Sommer stets regelmäßig feucht halten, im Winter, besonders bei kühlem Stand, sparsamer gießen. Düngen: Von März bis Oktober alle 8 Tage, im Winter alle zwei Monate. Umpflanzen: Jedes Frühjahr. Vermehrung: Durch Stecklinge im feuchtwarmen Vermehrungsbeet. Schädlinge und Krankheiten: Sind nicht bekannt.
Tip: Damit der Mottenkönig schön buschig bleibt, sollte man ihn öfter stutzen, am besten im Frühjahr. Abfall für die Vermehrung nehmen!

Primula malacoides

Fliederprimel, Brautprimel, Etagenprimel — Primulaceae, Primelgewächse

Höhe/Länge	0	**25cm**	**50cm**	75cm	1m	1,25m	1,5m	1,75m	2m	2,25m	2,5m	2,75m	3m ▷
Blütezeit	**Jan**	**Feb**	**März**	**Apr**	**Mai**	Juni	Juli	Aug	Sept	Okt	Nov	**Dez**
Blütenfarbe	**weiß**/beige	gelb	orange	**rosa**	**rot**	**purpur**	violett	blau	grün			
Verwendung												

Anfang des Jahrhunderts entdeckte der englische Botaniker und Pflanzensammler George Forrest im Tali-Tal von Yunnan/China am Rande von Reisfeldern ein rosa blühendes Unkraut. Er brachte den Samen der dort im Juni und Juli blühenden Pflanze mit nach England und legte damit den Grundstein für eine heute noch in Massen kultivierte Marktpflanze. Im Handel sind, je nach Anzucht von Dezember bis April, blühende Pflanzen in Weiß, Rosa, Lachsrot, Karmin und Weinrot. Die Blütenetagen, daher auch der Name Etagenprimel, können bis zu 40 cm hoch sein. Wenn man sie nach dem Abblühen immer gleich abschneidet, hat man mehrere Monate Freude an diesem langlebigen Blumenstrauß.
Standort: Ideal ist das gute alte Doppelfenster, wie es heute leider nur noch manche Altbauten besitzen. Zartfeuchte Kühle (10°–15°C) ist das Lebenselement dieser Primel. Bei trockener Wärme verblassen die Farben, und die Pflanzen gehen schnell ein. Erde: Anzuchterde wie TKS 1. Wasser: Mit enthärtetem Wasser mäßig feucht halten. Düngen: Nicht nötig, da die Pflanze einjährig ist und nach dem Verblühen weggeworfen wird. Umpflanzen: Entfällt. Vermehrung: Nur in gärtnerischer Kultur. Schädlinge, Krankheiten und ihre Ursachen: Gelbe Blätter durch zuviel oder zu wenig oder zu kalkhaltiges Wasser.

Primula obconica

Becherprimel — Primulaceae, Primelgewächse

Höhe/Länge	0	**25cm**	50cm	75cm	1m	1,25m	1,5m	1,75m	2m	2,25m	2,5m	2,75m	3m	▷
Blütezeit	**Jan**	**Feb**	**März**	**Apr**	**Mai**	**Juni**	**Juli**	Aug	Sept	Okt	Nov	Dez		
Blütenfarbe	weiß/beige	gelb	orange	**rosa**	**rot**	purpur	**violett**	blau	grün					
Verwendung														

Manche nennen sie Giftprimel, weil das in den Drüsenhaaren vorhandene Primelsekret Primin allergische Hauterkrankungen hervorrufen kann. Viele scheuen deswegen den Kauf dieser im Frühjahr angebotenen Topfpflanze. Dabei ist sie mit ihren weichsamtigen Blättern und den dicken roten, rosafarbenen oder hellvioletten Blütendolden nicht nur besonders schön, sondern sie kann auch weiterkultiviert werden. Allergieauslösend sind nebenbei noch viele andere Zimmerpflanzen wie Streptocarpus, Venusfrauenschuh, Kroton, ja sogar die allseits so beliebten Geranien. Im übrigen gibt es heute auch schon priminarme Sorten, z. B. 'Mayers Nonprimina Bayernblut'. Wenn man die Pflanzen nicht berührt, kann es ohnehin nicht zu der gefürchteten Kontaktallergie kommen. Priminfrei sind außerdem alle winterharten Gartenprimeln, wie die nachfolgenden Variationen von *Primula vulgaris*.

Standort: Im Sommer halbschattig, im Winter hell. *Primula obconica* verträgt sommerliche Wärme, braucht es aber im Winter kühl (15°C). Wer möchte, kann die Pflanze von Mai bis Oktober draußen übersommern. Erde: Anzuchterde wie TKS 1. Wasser: Mit enthärtetem Wasser gleichmäßig leicht feucht halten. Düngen: Von Frühjahr bis Sommer einmal wöchentlich. Umpflanzen: Bei Weiterkultur Ende Februar/Anfang März. Vermehrung: Ist Gärtnersache. Schädlinge, Krankheiten und ihre Ursachen: Siehe *Primula malacoides*.

Primula vulgaris

Kissenprimel — Primulaceae, Primelgewächse

Höhe/Länge	**0**	25cm	50cm	75cm	1m	1,25m	1,5m	1,75m	2m	2,25m	2,5m	2,75m	3m	▷
Blütezeit	**Jan**	**Feb**	**März**	**Apr**	**Mai**	Juni	Juli	Aug	Sept	Okt	Nov	Dez		
Blütenfarbe	**weiß/beige**	**gelb**	**orange**	**rosa**	**rot**	**purpur**	**violett**	**blau**	grün					
Verwendung														

Anfang des Jahres bevölkern die knallbunten Variationen dieser Primel sämtliche Gartencenter, Kaufhäuser und Blumenläden. Wer kann da schon widerstehen? Gartenbesitzer kaufen diesen langlebigen Blumenstrauß besonders gern, weil er nach seiner Funktion als Farbklecks im Zimmer ins Gartenbeet übersiedeln kann. Dort wachsen die niedrigen Primeln in halbschattiger Lage und in humosem, lehmigem Boden am besten. Besonders schön passen sie in die Staudenrabatte und in den Steingarten, wo man sie in großen Trupps ansiedeln sollte. Noch geeigneter für diesen Zweck ist allerdings die reine Art. Sie ist in Staudengärtnereien erhältlich und verwildert sehr rasch, was die lustig-bunten Topfprimel-Varietäten nicht können.

Standort: Ganzjährig frisch, kühl und schattig. Kurzer Aufenthalt im geheizten Wohnraum wird aber toleriert. Erde: TKS oder Einheitserde, im Garten humoser, lehmiger Boden. Wasser: Ganzjährig leicht feucht halten. Bei Aufenthalt im warmen Zimmer reichlich gießen! Düngen: Während der Wachstumszeit alle 14 Tage. Umpflanzen: Im Frühjahr. Vermehrung: Aussaat der Varietäten ist für den Laien zu schwierig. Die reine Art vermehrt sich von allein. Schädlinge, Krankheiten und ihre Ursachen: Bei langdauerndem warmem Stand vergilben die Blätter.

Rhododendron simsii

Zimmerazalee, Indische Azalee — Ericaceae, Heidekrautgewächse

Höhe/Länge	0	**25cm**	**50cm**	75cm	1m	1,25m	1,5m	1,75m	2m	2,25m	2,5m	2,75m	3m ▷
Blütezeit		**Jan**	**Feb**	**März**	**Apr**	**Mai**	Juni	Juli	Aug	Sept	**Okt**	**Nov**	**Dez**
Blütenfarbe	**weiß**/beige	gelb	orange	**rosa**	**rot**	**purpur**	violett	blau	grün				
Verwendung													

Rhododendron-Simsii-Hybriden werden von Oktober bis Mai angeboten. Sie brillieren mit üppiger Blütenpracht. Es gibt einfache, gefüllte, ein- und zweifarbige, klein- und großblumige Sorten in Weiß, Rosa, Lachs, Rot und Purpur. Besonders begehrt sind Hochstämmchen, die man natürlich auch selbst ziehen kann, wenn man mit seiner Azalee alles richtig macht.

Standort: Hell, aber nicht sonnig. Ganzjährig frisch. Blühende Pflanzen nicht ohne Übergang ins geheizte Zimmer stellen. 15°–18°C sind ideal für diesen ursprünglichen Bewohner feuchtkühler Bergwälder. Von Mai bis September an schattigem Platz im Garten einsenken. Hereinholen und kühl (10°C) stellen. Sobald sich Knospen bilden, Pflanze Tag und Nacht 20°C warm stellen. Erde: Einheitserde, TKS mit Torf, Rhododendron-Erde. Wasser: Gleichmäßig gut feucht halten. Ab September bis zur Knospenbildung etwas trockener. Ab und zu sprühen. Enthärtetes Wasser verwenden, die Azalee verträgt nämlich absolut keinen Kalk. Düngen: Nach der Blüte bis Ende Juli. Umpflanzen: Alle zwei Jahre. Vermehrung: Für Laien schwierig. Schädlinge, Krankheiten und ihre Ursachen: Blattfall, Stengel- und Wurzelfäule durch Staunässe. Ballentrockenheit ist genauso tödlich. Schädlingsbefall durch Pflegefehler.

Wichtig: Verblühtes immer gleich herausbrechen. Häufiges Stutzen fördert buschiges Wachstum.

Saintpaulia ionantha

Usambaraveilchen — Gesneriaceae, Gesneriengewächse

Höhe/Länge	**0**	**25cm**	50cm	75cm	1m	1,25m	1,5m	1,75m	2m	2,25m	2,5m	2,75m	3m ▷
Blütezeit		**Jan**	**Feb**	**März**	**Apr**	**Mai**	**Juni**	**Juli**	**Aug**	**Sept**	**Okt**	**Nov**	**Dez**
Blütenfarbe	**weiß**/beige	gelb	orange	**rosa**	**rot**	**purpur**	**violett**	**blau**	grün				
Verwendung													

Wer zählt die Blütenfarben und Blattformen dieses unermüdlichen Blühers? Das ist auch der Grund, warum dieses Veilchen, das mit unserem heimischen nur die Blütenfarbe gemeinsam hat, eine der beliebtesten Zimmerpflanzen ist. Am besten kauft man von diesem preiswerten kleinen Gewächs gleich ein ganzes Dutzend in verschiedenen Farben, denn nichts wirkt so hübsch, wie eine gemischte Usambaraveilchen-Gesellschaft! Die veilchenblütige Saintpaulie kommt aus den Urwäldern des ostafrikanischen Usambara-Gebirges. Ihren botanischen Namen verdankt sie ihrem Entdecker, Walter von Saint Paul-Illaire.

Standort: Hell im Winter, hell bis halbschattig im Sommer. Nie direktes Sonnenlicht. Außerdem ganzjährig schön warm, im Winter nicht unter 18°C. Blütenbildung erfolgt bei mehr als 20°C. Verträgt keine „kalten Füße". Erde: Einheitserde oder TKS. Wasser: Während der Wachstums- und Blühphase mit viel Fingerspitzengefühl gleichmäßig feucht halten. Zimmerwarmes Wasser nehmen. Blätter nicht benetzen. Düngen: Während der Blüte jede Woche. Umpflanzen: Jährlich in möglichst flache Gefäße. Vermehrung: Durch Blattstecklinge in Torf-Sand-Gemisch. Schädlinge, Krankheiten und ihre Ursachen: Fäulnis- und Fleckenbildung durch Besprühen oder Benetzen der Blätter.

Übrigens: Das Usambaraveilchen ist eine unkomplizierte Pflanze für Sammler.

Schizanthus

Spaltblume, Orchidee des kleinen Mannes — Solanaceae, Nachtschattengewächse

Höhe/Länge	0 · 25cm · 50cm · 75cm · 1m · 1,25m · 1,5m · 1,75m · 2m · 2,25m · 2,5m · 2,75m · 3m ▷
Blütezeit	Jan · Feb · März · Apr · Mai · Juni · Juli · Aug · Sept · Okt · Nov · Dez
Blütenfarbe	weiß/beige · gelb · orange · rosa · rot · purpur · violett · blau · grün
Verwendung	

Die Spaltblume zählt zu den leider weniger häufig angebotenen Muttertagspflanzen. Dabei sieht sie bezaubernd aus. In üppigen Sträußen präsentiert sie Blüten in Weiß, Rosa, Gelb, Apricot, Karminrot, Violett. Getuschte, getigerte oder geflammte Zeichen verstärken die Ähnlichkeit mit Orchideenblüten. Wer keine fertigen Pflanzen bekommt, kann sich dieses hübsche Nachtschattengewächs selbst aus Samen heranziehen. Bei uns werden hauptsächlich Hybriden aus *Schizanthus pinnatus* und *Schizanthus grahamii* angeboten. Sie laufen unter der Bezeichnung *Schizanthus* x *wisentonensis*. Bekannteste Sorten sind: 'Kardinal', 'Schnittzauber' oder die kompakter wachsende 'Hit Parade' von der Samenfirma Benary in Hannover.
Aussaat: Für die Sommerblüte im März oder für die Frühjahrsblüte im Herbst, wobei dann ein heller, luftiger und kühler Winterplatz (5°–10°C) vonnöten ist. Sämlinge in kleine Töpfe mit lehmhaltiger Erde pikieren. März-Sämlinge im Kalthaus oder kalten Kasten weiterpflegen. Verwendung: Für helle, aber nicht vollsonnige Balkons und Beete. Standort im Zimmer: Hell und warm. Wasser: Regelmäßig gießen. Düngen: Alle 14 Tage. Umpflanzen: Entfällt, da einjährig. Vermehrung: Durch Samen (siehe oben). Schädlinge, Krankheiten und ihre Ursachen: Verbrennungen durch zu sonnigen Stand.

Senecio cruentus

Cinerarie, Aschenblume, Läuseblume — Compositae, Korbblütler

Höhe/Länge	0 · 25cm · 50cm · 75cm · 1m · 1,25m · 1,5m · 1,75m · 2m · 2,25m · 2,5m · 2,75m · 3m ▷
Blütezeit	Jan · Feb · März · Apr · Mai · Juni · Juli · Aug · Sept · Okt · Nov · Dez
Blütenfarbe	weiß/beige · gelb · orange · rosa · rot · purpur · violett · blau · grün
Verwendung	

Sie heißt zwar Aschenpflanze, aber ein Aschenputtel ist sie deswegen noch lange nicht. Im Gegenteil. Dank Gärtnerkunst schillert ihre Blütenpracht wie ein Regenbogen in allen Farben. Alle heute angebotenen Sorten sind Hybriden. Die Staude *Senecio cruentus* von den Kanarischen Inseln gilt als wichtigster Elternteil. Dennoch halten wir sie nur einjährig, da eine Wiederblüte praktisch nicht zu erreichen ist. Während früher hohe Cinerarien in teilweise scheußlich grellen Farben angeboten wurden, bevorzugt man heute eher gedrungen wachsende Exemplare in gedämpften Farbtönen, die auf der Fensterbank besser aussehen. Cinerarien finden wir von Februar bis Ende April in den Blumenläden.
Standort: Lichter Schatten. Kühl und luftig, möglichst nicht wärmer als 18°C stellen. Die Stammform lebt in feuchtkühlen Gebirgswäldern! Erde: TKS und Einheitserde. Wasser: Reichlich mit zimmerwarmem Wasser gießen. Je kühler und feuchter die Cinerarie steht, desto länger halten die Blüten. Düngen: Nicht nötig, die Erde enthält genügend Nährstoffe für die kurze Kulturzeit. Umpflanzen: Entfällt, da die Pflanze nach der Blüte weggeworfen wird. Vermehrung: Ist Gärtnersache. Schädlinge, Krankheiten und ihre Ursachen: Blattläuse bei zu warmem Stand. Daher rührt auch der volkstümliche Name Läuseblume.

Sinningia

Gloxinie — Gesneriaceae, Gesneriengewächse

Höhe/Länge	**0**	**25cm**	50cm	75cm	1m	1,25m	1,5m	1,75m	2m	2,25m	2,5m	2,75m	3m ▷
Blütezeit	Jan	Feb	**März**	**Apr**	**Mai**	**Juni**	**Juli**	**Aug**	Sept	Okt	Nov	Dez	
Blütenfarbe	**weiß**/beige	gelb	orange	rosa	**rot**	**purpur**	**violett**	blau	grün				
Verwendung													

Wir kaufen die Gloxinie, deren Blüten oft einen Durchmesser von 14 cm erreichen können, als einjährige Wegwerfpflanze. Schade, denn die Knollen lassen sich jedes Jahr zu neuer Blüte bringen. Die Blütezeit der *Sinningia*-Hybriden reicht vom Frühjahr bis zum Sommer. Der ungeheuren Vielfalt an Farben ist anzumerken, daß hier viele Eltern mitgewirkt haben. Es gibt rote, weiß gerandete, violette, weiße, ungefüllte und gefüllte Blumen. Die Blätter der Gloxinie sind saftig und fühlen sich samtig an. Heimat der Gloxinieneltern ist der tropische Regenwald von Brasilien.

Standort: Hell bis halbschattig. Möglichst nicht wechseln. Für Frischluft (kein Durchzug) sorgen. Die Temperatur sollte warm und ein wenig luftfeucht sein. Knollen bei 15°C dunkel und trocken lagern. Erde: Einheitserde oder TKS. Wasser: Bis Ende der Blütezeit lauwarm und mit weichem Wasser gießen. Nicht sprühen. Bei Weiterkultur nicht abrupt mit dem Gießen aufhören. Das Laub muß langsam einziehen. Düngen: Bei Weiterkultur wöchentlich. Umpflanzen: Ende Februar die von Erde und Wurzeln befreiten Knollen 2 cm mit Erde bedecken. Sparsam angießen. Sehr warm stellen. Plastiktüte über den Topf stülpen. Vermehrung: Durch Blattstecklinge. Schädlinge, Krankheiten und ihre Ursachen: Blattrollen, Blattläuse durch Lufttrockenheit, Umkippen der Stengel und Fäule durch zu nasse, kalte Erde.

Smithiantha

Smithianthe — Gesneriaceae, Gesneriengewächse

Höhe/Länge	0	**25cm**	50cm	75cm	1m	1,25m	1,5m	1,75m	2m	2,25m	2,5m	2,75m	3m ▷
Blütezeit	Jan	Feb	März	Apr	Mai	Juni	**Juli**	**Aug**	**Sept**	Okt	Nov	Dez	
Blütenfarbe	weiß/beige	gelb	**orange**	rosa	rot	purpur	violett	blau	grün				
Verwendung													

Viele kennen diese Blatt- und Blütenschönheit vielleicht noch unter ihrem alten Namen *Naegelia*. *Smithiantha* heißt sie zu Ehren der Engländerin Matilda Smith, die eine bekannte Pflanzenzeichnerin in Kew Gardens war. Vier bis fünf Arten sind in den Bergen Mexikos und Guatemalas beheimatet. In gärtnerischer Kultur befinden sich, wenn überhaupt, ausschließlich Hybriden. Eine besondes gängige Zimmerpflanze ist die *Smithiantha* aber nicht, da sie beim Transport gern ihre besonders schönen orangefarbenen Blütenglöckchen abwirft. Dabei ist sie so kulturwürdig wie ihre engen Verwandten *Achimenes* und *Kohleria*. Wer an keine fertige Pflanze, dafür aber an Rhizome kommt, kann sie leicht im Frühjahr antreiben. Drei bis vier Rhizome pro Topf genügen.

Standort: Während der Wachstumsperiode von Frühjahr bis Herbst warm und hell. Erde: TKS oder Einheitserde. Wasser: Von Frühjahr bis Herbst mit weichem, warmem Wasser gleichmäßig feucht halten. Düngen: Während der Blüte jede Woche bis August. Umpflanzen: Entfällt. Die *Smithiantha* zieht im Herbst ein. Man überwintert die Rhizome in trockenem Sand oder Torf an einem warmen Platz. Im Frühjahr gibt man sie in die Erde, gießt mit weichem, warmem Wasser an und sprüht ab Knospenbildung. Vermehrung: Durch Rhizome oder im Frühsommer durch Kopfstecklinge im warmen Beet. Schädlinge und Krankheiten: Kommen kaum vor.

Solanum pseudocapsicum

Korallenstrauch — Solanaceae, Nachtschattengewächse

Höhe/Länge	0	**25cm**	50cm	75cm	1m	1,25m	1,5m	1,75m	2m	2,25m	2,5m	2,75m	3m	▷
Blütezeit	Jan	Feb	März	Apr	**Mai**	**Juni**	Juli	Aug	Sept	Okt	Nov	Dez		
Blütenfarbe	**weiß**/beige	gelb	orange	rosa	rot	purpur	violett	blau	grün					
Verwendung														

Im Handel werden zwei Arten angeboten: *Solanum pseudocapsicum* mit dicken orangeroten oder gelben Beerenfrüchten und *Solanum capsicastrum*, das kleinere rote Früchte besitzt und manchmal auch mit weißbunten Blättern zu bekommen ist. Viele werfen die Korallenbäumchen weg, wenn sie geblüht und gefruchtet haben. Das ist schade, denn diese an sich immergrünen, sparrigen Sträucher können sich zu einem dekorativen Hochstamm mausern, wenn man sie richtig überwintert. Die aus Madeira und Brasilien stammenden Korallenbäumchen tragen typische Nachtschattenblüten. Sie sind weiß, erscheinen von Mai bis Juni und sehen Kartoffelblüten auffallend ähnlich. Die Früchte bilden sich bis zum Herbst und halten um so länger, je kühler man die Pflanze stellt.
Standort: Ab Austriebsbeginn hell und sonnig. Im Sommer ins Freie. Ab Ende September hell und kühl überwintern. Von Februar bis Oktober warm, sonst 10°C. Erde: Einheitserde, TKS. Wasser: Den Sommer über reichlich, zum Herbst hin sparsamer gießen. Während der Ruhezeit nur soviel, daß der Ballen nicht austrocknet. Düngen: Im Sommer mindestens jede Woche einmal. Umpflanzen: Jährlich im Frühjahr nach Rückschnitt in kaum größere Gefäße. Eventuell den Wurzelballen etwas verkleinern. Vermehrung: Durch Samen bei einer Bodentemperatur von 18°C möglich. Schädlinge, Krankheiten und ihre Ursachen: Blattläuse und Weiße Fliege, meist durch zu warmen Stand.

Spathiphyllum

Einblatt — Araceae, Aronstabgewächs

Höhe/Länge	0	**25cm**	**50cm**	**75cm**	1m	1,25m	1,5m	1,75m	2m	2,25m	2,5m	2,75m	3m	▷
Blütezeit	Jan	Feb	**März**	**Apr**	**Mai**	**Juni**	**Juli**	**Aug**	**Sept**	Okt	Nov	Dez		
Blütenfarbe	**weiß**/beige	gelb	orange	rosa	rot	purpur	violett	blau	grün					
Verwendung														

Eine wunderschöne, elegante Schattenpflanze, von der es sogar eine zartduftende Art gibt, die unter dem exotischen Sortennamen 'Mauna Loa' im Handel ist. Warum gibt sich die auffällige Blütenpflanze mit so wenig Licht zufrieden, wo doch jeder weiß, daß zur Knospenbildung viel Licht nötig ist? Ganz einfach. Die Blüte des Einblattes ist nicht echt. Hier handelt es sich um ein Hochblatt, das die Blütenähre in der Mitte wie ein kostbarer Mantel umschließt und ihre Unscheinbarkeit vergessen läßt. Außerdem ist das Aronstabgewächs in seiner kolumbianischen Urheimat ohnehin noch nie mit besonders viel Helligkeit verwöhnt worden. Die heute erhältlichen Hybriden können 60 bis 80 cm hoch werden. Kleiner bleibt die Art *Spathiphyllum wallisii*. Sie ist auch kleinblütiger.
Standort: Ganzjährig halbschattig bis schattig und Zimmertemperatur. Erde: Einheitserde und TKS. Wasser: Im Sommer mäßig, aber regelmäßig mit weichem Wasser gießen. An warmen Tagen sprühen. Im Winter weniger Wasser geben. Düngen: Alle zwei Wochen, nicht öfter. Umpflanzen. Bei Austriebsbeginn im März. Wurzeln schonen! Junge Pflanzen alle Jahre. Vermehrung: Durch Teilen beim Umpflanzen. Schädlinge, Krankheiten und ihre Ursachen: Braune Blattspitzen durch Überdüngung.
Tip: Das Einblatt ist gut für die Hydrokultur geeignet.

Sprekelia formosissima

Jakobslilie — Amaryllidaceae, Amaryllisgewächse

Höhe/Länge	0	**25cm**	50cm	75cm	1m	1,25m	1,5m	1,75m	2m	2,25m	2,5m	2,75m	3m ▷
Blütezeit	Jan	Feb	März	Apr	Mai	Juni	**Juli**	**Aug**	**Sept**	Okt	Nov	Dez	
Blütenfarbe	weiß/beige	gelb	orange	rosa	**rot**	purpur	violett	blau	grün				
Verwendung													

Bereits 1593 kam die Jakobslilie aus ihrer Heimat Mexiko und Guatemala nach Europa. Als Zimmer- und Gartenpflanze hat sie sich aber bis heute nicht im größeren Maß durchsetzen können. Eigentlich schade, denn dieses Amaryllisgewächs ist eine ganz besonders reizvolle Zwiebelblume mit eleganten, tiefroten Blüten. Bei Kultur im Freien pflanzt man die schwarzen, rotgestreiften Zwiebeln im Mai aus. Die Blüte erscheint einige Wochen später. Im Herbst werden die Zwiebeln vor dem ersten Frost aufgenommen und den Winter über trocken bei 17°–20°C gelagert. Für die Zimmerhaltung setzt man die Zwiebeln bereits im März in einen großen Topf, am besten 3 Stück auf einmal. Nach den Eisheiligen stellt man die verblühten Pflanzen dann möglichst ins Freie. Wichtig ist, daß die Zwiebeln gesunde Blätter entwickeln, nur dann blühen sie auch im nächsten Jahr.

Standort: Hell und sonnig, während der Wachstumszeit recht warm. Im Winter können die blattlosen Zwiebeln auch dunkel stehen. Erde: TKS 2 oder ein anderes übliches Pflanzsubstrat. Wasser: Im Winter vollkommen trocken halten. Mit Austriebsbeginn Wassergaben langsam steigern, zum Herbst hin wieder verringern. Düngen: Solange die Zwiebeln Blätter tragen alle 2 Wochen mit flüssigem Volldünger. Umpflanzen: Jedes Frühjahr vor dem Austrieb. Zwiebeln so tief setzen, daß die Spitzen mit der Erde abschließen. Vermehrung: Durch Tochterzwiebeln.

Stephanotis floribunda

Kranzschlinge, Madagaskar-Jasmin — Asclepiadaceae, Seidenpflanzengewächse

Höhe/Länge	0	**25cm**	**50cm**	**75cm**	**1m**	**1,25m**	**1,5m**	**1,75m**	**2m**	**2,25m**	**2,5m**	**2,75m**	**3m ▷**
Blütezeit	Jan	Feb	März	Apr	Mai	**Juni**	**Juli**	**Aug**	**Sept**	**Okt**	Nov	Dez	
Blütenfarbe	**weiß/beige**	gelb	orange	rosa	rot	purpur	violett	blau	grün				
Verwendung													

Wegen seiner duftenden, weißen Sternblüten findet man den Madagaskar-Jasmin, wie die Kranzschlinge auch genannt wird, häufig in Brautsträußen. Er ist auch ein beliebtes Muttertagsgeschenk. Die Kranzschlinge gehört zur gleichen Familie wie die Wachsblume, der sie auf den ersten Blick ähnlich sieht. Ihre Blätter sind aber nicht fleischig, sonden eher ledrig. Sie liebt, wie die Klivie, die Beständigkeit, die sie im Brautstrauß ja wohl symbolisieren soll. Dauernden Ortswechsel quittiert sie mit totalem Blatt- und Blütenfall. Was sie außerdem benötigt, ist ein stabiles Spalier oder Gestell, denn bei guter Pflege klettert sie emsig.

Standort: Hell und luftig, nicht hinter Stores. Es empfiehlt sich, eine Lichtmarke anzubringen. Sommertemperaturen 20°–25°C, im Winter 12°–14°C. Erde: Einheitserde oder TKS mit Sandbeigabe. Wasser: Von März bis August reichlich mit zimmerwarmem Wasser gießen. Zum Ausreifen der Triebe sparsamer. Öfter sprühen. Von Oktober bis Januar nur eben feucht halten. Düngen: Von März bis August wöchentlich. Je mehr gedüngt wird, um so mehr Wachstum und Blüten gibt es. Umpflanzen: Im Februar in größere Gefäße. Ältere Pflanzen seltener. Vermehrung: Durch nicht zu weiche Triebstecklinge von Frühling bis Herbst im geheizten Beet. Schädlinge, Krankheiten und ihre Ursachen: Läuse durch zu warmen Winterstand.

Streptocarpus

Drehfrucht — Gesneriaceae, Gesneriengewächse

Höhe/Länge	0	**25cm**	**50cm**	75cm	1m	1,25m	1,5m	1,75m	2m	2,25m	2,5m	2,75m	3m ▷
Blütezeit	Jan	Feb	März	Apr	**Mai**	**Juni**	**Juli**	**Aug**	**Sept**	Okt	Nov	Dez	
Blütenfarbe	**weiß**/beige	gelb	orange	**rosa**	**rot**	purpur	**violett**	**blau**	grün				
Verwendung													

Anfang des 19. Jahrhunderts brachte sie ein Botaniker aus dem tropischen Regenwald Südafrikas mit nach Europa. Inzwischen begeistert uns diese Verwandte von Usambaraveilchen und Gloxinie dank Gärtnerkunst mit orchideenhaft-eleganten Blüten von Weiß über Rosa, Zartlila, Hellblau bis hin zu strahlendem Rot, Blau und Dunkelviolett. Von der Drehfrucht, der Name wird von den spiraligen Samenkapseln abgeleitet, gibt es je nach Anzucht im Herbst und Frühjahr blühende Pflanzen. Die sogenannten Nymphtypen sind kleinblumig. Die großblumigeren Sorten, die auch als Schnittblumen verwendet werden, brauchen etwas mehr Wärme. Zur Zeit werden neuere Sorten auf geringeren Lichtbedarf zur Blütenbildung ausgelesen, z. B. die Schneider-Sorten.
Standort: Ganzjährig hell bis halbschattig. Als Bodendecker im Blumenfenster gut geeignet. Liebt jahraus, jahrein Zimmertemperatur. Erde: Einheitserde oder TKS. Wasser: Den Sommer über reichlich mit angewärmtem, weichem Wasser gießen. Für Luftfeuchtigkeit sorgen. Im Winter je nach Standort mehr oder weniger wässern. Düngen: Im Sommer wöchentlich, aber nie auf trockenen Topfballen. Umpflanzen: Nach Bedarf. Pflanzen vorher eventuell teilen. Vermehrung: Durch 3 cm breite Blattstecklinge in feuchtem Sand und im geschlossenen Vermehrungsbeet. Schädlinge und Krankheiten: Kaum bekannt.

Tillandsia lindenii

Tillandsie — Bromeliaceae, Ananasgewächse

Höhe/Länge	0	**25cm**	**50cm**	75cm	1m	1,25m	1,5m	1,75m	2m	2,25m	2,5m	2,75m	3m ▷
Blütezeit	**Jan**	**Feb**	**März**	**Apr**	**Mai**	**Juni**	**Juli**	**Aug**	**Sept**	**Okt**	**Nov**	**Dez**	
Blütenfarbe	weiß/beige	gelb	orange	rosa	rot	purpur	violett	**blau**	grün				
Verwendung													

Lassen Sie sich nicht verwirren, wenn Ihnen diese Topfpflanze auch unter dem Namen *Tillandsia cyanea, T. lindeniana, T. anceps* oder *T. morreniana* angeboten wird. Selbst Botaniker verwechseln diese Arten leicht, da sie sich nur blühend unterscheiden lassen. Im Handel sind ohnehin meist nur Hybriden oder Auslesen. Sie besitzen schöne Rosetten mit schmalen grünen Blättern und einen rosa bis roten Blütenschaft aus dachziegelartigen Hochblättern, aus denen die kurzlebigen, kornblumenblauen Blüten herauskommen. Die Eltern sind baumbewohnende Bromelien, die in 600 bis 1000 m Höhe in Ekuador und Peru leben. Weil sie kaum Saugschuppen besitzen, zählt man sie zu den sogenannten grünen Tillandsien. Als Zimmergast bevorzugen sie einen Platz im feuchtwarmen Blumenfenster, wo sie in Erdkultur genauso schön gedeihen wie auf Epiphytenstämme gebunden.
Standort: Hell, aber vor Sonne geschützt. Ganzjährig warm und luftfeucht (20° und mehr, im Winter nicht unter 18 °C). Erde: TKS oder Einheitserde mit Sphagnum, Torfmull oder Styromull. Wasser: Mit zimmerwarmem, enthärtetem Wasser mäßig, aber regelmäßig feucht halten. Nässe zusammen mit Kälte ist Gift! Düngen: Von März bis September alle Monate mit verdünnter Lösung (½ g auf 1 l), im Winter nur alle 8 Wochen. Umpflanzen: Topfpflanzen alle zwei Jahre. Vermehrung: Durch Kindel. Schädlinge, Krankheiten und ihre Ursachen: Nur durch schwere Kulturfehler.

Tulipa

Treibtulpen — Liliaceae, Liliengewächse

Höhe/Länge	0	**25cm**	50cm	75cm	1m	1,25m	1,5m	1,75m	2m	2,25m	2,5m	2,75m	3m ▷
Blütezeit	**Jan**	Feb	März	Apr	Mai	Juni	Juli	Aug	Sept	Okt	Nov	**Dez**	
Blütenfarbe	**weiß**/beige	gelb	**orange**	**rosa**	**rot**	**purpur**	**violett**	blau	grün				
Verwendung													

Zwar kann man zu Weihnachten und im zeitigen Frühjahr überall blühende Tulpen kaufen, viel mehr Freude machen die Boten des Frühlings jedoch mitten im Winter, wenn man sie selber heranzieht.

Für die Weihnachtsblüte nimmt man präparierte Zwiebeln, für die Blüte im Januar oder Februar eignen sich ganz normale, frühblühende, einfache oder gefüllte Tulpen. Pflanzzeit ist bereits Anfang bis Mitte September. Man setzt jeweils 5 bis 7 Zwiebeln so tief in einen Topf mit durchlässiger Erde, daß die Spitzen gerade noch zu sehen sind. Dann werden die Tulpen gegossen, an einen dunklen, kühlen Platz gestellt und von nun an immer gut feucht gehalten. Wichtig für die Blüte ist, daß die Zwiebeln erst dann zum Treiben ins warme Wohnzimmer geholt werden, wenn sie ausreichend bewurzelt sind. In der Regel ist es nach etwa 10 Wochen soweit. Man bringt die Tulpen nun zunächst für eine Woche an einen mäßig warmen, aber immer noch dunklen Platz. Erst dann dürfen sie ans helle Fenster in die volle Wärme, wo sie 14 Tage später in voller Blüte stehen werden.

Vallota speciosa

Vallote — Amaryllidaceae, Amaryllisgewächse

Höhe/Länge	0	**25cm**	50cm	75cm	1m	1,25m	1,5m	1,75m	2m	2,25m	2,5m	2,75m	3m ▷
Blütezeit	Jan	Feb	März	Apr	**Mai**	**Juni**	Juli	Aug	Sept	Okt	Nov	Dez	
Blütenfarbe	weiß/beige	gelb	orange	rosa	rot	**purpur**	violett	blau	grün				
Verwendung													

Das hübsche Zwiebelgewächs aus Südafrika sieht wie die Mini-Ausgabe des Rittersterns oder der „Frühlingsamaryllis“ aus, was nicht weiter verwundert, denn beide stammen aus derselben Familie. Die scharlachroten Trichterblüten sitzen zu 3 bis 6 Stück in Dolden auf dem 20 bis 30 cm hohen Schaft. Je länger die Zwiebel in einem Gefäß steht, um so reicher blüht sie. Mitunter bildet sie sogar mehrere Blütenschäfte, die nacheinander erscheinen. Neue Zwiebeln werden im Sommer gepflanzt. Die Blütezeit ist im Frühsommer.

Standort: Vallota möchte hell, sonnig und warm stehen, z. B. an einem Südfenster. Im Winter genügen Temperaturen von 4°–6°C, jedoch benötigen die Pflanzen auch dann noch viel Licht. Sommerplatz im Freien an warmer, geschützter Stelle möglich. Erde: Einheitserde oder TKS 2 mit etwas Sand. Wasser: Während der Wachstumsperiode von März bis Oktober gleichmäßig gießen, Nässe jedoch vermeiden. Im Winter nur gelegentlich einmal Wasser geben. Erde im Topf aber nie ganz austrocknen lassen. Düngen: Von Frühjahr bis Herbst wöchentlich mit flüssigem Volldünger. Umpflanzen: Alle 4 bis 6 Jahre im Frühjahr oder nach der Blüte im Sommer. Wurzeln dabei so schonend wie möglich behandeln. Zwiebeln nur so tief setzen, daß der Wurzelhals noch aus der Erde herausschaut. Vermehrung: Durch Nebenzwiebeln, die sich beim Umtopfen ablösen lassen.

Vriesea

Vriesee — Bromeliaceae, Ananasgewächse

Höhe/Länge	0 · **25cm · 50cm** · 75cm · 1m · 1,25m · 1,5m · 1,75m · 2m · 2,25m · 2,5m · 2,75m · 3m ▷
Blütezeit	**Jan · Feb · März · Apr · Mai · Juni · Juli · Aug · Sept · Okt · Nov · Dez**
Blütenfarbe	weiß/beige · gelb · **orange** · rosa · **rot** · purpur · violett · blau · grün
Verwendung	

Die bekannteste Art ist *Vriesea splendens*, das berühmte Flammende Schwert. Sie besitzt etwa halbmeterhohe Blätter mit auffallenden braunroten Querstreifen. Grünblättrig, aber mit einer mehrfarbigen Blütenähre ausgestattet, ist *Vriesea psittacina*, die Papageien-Bromelie. Leider findet man sie nur selten in gärtnerischer Kultur. Hybriden von *Vriesea* x *poelmanii* mit grünen Blättern und dunkelroten Blüten und *Vriesea carinata* sind dagegen eher zu bekommen, noch besser steht es mit Kreuzungen aus *carinata* und *psittacina*. Schön ist auch *Vriesea ensiformis* mit orangeroten Blüten. Als Raritäten gelten *Vriesea gigantea*, die Schachbrett-Vriesee und *Vriesea hieroglypha*, die Liebhaber wegen ihres fein gezeichneten Laubes als schönste aller Vrieseen bezeichnen.
Standort: Hell bis halbschattig, ohne direkte Sonne. Botanische Arten im warmen Blumenfenster, Hybriden ganzjährig im warmen Zimmer halten. Boden- und Lufttemperatur immer über 18°C. Erde: TKS mit Styromull. Wasser: Mit temperiertem, enthärtetem Wasser gleichmäßig feucht, aber nie naß halten. Wasser in den Trichter geben und den Ballen leicht befeuchten. Für Luftfeuchtigkeit sorgen. Düngen: Im Sommer alle Wochen schwach konzentriert (1–2 g auf 1 l). Umtopfen: Alle zwei Jahre nach der Blüte. Abgestorbenes entfernen. Vermehrung: Durch Kindel. Schädlinge, Krankheiten und ihre Ursachen: Schäden durch Unterkühlung, Nässe und allzu lufttrockenen Stand möglich.

Zantedeschia aethiopica

Zimmerkalla, Schlangenwurz — Araceae, Aronstabgewächse

Höhe/Länge	0 · **25cm · 50cm · 75cm** · 1m · 1,25m · 1,5m · 1,75m · 2m · 2,25m · 2,5m · 2,75m · 3m ▷
Blütezeit	Jan · Feb · März · Apr · **Mai** · Juni · Juli · Aug · Sept · Okt · Nov · Dez
Blütenfarbe	**weiß**/beige · gelb · orange · rosa · rot · purpur · violett · blau · grün
Verwendung	

Diese kühle Schönheit kommt nicht etwa aus Äthiopien wie ihr Zuname vermuten läßt, sondern aus im Sommer trockenen Sumpfgebieten Südafrikas. Sie wird etwa 80 cm hoch und blüht im Frühling. Wie Flamingoblumen und Einblatt bringt sie die typischen Blumen der Aronstabgewächse hervor. Viele trauen sich an die Kultur der Kalla nicht heran, weil ihr Wachstumsrhythmus auf den ersten Blick kompliziert erscheint. Dabei übersteht diese Pflanze wie die berühmten Sansevierien selbst mangelhafte Pflege und möchte eigentlich wie ihre Landsmännin, die Klivie, möglichst in Ruhe gelassen werden.
Standort: Hell und sonnig. Im Sommer auf dem Balkon oder im Garten halten. Ab Oktober bis Dezember um 10°C und trockener halten. Wenn die Rhizome erneut austreiben, wärmer (20°C) stellen. Erde: Gemisch aus Lehm und Lauberde oder TKS mit etwas Sand. Hornspäne untermischen. Wasser: Nach der Blüte von Mai bis Ende Juni sparsam gießen, die Pflanze macht dann eine Ruheperiode durch. Im Sommer gemäß ihrem trockenen Heimatstandort ab und zu gießen, während der Wachstumsperiode reichlich. Düngen: Bis zur Blüte alle Wochen. Umtopfen: Beim Einräumen im Oktober. Vermehrung: Durch Teilung des Wurzelstocks. Schädlinge, Krankheiten und ihre Ursachen: Blattläuse durch trockene und abgestandene Luft im Winter.

Die schönsten Blattpflanzen

Die schönsten Blattpflanzen

Gleich zu Anfang eine Klarstellung: Blattpflanzen sind nicht etwa Gewächse, die nur Blätter hervorbringen und nie blühen. Ihre Blüten sind entweder unauffällig oder sie erscheinen erst im hohen Alter. Die Einteilung nach Blatt- und Blütenpflanzen erfolgt also nur aus optischen Gründen.
Blattpflanzen imponieren mit ihrem Laub, mit großen und kleinen, samtigen, glatten, ledernen, narbigen oder rauhen Blättern, mit Wedeln, Ranken, Schöpfen in Grün, Grün-Weiß oder Bunt. Ihre Attraktivität steht der der Blütenpflanzen in keiner Weise nach. Im Gegenteil. Blattpflanzen bilden sozusagen die grüne Kulisse für das Farbenspiel der Blütenpflanzen. Sie gehören zur Grundausstattung eines Zimmergartens.
Ihre Vielseitigkeit ist sogar größer als die der Blütenpflanzen, die immer nur zeitbegrenzte Glanzlichter darstellen. Andererseits bleiben die meisten blühenden Gewächse auch nach der Blüte ansehnliche Blattpflanzen, man denke an die *Columnea*, den *Aeschynanthus*, die *Allamanda*, um nur drei Beispiele zu nennen.
Als Ampel- oder Kletterpflanzen gehören Blattpflanzen zu den wichtigsten grünen Gestaltungselementen. Man kann sie von Säulen und Podesten herunterrieseln lassen, unter die Decke hängen, raumteilende Gitterwände mit ihnen begrünen oder sie als lebendigen Vorhang verwenden. Auf diese Weise bleibt den Gewächsen, die nicht ranken, der ohnehin knapp bemessene Platz auf der Fensterbank erhalten. Zu den wichtigsten Ampelpflanzen zählen: Efeu, Scheinrebe, Efeutute, Cissus-Arten, Kletterficus u. v. a.
Apropos Kletterficus – wußten Sie, daß diese niedliche, kleinblättrige Pflanze ein direkter Verwandter von Deutschlands prominentester Grünpflanze ist? Ganz richtig, vom Gummibaum, der botanisch *Ficus elastica* heißt. Zur Gummibaum-Sippschaft zählt übrigens auch die Geigenfeige, deren Blätter das Violinenmaß oft überschreiten und eher so groß wie eine Bratsche werden. Mit zunehmendem Alter braucht dieser *Ficus* viel Platz. Das gilt auch für die Pflanzen, die wir gern als Zimmerbäume bezeichnen, vor allem für viele Palmen.
Die Beliebtheit der Palmen, die in den Siebzigerjahren begonnen hat und unverändert anhält, hat plausible Gründe. Erstens sind diese Pflanzen mit ihren eleganten Wedeln so dekorativ, daß sie zu den Lieblingskindern der Innenarchitekten zählen; zum anderen – und dies ist vielleicht noch wichtiger – vertragen einige Arten auch den Schatten gut. *Kentia, Howeia* und die Bergpalme können durchaus auch in dunkleren Stadtwohnungen erfolgreich kultiviert werden. Ihre Anspruchslosigkeit an das Licht erlaubt es ferner, Palmen auch mitten im Zimmer zu plazieren, z. B. neben oder hinter einer Sitzgruppe.
Als Palmen werden in den Läden vielfach auch Drazänen und Yuccas angeboten. Wenn auch eine gewisse Ähnlichkeit auf den ersten Blick nicht zu leugnen ist, so haben beide Pflanzengruppen botanisch mit den Palmen allenfalls die ferne Heimat gemein, sonst nichts. Drazänen und Yuccas gehören zum großen Clan der Lilienblütigen. So lustig es klingen mag, aber sie sind eng verwandt mit Knoblauch und Maiglöckchen.
Wer bei Blattpflanzen einen ähnlichen Farbenrausch wie bei den blühenden Gewächsen sucht, findet ihn z. B. bei Kaladien, Maranten, Kroton, Buntnessel und bei *Acalypha*. Warum in der Natur spontan Buntblättrigkeit entsteht, ist bis heute ein Geheimnis. Man weiß nur eines: Bunte, oder wie der Fachmann sagt, panaschierte Blätter, führen in ihrem Zellsaft reichlich gelöste Farbstoffe: Anthozyane, die auch Blumenblau genannt werden, Betazyane, gelbes Xanthophyll, orangerotes Karotin und grünes Chlorophyll. Menge und Wirkung dieser Pigmente hängen von Ernährung, Boden, Licht und Temperatur ab. Bei Kulturformen läßt sich die Panaschierung außerdem durch Selektion beeinflussen.
Botanisch interessant sind auch die Farne, denen noch der Hauch der Urzeit anhaftet. Auch die Zimmertanne gehört zu den Abermillionen Jahre alten Pflanzen. Ananasgewächse oder Bromelien sind weitere Blattpflanzen für Liebhaber. Einige von ihnen sind ein wenig schwierig zu kultivieren, aber es sind auch robuste Gesellen darunter, z. B. die unverwüstliche *Billbergia.*
Zu den wegen ihrer sagenhaften Anspruchslosigkeit seit Generationen beliebten Grünpflanzen zählen auch die Schusterpalme, Zimmeraralie, *Sansevieria* und die Grünlilie. Sie sind ideale Anfängerpflanzen, die man eigentlich nur durch zuviel Gießen umbringen kann.
Vielen Pflanzen sieht man es übrigens an den Blättern an, wie sie gepflegt werden möchten. Eine zwar nicht hundertprozentig sichere, aber allgemein gültige Regel ist: Pflanzen mit großen Blättern wünschen sich lichten Schatten, z. B. Anthurien, manche Farne, Alpenveilchen, Efeu, Maranten, Schusterpalme, manche Blattbegonien, Einblatt, Schefflera, einige Philos u. a. Kleine, dicht behaarte oder ledrige Blätter vertragen Sonne: *Araucaria*, Christusdorn, Myrte. Derbe, dicke Blätter, die graugrün bereift sind, sagen: Wir können mit längeren Trockenperioden und starker Lichtintensität fertigwerden. *Sansevieria*, Drachenbaum und *Aechmea* gehören in diese Gruppe. Durstkünstler sind alle Pflanzen mit fleischigen Blättern. Von Hause aus sind sie es gewohnt, darin Wasser für Dürreperioden zu speichern, man denke an Kalanchoe, Agaven, kurz, an alle Gewächse, die im Thema „Kakteen und andere Sukkulenten" besprochen werden. Besonders raffiniert ist die Wassersammelstelle vieler Bromelienarten. Da sich in ihrer Heimat Regen- und Trokkenperioden ablösen, haben sie ihre Blätter so konstruiert, daß in der Mitte eine Zisterne entstanden ist. Manche Bromelien wie *Guzmania* und *Neoregelia* besitzen dazu rot gefärbte Rosettenblätter. Man vermutet, daß die Einlagerung roter Farbstoffe die jungen Blätter vor aggressivem UV-Licht schützen soll.
Bei Pflanzen mit buntem Laub gilt die etwas salopp gehandhabte Regel nicht. Sie benötigen immer mehr Licht als ihre grünen Verwandten. Blätter fangen also das Licht auf und betreiben mit dieser unerschöpflichen Energie ihre biochemische Fabrik, ohne die Leben auf diesem Planeten unmöglich wäre. Nur die grüne Pflanze ist fähig, mit Hilfe des Lichtes aus Kohlendioxid und Wasser Kohlenhydrate aufzubauen und dabei Sauerstoff freizusetzen. Fotosynthese nennt man diesen unnachahmlichen Vorgang. Die Abgabe von Sauerstoff ist ein Grund, warum lebende Blattpflanzen in der Wohnung so gesundheitsspendend sind. Wenn auch die Pflanze zur Erhaltung ihrer Lebensfunktionen einen Teil des Sauerstoffs für sich benötigt, so bleibt immer noch genug für uns. Die Verwandlung unserer Erde von einem Planeten mit Stickstoffatmosphäre in einen mit sauerstoffreicher Luft ist dafür der beste Beweis.

Acalypha wilkesiana

Acalypha, Katzenschwanz — Euphorbiaceae, Wolfsmilchgewächse

Höhe/Länge	0 · 25cm · 50cm · 75cm · 1m · 1,25m · 1,5m · 1,75m · 2m · 2,25m · 2,5m · 2,75m · 3m ▷
Blütezeit	Jan · Feb · März · Apr · Mai · Juni · Juli · Aug · Sept · Okt · Nov · Dez
Blütenfarbe	weiß/beige · gelb · orange · rosa · rot · purpur · violett · blau · grün
Verwendung	

Lange Zeit war es um diese 1907 von Sandhack gezüchteten Blattschönheiten still. Jetzt sind sie wieder auf dem Markt. In den Sommermonaten findet man die sogenannten *Acalypha wilkesiana*-Hybriden als relativ preiswerte Topfpflanze in vielen Zimmerpflanzengärtnereien. Die ursprüngliche Südseeinsulanerin ist so schön, daß man sich am besten von jeder Variation eine mit heimnimmt. Da gibt es eine Spielart mit großen, olivbraunen und rosa gerandeten Blättern, eine andere Hybride bezaubert mit bronzegrünen, roten und orangefarbenen Blättern, eine weitere mit verkehrt eiförmigen Blättern, die in der Jugend olivgrün mit orangefarbenem Saum, später mehr bronzegrün mit karminrotem Rand ausfallen. Daneben findet man noch schlichtgrüne Formen mit cremeweißem Rand. Hier wurde der Züchter beinahe zum Maler!

Standort: Ganzjährig hell, aber nicht prallsonnig und warm. Erde: Einheitserde mit Sand. Wasser: Während der Wachstumszeit gleichmäßig feucht halten. Über Winter sparsam gießen. Bei Heizungsluft öfter mit weichem Wasser einnebeln. Düngen: Von Februar bis Ende August jede Woche. Umpflanzen: Bei Bedarf in größere Töpfe. Vermehrung: Für Laien schwierig. Möglich im heizbaren Vermehrungsbeet durch krautige Stecklinge im Frühjahr. Schädlinge, Krankheiten und ihre Ursachen: Schildläuse und Rote Spinne durch Lufttrockenheit.

Adiantum

Frauenhaarfarn — Adiantaceae, Frauenhaarfarne

Höhe/Länge	0 · 25cm · 50cm · 75cm · 1m · 1,25m · 1,5m · 1,75m · 2m · 2,25m · 2,5m · 2,75m · 3m ▷
Blütezeit	Jan · Feb · März · Apr · Mai · Juni · Juli · Aug · Sept · Okt · Nov · Dez
Blütenfarbe	weiß/beige · gelb · orange · rosa · rot · purpur · violett · blau · grün
Verwendung	

Soviel Zartheit kann nicht anders als empfindlich sein. Tatsächlich ist der Frauenhaarfarn mit seinen dünnen braunen Stielen und dem zierlich gefiederten Laub besonders gegen Trockenheit anfällig. Die besten Erfahrungen in Zimmerkultur hat man mit *Adiantum raddianum* 'Fritz Lüthli' und 'Decorum' sowie mit Varietäten der Art *Adiantum tenerum* gemacht. Alle Frauenhaarfarne, es gibt im tropischen Amerika rund 200 Arten, eignen sich fabelhaft zur Unterpflanzung im feuchtwarmen Bodenfenster. Sammler legen sich sogenannte Ferneries, Farngärtchen in Gläsern, an. Dazu geeignet sind z. B. große Gurkengläser, die nach dem Einsetzen des Farns zugeschraubt werden.

Standort: Halbschattig und warm, Luft- und Bodenwärme das ganze Jahr über nicht unter 20 °C. Erde: TKS oder Einheitserde. Wasser: Von März bis August mit weichem, warmem Wasser in den Topfrand gießen. Öfter sprühen, vor allem im Winter. Der Ballen darf nie austrocknen. Düngen: Von März bis August mit Hydrodünger oder schwach konzentriertem Blumendünger. Umpflanzen: Alle zwei Jahre. Vermehrung: Durch Sporen. Saatschalen mit Torf unter den Wedeln aufstellen. Warm (24°–26 °C) und feucht halten. Schädlinge, Krankheiten und ihre Ursachen: Größte Gefahr am Fenster sind „kalte Füße" und trockene Heizungsluft. Bei zuviel Nässe stockt der Austrieb.

Aglaonema commutatum

Kolbenfaden, Aglaoneme — Araceae, Aronstabgewächse

Höhe/Länge	0 · 25cm · 50cm · 75cm · 1m · 1,25m · 1,5m · 1,75m · 2m · 2,25m · 2,5m · 2,75m · 3m ▷
Blütezeit	Jan · Feb · März · Apr · Mai · Juni · Juli · Aug · Sept · Okt · Nov · Dez
Blütenfarbe	weiß/beige · gelb · orange · rosa · rot · purpur · violett · blau · grün
Verwendung	

In den Blumenläden findet man kraftstrotzende Kolbenfaden-Exemplare in Hydrokultur. Tatsächlich eignen sie sich dafür wunderbar, wie die verwandten Dieffenbachien. Ähnlich wie diese Aronstabgewächse zeichnet sich auch der Kolbenfaden durch seine panaschierten Blätter aus. Graugrün und weiß präsentieren sich die länglich-ovalen Blätter der Sorte 'Pseudobracteatum'; 'Silver King' bringt grüne Spritzer auf silbergrauem Fond. Die reine Art, auf den Philippinen wird sie 2 m hoch, ist bescheidener gefärbt. Sie bildet halbmeterhohe Stämmchen und blüht mit etwas Glück mit kallaähnlichen Blumen. Sehr hübsch sehen die später erscheinenden roten Beeren aus.

Standort: Hell ohne Sonne. Bei zu dunklem Stand vergrünen die panaschierten Blätter. Liebt ganzjährig Wärme, erträgt aber im Winter auch heruntergedrehte Heizung bis 15°C. Erde: TKS oder Einheitserde. Wasser: Von März bis August bei Erdkultur reichlich mit enthärtetem, temperiertem Wasser gießen. Öfter sprühen. Düngen: Wöchentlich mit kalkarmem Dünger oder Flüssigdünger für Hydrokultur. Umtopfen: Jährlich bei Erdkultur. Vermehrung: Im Sommer durch Stecklinge im Wasser. Schädlinge, Krankheiten und ihre Ursachen: Braune Blattränder durch Ballen- und Lufttrockenheit, Blattfall durch zu trockene Heizungsluft oder Kälte.

Ampelopsis brevipedunculata

Scheinrebe, Zimmerwein — Vitaceae, Weinrebengewächse

Höhe/Länge	0 · 25cm · 50cm · 75cm · 1m · 1,25m · 1,5m · 1,75m · 2m · 2,25m · 2,5m · 2,75m · 3m ▷
Blütezeit	Jan · Feb · März · Apr · Mai · Juni · Juli · Aug · Sept · Okt · Nov · Dez
Blütenfarbe	weiß/beige · gelb · orange · rosa · rot · purpur · violett · blau · grün
Verwendung	

Welche Vielseitigkeit! Die buntblättrige Rebe mit den leuchtend roten Trieben ist wirklich mannigfaltig einsetzbar: Als grüner Vorhang für Kalthaus und Wintergarten, zum Beranken von Säulen, als raumteilendes Spalier für kaum beheizte Zimmer und als buschig herabhängende Ampelpflanze. Außerdem kann die reine Art, die in China beheimatet ist, an klimatisch günstigen Standorten, zum Beispiel in den Innenhöfen der Weinbaugebiete bei etwas Winterabdeckung auch frei ausgepflanzt werden. Wer weniger Platz zur Verfügung stellen kann, wählt die im Handel geläufigste Spielart 'Elegans'. Sie bleibt kleiner und wirft im Herbst ihre hübschen rosa marmorierten Blätter ab.

Standort: Im Sommer halbschattig bis schattig, im Winter hell. Ganzjährig nur mäßig warm, im Winter nicht über 15°C. Liebt von Ende Mai bis Ende September einen schattigen Sommerplatz im Freien. Erde: TKS oder Einheitserde. Wasser: Im Sommer regelmäßig gießen, im Winter kaum. Düngen: Während der Wachstumszeit wöchentlich. Umpflanzen: Jährlich im Frühling. Vorher die Pflanze kräftig zurückschneiden. Vermehrung: Von Mai bis August durch Stecklinge, die im Zimmer leicht bewurzeln. Schädlinge und Krankheiten: Keine bekannt.

Ananas comosus

Zierananas — Bromeliaceae, Ananasgewächse

Höhe/Länge	0	25cm	50cm	75cm	1m	1,25m	1,5m	1,75m	2m	2,25m	2,5m	2,75m 3m ▷
Blütezeit	Jan	Feb	März	Apr	Mai	Juni	Juli	Aug	Sept	Okt	Nov	Dez
Blütenfarbe	weiß/beige	gelb	orange	rosa	rot	purpur	violett	blau	grün			
Verwendung												

Frische Ananasfrüchte duften und schmecken paradiesisch. Und sie sind gesund, denn der Ananassaft enthält ein Ferment, das den Magen bei der Eiweißverdauung unterstützt. Aus frischen Früchten, genauer aus dem abgeschnittenen Blattschopf, lassen sich auch leicht neue Pflanzen ziehen. Dazu läßt man den Strunk zwei bis drei Tage trocknen und setzt ihn dann in einen Topf mit Anzuchterde. Plastikhaube überstülpen, warm und feucht halten (26°–28°C). Sobald sich neue Blätter zeigen, ist die Bewurzelung gelungen. Leider bleiben die Blätter dieser Nutzananassprößlinge grün, während die gekauften Ziernanaspflanzen schöne, gestreifte Blätter besitzen. Sehr hübsch sieht auch die Art *Ananas bracteatus* mit ihren weinroten Hochblattschöpfen aus. Nachteil der sonst pflegeleichten Zierananas: Ihre Blattränder sind gefährlich scharf und spitz, außerdem werden die Blätter im Alter meterlang.
Standort: Hell. Ganzjährig schön warm, 18°C und mehr. Erde: TKS oder Einheitserde. Wasser: Im Sommer reichlich mit enthärtetem, temperiertem Wasser, im Winter weniger gießen. Im Sommer öfter sprühen. Lufttrockenheit im Winter wird aber vertragen. Düngen: Von Mai bis September einmal pro Woche. Umpflanzen: Alle zwei Jahre im Sommer. Vermehrung: Durch Kindel (Ableger). Schädlinge, Krankheiten und ihre Ursachen: Unterkühlungsschäden kommen vor.

Araucaria heterophylla

Zimmertanne, Norfolktanne — Araucariaceae, Araukariengewächse

Höhe/Länge	0	25cm	50cm	75cm	1m	1,25m	1,5m	1,75m	2m	2,25m	2,5m	2,75m 3m ▷
Blütezeit	Jan	Feb	März	Apr	Mai	Juni	Juli	Aug	Sept	Okt	Nov	Dez
Blütenfarbe	weiß/beige	gelb	orange	rosa	rot	purpur	violett	blau	grün			
Verwendung												

Die Zimmertanne stammt aus einer uralten Pflanzenfamilie, die vor rund 200 Millionen Jahren sogar bei uns in Europa vorkam. Früher, als die Wohnzimmer nur sonntags geheizt wurden, war die Araukarie, von Kapitän Cook 1775 auf den Norfolk-Inseln entdeckt, ein beliebter Zimmergast. Sie fehlte in keinem Wintergarten und fungierte als Paradestück eleganter Eingangshallen. Die modernen, lufttrockenen Räume bieten der aparten, immergrünen Pflanze leider keine optimalen Lebensbedingungen. Hält man sie dennoch im geheizten Zimmer, wird sie bald beleidigt ihre nadelartigen Blätter abwerfen.
Standort: Ganzjährig hell bis halbschattig. Verträgt keine Sonne, liebt aber einen Sommerplatz im Schatten hoher Gartenbäume. Die Temperaturen sollten im Frühjahr und Sommer mäßig warm sein, ab Oktober reichen 10°C. Erde: TKS und Einheitserde mit etwas Torf und Sand. Wasser: Von Frühjahr bis Oktober mit temperiertem, weichem Wasser mäßig feucht halten. Ab Oktober kaum noch gießen. Düngen: Von Mai bis August mit Rhododendron-Dünger. Umpflanzen: Nur bei Bedarf. Vermehrung: Durch Stecklinge möglich, aber sehr kompliziert. Man nimmt dazu Triebspitzen, die mit einem Kranz aus Seitentrieben ausgestattet sind, und bewurzelt sie in einem Torf-Sand-Gemisch bei 25°C Luft- und Bodenwärme. Schädlinge, Krankheiten und ihre Ursachen: Schlaffe Zweige und Blatt- bzw. Nadelfall durch zu warmen Winterstand.

Asparagus

Zierspargel — Liliaceae, Liliengewächse

Höhe/Länge	0 · 25cm · 50cm · 75cm · 1m · 1,25m · 1,5m · 1,75m · 2m · 2,25m · 2,5m · 2,75m · 3m ▷
Blütezeit	Jan · Feb · März · Apr · Mai · Juni · Juli · Aug · Sept · Okt · Nov · Dez
Blütenfarbe	weiß/beige · gelb · orange · rosa · rot · purpur · violett · blau · grün
Verwendung	

Natürlich ist er mit dem delikaten Spargelgemüse eng verwandt. Der Zierspargel gehört zur etwa 300 Arten umfassenden *Asparagus*-Familie, die in den wärmeren und gemäßigten Gegenden der Alten Welt zu Hause ist. Hin und wieder entdeckt man in Gärtnereien noch den reichblühenden *Asparagus* von früher. Es handelte sich um *Asparagus scandens* 'Reflexus', der heute zugunsten von *Asparagus densiflorus* das Feld als populärster Zierspargel geräumt hat. Bekannteste Spielarten des „modernen" *Asparagus* sind 'Meyeri' mit flaschenbürstenähnlichen Wedeln und 'Sprengeri', die im Herbst rote Beeren trägt. Letztere wird gern als Ampelpflanze gehalten. Seltener in Kultur findet man die gleichfalls rankenden Arten *Asparagus falcatus* und *Asparagus asparagoides,* die aber mehr Wärme benötigen.

Standort: Hell bis halbschattig. *Asparagus densiflorus* und *Asparagus falcatus* hell bis sonnig. Ganzjährig Zimmerwärme bevorzugt, im Sommer darf es auch wärmer sein, im Winter kühler. Erde: TKS oder Einheitserde mit etwas Lehm. Wasser: Im Sommer viel gießen, im Winter weniger. Pflanze öfter tauchen. Düngen: Über Sommer wöchentlich, im Winter alle Monate. Umtopfen: Wegen der oft topfsprengenden fleischigen Wurzeln jährlich. Vermehrung: Durch Teilen oder Aussaat. Schädlinge, Krankheiten und ihre Ursachen: Gelbe Nadeln durch Hunger oder Wärmemangel. Blattläuse durch zuviel Wärme bei Austriebsbeginn.

Aspidistra elatior

Schuster- oder Metzgerpalme, Schildblume — Liliaceae, Liliengewächse

Höhe/Länge	0 · 25cm · 50cm · 75cm · 1m · 1,25m · 1,5m · 1,75m · 2m · 2,25m · 2,5m · 2,75m · 3m ▷
Blütezeit	Jan · Feb · März · Apr · Mai · Juni · Juli · Aug · Sept · Okt · Nov · Dez
Blütenfarbe	weiß/beige · gelb · orange · rosa · rot · purpur · violett · blau · grün
Verwendung	

Korrekt lautet ihr deutscher Name Schildblume wegen der schildartigen Form der Blüten. Diese erscheinen von Februar bis April, aber nicht etwa aus dem Blattschopf, sondern sie liegen ganz unauffällig auf der Erde. Die *Aspidistra* ist eine ausdauernde Pflanze mit unterirdischem Rhizom. Von den etwa 8 Arten, die im östlichen Himalaja, China, Japan und auf Formosa beheimatet sind, ist *Aspidistra elatior* die einzige, die in gärtnerische Kultur genommen wurde. Sie stammt aus dem kühlen Schatten japanischer Gebirgswälder und gilt als Muster an Anspruchslosigkeit. Ein Grund, weshalb sie früher sogar in schummerigen Schusterwerkstätten und in kühlen Metzgerläden gehalten werden konnte. Heller und wärmer wünscht es sich nur die weißstreifige Spielart 'Variegata'.

Standort: Hell bis schattig, verträgt überhaupt keine Sonne. Liebt ganzjährig nur mäßig warme Temperaturen, 6°–10°C sind ideal. Erde: TKS oder Einheitserde. Wasser: Gleichmäßig feucht halten. Für guten Wasserabzug sorgen. Düngen: Bunte Schusterpalmen nur sparsam, sonst vergrünen die Blätter, grüne im Sommer wöchentlich. Umpflanzen: Nur bei zu starker Durchwurzelung. Am besten jahrelang ungestört im gleichen Gefäß wachsen lassen. Vermehrung: Durch vorsichtiges Teilen. Schädlinge, Krankheiten und ihre Ursachen: Faulende Wurzeln durch „Fußbäder". Blattverbrennungen durch sonnigen Standort.

Asplenium nidus

Nestfarn, Streifenfarn — Aspleniaceae, Streifenfarngewächse

Höhe/Länge	0 25cm 50cm 75cm 1m 1,25m 1,5m 1,75m 2m 2,25m 2,5m 2,75m 3m
Blütezeit	Jan Feb März Apr Mai Juni Juli Aug Sept Okt Nov Dez
Blütenfarbe	weiß/beige gelb orange rosa rot purpur violett blau grün
Verwendung	

Seine Lebensweise ähnelt der vieler Bromelien. Er wächst epiphytisch auf Bäumen des tropischen Asien und bildet in der Mitte der Blattrosette ein Nest, in dem sich humose Bestandteile und Regenwasser ansammeln. Am Naturstandort erreichen seine frischgrünen, glänzenden Blätter nahezu Meterlänge. Obwohl dieser Urwaldfarn sich am wohlsten fühlt, wenn man seine feuchtwarme Umgebung im Exil weitgehend imitiert, kommt er auch ganz gut in normaler Zimmerkultur voran. Diese Tatsache und die leichte Vermehrbarkeit sind wohl auch der Grund, warum der Nestfarn eine häufig angebotene Marktpflanze geworden ist. Standort: Halbschattig bis schattig. Ideal ist ein Platz im feuchtwarmen Tropenfenster oder Gewächshaus. Ideale Temperaturen sind 20 °C und mehr, nachts allenfalls 16 °C, im Winter nicht unter 18 °C. Wichtig: Warme „Füße". Erde: Einheitserde oder TKS mit Sphagnum gemischt. Wasser: Mäßig, aber regelmäßig mit weichem, temperiertem Wasser feucht halten. Öfter sprühen! Düngen: Einmal pro Woche wie Bromelien mit schwacher Düngerlösung (1–2 g auf 1 l). Umpflanzen: Alle zwei Jahre im Sommer. Vermehrung: Durch Sporen im warmen Vermehrungsbeet. Schädlinge, Krankheiten und ihre Ursachen: Braune Blattränder durch zu trockene Luft.

Achtung: Der Nestfarn verträgt keine Blattglanzsprays.

Begonia masoniana

Schiefblatt, Eisernes Kreuz — Begoniaceae, Schiefblattgewächse

Höhe/Länge	0 25cm 50cm 75cm 1m 1,25m 1,5m 1,75m 2m 2,25m 2,5m 2,75m 3m
Blütezeit	Jan Feb März Apr Mai Juni Juli Aug Sept Okt Nov Dez
Blütenfarbe	weiß/beige gelb orange rosa rot purpur violett blau grün
Verwendung	

Ein Blick auf die Blätter dieser merkwürdigen Begonienart genügt, und man assoziiert ihre Zeichnung sofort mit dem als Eisernes Kreuz bekannten Orden. Unter dem Namen „Ironcross" lief sie auch so lange, bis man sie zu Ehren L. M. Masons *Begonia masoniana* nannte. Mason brachte die Begonie 1959 aus dem Botanischen Garten von Singapore nach England. Die chinesische Begonienart fällt besonders durch ihre eigenwilligen Blätter auf. Sie tragen vertiefte Hauptnerven und kleine kegelige Erhebungen, die ein rotes Haar krönt. Die runzlige Blattfläche ist apfelgrün gefärbt. Die ganze Pflanze wächst kriechend und blüht im Frühjahr mit unscheinbaren grünweißen Blütchen.
Standort: Nordfenster. Ganzjährig Zimmertemperatur. Erde: TKS oder Einheitserde. Wasser: Ballen mäßig feucht halten. Ideal ist das Aufstellen eines elektrischen Luftbefeuchters. Man kann sich aber auch helfen, indem man die Töpfe in größere Untersetzer stellt und diese mit feinem Kies oder grobem Sand füllt, den man ständig feucht hält. Düngen: Während der Wachstumszeit von März bis September alle 14 Tage. Umpflanzen: Bei Durchwurzelung jedes Frühjahr. Vermehrung: Durch Stecklinge, Rhizom- oder Blattschnittlinge. Schädlinge, Krankheiten und ihre Ursachen: Befall mit Echtem Mehltau rechtzeitig bekämpfen. Vorsicht vor Staunässe, „kalten Füßen" und kalkhaltigem Wasser!

Begonia metallica

Schiefblatt — Begoniaceae, Schiefblattgewächse

Höhe/Länge	0	**25cm**	**50cm**	**75cm**	1m	1,25m	1,5m	1,75m	2m	2,25m	2,5m	2,75m	3m ▷
Blütezeit	Jan	Feb	März	Apr	Mai	Juni	**Juli**	**Aug**	**Sept**	**Okt**	Nov	Dez	
Blütenfarbe	weiß/beige	gelb	orange	**rosa**	rot	purpur	violett	blau	grün				
Verwendung													

Diese Strauchbegonie ist nicht tropensüchtig, obwohl sie aus Brasilien stammt. Sie liebt es vielmehr kühl, zählt also zu den Kalthauspflanzen. Obwohl *Begonia metallica* von Juli/August bis zum Herbst mit schönen rosa Blütenbüscheln überrascht, ist sie als Blattpflanze von besonderer Kulturwürdigkeit. Bei liebevoller Pflege vermag sie im Laufe von rund drei Jahren ein ganzes Zimmerfenster auszufüllen. Dabei kann *Begonia metallica* bis zu 80 cm hoch werden. Die Blätter glänzen auf der Oberseite metallisch, zwischen dunkelgrün gerandeten Blattnerven schimmert es helloliv, auf der Unterseite entdeckt man purpurne Adern. Wie die reine Art genau aussieht, weiß niemand. Was wir heute kaufen, sind alles Kreuzungen mit anderen Begonienarten. Im Habitus ähnlich wie *Begonia metallica* sind *Begonia scharffiana* und *Begonia credneri,* und sie werden auch alle drei gleich gepflegt.
Standort: Hell, aber nicht vollsonnig. Im Sommer warm, im Winter 12° bis 15°C. Zugluft meiden. Erde: TKS oder Einheitserde. Wasser: Mäßig, aber gleichmäßig feucht halten. Ballentrockenheit und Staunässe verhindern. Nur enthärtetes, warmes Wasser verwenden. Nicht sprühen! Düngen: Alle 14 Tage von März bis August, im Winter nur sporadisch. Umpflanzen: Bei Bedarf im Frühjahr. Dabei ist ein Rückschnitt möglich. Vermehrung: Aus Stecklingen im heizbaren Vermehrungsbeet. Schädlinge und Krankheiten: Nur bei schwerwiegenden Kulturfehlern.

Begonia-Rex-Hybriden

Königsbegonie, Rexbegonie — Begoniaceae, Schiefblattgewächse

Höhe/Länge	0	**25cm**	50cm	75cm	1m	1,25m	1,5m	1,75m	2m	2,25m	2,5m	2,75m	3m ▷
Blütezeit	Jan	Feb	März	Apr	Mai	Juni	Juli	Aug	Sept	Okt	Nov	Dez	
Blütenfarbe	weiß/beige	gelb	orange	rosa	rot	purpur	violett	blau	grün				
Verwendung													

Sie scheint das Lieblingskind der internationalen Züchtergilde zu sein. Die Suche nach immer bunteren, noch raffinierter gemusterten Blättern artet in regelrechte Malwettbewerbe aus. Es gibt heute unzählige Spielarten. Fast jeder kennt Königsbegonien. Wer aber meint, diese verbreitete Zimmerpflanze sei ein anspruchsloser Zimmergast, irrt. Rex-Begonien tragen trotz aller gärtnerischer Abhärtung immer noch ihr tropisches Erbe mit sich herum. Die „Ureltern", *Begonia rex* und *Begonia diadema,* stammen nämlich aus den finstersten Ecken des tropischen Regenwaldes von Assam und Borneo.
Standort: Als Grundregel gilt: Je bunter, desto schattiger. Rex-Begonien hält man am besten im Gewächshaus oder Tropenfenster. Sie brauchen ganzjährig 18°–25°C. Erde: TKS oder Einheitserde mit Sand oder Styromull. Wasser: Wurzelballen nur mäßig feucht halten. Luftfeuchtigkeit wird vor allem im Winter dringend benötigt. Nur mit enthärtetem, warmem Wasser gießen. Nicht sprühen. Mit elektrischem Luftbefeuchter oder einer feuchten Sandunterlage für indirekte Luftfeuchte sorgen. Düngen: Von März bis August alle 14 Tage. Umpflanzen: Bei starker Durchwurzelung jedes Frühjahr. Vermehrung: Durch Stecklinge, Blatt- oder Wurzelschnittlinge von Juni bis August. Vermehrungsbeet mit Glasplatte abdecken. Schädlinge, Krankheiten und ihre Ursachen: Bei ungünstigem Standort sind Rex-Begonien sehr mehltauanfällig.

Caladium-Bicolor-Hybriden

Buntwurz, Caladie — Araceae, Aronstabgewächse

Höhe/Länge	0 · 25cm · 50cm · 75cm · 1m · 1,25m · 1,5m · 1,75m · 2m · 2,25m · 2,5m · 2,75m · 3m ▷
Blütezeit	Jan · Feb · März · Apr · Mai · Juni · Juli · Aug · Sept · Okt · Nov · Dez
Blütenfarbe	weiß/beige · gelb · orange · rosa · rot · purpur · violett · blau · grün
Verwendung	

Jeder Stoffdesigner könnte vor Neid erblassen angesichts der brillanten Farbkompositionen, die dieses brasilianische Dschungelgewächs auf seine großflächigen Blätter zaubert. Da ist die schneeweiße Spielart 'Candida', kühl und elegant in ihrer Wirkung oder 'John Reed', ein *Caladium,* das aussieht wie eine wertvolle Batik in Blutrot und Tannengrün. Gekauft wird dieses buntblättrige Wunder zumeist als unscheinbarer, knolliger Wurzelstock. Die Antreiberei ist kinderleicht. Wurzelstöcke im Januar/Februar in Erde legen, den Topf hell und gut feucht und warm halten (25°–26°C Boden- und Lufttemperatur). Die fertig entwickelte Pflanze bei 22°C abhärten. Bester Platz: Ein feuchtwarmes Blumenfenster, bei indirekter Luftbefeuchtung wird auch eine ganz normale Fensterbank toleriert.
Standort: Hell bis halbschattig, keine direkte Besonnung. Gleichmäßig warme Boden- und Lufttemperatur, möglichst über 20°C. Trockene Knollen später in Torf bei 18°C aufbewahren. Erde: TKS oder Einheitserde. Wasser: Zum Antreiben feucht halten. Bis August reichlich mit warmem, weichem Wasser gießen, danach das Laub langsam vertrocknen lassen. Im warmen Tropenfenster, das dem *Caladium* echte Heimatgefühle vermittelt, halten die Blätter. Düngen: Von Frühjahr bis Juli am besten alle 8 Tage. Umpflanzen: Siehe oben. Vermehrung: Durch Abtrennen der Seitenknöllchen nach Ausbildung eigener Blätter. Superhell stellen! Schädlinge und Krankheiten: Blattläuse beim Austrieb.

Callisia benjamina

Callisie — Commelinaceae, Commelinengewächse

Höhe/Länge	0 · 25cm · 50cm · 75cm · 1m · 1,25m · 1,5m · 1,75m · 2m · 2,25m · 2,5m · 2,75m · 3m ▷
Blütezeit	Jan · Feb · März · Apr · Mai · Juni · Juli · Aug · Sept · Okt · Nov · Dez
Blütenfarbe	weiß/beige · gelb · orange · rosa · rot · purpur · violett · blau · grün
Verwendung	

Da die *Callisia* die erste Gattung im Alphabet der Commelinengewächse ist, gleich folgender Hinweis. Bis heute gibt es noch keine so rechte botanische Ordnung in dieser Familie. Die große Ähnlichkeit zwischen manchen Arten von *Callisia, Tradescantia* und *Zebrina* bereitet selbst Fachleuten Kopfzerbrechen. Bei *Callisia benjamina* handelt es sich um eine brasilianische Art. Möglich ist, daß sie mit der rasenbildenden *Callisia repens* identisch ist. Auf alle Fälle handelt es sich um eine besonders attraktive Ampelpflanze, die mit ihrem dichten, kleinblättrigen Laub wie ein duftiger Tuff aussieht.
Standort: Hell, aber nicht vollsonnig. Kann bei Fenstern ohne Stores auch weiter vom Fenster entfernt hängen. Erde: TKS oder Einheitserde. Wasser: Braucht als Kind tropischer Gefilde Luftfeuchtigkeit. Mäßig, aber regelmäßig gießen und öfter mit weichem, zimmerwarmem Wasser einnebeln. Düngen: Von Frühling bis Herbst einmal pro Woche, dazwischen einmal im Monat. Umpflanzen: Da beim Umsetzen die zarten Ranken gefährdet sind, nicht öfter als alle zwei Jahre. Vermehrung: Durch Stecklinge, die im Wasser bewurzeln. Immer drei oder vier Jungpflanzen in einen Topf geben, damit die neue Ampelpflanze schön buschig wird. Schädlinge, Krankheiten und ihre Ursachen: Trockenschäden durch Heizungsluft.
Tip: *Callisia benjamina* kann auch als Bodendecker fürs Blumenfenster genommen werden.

Caryota

Fischschwanzpalme — Palmae, Palmen

Höhe/Länge	0 · 25cm · 50cm · 75cm · 1m · 1,25m · 1,5m · 1,75m · 2m · 2,25m · 2,5m · 2,75m · 3m ▷
Blütezeit	Jan · Feb · März · Apr · Mai · Juni · Juli · Aug · Sept · Okt · Nov · Dez
Blütenfarbe	weiß/beige · gelb · orange · rosa · rot · purpur · violett · blau · grün
Verwendung	

Ihren recht anschaulichen deutschen Namen erhielt diese Palme wegen ihrer gefiederten Blätter, deren einzelne Fiederblättchen an die Schwanzflossen von Fischen erinnern. Die Heimat dieser leider sehr seltenen Zimmerpalme ist Südostasien, wo sie einige Meter hoch wird. *Caryota mitis* bildet mehrere Stämme, während *Caryota urens* einstämmig bleibt. Ähnlich wie z. B. bei den Agaven, stirbt ein blühender Trieb nach der Fruchtbildung ab.

Standort: Fischschwanzpalmen stehen am liebsten sehr hell. Vor direkter Sonne sollte man sie jedoch schützen. Das ganze Jahr über brauchen sie viel Wärme, möglichst über 20 °C, keinesfalls jedoch unter 15 °C. Erde: Einheitserde oder humoser Lehm. Wasser: Hohe Luftfeuchtigkeit ist die Bedingung für ein problemloses Gedeihen der Pflanze. Ebenso muß die Erde im Topf gleichmäßig feucht gehalten werden. Düngen: Von Frühjahr bis Herbst jede Woche mit einem Flüssigdünger. Umpflanzen: Nur dann, wenn der Topf wirklich zu klein wird. Bei älteren Pflanzen kann das mitunter erst nach 5 Jahren der Fall sein. Vermehrung: Durch Samen oder Abtrennen von Seitentrieben. Schädlinge, Krankheiten und ihre Ursachen: Bei zu trockenem Stand stellen sich häufig Spinnmilben ein.

Chamaedorea elegans

Bergpalme — Palmae, Palmen

Höhe/Länge	0 · 25cm · 50cm · 75cm · 1m · 1,25m · 1,5m · 1,75m · 2m · 2,25m · 2,5m · 2,75m · 3m ▷
Blütezeit	Jan · Feb · März · Apr · Mai · Juni · Juli · Aug · Sept · Okt · Nov · Dez
Blütenfarbe	weiß/beige · gelb · orange · rosa · rot · purpur · violett · blau · grün
Verwendung	

Wegen ihrer geringen Lichtansprüche wird die Bergpalme besonders gern als Zimmerpflanze gehalten. In ihrer Heimat Mittelamerika erreicht sie eine Wuchshöhe von 2 m. Als Topfpflanze bleibt die einstämmige Palme mit den dunkelgrünen, gefiederten Blättern jedoch erheblich kleiner. Fühlt sich *Chamaedorea* wohl, treibt sie schon als junge Pflanze alljährlich grünliche Blütenstände.

Standort: An einem hellen bis halbschattigen, warmen Fensterplatz fühlt sich die Bergpalme am wohlsten. Direkte Sonnenbestrahlung unbedingt vermeiden, sie führt zu Verbrennungen auf den Blättern. Im Winter sollte die Palme etwas kühler plaziert werden. Erde: Einheitserde. Wasser: Gleichmäßig feucht, aber nicht naß halten. Staunässe vermeiden. Für möglichst hohe Luftfeuchtigkeit sorgen. Düngen: Von Frühjahr bis Herbst alle 3 Wochen flüssigen Blumendünger ins Gießwasser geben. Umpflanzen: Nur erforderlich, wenn die Wurzeln beginnen, über den Topf hinauszuwachsen. Vermehrung: Durch Aussaat. Schädlinge, Krankheiten und ihre Ursachen: Zu trockene Luft führt häufig zum Befall von Spinnmilben.

Chamaerops humilis

Zwergpalme — Palmae, Palmen

Höhe/Länge	0 **25cm 50cm 75cm 1m 1,25m 1,5m** 1,75m 2m 2,25m 2,5m 2,75m 3m ▷
Blütezeit	Jan Feb März Apr Mai Juni Juli Aug Sept Okt Nov Dez
Blütenfarbe	weiß/beige gelb orange rosa rot purpur violett blau grün
Verwendung	

Wer die Zwergpalme zum ersten Mal in ausgewachsenem Zustand kennenlernt, wird sich möglicherweise wundern. Von Zwergwuchs kann bei der einzigen europäischen Vertreterin aus der Familie der Palmen nämlich nicht gerade die Rede sein. Meist bildet sie mehrere Stämme, gelegentlich aber auch nur einen. Dabei erreicht sie im Alter eine Höhe von 3 m, einstämmige Pflanzen sogar 5 m. Die fächerförmigen Blätter der Zwergpalme sitzen in büschelartiger Anordnung auf dem Stamm. Die Blattstiele tragen gebogene helle Stacheln.

Standort: Schon wegen ihrer Größe ist die Zwergpalme nur mit großen Einschränkungen fürs Zimmer geeignet. Aber auch von ihren Ansprüchen her behandelt man sie besser wie eine Kübelpflanze. Vom späten Frühjahr bis in den Herbst fühlt sie sich an einem sonnigen, warmen Platz im Freien wohl. Den Winter verbringt sie am liebsten hell und kühl. Sie verträgt sogar ein paar Grade Frost. Erde: Einheitserde oder sandiger Lehm. Wasser: Den Sommer über reichlich gießen, im Winter fast trocken halten. Düngen: Solange die Palme draußen steht, wöchentlich mit flüssigem Volldünger. Umpflanzen: Sehr selten, erst wenn die Wurzeln schon aus dem Topf herauswachsen. Vermehrung: Durch Aussaat. Schädlinge, Krankheiten und ihre Ursachen: Auch bei optimaler Kultur können gelegentlich Läuse auftreten. Bekämpfung durch Insektizide.

Chlorophytum comosum

Grün- oder Graslilie, Fliegender Holländer — Liliaceae, Liliengewächse

Höhe/Länge	0 **25cm 50cm 75cm 1m** 1,25m 1,5m 1,75m 2m 2,25m 2,5m 2,75m 3m ▷
Blütezeit	**Jan Feb März Apr Mai Juni Juli Aug Sept Okt Nov Dez**
Blütenfarbe	**weiß**/beige gelb orange rosa rot purpur violett blau grün
Verwendung	

Gibt es eine dankbarere Grünpflanze? Ob geheiztes Zimmer oder kühler Hausflur, ob Sonnen- oder Schattenplatz, ob Lufttrockenheit oder -feuchte, die Grünlilie ist mit allem zufrieden. Unermüdlich treibt sie neuen Nachwuchs. Es scheint, als bergen die dickfleischigen Wurzelknollen nicht endenwollende Reserven. Das südafrikanische Liliengewächs blüht mit unauffälligen kleinen weißen Blüten, die an langen Stengeln inmitten der schmalblättrigen Blattrosetten sitzen. Wenn man die Grünlilie nicht totpflegt oder total vernachlässigt, besitzt man bald einen regelrechten Pulk von Blattrosetten mit zahlreichen, herunterbaumelnden Kindeln. Im Handel erhältlich ist die gestreifte Spielart 'Variegata'. Die reine Art besitzt grüne Blätter. Die Grünlilie gilt als ideale Anfängerpflanze. Kinder können daran ihre ersten Künste in der Pflanzenpflege erproben, auch allzu vergeßlichen Junggesellen nimmt die Grünlilie nichts übel.

Standort: Hell bis halbschattig. Ganzjährig Zimmertemperatur. Erde: TKS oder Einheitserde. Wasser: Mäßig, aber regelmäßig feucht halten. Im Winter öfter sprühen. Düngen: Von März bis September jede Woche. Umpflanzen: In ein nicht zu tiefes Gefäß, sobald Wurzeln am Topfrand sichtbar werden. Vermehrung: Durch Ableger (Kindel). Schädlinge, Krankheiten und ihre Ursachen: Braune Blattspitzen durch zuwenig oder zuviel Wasser. Faulende Wurzeln durch zuviel Feuchtigkeit.

Cissus antarctica

Australischer Wein, Känguruhklimme Vitaceae, Weinrebengewächse

Höhe/Länge	0 25cm 50cm 75cm 1m 1,25m 1,5m 1,75m 2m 2,25m 2,5m 2,75m 3m ▷
Blütezeit	Jan Feb März Apr Mai Juni Juli Aug Sept Okt Nov Dez
Blütenfarbe	weiß/beige gelb orange rosa rot purpur violett blau grün
Verwendung	

Der Kletterstrauch wurde 1790 aus Australien eingeführt und hat sich seitdem als „Grünanlage" für Zimmer, Wintergarten und Treppenhaus bestens bewährt. Der Känguruhwein ist mit großen, grünen Blättern ausgestattet und besitzt unscheinbare Blütchen, die sich später in blaue Beeren verwandeln. Da er schattenverträglich ist, kann man ihn sehr gut als grünen Raumteiler ziehen. Der dafür vorgesehene Raum sollte aber unbedingt nach Süden zeigen, da sonst die Lichtmenge unzureichend ist. Genauso schön begrünt der Känguruhwein aber auch die Glaswände einer Nordveranda.
Standort: Hell ohne Sonne bis halbschattig. Am liebsten Sommer wie Winter Zimmerwärme, der *Cissus* verträgt aber auch im Winter 3°–10 °C im ungeheizten Wintergarten. Erde: TKS oder Einheitserde mit Lehm und Sand. Wasser: Im Sommer mäßig gießen, im Winter bei warmem Platz mehr, bei kühlem weniger. Düngen: Ab Austriebsbeginn bis Mitte August. Umtopfen: Jährlich im Frühjahr. Bei grünen Wänden und üppiger Berankung empfiehlt sich Hydrokultur, die Umtopfen unnötig macht. Vermehrung: Durch Stecklinge. Einmal stutzen, damit sie sich verzweigen. Schädlinge, Krankheiten und ihre Ursachen: Mehltau, Pilzkrankheiten durch Bodennässe. Nichtparasitäre Blattkrankheit durch zu sonnigen Stand. Hierbei entstehen glasige Flecken, die sich später braun verfärben.

Cissus rhombifolia

Rautenblättrige Klimme, Königswein Vitaceae, Weinrebengewächse

Höhe/Länge	0 25cm 50cm 75cm 1m 1,25m 1,5m 1,75m 2m 2,25m 2,5m 2,75m 3m ▷
Blütezeit	Jan Feb März Apr Mai Juni Juli Aug Sept Okt Nov Dez
Blütenfarbe	weiß/beige gelb orange rosa rot purpur violett blau grün
Verwendung	

Wie ihre australische Schwester ist auch die Rautenblättrige Klimme eine pflegeleichte Grünpflanze. Sie stammt aus Südafrika, besitzt hübsche fiederteilige Blätter, die von allein schimmern, weil sie wie die Stengel zart behaart sind. *Cissus rhombifolia* eignet sich gleichermaßen gut als Kletter- und Ampelpflanze, besonders die hierzulande verbreitete Sorte 'Ellen Danica'. Im Frühsommer erscheinen manchmal die unter den Blättern versteckten Doldenblüten, aus denen sich, ähnlich wie beim wilden Wein, harte, ungenießbare Beeren entwickeln. Im Handel läuft *Cissus rhombifolia* vielfach noch unter dem alten Namen *Rhoicissus rhomboidea.*
Standort: Hell bis halbschattig. Ganzjährig Zimmertemperaturen, im Winter möglichst nicht unter 10 °C gehen. Erde: Einheitserde und TKS mit Lehm und Sand. Wasser: Mit Fingerspitzengefühl Sommer wie Winter bei hellem Stand mäßig, bei kühlem und dunklerem Stand sehr sparsam gießen. Düngen: Ab Austriebsbeginn bis Mitte August wöchentlich. Umtopfen: Im Jugendalter jährlich in nicht viel größere Gefäße. Ursachen: Blattfall durch zuviel Nässe. Pflanze zurückschneiden, sie treibt dann wieder aus. Blattflecken durch zu kühlen Stand im Winter.

Codiaeum

Kroton, Wunderstrauch — Euphorbiaceae, Wolfsmilchgewächse

Höhe/Länge	0 25cm 50cm 75cm 1m 1,25m 1,5m 1,75m 2m 2,25m 2,5m 2,75m 3m ▷
Blütezeit	Jan Feb März Apr Mai Juni Juli Aug Sept Okt Nov Dez
Blütenfarbe	weiß/beige gelb orange rosa rot purpur violett blau grün
Verwendung	

Es wird immer wieder behauptet, der Kroton sei nur etwas für Liebhaber mit Tropenfenster. Weit gefehlt! Immer wieder entdeckt man die prachtvollsten Wundersträucher am Zimmerfenster. Der Grund ist, daß die heutigen Züchtungen robuster geworden und nicht mehr so tropensüchtig wie ihre Vorfahren aus Indien und den Sundainseln sind. Wundersträucher, es gibt etwa 14 Arten, wachsen in ihrer Heimat als buntbelaubte Bäume oder Sträucher und werden mehrere Meter hoch.

Standort: Möglichst sehr hell, ohne direkte Sonne, damit die bunten Blätter nicht verblassen oder vergrünen. Ganzjährig gleichmäßige Luft- und Bodenwärme um 20°C. Erde: Einheitserde oder TKS mit Beigaben von Laub- und Heideerde und Sand. Wasser: Von März bis August ziemlich feucht halten. Öfter mit weichem, warmem Wasser einnebeln, besonders bei aufgedrehter Heizung. Wurzelballen auch im Winter leicht feucht halten. Düngen: Von März bis August wöchentlich. Umpflanzen: Nur bei völliger Durchwurzelung im Frühjahr. Für guten Wasserabzug sorgen. Vermehrung: Durch ausgereifte Kopfstecklinge, aber nur im geheizten Beet möglich. Schädlinge, Krankheiten und ihre Ursachen: Blattfall und Verkahlen, so eine Art unfreiwillige Hochstämmchenbildung, die aber ganz dekorativ ausfallen kann. Schildlaus, Thrips und Rote Spinne durch zu trockene Heizungsluft.

Achtung: Der Kroton führt einen giftigen Milchsaft.

Coleus-Blumei-Hybriden

Buntnessel — Labiatae, Lippenblütler

Höhe/Länge	0 25cm 50cm 75cm 1m 1,25m 1,5m 1,75m 2m 2,25m 2,5m 2,75m 3m ▷
Blütezeit	Jan Feb März Apr Mai Juni Juli Aug Sept Okt Nov Dez
Blütenfarbe	weiß/beige gelb orange rosa rot purpur violett blau grün
Verwendung	

Auf dem Markt sind verschiedene Sorten mit den tollsten Blattformen und Blattfarben. Außerdem unterschiedliche Wuchstypen. Das Farbkaleidoskop dieser tropischen Verwandten unserer schlichtgrünen Brennessel reicht von Cremeweiß über Gelb bis Rot. Die Buntnessel dient uns zumeist als einjähriger Farbenrausch für Zimmerfenster, Beet oder sonnigen Balkonkasten. Bei Zusammenpflanzungen im Freien sollte man ihr besser diskrete Partner geben; Tagetesgold oder andere Blütenfarben, die im Blatt der Nessel vorkommen, harmonieren sehr schön. Aber sie wirkt auch allein, flächig ausgepflanzt, ungeheuer dekorativ. Eine ausdauernde Verwandte der *Blumei*-Hybriden sind die goldigen, kleinblättrigen *Coleus pumilus*-Hybriden. Sie hängen im Topf über und sind mit ihren rotweißen, grüngerandeten Blättern wunderschöne Ampelpflanzen.

Standort: Hell und sonnig, sonst verliert sich die intensive Blattfärbung. Frühjahr bis Sommer luftig und warm, eventuell überwinternde Pflanzen hell und bei 10°–15°C halten. Erde: Einheitserde oder TKS. Wasser: Den Sommer über reichlich mit warmem Wasser gießen. Topfpflanzen ab und zu tauchen. *Coleus pumilus* im Sommer sparsam, von November bis April etwas mehr gießen. Düngen: Beide Arten während der Wachstumszeit alle zwei Wochen mit kalkfreiem Dünger. Vermehrung: Im Sommer durch Stecklinge im Wasser oder durch Samen im Frühling. Schädlinge und Krankheiten: Kommen selten vor.

Cordyline terminalis

Keulenlilie, Cordyline — Agavaceae, Agavengewächse

Höhe/Länge	0	25cm	50cm	75cm	1m	1,25m	1,5m	1,75m	2m	2,25m	2,5m	2,75m	3m ▷
Blütezeit	Jan	Feb	März	Apr	Mai	Juni	Juli	Aug	Sept	Okt	Nov	Dez	
Blütenfarbe	weiß/beige	gelb	orange	rosa	rot	purpur	violett	blau	grün				
Verwendung													

Die Keulenlilien sind mit den Drazänen eng verwandt. Viele lassen sich flüchtig betrachtet kaum voneinander unterscheiden. Es gibt aber ein sicheres Merkmal: Drazänen besitzen orangefarbene, Keulenlilien weiße Wurzeln. Den keulenförmigen Speicherknollen, mit denen diese Wurzeln ausgestattet sind, verdanken sie ihren deutschen Namen. Keulenlilien sind in Indien und Australien zu Hause. Als bekannteste Zimmerpflanzen gelten die rotbunten Spielarten von *Cordyline terminalis.* Die in ihrer Heimat halbstrauchig wachsende Art braucht zum guten Wachsen und Gedeihen „Warmhausatmosphäre". Die anderen, meist grünen oder derbblättrigen Keulenlilien, wie *Cordyline australis, C. rubra* und *C. stricta,* sind kühlere Temperaturen gewöhnt. Sie werden aber seltener verkauft. Wer ein solches Exemplar erwirbt, pflegt es wie *Dracaena draco* (siehe S. 147)

Standort: *Cordyline terminalis* hell, aber nicht vollsonnig stellen. Am besten ins Gewächshaus oder Tropenfenster, wo es ganzjährig warm ist. Erde: TKS oder Einheitserde. Wasser: Für gleichmäßige Ballen- und Luftfeuchte sorgen. Am Fenster öfter Sprühen. Vorsicht vor Staunässe! Düngen: Im Sommer alle 8 Tage, im Winter jeden Monat. Umpflanzen: Alle zwei Jahre. Vermehrung: Durch Abmoosen oder durch Kopfstecklinge im geheizten Beet bei 25 °C. Schädlinge, Krankheiten und ihre Ursachen: Krankheiten kommen selten vor. Bei zuviel Nässe können die Wurzeln faulen.

Cryptanthus

Versteckblüte — Bromeliaceae, Ananasgewächse

Höhe/Länge	0	25cm	50cm	75cm	1m	1,25m	1,5m	1,75m	2m	2,25m	2,5m	2,75m	3m ▷
Blütezeit	Jan	Feb	März	Apr	Mai	Juni	Juli	Aug	Sept	Okt	Nov	Dez	
Blütenfarbe	weiß/beige	gelb	orange	rosa	rot	purpur	violett	blau	grün				
Verwendung													

Im Gegensatz zu den meisten Bromelien hat der *Cryptanthus* die „Beine" auf der Erde. Obschon er hin und wieder auf Epiphytenstämmen angeboten wird, ist diese Kulturart auf Dauer nicht erfolgreich. Viel besser gefällt es ihm, wenn man ihn auf einer größeren Erdfläche, z. B. im Blumenfenster, auspflanzt, wo er ungestört zahlreiche Kindel um sich herum versammeln kann. Da er aus den Trockenwäldern Brasiliens stammt und mit entsprechend derben Blättern ausgestattet ist, toleriert er auch mal trockene Luft. Ideale Plätze sind jedoch Blumenfenster, Vitrinen, Flaschengärten oder Terrarien. Die Blüte des *Cryptanthus* ist unscheinbar und versteckt sich in der Rosettenmitte, daher der Name (cryptos = verborgen, anthos = Blüte). Um so schöner sind die je nach Art 8–20 cm langen Blätter gefärbt und gezeichnet. Vor allem bei den im Handel befindlichen Hybriden.

Standort: Hell bis halbschattig und Sommer wie Winter warm (20° bis 22 °C). Erde: TKS oder Einheitserde mit Styromull oder Sphagnum. Wasser: Mäßig, aber regelmäßig feucht halten. Liebt Luftfeuchtigkeit, verträgt aber auch für kurze Zeit trockene Luft. Düngen: Von März bis Oktober wöchentlich (1–2 g auf 1 l). Umpflanzen: Bei Topfkultur alle zwei Jahre, im Blumenfenster ab und zu den Bestand lichten. Vermehrung: Durch Kindel, die zahlreich in den Achseln der Rosettenblätter erscheinen. Schädlinge und Krankheiten: Nur durch zu kalten und zu nassen Stand.

Cycas revoluta

Palmfarn, Cycaspalme — Cycadaceae, Palmfarne

Höhe/Länge	0	25cm	50cm	75cm	1m	1,25m	1,5m	1,75m	2m	2,25m	2,5m	2,75m	3m
Blütezeit	Jan	Feb	März	Apr	Mai	Juni	Juli	Aug	Sept	Okt	Nov	Dez	
Blütenfarbe	weiß/beige	gelb	orange	rosa	rot	purpur	violett	blau	grün				
Verwendung													

Wegen seiner gefiederten Blätter wird der Palmfarn irrtümlich oft den Palmen zugeordnet. Tatsächlich steht er jedoch den Farnen näher. *Cycas* gehören mit zu den ältesten Pflanzen der Erde. Als Kulturpflanzen kamen sie mit den Palmen um die Jahrhundertwende in Mode. Man hielt sie in Wintergärten und Treppenhäusern, aber auch für Trauerschmuck waren die lederartigen, feingefiederten Blätter sehr begehrt. Seither sah man kaum etwas von dieser Pflanze. Erst jetzt, mit der jüngsten Palmenwelle, wurde sie wieder auf den Markt geschwemmt. So dekorativ *Cycas revoluta* aussieht, man muß für ihn eine Menge Geduld aufbringen. Zimmergärtnern, die wüchsige Pflanzen lieben, sei vom sehr langsam wachsenden Palmfarn abgeraten. Wer ihn allerdings liebevoll pflegt, kann den nachfolgenden Generationen einen mehrere Meter hohen Wedelschopf vererben.

Standort: Der Palmfarn verlangt einen warmen, hellen Platz; liebt jedoch keine pralle Sonne. Erde: Einheitserde mit etwas Sand vermischt. Wasser: Mäßig gießen, Erde jedoch nie austrocknen lassen. Düngen: Von Frühjahr bis Herbst wöchentlich. Umpflanzen: Höchstens alle 5 Jahre. Den neuen Topf dabei nicht zu groß wählen. Vermehrung: Durch Aussaat. Zum Keimen benötigen die Samen mindestens 28°–30°C Bodenwärme.

Cyperus

Zypergras — Cyperaceae, Riedgräser

Höhe/Länge	0	25cm	50cm	75cm	1m	1,25m	1,5m	1,75m	2m	2,25m	2,5m	2,75m	3m
Blütezeit	Jan	Feb	März	Apr	Mai	Juni	Juli	Aug	Sept	Okt	Nov	Dez	
Blütenfarbe	weiß/beige	gelb	orange	rosa	rot	purpur	violett	blau	grün				
Verwendung													

Die meisten Zimmerpflanzen hassen „nasse Füße“. Anders *Cyperus*. Ein Großteil dieser Gattung zählt zu den Sumpfpflanzen. Bekanntester und zugleich höchster Vertreter ist die Ägyptische Papierpflanze, *Cyperus papyrus*. Aus dem Mark der Halme wurde im Altertum das Papier bereitet. Dazu schnitt man es in Streifen, legte diese kreuzweise übereinander, so daß die Ränder sich deckten, und preßte sie zu Papier. Fürs Zimmer ist der ägyptische Papyrus zu gewaltig. Aber es gibt eine Art Mini-Ausgabe. Sie wird knapp halbmeterhoch und heißt *Cyperus haspan*. Die geläufigste Zypergrasart aber ist *Cyperus alternifolius*.

Standort: Hell und ganzjährig warm (bis 35°C), kann im Sommer ab Ende Mai ins Freie. Im Winter etwas kühler. Bei 12°–15°C Fußbäder weglassen. Erde: TKS oder Einheitserde mit etwas Lehm und Sand. Wasser: Bei hellem, warmem Stand superfeucht halten. Die Erde darf sogar ständig überflutet sein. Plastiktöpfe halten die Feuchtigkeit am besten. Düngen: Bei Topfkultur von April bis August. Wer *Cyperus* im Wasserbecken oder Aquarium hält, düngt wegen der Übersalzungsgefahr weniger. Umpflanzen: Nach Bedarf. Vermehrung: Durch Bewurzelung der Schirme im Wasser nach der Blüte im Frühsommer oder durch Teilen größerer Stöcke. Schädlinge, Krankheiten und ihre Ursachen: Blatt- und Schmierläuse durch zu trockene Luft, braune Blattspitzen von zu hartem oder zu saurem Wasser.

Davallia

Davallie — Davalliaceae

Höhe/Länge	0	25cm	50cm	75cm	1m	1,25m	1,5m	1,75m	2m	2,25m	2,5m	2,75m	3m
Blütezeit	Jan	Feb	März	Apr	Mai	Juni	Juli	Aug	Sept	Okt	Nov	Dez	
Blütenfarbe	weiß/beige	gelb	orange	rosa	rot	purpur	violett	blau	grün				
Verwendung													

Erkennungszeichen dieser Farne sind behaarte, braune Wurzeln. Man bindet sie mit Draht um feuchtgehaltene Gittertöpfe, Sphagnum- oder Moospolster oder um Epiphytenstämme, wo sogleich munter ihre federartigen Wedel austreiben. Man kann die Farnwurzeln auch um poröse Tontöpfe legen. Wenn man die Abzugslöcher mit Zement verschließt und die Töpfe regelmäßig mit weichem Wasser füllt, das so kontinuierlich durch den Ton austreten kann, wird der feuchtigkeitsliebende Farn gut versorgt. So kann man ihn sogar als Ampelpflanze im Zimmer halten, denn normalerweise bevorzugt dieser tropische Gast eher Vitrine, Gewächshaus oder Blumenfenster. Von den ungefähr 40 *Davallia*-Arten findet man am häufigsten *Davallia bullata*, die im tropischen China beheimatet ist.
Standort: Ganzjährig bei Zimmertemperatur halten. Ideal ist ein Platz am Nordfenster. Sonne wird nicht vertragen. Erde: Torf mit Lehm, Sand und Lauberde zu gleichen Teilen. Da die Wurzeln nicht tief eindringen, benötigt man nur flache Gefäße für das Substrat. Wasser: Mäßig, aber gleichmäßig feucht halten. Am Zimmerfenster öfter einnebeln. Düngen: Alle 6 Monate mit schwacher Lösung (1 g auf 1 l). Umpflanzen: Nur, wenn sich das Substrat aufgelöst hat oder wenn man teilen muß. Vermehrung: Durch Teilen. Jungpflanzen feucht und sehr warm (25 °C) halten. Schädlinge und Krankheiten: Sind selten.

Dieffenbachia-Hybriden

Dieffenbachie — Araceae, Aronstabgewächse

Höhe/Länge	0	25cm	50cm	75cm	1m	1,25m	1,5m	1,75m	2m	2,25m	2,5m	2,75m	3m
Blütezeit	Jan	Feb	März	Apr	Mai	Juni	Juli	Aug	Sept	Okt	Nov	Dez	
Blütenfarbe	weiß/beige	gelb	orange	rosa	rot	purpur	violett	blau	grün				
Verwendung													

Die prachtvollste und größte im Handel befindliche Sorte heißt *Dieffenbachia bowmanii* 'Exotica', als eine der attraktivsten gilt *Dieffenbachia amoena* 'White Tropic'. Alle bekannten Hybriden lassen sich leicht in Wasser bewurzeln, was bedeutet, daß sie sich auch ausgezeichnet für die Hydrokultur eignen. Die Pflege für die verschiedenen Spielarten ist in etwa gleich. Damit die Dieffenbachie uns möglichst lange als auffällige Blattpflanze erhalten bleibt, sollte man eventuell auftauchende Blütenstände sofort ausbrechen. Wenn das Aronstabgewächs nämlich „in Blüte geht", bilden sich die Blätter zurück.
Standort: Hell bis schattig. Keine Sonne. Bei zu dunklem Stand vergrünen die panaschierten Blätter. Liebt ganzjährige Wärme, erträgt aber im Winter auch Nachttemperaturen bis 15 °C. Erde: TKS oder Einheitserde. Wasser: Von März bis August reichlich mit handwarmem Wasser, ab September sparsamer gießen. Öfter sprühen. Düngen: Wöchentlich mit kalkarmem Dünger, organischen Düngerzubereitungen oder Flüssigdünger für Hydrokultur. Umtopfen: Junge wie alte Pflanzen jährlich. Vermehrung: Im Sommer durch Stecklinge im Wasser. Schädlinge, Krankheiten und ihre Ursachen: Braune Blattränder durch Ballentrokkenheit, Blattfall durch zu trockene Luft oder Kälte. In diesem Fall Pflanzen im Frühsommer zurückschneiden, dann treiben sie wieder aus.

Dionaea muscipula

Venusfliegenfalle — Droseraceae, Sonnentaugewächse

Höhe/Länge	0	25cm	50cm	75cm	1m	1,25m	1,5m	1,75m	2m	2,25m	2,5m	2,75m	3m
Blütezeit	Jan	Feb	März	Apr	Mai	Juni	Juli	Aug	Sept	Okt	Nov	Dez	
Blütenfarbe	weiß/beige	gelb	orange	rosa	rot	purpur	violett	blau	grün				
Verwendung													

Ausgerechnet Dionaia, der griechischen Göttin des Liebreizes, verdankt diese fleischfressende Pflanze ihren Namen. Dennoch zählt sie zu den faszinierendsten Gewächsen, die wir kennen. Die Venusfliegenfalle, einzige Art ihrer Gattung, wächst wild nur in den küstennahen Sphagnum-Mooren von Carolina (USA). Dort stellt sie von Mai bis Juli ihre Fallenblätter auf, um damit Fliegen und andere Insekten zu fangen. Die Fallen bestehen aus zwei Klappen, die mit steifen Wimpern ausgestattet sind. Innen sitzen je drei Sinneshaare, die auf Berührungsreize reagieren, sei es durch ein Insekt oder durch einen Fremdkörper wie einen Bleistift. Blitzschnell schnappt die Falle zu! Die Venusfliegenfalle ist eine kleine rosettenbildende Rarität, der auf der Fensterbank leider kein langes Leben beschieden ist. Im Flaschengarten dagegen fühlt sie sich wohl.

Standort: Hell, Sommer wie Winter relativ kühl (6°–10°C im Winter). Erde: Torfmull mit Sphagnum. Wasser: Mit weichem Wasser regelmäßig leicht feucht halten. Nie austrocknen lassen. Im Winter kaum gießen. Für hohe Luftfeuchtigkeit sorgen. Düngen: Von Frühjahr bis Sommer alle Monate schwach konzentriert (1 g auf 1 l). Umpflanzen: Im Frühling in Schalen. Vermehrung: Durch Blattstecklinge und Samen möglich, aber schwierig. Schädlinge, Krankheiten und ihre Ursachen: Trockenheit ist Gift für diese Sumpfbewohnerin. Zuviel Gießen im Winter führt zu Fäulnis.

Dizygotheca elegantissima

Fingeraralie — Araliaceae, Araliengewächse

Höhe/Länge	0	25cm	50cm	75cm	1m	1,25m	1,5m	1,75m	2m	2,25m	2,5m	2,75m	3m
Blütezeit	Jan	Feb	März	Apr	Mai	Juni	Juli	Aug	Sept	Okt	Nov	Dez	
Blütenfarbe	weiß/beige	gelb	orange	rosa	rot	purpur	violett	blau	grün				
Verwendung													

Sie ist zwar längst nicht so hart im Nehmen wie ihre anderen in Zimmerkultur befindlichen Aralienschwestern, dafür aber stellt sie mit ihrem filigranzarten Blattwerk die eleganteste Art dar. Bei guter Pflege kann die Fingeraralie im Alter auch bei uns 3 m hoch werden. Man muß dabei immer die Tatsache berücksichtigen, daß sie ein Kind exotischer Südseeinseln ist. Sie bildet dort immergrüne Sträucher bis kleine Bäume. Darum wächst sie in Zimmerkultur auch eintriebig und schlank in die Höhe; sie benötigt deshalb meist einen Haltestab.

Standort: Sehr hell, ohne direkte Sonne. Kommt auch mit Halbschatten aus. Ganzjährig gleichmäßige Boden- und Luftwärme um 20°–25°C. Erde: Einheitserde oder TKS. Wasser: Frühjahr bis Spätsommer maßvoll gießen. Öfter sprühen, wenn die Pflanze nicht im feuchtwarmen Tropenfenster steht. Herbst und Winter sparsamer wässern. Der Ballen darf aber nie austrocknen. Stets enthärtetes, temperiertes Wasser verwenden. Düngen: Von Austriebsbeginn bis August alle 14 Tage mit schwacher Lösung. Umpflanzen: Junge Pflanzen jährlich, ältere nur noch alle zwei bis drei Jahre. Vermehrung: Aus Stecklingen schwierig, aus Samen, sofern man welche kaufen kann, leichter. Schädlinge, Krankheiten und ihre Ursachen: Spinnmilben und Schildläuse durch zu trockene Luft, Blattschäden durch zu hartes, kaltes Wasser.

Dracaena deremensis

Drazäne — Agavaceae, Agavengewächse

Höhe/Länge	0	25cm	50cm	75cm	1m	1,25m	1,5m	1,75m	2m	2,25m	2,5m	2,75m	3m	▷
Blütezeit	Jan	Feb	März	Apr	Mai	Juni	Juli	Aug	Sept	Okt	Nov	Dez		
Blütenfarbe	weiß/beige	gelb	orange	rosa	rot	purpur	violett	blau	grün					
Verwendung														

Diese Drazäne kommt aus der gleichen Ecke wie das Usambaraveilchen. Die ungestielten, schwertförmigen, am Rande etwas gewellten Blätter bedecken den Stamm völlig. Erst bei älteren Exemplaren fallen die unteren Blattetagen ab. Die reine Art wird in Derema, im ostafrikanischen Usambaragebiet, rund 5 m hoch. Sie ist schlicht grünblättrig, während die heute im Handel befindlichen Spielarten mit tollem weiß- oder gelbgrün gestreiftem Laub ausgestattet sind. Bekannteste Sorten: 'Bausei' und 'Warneckii'.

Standort: Hell, ohne Sonne. Bei zu dunklem Stand vergrünen die schönen bunten Blätter allzu leicht. *Dracaena deremensis* braucht ganzjährige Zimmertemperatur um 20 °C. Erde: Einheitserde bzw. TKS mit etwas Sand und Styroporflocken. Wasser: Gleichmäßig mit enthärtetem, zimmerwarmem Wasser gießen. Öfter sprühen oder die Blätter mit feuchtem Schwamm reinigen. Düngen: Von März bis August alle 14 Tage, später jeden Monat einmal. Umpflanzen: Junge Pflanzen jährlich, ältere nach Bedarf. Vermehrung: Durch Stecklinge und Stammschnittlinge bei 25 °C Boden- und Luftwärme. Schädlinge, Krankheiten und ihre Ursachen: Braune Blattspitzen durch Ballentrockenheit, Wurzelfäule durch Staunässe und zu kalten Stand.

Tip: Bei zu hohem, eintriebigem Wuchs kann *Dracaena deremensis* radikal zurückgeschnitten werden. Sie treibt wieder aus. Der „Abfall" läßt sich zur Vermehrung verwerten.

Dracaena fragrans

Duftende Drazäne — Agavaceae, Agavengewächse

Höhe/Länge	0	25cm	50cm	75cm	1m	1,25m	1,5m	1,75m	2m	2,25m	2,5m	2,75m	3m	▷
Blütezeit	Jan	Feb	März	Apr	Mai	Juni	Juli	Aug	Sept	Okt	Nov	Dez		
Blütenfarbe	weiß/beige	gelb	orange	rosa	rot	purpur	violett	blau	grün					
Verwendung														

Von allen Drazänen wird die Duftende Drazäne am meisten kultiviert. Sie ist in buntlaubigen Sorten erhältlich, die bekannteste heißt 'Massangeana'. In den meisten Fällen erwirbt man wie bei der Yucca sogenannte Ti-Plants. Die Gärtner importieren die scheinbar leblosen Stammschnittlinge und erwecken sie zu neuem Leben. Dazu braucht man sie nur ins Wasser zu stellen oder in Erde zu stecken. Dann entwickeln sich oft mehrere Schöpfe der glänzend breit-lanzettlichen Blätter. Die dekorativen „Stammbäumchen" werden deshalb oft als Palmen bezeichnet. Sie haben aber mit dieser Pflanzenfamilie außer der fernen Heimat nichts gemeinsam. Die duftenden Blüten erscheinen erst im höheren Alter.

Standort: Ganzjährig hell, aber nicht vollsonnig. Bei zuwenig Licht vergrünen die bunten Formen. Schätzt ganzjährig warme Temperaturen. „Kalte Füße" werden schlecht vertragen. Erde: Einheitserde und TKS. Wasser: Über Sommer gleichmäßig feucht halten. Liebt Luftfeuchtigkeit, verträgt keine Staunässe. Im Winter etwas sparsamer gießen. Düngen: Von März bis August alle 14 Tage. Umpflanzen: Jungpflanzen jährlich im Mai. Vermehrung: Durch Stecklinge, Stammschnittlinge oder Abmoosen bei über 20 °C Bodenwärme. Schädlinge, Krankheiten und ihre Ursachen: Braune Blattspitzen durch Ballentrockenheit, trockene Zugluft und Überdüngung. Schild- und Schmierläuse, Rote Spinne durch Kulturfehler, Wurzelfäule durch Staunässe.

Dracaena marginata

Drazäne — Agavaceae, Agavengewächse

Höhe/Länge	0	25cm	50cm	75cm	1m	1,25m	1,5m	1,75m	2m	2,25m	2,5m	2,75m	3m ▷
Blütezeit	Jan	Feb	März	Apr	Mai	Juni	Juli	Aug	Sept	Okt	Nov	Dez	
Blütenfarbe	weiß/beige	gelb	orange	rosa	rot	purpur	violett	blau	grün				
Verwendung													

Man sieht dieser zierlichen Blattschönheit auf den ersten Blick gar nicht an, daß sie so ein widerstandsfähiger Geselle ist. Ihre Schattenverträglichkeit macht sie für viele Stadtwohnungen mit wenig Licht gut geeignet. *Dracaena marginata* wächst ein- oder mehrtriebig. Die schmalen, rotgerandeten Blätter neigen sich anmutig nach unten. An ihrem madagassischen Heimatstandort kann sie bis zu 3 m hoch wachsen. Sie bildet schöne, schlanke Stämme, wobei sie von selbst die unteren Blätter abwirft. Da sie nicht so ungestüm wächst, läßt sie sich auch in kleineren Wohnungen als dekoratives Kronenbäumchen halten.

Standort: Hell, ohne direkte Sonne, bis schattig. Bevorzugt ganzjährig Zimmertemperatur. Erde: TKS oder Einheitserde mit etwas Sand und Styroporflocken angereichert. Wasser: Gleichmäßig mit weichem, warmem Wasser gießen. Ab und zu einsprühen. Düngen: Von März bis August alle 14 Tage, danach jeden Monat. Umpflanzen: Nach Bedarf im Frühjahr oder Sommer. Vermehrung: Durch Stecklinge, die man in ein Torf-Sand-Gemisch gibt. Schädlinge, Krankheiten und ihre Ursachen: Verdorrte Spitzen durch Gießfehler.

Tip: Durch Auskneifen der Triebspitzen erhält man besonders schöne, vieltriebige Exemplare. Aus dem Stamm entwickeln sich dann zwei neue Triebe. Der „Abfall" eignet sich zur Vermehrung.

Dracaena reflexa

Pleomele — Agavaceae, Agavengewächse

Höhe/Länge	0	25cm	50cm	75cm	1m	1,25m	1,5m	1,75m	2m	2,25m	2,5m	2,75m	3m ▷
Blütezeit	Jan	Feb	März	Apr	Mai	Juni	Juli	Aug	Sept	Okt	Nov	Dez	
Blütenfarbe	weiß/beige	gelb	orange	rosa	rot	purpur	violett	blau	grün				
Verwendung													

Das Tempo, mit dem diese Drazäne bei guter Pflege wächst, ist verständlich, wenn man weiß, daß sie in ihrer Heimat auf Madagaskar und Mauritius ein 20 m hoher Baum ist. Die häufig noch unter der alten Bezeichnung Pleomele erhältliche *Dracaena reflexa* bildet keinen zentralen Stamm, sondern üppig belaubte Triebe. Die bekannteste Spielart trägt den hübschen Namen 'Song of India'. Die Blätter sind hier gelb gerandet und glänzen auch ohne Blattglanzspray, das übrigens von vielen Drazänen nicht gut vertragen wird. Die vitale, wüchsige Drazäne braucht im Zimmer viel Platz. Sie ist aber ein so dekorativer Blickfang, daß man ihr gern einen augenfälligen Standort zugesteht.

Standort: Sehr hell, aber nicht vollsonnig. Ganzjährig warm, nie unter 18 °C. Die zu den Warmhauspflanzen zählende Pleomele steht auch gern in einem geräumigen, heizbaren Blumenfenster. Erde: TKS und Einheitserde, eventuell zur besseren Wärmehaltung und Wasserführung mit Sand und Styroporflocken anreichern. Wasser: Ganzjährig gleichmäßig feucht halten. Ist dankbar für Luftfeuchtigkeit. Düngen: Alle 14 Tage von März bis August. Umpflanzen: Nach Bedarf im späteren Frühjahr oder Sommer. Vermehrung: Durch Stecklinge im heizbaren Vermehrungsbeet. Bodenwärme von 25 °C und hohe Luftfeuchtigkeit erforderlich. Schädlinge, Krankheiten und ihre Ursachen: Siehe *Dracaena fragrans*.

Epipremnum aureum

Efeutute — Araceae, Aronstabgewächse

Höhe/Länge	0	25cm	50cm	75cm	1m	1,25m	1,5m	1,75m	2m	2,25m	2,5m	2,75m 3m
Blütezeit	Jan	Feb	März	Apr	Mai	Juni	Juli	Aug	Sept	Okt	Nov	Dez
Blütenfarbe	weiß/beige	gelb	orange	rosa	rot	purpur	violett	blau	grün			
Verwendung												

Es gibt zwei botanisch völlig eigenständige Arten, die Efeutute genannt werden: *Scindapsus pictus* und *Epipremnum,* zuerst als *Scindapsus,* später dann als *Rhaphidophora* bezeichnet. Das Kreuz ist, daß die beiden sich auf den ersten flüchtigen Blick auch noch ähnlich sehen. Allerdings hört da auch schon die Gemeinsamkeit auf. Der echte *Scindapsus* mit dunkelgrünen Blättern, die auffällige weiße Flecken zeigen, gedeiht nur im Tropenfenster. Dagegen ist das *Epipremnum* mit seinen grünweiß oder weißgrün marmorierten Blättern ein eher anspruchsloser Kletterer, der mit meterlangen Trieben ganze Wände überziehen kann. Standort: Hell bis halbschattig. Ganzjährig Zimmerwärme und warmer Boden. Erde: Einheitserde oder TKS. Wasser: Den Sommer über gleichmäßig gießen, im Winter etwas sparsamer. Verträgt weder „kalte Füße" noch Staunässe. Düngen: Von Austrieb bis August einmal pro Woche. Umtopfen: Alle ein bis zwei Jahre. Entfällt bei Hydrokultur, für die sich das *Epipremnum* ausgezeichnet eignet. Wer die Pflanze als grünen Vorhang ziehen möchte, hält sie besser so. Da ihr Lichtbedarf relativ gering ist, läßt sie sich gut als Raumteiler für ein sonst sonniges Zimmer verwenden. Vermehrung: Triebenden einfach abschneiden und eintopfen. Schädlinge, Krankheiten und ihre Ursachen: Blattrollen bei zu trockener Luft. Insektenbefall kommt kaum vor.

Eucalyptus globulus

Blaugummibaum, Eukalyptusbaum — Myrtaceae, Myrtengewächse

Höhe/Länge	0	25cm	50cm	75cm	1m	1,25m	1,5m	1,75m	2m	2,25m	2,5m	2,75m 3m
Blütezeit	Jan	Feb	März	Apr	Mai	Juni	Juli	Aug	Sept	Okt	Nov	Dez
Blütenfarbe	weiß/beige	gelb	orange	rosa	rot	purpur	violett	blau	grün			
Verwendung												

Den typischen Eukalyptusduft kennt jeder, der mal erkältet war. Noch heute gilt dieses Gehölz als wichtige Nutzpflanze. Was viele vielleicht nicht wissen: Mit Eukalyptusbäumen lassen sich malariaverseuchte Sumpfgebiete in kurzer Zeit trockenlegen. Die Wurzeln saugen immense Wassermassen auf, die durch die immergrünen Blätter wieder an die Luft abgegeben werden. Von den über 500 meist in Australien beheimateten Arten zählt *Eucalyptus globulus* zu den schönsten. Die weißbereifte, blaugrünbelaubte Art läßt sich leicht aussäen, wächst sehr rasch, selbst bei uns jährlich 2 m, und duftet intensiv.
Aussaat: Ganzjährig möglich, am besten aber im Frühjahr bei 22°–25°C Luft- und Bodentemperatur. Wer kein heizbares Vermehrungsbeet besitzt, stülpt eine Plastikhaube über den Topf. Nach der Keimung, sie erfolgt nach etwa 4 Wochen, stellt man die Töpfe kühler (15°–18°C). Pikiert und endgültig verpflanzt wird in nahrhafte Erde. Große Töpfe oder Kübel nehmen! Ab Mai können die Pflanzen ins Freie an einen sonnigen Platz. Feuchtigkeit: Hell, sonnig, luftig, warm im Sommer, kühl (10°C) im Winter. Erde: TKS oder Einheitserde mit Lehm und Sand. Wasser: Im Sommer reichlich gießen, aber unbedingt Staunässe vermeiden, im Winter die Pflanze fast trocken halten. Düngen: Frühjahr und Sommer jede Woche. Umpflanzen: Jeweils im Frühjahr. Vermehrung: Durch Samen (siehe oben). Schädlinge und Krankheiten: Selten.

Euonymus japonicus

Spindelstrauch, Pfaffenhütchen — Celastraceae, Spindelbaumgewächse

Höhe/Länge	0 25cm 50cm 75cm 1m 1,25m 1,5m 1,75m 2m 2,25m 2,5m 2,75m 3m ▷
Blütezeit	Jan Feb März Apr Mai Juni Juli Aug Sept Okt Nov Dez
Blütenfarbe	weiß/beige gelb orange rosa rot purpur violett blau grün
Verwendung	

In der Weinbaugegend von Südwestdeutschland, vor allem in der Oberrheinebene, begegnet man dem Spindelstrauch häufig auf dem Lande. Er steht dort, zumeist in schönen Tontöpfen, rechts und links von der Haustür auf den Steintreppen der alten Fachwerkhäuser. Sogar über Winter bleibt er dort, denn der *Euonymus* ist frosthart und verträgt in klimatisch günstigen Gegenden auch Kältegrade. Bei sehr ungeschütztem Stand und starkem Frost sollte man ihn jedoch auch dort hereinholen. Als Topfpflanze bevorzugt man aber die buntlaubigen Spielarten von *Euonymus japonicus* mit kleineren Blättern, z. B. 'Argenteovariegatus', 'Aureovariegatus', 'Microphyllus'. Sie bleiben klein im Wuchs, während die reine Art, die in ihrer asiatischen Heimat 5 m erreicht, mehr als meterhoch und ebenso breit wird.

Standort: Reine Art und Spielarten hell und luftig, vor allem im Winter. Zwischen November und Februar kühl (5°–10°C) halten. Erde: TKS oder Einheitserde mit Sand. Wasser: Immer mäßig feucht halten. Im Winter nie ganz austrocknen lassen. Düngen: Von März bis Oktober wöchentlich. Umpflanzen: Alle zwei Jahre im Frühling. Vermehrung: Ganz leicht durch Stecklinge, die in einem Torf-Sand-Gemisch schnell bewurzeln. Schädlinge und Krankheiten: Treten nur bei Kulturfehlern auf.

Fatshedera lizei

Efeuaralie — Araliaceae, Araliengewächse

Höhe/Länge	0 25cm 50cm 75cm 1m 1,25m 1,5m 1,75m 2m 2,25m 2,5m 2,75m 3m ▷
Blütezeit	Jan Feb März Apr Mai Juni Juli Aug Sept Okt Nov Dez
Blütenfarbe	weiß/beige gelb orange rosa rot purpur violett blau grün
Verwendung	

Botanisch betrachtet ist die *Fatshedera* keine reine Art, sondern eine Kreuzung aus *Fatsia japonica* und *Hedera helix,* unserem altbekannten Efeu. Mit dieser Pflanze gelang 1912 der französischen Baumschule Lizé-Frères der ganz große Wurf. Dort schuf man eine der attraktivsten und schattenverträglichsten Grünpflanzen, die sich nebenbei wegen ihres hohen Wuchses auch noch als ideale Veredelungsunterlage für Efeu-Hochstämmchen erwies. Die *Fatshedera* wird über 3 m hoch. Um einen schön verzweigten Wuchs zu erreichen, muß man sie hier und da etwas stutzen. Im Handel sind grünlaubige und bunte Efeuaralien. Letztere wachsen nicht ganz so stürmisch in die Höhe.

Standort: Panaschierte Form hell, aber nicht sonnig, grüne Form hell bis schattig stellen. Sommertemperatur warm, eventuell die Pflanze ins Freie an einen vor Sonne und Wind geschützten Platz geben. Im Winter kühl, möglichst nicht über 15°C halten. Erde: TKS oder Einheitserde. Wasser: Mäßig, aber regelmäßig gießen. Düngen: Von März bis Oktober wöchentlich, im Winter alle Monate. Umpflanzen: Nur bei völliger Durchwurzelung im Frühjahr. Vorher die *Fatshedera* kräftig zurückschneiden. Vermehrung: Im August durch krautige Stecklinge im Torf-Sand-Gemisch. Schädlinge, Krankheiten und ihre Ursachen: Milben und Blattkräuselkrankheit durch zu warmen Stand, vor allem im Winter.

Fatsia japonica

Zimmeraralie — Araliaceae, Araliengewächse

Höhe/Länge	0	25cm	50cm	75cm	1m	1,25m	1,5m	1,75m	2m	2,25m	2,5m	2,75m	3m
Blütezeit	Jan	Feb	März	Apr	Mai	Juni	Juli	Aug	Sept	Okt	Nov	Dez	
Blütenfarbe	weiß/beige	gelb	orange	rosa	rot	purpur	violett	blau	grün				
Verwendung													

Die ein wenig flapsigen Bezeichnungen Schlachterpalme oder Kühlhausahorn verraten, daß diese Aralie nicht tropensüchtig sein kann. Sie stammt, wie aus dem Namen deutlich hervorgeht, aus Japan und liebt es eher frisch. In klimatisch günstigen Gegenden mit milden Wintern kann sie sogar draußen bleiben. Natürlich muß sie dazu abgehärtet sein und ein entsprechendes Alter bzw. Kübelmaß erreicht haben. Eine Ausnahme bilden die buntblättrigen Spielarten. Sie möchten im Sommer wärmer und auch im Winter nie unter 14 °C stehen. In ihrer Heimat Japan blüht die *Fatsia* zumeist im Herbst. Sie wächst dort als 2 bis 5 m hoher Strauch mit einem unverzweigten Stamm. Ihre achtlappigen Blätter gaben ihr vermutlich den Namen; „hatsi" bedeutet auf japanisch soviel wie acht.

Standort: Hell bis halbschattig, vor direkter Sonne schützen. Grüne Arten luftig und kühl halten, im Sommer am besten ins Freie an einen wind- und sonnengeschützten Platz, im Winter kühl um 10 °C. Bunte Formen brauchen immer 5 °C mehr Wärme. Erde: Einheitserde oder TKS. Wasser: Mäßig, aber regelmäßig feucht halten, im Sommer öfter gießen. Düngen: Von März bis August jede Woche, danach nur monatlich. Umpflanzen: Junge Pflanzen jährlich. Vermehrung: Durch Samen oder, bei älteren Pflanzen, durch Abmoosen. Schädlinge, Krankheiten und ihre Ursachen: Spinnmilben bei zu warmem Stand und gestauter Zimmerluft.

Ficus benjamina

Kleinblättriger Gummibaum, Birkenfeige — Moraceae, Maulbeerbaumgewächse

Höhe/Länge	0	25cm	50cm	75cm	1m	1,25m	1,5m	1,75m	2m	2,25m	2,5m	2,75m	3m
Blütezeit	Jan	Feb	März	Apr	Mai	Juni	Juli	Aug	Sept	Okt	Nov	Dez	
Blütenfarbe	weiß/beige	gelb	orange	rosa	rot	purpur	violett	blau	grün				
Verwendung													

Ficus heißt Feige, tatsächlich stammt der Gummibaum aus dem gleichen Haus wie die uralte Kulturpflanze *Ficus carica*. Jene also, deren Früchte schon in der Bibel lobend erwähnt werden. Der deutsche Name rührt noch aus den Zeiten her, als man den Ficus der Tropen zwecks Kautschukgewinnung angezapft haft. Während *Ficus carica* als Obstbaum der Mittelmeerländer und Nordafrikas gilt, zählt *Ficus benjamina* zur tropischen Verwandtschaft. In seiner Heimat Indien kennt man ihn als breitkronigen, 30 m hohen Baum. Bei uns entwickelt er sich innerhalb von fünf Jahren zu einem dekorativen Solitär, den Innenarchitekten wegen der zierlich belaubten, überhängenden Zweige nur allzugern einsetzen.

Standort: Ganzjährig hell, luftig und warm. Keine pralle Sonne. Erde: TKS oder Einheitserde mit Torf. Wasser: Ab Austriebsbeginn bis September reichlich, danach nur mäßig gießen, damit das Holz ausreifen kann. Öfter mit weichem Wasser sprühen. Düngen: Während der Wachstumszeit alle 14 Tage, sonst wächst er zu schnell an die Zimmerdecke. Umpflanzen: Bei völliger Durchwurzelung im März. Vermehrung: Durch Abmoosen oder durch Kopfstecklinge im feuchtwarmen Beet. Schädlinge, Krankheiten und ihre Ursachen: Blattschäden durch zu kalte und „nasse Füße", totaler Blattverlust durch zu dunklen Stand oder Standortwechsel, Schild- und Schmierläuse durch zu warme und trokkene Luft. Ein kräftiger Rückschnitt wird übrigens gut vertragen.

Ficus deltoidea

Mistelfeige — Moraceae, Maulbeerbaumgewächse

Höhe/Länge	0 25cm 50cm 75cm 1m 1,25m 1,5m 1,75m 2m 2,25m 2,5m 2,75m 3m ▷
Blütezeit	Jan Feb März Apr Mai Juni Juli Aug Sept Okt Nov Dez
Blütenfarbe	weiß/beige gelb orange rosa rot purpur violett blau grün
Verwendung	

Für alle, die wenig Platz für Grünpflanzen haben, ist die Mistelfeige ein idealer Kandidat. Sie wächst nämlich beinahe in Zeitlupe. Sogar in ihrer Heimat, im Malaiischen Archipel, bleibt sie auch mit zunehmendem Alter ein kaum meterhoher Knirps. Dennoch ist gerade dieser kleine Ficus-Strauch die einzige Art, die auch im Exil Früchte bringt. Die Feigen sitzen einzeln oder zu zweit an den dünnen Zweigen, sind etwa erbsengroß und orangegelb gefärbt. Die Blätter der Mistelfeige zeigen verschiedene Formen, daher auch der alte botanische Name *Ficus diversifolia.* Meist sind sie dreieckig geformt. Überraschend ist die Tatsache, daß die Pflanze Früchte bringt, ohne daß man recht gemerkt hat, daß sie blühte. Das liegt daran, daß die urnenähnlichen Blüten bereits wie kleine Feigen aussehen. Sie weisen eine kleine Öffnung auf, die dem Insekt die Bestäubung ermöglicht. Im Gegensatz zur Mittelmeerfeige sind die Früchte der Mistelfeige ungenießbar!

Standort: Hell ohne direkte Sonne und ganzjährig Zimmertemperatur. Erde: TKS oder Einheitserde mit Torfzusatz. Wasser: Mäßig, aber gleichmäßig feucht halten. Für Luftfeuchtigkeit sorgen. Kalte Füße vermeiden. Düngen: Alle vier Wochen höchstens. Umpflanzen: Nur bei Bedarf. Vermehrung: Durch Kopfstecklinge im geheizten Beet, durch Abmoosen. Schädlinge, Krankheiten und ihre Ursachen: Blattschäden durch Kulturfehler.

Ficus elastica

Gummibaum — Moraceae, Maulbeerbaumgewächse

Höhe/Länge	0 25cm 50cm 75cm 1m 1,25m 1,5m 1,75m 2m 2,25m 2,5m 2,75m 3m ▷
Blütezeit	Jan Feb März Apr Mai Juni Juli Aug Sept Okt Nov Dez
Blütenfarbe	weiß/beige gelb orange rosa rot purpur violett blau grün
Verwendung	

Er ist mit Abstand der prominenteste Grüne und steht fast in jedem deutschen Wohnzimmer. Mal mit grünen, mal mit weiß-grün marmorierten oder mit gelbbunten, ledrigen Blättern ausgestattet, wächst er mit ungestümer Vitalität der Zimmerdecke entgegen. Da man ihn aus Platzgründen öfter stutzen muß, tobt sich seine überschüssige Kraft in neuen Seitenästen aus. Weil er immer dem Licht entgegenstrebt, verkahlt er leicht von unten. Dagegen ist nichts zu machen, es sei denn, man stellt ihn an ein Bodenfenster.

Standort: Hell, ohne direkte Sonne, und ganzjährig um 20 °C. Buntblättrige Spielarten 'Variegata', 'Decora' u. a. nie unter 18 °C. Erde: TKS oder Einheitserde. Wasser: Bis August reichlich, im Winter sparsam gießen. Enthärtetes, zimmerwarmes Wasser verwenden. Blätter öfter mit dem Schwamm abwaschen, aber nicht mit Speiseöl und anderen Hausmitteln einreiben. Düngen: Während der Vegetation alle 14 Tage bis vier Wochen. Umpflanzen: Nach Bedarf im Frühjahr, jüngere Pflanzen jährlich. Vermehrung: Durch Abmoosen. Dazu an einer Triebspitze unterhalb von 2–3 Blattpaaren den Stamm zur Hälfte einschneiden. An der Schnittstelle eine Manschette aus Kunststoffolie anbringen. Die so entstandene Türe mit Torf füllen und ständig feucht halten. Nach der Bewurzelung unterhalb des Ballens abschneiden. Schädlinge, Krankheiten und ihre Ursachen: Siehe *Ficus benjamina.*

Ficus lyrata

Geigenfeige, Leierblättriger Gummibaum — Moraceae, Maulbeerbaumgewächse

Höhe/Länge	0	25cm	50cm	75cm	1m	1,25m	1,5m	1,75m	2m	2,25m	2,5m	2,75m	3m
Blütezeit	Jan	Feb	März	Apr	Mai	Juni	Juli	Aug	Sept	Okt	Nov	Dez	
Blütenfarbe	weiß/beige	gelb	orange	rosa	rot	purpur	violett	blau	grün				
Verwendung													

Es existiert wohl kaum eine Zimmerpflanze, die so große Blätter besitzt wie dieser Gummibaum. Schon im Exil erreichen sie gut 30 cm Länge, am Heimatstandort, im tropischen Westafrika, wechselt die Geigengröße schon ins Bratschenformat über. 60 cm messen dort die breiten, verkehrt-eiförmigen, ledrigen Blätter. Was die Geigenfeige aber als Zimmerbaum zudem so reizvoll macht, sind die walnußähnlichen Früchte, die auch schon an jungen Pflanzen hängen können. Für kleine Wohnungen empfiehlt sie sich nicht, eher für geräumige helle Eingangshallen und großflächige Wohnzimmer. Sehr häufig findet man sie in Hydrokultur, was bei der Größe ganz praktisch ist.

Standort: Hell, aber nicht vollsonnig. Ganzjährig Zimmertemperatur, im Winter nicht unter 18 °C. Liebt „warme Füße"! Erde: TKS oder Einheitserde. Wasser: Stets mäßig, aber regelmäßig feucht halten. Die großen Blätter einmal monatlich mit einem Schwamm und lauwarmem Wasser vom Staub befreien. Düngen: Alle 8 Tage. Umpflanzen: Jährlich, ältere Geigenfeigen seltener, was wegen der Größe auch kein Kinderspiel ist. Vermehrung: Durch Abmoosen (siehe unter *Ficus elastica)*. Schädlinge, Krankheiten und ihre Ursachen: Braune Blattränder, schwarze Flecken durch zu „kalte Füße" und zuviel Bodenfeuchte. Blattfall durch zu dunklen Stand.

Ficus pumila

Kletter-Ficus, Kletterfeige — Moraceae, Maulbeerbaumgewächse

Höhe/Länge	0	25cm	50cm	75cm	1m	1,25m	1,5m	1,75m	2m	2,25m	2,5m	2,75m	3m
Blütezeit	Jan	Feb	März	Apr	Mai	Juni	Juli	Aug	Sept	Okt	Nov	Dez	
Blütenfarbe	weiß/beige	gelb	orange	rosa	rot	purpur	violett	blau	grün				
Verwendung													

Er sieht nicht wie seine Verwandten aus, und er verhält sich auch anders, eher wie ein Efeu. Genauso emsig wie dieser rankt und klettert nämlich *Ficus pumila* an allem empor, was sich ihm bietet. In Gewächshäusern vermag er sehr schnell ganze Wände zu begrünen. Auch als Ampelpflanze steht der Gummibaum-Zwerg durchaus seinen Mann. Die schönsten Spielarten sind die kleinblättrige 'Minima', dann 'Serpyllifolia' mit lanzettlichen, thymianähnlichen Blättern und schließlich die weniger ungestüm wachsende 'Variegata' mit cremegelben grüngesprenkelten Blättern. Die fadendünnen Zweige tragen Haftwurzeln, die sich gern an feuchten Unterlagen festhalten, bei häufigem Sprühen jedoch auch in der Luft hängend nicht austrocknen.

Standort: Hell, ohne direkte Sonne und ganzjährig Zimmertemperatur. Verträgt Kühle bis 1 °C! Ausnahme: Die buntblättrige 'Variegata'. Erde: TKS oder Einheitserde. Wasser: Im Frühjahr und Sommer mäßig, aber regelmäßig feucht halten und öfter mit weichem, warmem Wasser einnebeln. Im Winter weniger gießen und nicht sprühen, es sei denn, die Pflanze steht sehr warm und lufttrocken. Düngen: Während der Wachstumszeit alle vier Wochen. Umpflanzen: Nach Bedarf im Frühjahr. Vermehrung: Durch Ausläufer, die man auf feuchtem Torf bewurzelt, abschneidet und eintopft. Schädlinge, Krankheiten und ihre Ursachen: Bei zu warmem und trockenem Stand Spinnmilben- und Blattlausbefall möglich.

Fittonia verschaffeltii

Fittonie — Acanthaceae, Akanthusgewächse

Höhe/Länge	0	25cm	50cm	75cm	1m	1,25m	1,5m	1,75m	2m	2,25m	2,5m	2,75m	3m ▷
Blütezeit	Jan	Feb	März	Apr	Mai	Juni	Juli	Aug	Sept	Okt	Nov	Dez	
Blütenfarbe	weiß/beige	gelb	orange	rosa	rot	purpur	violett	blau	grün				
Verwendung													

Zwei Engländerinnen, Elizabeth und Mary Fitton, standen Pate für den botanischen Namen dieser entzückenden Blattpflanze. Die reine Art wächst in Peru mit niederliegenden, wurzelnden Stengeln. Ihre 7–10 cm langen, eiförmigen Blätter sind dunkelgrün und mit einem sehr feinen, karminroten Adernetz geschmückt. Genauso sieht die Varietät 'Pearcei' aus. Am bekanntesten aber ist die silbernervige 'Argyroneura', die es sogar im „Taschenformat" gibt. 'Minima' heißt diese Sorte mit nur zentimetergroßen Blättern. In Flaschengärten fehlt sie garantiert nie.
Standort: Halbschattig bis schattig. Als Bodendecker für warme Blumenfenster, Gewächshäuser und Wintergärten ideal. Auch in flachen Schalen entwickeln sich Fittonien gut. Wenn sie sich nur ungehindert ausbreiten können. An Temperatur beansprucht sie tagsüber 20°C und mehr, nachts nicht unter 16°C. Erde: TKS oder Einheitserde. Wasser: Gleichmäßig luft- und bodenfeucht halten. Bei Topfkultur öfter mit weichem Wasser sprühen. Düngen: Alle 14 Tage bis Oktober, im Winter nur jeden Monat. Umpflanzen: In Schalen oder Töpfen ausgepflanzte Fittonien jährlich. Vermehrung: Aus Stecklingen im Frühjahr oder Sommer, die bei 18°–20°C Bodenwärme im geschlossenen Vermehrungsbeet leicht bewurzeln. Schädlinge, Krankheiten und ihre Ursachen: Vorsicht vor Asseln, Schnecken, Kälte und Zugluft!

Grevillea robusta

Australische Silbereiche — Proteaceae, Proteusgewächse

Höhe/Länge	0	25cm	50cm	75cm	1m	1,25m	1,5m	1,75m	2m	2,25m	2,5m	2,75m	3m ▷
Blütezeit	Jan	Feb	März	Apr	Mai	Juni	Juli	Aug	Sept	Okt	Nov	Dez	
Blütenfarbe	weiß/beige	gelb	orange	rosa	rot	purpur	violett	blau	grün				
Verwendung													

Ihren botanischen Namen verdankt sie C. F. Greville, einem der Gründer der Royal Horticultural Society. Den deutschen Namen empfindet man zunächst als unsinnig, weil die Pflanze doch eher einem Farn als einer Eiche gleicht. Wer die *Grevillea* jedoch einmal als ausgewachsenen, 50 m hohen Alleebaum in Australien gesehen hat, findet die Bezeichnung gut getroffen. Bei uns erreicht dieser tropische Schattenbaum allenfalls Kübelmaß, wird also selten höher als 100 cm. Die Gärtner säen ihn im Winter aus, meist in warmgehaltenes Sägemehl, da die Silbereiche als schlechter Keimer gilt. Fertige Topfpflanzen sind dagegen, wie der Zuname sagt, robust und leicht zu pflegen. Das Erfolgsrezept heißt dabei Kühle. In Blüte kommt die *Grevillea* bei uns nie. Es gibt aber eine Schwester, die Art *Grevillea thelemanniana,* die auch als kleiner Strauch blüht und sich sehr hübsch in einem kühlen Wintergarten macht.
Standort: Hell, aber nicht sonnig. Ganzjährig luftig und nicht zu warm. Im Sommer auch an einem schattigen Platz im Freien, im Winter nicht wärmer als 15°C. Erde: TKS oder Einheitserde. Wasser: Im Sommer bei Wärme regelmäßig gießen, im Winter nie ganz austrocknen lassen. Düngen: Von März bis Oktober alle 8 Tage. Umpflanzen: Bei Bedarf. Vermehrung: Durch Samen. Schädlinge, Krankheiten und ihre Ursachen: Laubverfärbung bei unausgeglichener Versorgung mit Nährstoffen.

Gynura

Gynure

Compositae, Korbblütler

Höhe/Länge	0 25cm 50cm 75cm 1m 1,25m 1,5m 1,75m 2m 2,25m 2,5m 2,75m 3m ▷
Blütezeit	Jan Feb März Apr Mai Juni Juli Aug Sept Okt Nov Dez
Blütenfarbe	weiß/beige gelb orange rosa rot purpur violett blau grün
Verwendung	

Das Attraktivste an diesem tropischen Gewächs sind die Blätter. Sattgrün gefärbt, auf der Oberseite mit einem rotvioletten Flaum bedeckt, schimmern sie je nach Lichteinfall metallisch oder wie Samt. Im Spätsommer erscheinen lila Knospen, die sich später zu orangegelben Körbchenblüten öffnen. Wer die Pflanze in einem sehr kleinen Raum stehen hat, schneidet die Knospen besser vorher ab. Die Blüten strömen nämlich einen unangenehmen Geruch aus. Zwei Arten sind hauptsächlich in gärtnerischer Kultur: *Gynura aurantiaca,* ein fast meterhoher Halbstrauch aus den Gebirgswäldern Javas, und *Gynura scandens* aus dem tropischen Ostafrika. Die unter der Bezeichnung 'Purple Passion' angebotene Varietät ist vermutlich eine Hybride aus beiden. Sie klettert wie *Gynura scandens* und wird daher gern in Ampeln gehalten. Damit sie dort schön buschig wird, sollte man die Triebspitzen öfter stutzen.
Standort: Sehr hell und sonnig, aber vor Mittagssonne geschützt und ganzjährig warm. Nicht unter 18°C. Erde: TKS oder Einheitserde. Wasser: Pflanze stets mäßig, aber gleichmäßig feucht halten. Düngen: Im Frühjahr und Sommer jede Woche, im Winter je nach Temperatur monatlich. Umpflanzen: Lohnt sich kaum, weil die Pflanze im Alter häßlich wird. Vermehrung: Aus nicht zu harten und nicht zu weichen Stecklingen im Sommer. Bewurzeln leicht bei Bodentemperaturen über 20°C. Schädlinge, Krankheiten und ihre Ursachen: Bei zu dunklem Stand vergrünen die Blätter. Außerdem droht Blattlausgefahr.

Hedera

Zier- oder Zimmerefeu

Araliaceae, Araliengewächse

Höhe/Länge	0 25cm 50cm 75cm 1m 1,25m 1,5m 1,75m 2m 2,25m 2,5m 2,75m 3m ▷
Blütezeit	Jan Feb März Apr Mai Juni Juli Aug Sept Okt Nov Dez
Blütenfarbe	weiß/beige gelb orange rosa rot purpur violett blau grün
Verwendung	

Der Efeu rankt sich gewissermaßen durch die ganze Geschichte der Menschheit. Schon im Altertum wird er erwähnt. In Ägypten galt er als Osiris-Pflanze, im antiken Griechenland war er dem Dionysos geweiht. Es gibt heute mannigfaltige gärtnerische Variationen zum Thema Efeu. Wo sie alle ihren Ursprung haben, ist bis dato ungeklärt. Der Einfachheit halber bietet man im Handel die weißbunten und grünen Formen als *Hedera-helix*-Spielarten an. Weiterhin enthält das aktuelle Sortiment den berühmten 'Gloire de Marengo'-Efeu sowie entzückende Hochstämmchen, die auf *Fatshedera* veredelt sind. Als Faustregel für alle Efeuarten gilt: Je grünblättriger, desto schattiger und kühler, je buntblättriger, desto heller und wärmer halten.
Standort: Hell bis schattig. Ganzjährig frisch und kühl, buntblättrige nicht wärmer als 18°C. Erde: Einheitserde oder TKS. Wasser: Während der Wachstumszeit gleichmäßig feucht halten, im Winter etwas weniger gießen. Angewärmtes Wasser verwenden. Düngen: Von April bis August wöchentlich. Umpflanzen: Jährlich bei Austriebsbeginn. Vermehrung: Durch Bewurzelung von Stecklingen in Wasser oder Erde. Schädlinge, Krankheiten und ihre Ursachen: Schildläuse bei Heizungsluft. Die plötzlich auftretende typische Efeu-Blattkrankheit am besten vorbeugend mit einem organischen Fungizid (Pilzbekämpfungsmittel) bekämpfen.

Howeia

Kentiapalme, Howeia Palme — Palmae, Palmen

Höhe/Länge	0 25cm 50cm 75cm 1m 1,25m 1,5m 1,75m 2m 2,25m 2,5m 2,75m 3m ▷
Blütezeit	Jan Feb März Apr Mai Juni Juli Aug Sept Okt Nov Dez
Blütenfarbe	weiß/beige gelb orange rosa rot purpur violett blau grün
Verwendung	

Die *Howeia* ist eine der beliebtesten, leider aber auch eine der teuersten Palmen. Sie kommt aus Australien. Es gibt zwei Arten, *Howeia forsteriana* und *Howeia belmoreana,* die im Jugendstadium kaum voneinander zu unterscheiden sind. Später erkennt man *Howeia forsterana* an den größeren, strafferen Blattwedeln und dem kräftigeren Wuchs, während die Blätter von *Howeia belmoreana* weich überhängen. Beide Arten wachsen einstämmig; um den Pflanzen ein fülligeres Aussehen zu geben, werden oft mehrere in einen Topf gepflanzt.

Standort: Als Jungpflanzen von Natur aus im Schatten älterer Palmen wachsend, kommen junge Kentiapalmen mit erstaunlich wenig Licht aus. Wohl ein Grund, weshalb sie als Zimmerpflanzen so begehrt sind. Auch die üblichen Zimmertemperaturen werden gut vertragen. Erde: Einheitserde oder sandiger Lehm. Wasser: Vor allem Pflanzen in Kunststofftöpfen nicht zu stark gießen, immer erst dann, wenn die Erde oben schon gut abgetrocknet ist. Düngen: Im Frühjahr und Sommer jede Woche mit einem flüssigen Blumendünger. Im Winter alle 3 bis 4 Wochen. Umpflanzen: Möglichst selten, nur wenn der Topf voll durchwurzelt ist. Vermehrung: Durch Samen. Schädlinge, Krankheiten und ihre Ursachen: Die Hauptfeinde der Kentiapalme sind Spinnmilben und Schildläuse. Bekämpfung durch geeignete Insektizide. Für höhere Luftfeuchtigkeit sorgen.

Hypoestes phyllostachya

Hypoestes, Hüllenklaue — Acanthaceae, Akanthusgewächse

Höhe/Länge	0 25cm 50cm 75cm 1m 1,25m 1,5m 1,75m 2m 2,25m 2,5m 2,75m 3m ▷
Blütezeit	Jan Feb März Apr Mai Juni Juli Aug Sept Okt Nov Dez
Blütenfarbe	weiß/beige gelb orange rosa rot purpur violett blau grün
Verwendung	

Im Weinbaugebiet findet man diese Blattschönheit hier und da auch schon mal frei ausgepflanzt im Sommerblumenbeet oder als dekorative Nachbarin zu Sommerblumen in Körben oder Schalen. Im Grunde aber ist die rosagetupfte Blattpflanze mit dem deutschen Namen Hüllenklaue eher etwas für Vitrinen, große Flaschengärten oder geschlossene Blumenfenster. Sie stammt nämlich von der Insel Madagaskar, wo sie als halbmeterhoher, reich verzweigter Halbstrauch wächst. In Kultur läßt man *Hypoestes* nicht so hoch werden. Sie wird nämlich mit zunehmender Größe sparrig im Wuchs. Außerdem verlieren die Blätter viel an Farbbrillanz. Neben dem rotnervigen, mehr oder weniger getupften oder gefleckten Laub wirken die purpurvioletten Blüten der Pflanze nahezu unscheinbar.

Standort: Hell bis halbschattig. An einem zu dunklen Platz verblassen die Blätter. Ganzjährig warme Boden- und Lufttemperaturen über 20°, nie unter 18°C. Erde: Einheitserde oder TKS. Wasser: Mit weichem, temperiertem Wasser gleichmäßig feucht, aber nie naß halten. Im Winter weniger gießen. Liebt eher Luftfeuchtigkeit, öfter sprühen! Düngen: Von März bis Oktober jede Woche, später jeden Monat. Umpflanzen: Erübrigt sich, da Weiterkultur nicht lohnt. Vermehrung: Durch Kopfstecklinge im heizbaren Vermehrungsbeet bei über 20°C Bodentemperatur. Schädlinge, Krankheiten und ihre Ursachen: Asseln und Schnecken kommen vor.

Iresine herbstii

Iresine — Amaranthaceae, Amarantgewächse

Höhe/Länge	0 · 25cm · 50cm · 75cm · 1m · 1,25m · 1,5m · 1,75m · 2m · 2,25m · 2,5m · 2,75m · 3m ▷
Blütezeit	Jan · Feb · März · Apr · Mai · Juni · Juli · Aug · Sept · Okt · Nov · Dez
Blütenfarbe	weiß/beige · gelb · orange · rosa · rot · purpur · violett · blau · grün
Verwendung	

Ihr Laub sieht aus, als sei es gleich zweimal in den Farbtopf mit Weinrot gefallen. Blätter und Stiele dieser niedlichen Mexikanerin leuchten in prächtigstem Bordeaux. Etwas heller gefärbt, aber Ton in Ton gehalten, die Blattadern. Wegen ihres hohen dekorativen Wertes findet man die *Iresine* immer wieder als Einfassungspflanze von bunten Sommerbeeten. Sie kann aber auch leicht im Zimmer gehalten werden. Ein luftfeuchtes Blumenfenster behagt ihr am meisten, aber sie ist in ihrem einjährigen Leben auch mit einem hellen, sonnigen Fensterplatz zufrieden. Dort wächst sie dann als niedriges, aber auffälliges Kräutlein. Die Blüten sind zwar unscheinbar, sie gaben der Pflanze dennoch ihren Namen. *Iresine* wird nämlich aus dem Griechischen eiros (= Wolle) abgeleitet.
Standort: Ganzjährig Zimmertemperatur. Sehr hell und sonnig, sonst verliert sich die rote Farbe. Erde: TKS oder Einheitserde. Wasser: Im Sommer reichlich gießen, aber Staunässe unbedingt vermeiden. Düngen: Von März bis September alle Wochen. Umpflanzen: Entfällt, da man die Pflanze besser nur einjährig hält. Vermehrung: Durch Stecklinge im Frühjahr, die leicht im Torf-Sand-Gemisch bei Zimmertemperatur bewurzeln. Jungpflanzen mehrmals entspitzen, damit sie sich schön buschig entwickeln. Schädlinge, Krankheiten und ihre Ursachen: Selten. Nur Gießfehler und ein zu dunkler Stand können dieser anspruchslosen Pflanze etwas anhaben.

Jacaranda mimosifolia

Rosenholzbaum, Palisander — Bignoniaceae, Bignoniengewächse

Höhe/Länge	0 · 25cm · 50cm · 75cm · 1m · 1,25m · 1,5m · 1,75m · 2m · 2,25m · 2,5m · 2,75m · 3m ▷
Blütezeit	Jan · Feb · März · Apr · Mai · Juni · Juli · Aug · Sept · Okt · Nov · Dez
Blütenfarbe	weiß/beige · gelb · orange · rosa · rot · purpur · violett · blau · grün
Verwendung	

Wegen seiner herrlichen, blauvioletten Blütenrispen wird dieses Gehölz in den Tropen der ganzen Welt als Zierbaum angepflanzt. Leider blüht die *Jacaranda* bei uns so gut wie nie, dazu wird sie im Topf oder Kübel einfach nicht groß genug. Doch sie ist mit ihrer farnähnlichen, hellgrünen Belaubung auch eine attraktive Blattpflanze. Man führt den Samen aus den Tropen ein und sät sofort unter warmen Bedingungen (25°C) aus. Nach dem Aufgehen wird einzeln oder zu zweit in kleine Töpfe pikiert, später ein- bis zweimal verpflanzt und zum Schluß an einem kühlen und luftigen Standort abgehärtet. Als kleiner Wermutstropfen mag die Tatsache gelten, daß der Jacarandabaum im Winter das Laub abwirft. Das liegt aber in seinem Naturell. Im Frühjahr treibt er munter wieder aus.
Standort: Hell, aber keine Sonne. Ganzjährig luftig und nicht zu warm. Kann im Sommer auch an geschützten, schattigen Platz ins Freie. Im Winter reichen 16°–18°C. Erde: Einheitserde oder TKS. Wasser: Bei warmem Stand regelmäßig gießen, im Winter trotz Laubfall nie ganz austrocknen lassen, aber wenig gießen. Düngen: Von März bis Oktober wöchentlich. Umpflanzen: Bei Bedarf. Vermehrung: Durch Samen im Februar (siehe oben). Schädlinge und Krankheiten: Treten nur bei schweren Kulturfehlern auf.

Maranta leuconeura

Marante, Zehn-Gebote-Pflanze — Marantaceae, Marantengewächse

Höhe/Länge	0 · 25cm · 50cm · 75cm · 1m · 1,25m · 1,5m · 1,75m · 2m · 2,25m · 2,5m · 2,75m · 3m ▷
Blütezeit	Jan · Feb · März · Apr · Mai · Juni · Juli · Aug · Sept · Okt · Nov · Dez
Blütenfarbe	weiß/beige · gelb · orange · rosa · rot · purpur · violett · blau · grün
Verwendung	

Der biblisch anmutende Name ist auf die zehn dunklen Blattflecken zurückzuführen. Bei der bekanntesten Spielart 'Kerchoveana' sieht man sie sehr gut. Noch aufregender und mehrfarbiger gezeichnet sind die Sorten 'Massangeana', 'Erythroneura' und 'Fascinator'. Während man 'Kerchoveana' im Zimmer halten kann, wenn, besonders im Winter, ein elektrischer Luftbefeuchter läuft, brauchen die anderen Formen durchgehend Tropenklima. Besonders interessant ist die typische Schlafstellung der Maranten. Wenn es Nacht wird, rollen sie die Blätter wie eine aufrecht stehende Tüte zusammen. Alle genannten Maranten eignen sich wundervoll als schmückender Bodendecker, vor allem für Tropenfenster.

Standort: Hell ohne Sonne. Sommer wie Winter bis 30°, nie unter 18 °C! Erde: Einheitserde oder TKS mit Styroporflocken. Wasser: Hohe Luftfeuchtigkeit erwünscht. 'Kerchoveana' in Zimmerkultur im Sommer reichlich mit weichem, warmem Wasser gießen, im Winter sparsamer. Für indirekte Luftfeuchte sorgen. Düngen: Von April bis Oktober alle 14 Tage schwach konzentriert. Umtopfen: Wenn nicht ins Beet ausgepflanzt wurde, bei Austriebsbeginn in flache Gefäße. Vermehrung: Durch Teilen beim Umtopfen. Schädlinge, Krankheiten und ihre Ursachen: Bei zu kühlem Stand sterben die Blätter ab. Im Blumenfenster aufpassen, daß sich keine Schnecken einstellen.

Microcoelum weddelianum

Kokospälmchen — Palmae, Palmen

Höhe/Länge	0 · 25cm · 50cm · 75cm · 1m · 1,25m · 1,5m · 1,75m · 2m · 2,25m · 2,5m · 2,75m · 3m ▷
Blütezeit	Jan · Feb · März · Apr · Mai · Juni · Juli · Aug · Sept · Okt · Nov · Dez
Blütenfarbe	weiß/beige · gelb · orange · rosa · rot · purpur · violett · blau · grün
Verwendung	

Aus dem tropischen Brasilien stammt diese zierliche Palme mit den feingefiederten Blattwedeln. Mit der Kokospalme hat sie nichts zu tun. Wegen ihrer zimmerfreundlichen Maße – sie erreicht auch im Alter höchstens 2 m – wird sie immer wieder gern gekauft. Leider kann sie sich jedoch selten mit den Verhältnissen eines normalen Wohnraums abfinden, so daß sie nur für kurze Zeit gedeiht. In der Regel wird *Microcoelum* in Tuffs zusammengepflanzt angeboten. Der grazile Wuchs kommt bei Einzelstellung aber häufig besser zur Geltung.

Standort: Kokospälmchen brauchen einen hellen, sehr warmen Platz, aber Schutz vor direkter Sonne. Auch im Winter warm halten, möglichst nie unter 20 °C. Erde: Einheitserde oder sandige Lauberde. Wasser: Ständig sehr feucht halten, im Gegensatz zu vielen anderen Palmen liebt das Kokospälmchen Dauerfußbäder. Wichtig: Auf hohe Luftfeuchtigkeit achten. Düngen: Im Frühling und Sommer alle 2 bis 3 Wochen mit flüssigem Blumendünger. Im Winter alle 8 Wochen. Umpflanzen: Falls das Pälmchen überhaupt so lange hält, nach 2 Jahren. Vermehrung: Durch Aussaat. Samen keimt jedoch nur bei mindestens 30 °C Bodentemperatur. Schädlinge, Krankheiten und ihre Ursachen: Zu kühler Stand und mangelnde Luftfeuchtigkeit führten zu Blattschäden und Einstellen des Wachstums.

Monstera deliciosa

Fensterblatt — Araceae, Aronstabgewächse

Höhe/Länge	0 25cm 50cm 75cm 1m 1,25m 1,5m 1,75m 2m 2,25m 2,5m 2,75m 3m ▷
Blütezeit	Jan Feb März Apr Mai Juni Juli Aug Sept Okt Nov Dez
Blütenfarbe	weiß/beige gelb orange rosa rot purpur violett blau grün
Verwendung	

Ihre großen schildförmigen, gelöcherten Blätter unterscheiden sie deutlich vom eng verwandten Philodendron. Das immergrüne, halbepiphytische Fensterblatt zählt zu unseren erklärten Zimmerlieblingen und wird bei guter Pflege alt und überaus stattlich. Im Handel ist die dekorative *Monstera deliciosa* 'Borsigiana', die große Blätter besitzt und sich mit der Zeit eine Hauptrolle im Wohnzimmer erspielt. Die Übersetzung ihres Namens, Köstliches Fensterblatt, weist darauf hin, daß sie sogar in Zimmerkultur eßbare Früchte bildet, die z. B. einer Bowle ein exotisches, ananasartiges Aroma verleihen können.
Standort: Hell ohne Sonne bis halbschattig. Ganzjährig warm. Die *Monstera* verträgt zwar auch im Winter um 15 °C, wächst dann aber schlecht. Erde: Einheitserde oder TKS. Wasser: Bei warmem Stand regelmäßig und reichlich mit temperiertem Wasser gießen. Düngen: Während der Wachstumszeit wöchentlich Luftwurzeln in ein Gefäß mit Düngerlösung leiten. Umpflanzen: Alle zwei Jahre. Vorsicht: Die brüchigen Luftwurzeln möglichst nicht verletzen und auch nie abschneiden! Vermehrung: Stecklinge mit Luftwurzeln in die Erde stecken oder im Wasser bewurzeln. Schädlinge, Krankheiten und ihre Ursachen: Gelbe Flecken durch unregelmäßiges Gießen. Verkahlen durch zu dunklen Stand.
Wichtig: Das Fensterblatt benötigt ein Gerüst.

Neoregelia

Neoregelie — Bromeliaceae, Ananasgewächse

Höhe/Länge	0 25cm 50cm 75cm 1m 1,25m 1,5m 1,75m 2m 2,25m 2,5m 2,75m 3m ▷
Blütezeit	Jan Feb März Apr Mai Juni Juli Aug Sept Okt Nov Dez
Blütenfarbe	weiß/beige gelb orange rosa rot purpur violett blau grün
Verwendung	

Bei dieser Bromelie sitzen die blauvioletten Blüten im Trichter. Die bekannteste Art ist *Neoregelia carolinae* mit roten Herzblättern und ihre Spielart 'Tricolor' mit gelbgestreiftem Laub. Vermehrt in gärtnerischer Kultur befindet sich heute auch *Neoregelia concentrica,* die mit violetten Hochblättern und dunkelgeflecktem Laub recht merkwürdig aussieht. Im Handel sind *Neoregelia concentrica* 'Meyendorffii' und *Neoregelia concentrica* 'Meyendorffii Minor'. Diese Hybriden sind für die Zimmerkultur gut geeignet. Am schönsten zur Geltung kommen sie jedoch auf großen Epiphytenstämmen in einem ausgebauten Blumenfenster oder Gewächshaus.
Standort: Ganzjährig hell und warm, im Winter 15°–20 °C. Erde: Einheitserde oder TKS mit Styromull; oder selbstgemachte Bromelienerde aus grober Laub- oder Heideerde, Torfstreu, Sphagnum und Holzkohlestückchen. Wasser: Trichter ganzjährig gefüllt, Substrat immer leicht feucht halten. Im Sommer bei höheren Temperaturen etwas reichlicher gießen. Düngen: Im Sommer alle 8 bis 14 Tage schwach konzentriert (1–2 g auf 1 l). Umpflanzen: Alle 2 Jahre. Vermehrung: Durch Kindel, die man beim Umtopfen abtrennt, wenn sie ein bißchen herangewachsen sind. Sie kommen meist nach 2–3 Jahren zur Blüte. Die Mitte färbt sich dann rot. Schädlinge, Krankheiten und ihre Ursachen: Eingetrocknete Blattspitzen durch zu trockene Luft. Fäulnisschäden. Bei zu dunklem Stand färben sich die Blätter nicht schön.

Nephrolepis

Schwertfarn, Nierenschuppenfarn — Nephrolepidaceae

Höhe/Länge	0	25cm	50cm	75cm	1m	1,25m	1,5m	1,75m	2m	2,25m	2,5m	2,75m	3m ▷
Blütezeit	Jan	Feb	März	Apr	Mai	Juni	Juli	Aug	Sept	Okt	Nov	Dez	
Blütenfarbe	weiß/beige	gelb	orange	rosa	rot	purpur	violett	blau	grün				
Verwendung													

In der Sprache der Mode ausgedrückt, haben wir es mit einem Trendsetter zu tun. Der Schwertfarn, *Nephrolepis exaltata,* ist überall in verschiedenen Sorten erhältlich. Die für ihn typischen Ausläufer eignen sich nicht nur für die Vermehrung, sie machen auch eine Verwendung als Ampelpflanze möglich. Die blaßgrünen, verschieden gestalteten, zuweilen sehr fein zerteilten Wedel wachsen relativ schnell und können mehr als halbmeterlang werden. Obwohl die Lichtbedürfnisse von *Nephrolepis* typisch Farn, also schattig, sind, verträgt diese Art auch einen sehr hellen, absonnigen Platz.

Standort: Hell bis schattig, ganzjährig warm und feucht, im Winter mindestens 14°–16°C. Erde: TKS oder Einheitserde. Wasser: Von März bis Juli gut mit zimmerwarmem, weichem Wasser versorgen. Kann ab Ende Mai zum Abregnen ab und zu ins Freie gestellt werden! Von Oktober bis Februar sparsam gießen, Ballentrockenheit aber vermeiden. Düngen: Während der Vegetationszeit wöchentlich schwach konzentriert (1–2 g auf 1 l). Umpflanzen: Jedes Jahr im Frühjahr oder Sommer. Vermehrung: Aus reifen Sporen. Keimtemperatur um 25°C. Oder bei Ausläuferbildung durch Ausläufer. Schädlinge, Krankheiten und ihre Ursachen: Bei sehr ungünstigen Bedingungen können Farnschnecken, das sind 2–3 cm lange Nacktschnecken, auftreten.

Oplismenus hirtellus

Stachelspelze — Gramineae, Gräser

Höhe/Länge	0	25cm	50cm	75cm	1m	1,25m	1,5m	1,75m	2m	2,25m	2,5m	2,75m	3m ▷
Blütezeit	Jan	Feb	März	Apr	Mai	Juni	Juli	Aug	Sept	Okt	Nov	Dez	
Blütenfarbe	weiß/beige	gelb	orange	rosa	rot	purpur	violett	blau	grün				
Verwendung													

Von weitem erscheint uns dieses Grasgewächs wie ein Zebrakraut oder eine Bambusspezialität. Der Bewaffnete, was *Oplismenus* übersetzt heißt, ist ein tropisches Gras mit begrannten Spelzen, das sehr gern in warmen Gewächshäusern als Ampelpflanze und zur Einfassung benutzt wird. Es hält sich aber auch sehr gut im Zimmer. Einziges Problem: Gerade im Winter, wo es bei uns dunkel ist, benötigt die Stachelspelze das meiste Licht. Die von ihrer Heimat her gewohnte Luftfeuchtigkeit kann man ihr schon besser ersetzen, indem man sie ab und zu kopfüber ins Wasser taucht oder einsprüht. Im Handel sind die besonders schönen grün-weißgestreiften oder zusätzlich rosa überhauchten Varietäten.

Standort: Im Winter sehr hell, vom Frühjahr bis Sommer halbschattig. Ganzjährig warm, im Winter reichen auch Temperaturen unter 20°C. Erde: TKS oder Einheitserde. Wasser: Von März bis Mitte August reichlich gießen. Danach weniger, dafür öfter sprühen. Düngen: Von Austrieb bis August nur alle vier Wochen. Bei zuviel Düngergaben können die panaschierten Blätter leicht wieder vergrünen. Umpflanzen: Bei Bedarf im Frühjahr. Vermehrung: Durch Kopfstecklinge, die leicht in einem feucht-warmen Torf-Sand-Gemisch wurzeln. Gleich mehrere in einen Topf stecken, damit sich später schöne, buschige Exemplare entwickeln. Schädlinge und Krankheiten: Selten.

Pandanus veitchii

Schraubenbaum — Pandanaceae, Schraubenbaumgewächse

Höhe/Länge	0	25cm	50cm	75cm	1m	1,25m	1,5m	1,75m	2m	2,25m	2,5m	2,75m	3m ▷
Blütezeit	Jan	Feb	März	Apr	Mai	Juni	Juli	Aug	Sept	Okt	Nov	Dez	
Blütenfarbe	weiß/beige	gelb	orange	rosa	rot	purpur	violett	blau	grün				
Verwendung													

Auf den ersten Blick ähnelt der Schraubenbaum mit seinen langen zurückgebogenen, cremeweiß gebänderten Blättern manchen Drachenbäumen. Er hat aber rein gar nichts mit dieser Familie zu tun, das zeigen schon die fremdartigen Stelzwurzeln, die sich aus dem Stamm schieben und im Boden festklammern. Seine Unempfindlichkeit gegenüber trokkener Heizungsluft macht den *Pandanus* aus Polynesien ideal für die Zimmerkultur. Leider geht er mit zunehmendem Alter unheimlich in die Länge und in die Breite. In Eingangshallen und sehr großen Räumen allerdings kann man mit ihm jederzeit Furore machen.
Standort: Hell. Ganzjährig warm, ältere Pflanzen vertragen auch mal Wintertemperaturen knapp unter 20 °C. Erde: Einheitserde oder TKS mit etwas Lehm und Sand. Wasser: Von März bis Juli mit nicht zu hartem Wasser reichlich gießen, danach den Ballen gerade eben feucht halten. Düngen: Von März bis Juli wöchentlich. Umpflanzen: Jungpflanzen jährlich. Blätter dazu hochbinden, denn die Blattränder sind gefährlich scharf. Vermehrung: Durch Kindel von ungefähr 20 cm Länge. Schädlinge, Krankheiten und ihre Ursachen: Zuviel Nässe, Kälte und Trockenheit kann tödlich sein.
Tip: Bei einem Besuch im botanischen Garten sollte man sich einmal die Art *Pandanus utilis* ansehen. An dieser Pflanze läßt sich der charakteristische schraubenförmige Wuchs am besten erkennen.

Pelargonium graveolens

Duftpelargonie — Geraniaceae, Geraniengewächse

Höhe/Länge	0	25cm	50cm	75cm	1m	1,25m	1,5m	1,75m	2m	2,25m	2,5m	2,75m	3m ▷
Blütezeit	Jan	Feb	März	Apr	Mai	Juni	Juli	Aug	Sept	Okt	Nov	Dez	
Blütenfarbe	weiß/beige	gelb	orange	rosa	rot	purpur	violett	blau	grün				
Verwendung													

Wußten Sie, daß unsere geliebten Balkongeranien Schwestern mit herrlichen duftenden Blättern haben? Die bekanntesten sind *Pelargonium graveolens,* die Zitronenpelargonie und *Pelargonium radens,* die Rosenpelargonie, aber es gibt noch eine Menge anderer Arten und Formen, die nach Minzen, Mandeln, Kokosnuß, Äpfeln, Eukalyptus, Gewürzen, ja sogar nach Kampfer riechen. Die Spielart 'Attar of Roses' zum Beispiel liefert den begehrten Duftstoff Geraniol, der in der Parfümindustrie eine größere Rolle spielt als das Rosenöl. Die meisten Duftgeranien besitzen ähnlich geformte Blätter wie ihre populären Verwandten für den Balkonkasten, es gibt aber auch Arten und Formen mit gefiederten, geschlitzten oder sehr kleinen Blättern. Die Blüten in Weiß, Rosa oder Purpur sind zumeist klein, aber von wildhafter Anmut. *Pelargonium odoratissimum* gehört zu den zierlichsten Duftpelargonien und wirkt wunderschön als Ampelpflanze.
Standort: Ganzjährig sehr hell bis sonnig, im Winter kühl (10 °C). Kann von Mai bis Oktober ins Freie. Erde: TKS oder Einheitserde mit einem Drittel Sand. Wasser: Im Sommer gleichmäßig feucht halten, im Herbst und Winter sparsam gießen. Düngen: Im Sommer alle 14 Tage. Umpflanzen: Jährlich im Frühjahr. Vermehrung: Aus Stecklingen im August. Einmal stutzen, damit sie sich gut verzweigen. Schädlinge und Krankheiten: Befall von Weißer Fliege kann vor allem bei Zimmeraufenthalt vorkommen.

Peperomia

Peperomie, Pfeffergesicht, Zwergpfeffer — Piperaceae, Pfeffergewächse

Höhe/Länge	0	25cm	50cm	75cm	1m	1,25m	1,5m	1,75m	2m	2,25m	2,5m	2,75m	3m ▷
Blütezeit	Jan	Feb	März	Apr	Mai	Juni	Juli	Aug	Sept	Okt	Nov	Dez	
Blütenfarbe	weiß/beige	gelb	orange	rosa	rot	purpur	violett	blau	grün				
Verwendung													

Sind Sie auch ganz scharf auf Peperomien? Tatsächlich, diese feurige Gattung hat nicht unbeträchtlichen Sammlerreiz, zumal viele Arten und Formen aufgrund ihrer fleischigen Blätter auch gut im geheizten Wohnzimmer mit trockener Luft gehalten werden können. Die im Handel geläufigsten Peperomien sind: *Peperomia obtusifolia* mit grünen und panaschierten Formen, z. B. 'Green Gold', 'USA', 'Alba-Marginata', 'Variegata', *P. clusiifolia, P. argyreia* mit silbrig gestreiften Blättern an langen roten Stielen, *P. griseo-argentea* mit etwas kleinerem Laub sowie *P. trinerva* mit nur pfenniggroßen Blättchen. Schöne Ampelpflanzen sind *P. glabella* und *P. serpens* mit ihrer bunten Sorte 'Variegata'.
Standort: Grüne Peperomien hell bis halbschattig, bunte hell. Ganzjährig Zimmerwärme. Erde: TKS oder Einheitserde. Wasser: Ganzjährig nur mäßig gießen. Düngen: Von Frühjahr bis Herbst alle 14 Tage. Von April bis September trägt hohe Luftfeuchtigkeit zum optimalen Wachstum bei. Öfter sprühen. Umpflanzen: Im Frühjahr oder Sommer. Möglichst kleine Töpfe (8er oder 11er) benutzen, da Peperomien kein so ausgeprägtes Wurzelsystem besitzen. Vermehrung: Durch Kopfstecklinge im Sommer bei 20°C Bodentemperatur. Schädlinge, Krankheiten und ihre Ursachen: Zu feuchte und kalte Erde kann Pilzkrankheiten und Fäulnis begünstigen.

Persea americana

Avocado, Avocadobirne — Lauraceae, Lorbeergewächse

Höhe/Länge	0	25cm	50cm	75cm	1m	1,25m	1,5m	1,75m	2m	2,25m	2,5m	2,75m	3m ▷
Blütezeit	Jan	Feb	März	Apr	Mai	Juni	Juli	Aug	Sept	Okt	Nov	Dez	
Blütenfarbe	weiß/beige	gelb	orange	rosa	rot	purpur	violett	blau	grün				
Verwendung													

Butterbrot der Tropen werden die fettreichen, nahrhaften Avocadofrüchte genannt, die heute via Flugzeug aus Israel auf unseren Tisch kommen. Der Name Avocado oder Avokato leitet sich von der aztekischen Bezeichnung „ahuacatl" ab. Ursprünglich stammt der Avocadobaum nämlich aus Zentralamerika, wo ihn die Spanier entdeckten. Wer sich aus den Samenkernen selbst eine Pflanze heranziehen möchte – fertige Pflanzen sind nicht so leicht zu bekommen –, sollte den dicken Kern gleich nach dem Verzehr der Frucht ansetzen. Und so wird's gemacht: Um die Taille des Kerns drei Streichhölzer einstecken, damit nur die untere Hälfte im Wasser hängt. Nach sechs bis acht Wochen haben sich Keimling und mehrere Wurzeln gebildet. Nun kann das junge Pflänzchen eingetopft werden.
Standort: Hell und ganzjährig Zimmertemperatur, im Winter darf es ein wenig kühler als 20°C sein. Erde: Einheitserde oder TKS. Wasser: Topfballen mit weichem, warmem Wasser gleichmäßig feucht, nie naß halten. Düngen: Während der Wachstumszeit alle Wochen. Umpflanzen: Junge Pflanzen jährlich. Vermehrung: Durch Kerne (siehe oben) oder durch Stecklinge im Wasser. Schädlinge, Krankheiten und ihre Ursachen: Braune Blattränder und Blattfall durch zu warmen Winterstand, zuviel Nässe und zu dunklen Platz.
Wichtig: Da die Avocado meist wie ein breitkroniges Hochstämmchen wächst, sollte man ihr einen festen Haltestab geben.

Philodendron erubescens

Baumfreund — Araceae, Aronstabgewächse

Höhe/Länge	0	25cm	50cm	75cm	1m	1,25m	1,5m	1,75m	2m	2,25m	2,5m	2,75m	3m
Blütezeit	Jan	Feb	März	Apr	Mai	Juni	Juli	Aug	Sept	Okt	Nov	Dez	
Blütenfarbe	weiß/beige	gelb	orange	rosa	rot	purpur	violett	blau	grün				
Verwendung													

Bei dieser Gattung kann man rasch den Durchblick verlieren. Selbst ausgefuchste Botaniker haben ihre liebe Not mit dem im Alter wechselnden Blattformen und den Namen. Hinzu kommen Verwechslungen mit der nahe verwandten *Monstera.* Wir nennen aus diesem Grunde hier nur die fünf bekanntesten Baumfreunde. Es gibt nämlich über 200 Arten in den tropischen Regenwäldern unserer Erde: strauchige, kletternde, krautige, stämmige, solche mit oder ohne Luftwurzeln. *Philodendron erubescens,* der „errötende" Baumfreund, zählt zu den kletternden Lieblingen der Zimmergärtner. Verbreitete Sorten sind 'Red Emerald' oder 'Burgundy'. Der aus Kolumbien stammende Philo bildet schöne glänzende Blätter. Seine Vitalität ist leicht mit der Schere zu bändigen, und mit etwas Glück blüht er nach einigen Jahren mit zimtroter Spatha und rahmweißem Kolben.
Standort: Hell, halbschattig bis schattig. Ganzjährig warm. Gleiche Luft- und Bodentemperatur. Erde: TKS oder Einheitserde. Wasser: Frühjahr bis August mit zimmerwarmem, enthärtetem Wasser feucht halten. Ab und zu sprühen, besonders bei Austriebsbeginn. Düngen: Von April bis August alle 14 Tage. Umpflanzen: Alle ein bis zwei Jahre im Sommer. Vermehrung: Durch Ableger mit Luftwurzeln, Kopfstecklinge aus Schnittresten und Abmoosen. Schädlinge, Krankheiten und ihre Ursachen: Braune Blattspitzen durch Ballentrockenheit oder verkalkte Erde.

Philodendron scandens

Kletter-Philodendron — Araceae, Aronstabgewächse

Höhe/Länge	0	25cm	50cm	75cm	1m	1,25m	1,5m	1,75m	2m	2,25m	2,5m	2,75m	3m
Blütezeit	Jan	Feb	März	Apr	Mai	Juni	Juli	Aug	Sept	Okt	Nov	Dez	
Blütenfarbe	weiß/beige	gelb	orange	rosa	rot	purpur	violett	blau	grün				
Verwendung													

Er ist wohl der bekannteste der Philodendron-Gesellschaft. Seine Lichtansprüche sind so bescheiden, daß er sogar mitten im Zimmer noch zufriedenstellend wächst. Das macht ihn so geeignet als Ampelpflanze und zum Beranken von Raumteilern oder Moosstäben im Blumenfenster. *Philodendron scandens* ist schon seit fast 200 Jahren bei uns bekannt. Er kommt aus dem tropischen Amerika, aus Jamaika, Puerto Rico, Guadeloupe, und wird oft mit der indonesischen Efeutute, botanisch *Epipremnum,* verwechselt. Bei dieser Philo-Art unterscheidet sich übrigens die Jugendform wesentlich von der Altersform. Wer Gelegenheit hat, kann sich dies in einem botanischen Garten ansehen. Als Zimmerpflanze sind ausschließlich Jugendformen in Kultur.
Standort: Hell, aber ohne Sonne, bis schattig. Ganzjährig warm. Luft- und Bodentemperatur sollten gleich sein. Erde: TKS oder Einheitserde. Wasser: Von Frühjahr bis Herbst mit zimmerwarmem, enthärtetem Wasser feucht halten. Öfter sprühen. Danach sparsamer gießen, sonst wächst der Kletter-Philo zu ungebärdig. Düngen: Von April bis Herbst alle 14 Tage. Umpflanzen: Alle ein bis zwei Jahre im Frühjahr oder Sommer. Pflanze öfter einkürzen! Vermehrung: Durch Ableger, die in Wasser prima bewurzeln. Daher eignet sich der Kletter-Philodendron auch so gut für Hydrokultur. Schädlinge, Krankheiten und ihre Ursachen: Siehe *Philodendron erubescens.*

Phyllitis scolopendrium

Hirschzunge — Aspleniaceae, Streifenfarngewächse

Höhe/Länge	0 25cm 50cm 75cm 1m 1,25m 1,5m 1,75m 2m 2,25m 2,5m 2,75m 3m
Blütezeit	Jan Feb März Apr Mai Juni Juli Aug Sept Okt Nov Dez
Blütenfarbe	weiß/beige gelb orange rosa rot purpur violett blau grün
Verwendung	

Europa, Kaukasus, Vorderasien, Nordafrika, Madagaskar, Kanarische Inseln, Nordamerika – dieser Farn ist ganz schön herumgekommen – ein echter Kosmopolit. Auch in unseren heimischen Wäldern wächst er in tiefem Schatten, meist in feuchten Felsspalten. Um die Jahrhundertwende war die Hirschzunge ganz en vogue. Man hatte damals ja auch noch kühlere Wohnzimmer. Vereinzelt findet man heute noch die ursprünglich in England kultivierten Spielarten im Topfpflanzenangebot. Diese Varietäten sehen anders aus als die Urform. Am bekanntesten sind die Gewelltblättrige Hirschzunge 'Undulata', die Form 'Crispa' mit gekräuselten Blatträndern und die Finger-Hirschzunge 'Digitata'.
Standort: Ganzjährig halbschattig bis schattig und kühl, draußen wie drinnen. Erde: TKS, Einheitserde oder Erde aus dem Buchenwald. Wasser: Mäßige, aber gleichmäßige Luft- und Bodenfeuchte das ganze Jahr über. Enthärtetes Wasser nehmen! Warme Heizungsluft wird nicht vertragen. Die Pflanze steht darum am besten im kühlen Hausflur, Badezimmer oder Schlafzimmer. Düngen: Von Frühjahr bis Herbst monatlich einmal. Umpflanzen: Bei starker Durchwurzelung im Frühjahr möglich. Vermehrung: Reine Art durch Sporen, Zuchtformen durch Blattstielenden mit Rhizom im Warmbeet. Schädlinge, Krankheiten und ihre Ursachen: Thripsbefall durch zu warmen Stand. Eintrocknen der Wedel durch Lufttrockenheit.

Pilea

Kanonierblume — Urticaceae, Nesselgewächse

Höhe/Länge	0 25cm 50cm 75cm 1m 1,25m 1,5m 1,75m 2m 2,25m 2,5m 2,75m 3m
Blütezeit	Jan Feb März Apr Mai Juni Juli Aug Sept Okt Nov Dez
Blütenfarbe	weiß/beige gelb orange rosa rot purpur violett blau grün
Verwendung	

Taucht man an sonnigen Tagen die blühenden Kanonierblumen ins Wasser oder überspritzt sie mit dem kühlen Naß, so öffnen sich sofort alle reifen Blütenknospen. Die Staubfäden biegen sich elastisch zurück, so daß der Blütenstaub in Wölkchen weggeschleudert wird. Wegen dieses Knalleffektes erhielt die *Pilea* ihren militärisch klingenden volkstümlichen Namen. Erst in den siebziger Jahren kam aus den USA die wohl schönste Kanonierblume zu uns: *Pilea crassifolia* 'Moon Valley'. Man erkennt sie sofort an ihren runzligen, behaarten Blättern, die rostrot und grün gefärbt sind. Winzig kleine, etwas fleischige Blätter besitzt *Pilea microphylla.* Sie ist wie die grün-weißblättrige *Pilea cadierei* etwas härter im Nehmen. Bronze und Silber begegnet uns auf dem Laub von *Pilea involucrata.* Eine hübsche Ampelpflanze ist *Pilea nummulariifolia.*
Standort: Hell ohne Sonne. *Pilea cadierei* und *Pilea microphylla* auch sonnig. Ganzjährig Zimmertemperaturen von 18°-20°C, die „harten" Arten auch ein wenig kühler und luftig. Erde: Einheitserde, TKS. Wasser: Im Sommer gleichmäßig feucht, im Winter etwas trockener halten. Nicht sprühen, aber für indirekte Luftfeuchtigkeit beim Austrieb sorgen. Düngen: Von März bis August einmal pro Woche. Umtopfen: Lohnt nicht. Vermehrung: Aus Stecklingen oder selbst ausgesamten Jungpflanzen im Frühjahr oder Frühsommer. Schädlinge, Krankheiten und ihre Ursachen: Vorsicht vor Schnecken!

Piper

Pfeffer — Piperaceae, Pfeffergewächse

Höhe/Länge	0 · 25cm · 50cm · 75cm · 1m · 1,25m · 1,5m · 1,75m · 2m · 2,25m · 2,5m · 2,75m · 3m ▷
Blütezeit	Jan · Feb · März · Apr · Mai · Juni · Juli · Aug · Sept · Okt · Nov · Dez
Blütenfarbe	weiß/beige · gelb · orange · rosa · rot · purpur · violett · blau · grün
Verwendung	

Mit weit mehr als 700 Arten zählt der Pfeffer zu den größten Gattungen im Pflanzenreich. *Piper nigrum,* der Gewürzpfeffer, ist sicher jedem ein Begriff. Der immergrüne Kletterer aus dem tropischen Asien liefert die schwarzen und die weißen Pfefferkörner. Daß diese wichtige Nutzpflanze zugleich auch eine reizende Zimmerpflanze ist, wissen wohl die wenigsten. In Ampeln oder am Topfspalier untergebracht, erträgt sie sogar die Schattenseiten einer Wohnung. Anspruchsvoller sind der buntblättrige Schmuckpfeffer, *Piper ornatum* und *Piper crocatum* mit rosafarbenen Adern. Beide kommen ohne feuchtwarmes Klima nicht aus. Tropenfenster, Vitrine oder warmes Gewächshaus sind daher zur Unterbringung nötig.

Standort: Hell bis halbschattig. Sonne wird nicht vertragen. Ganzjährig Zimmertemperatur, buntblättrige Arten auch wärmer. Wichtig: Gleiche Boden- und Lufttemperatur. Erde: Einheitserde oder TKS. Wasser: Grüne wie bunte Arten mäßig feucht halten. Nur enthärtetes, handwarmes Wasser verwenden. Düngen: Von März bis August alle zwei Wochen. Umpflanzen: Bei Bedarf im Frühjahr oder Sommer. Vermehrung: Aus Stecklingen. Triebe mit zwei Blattpaaren zu fünf oder sechs in Töpfe stecken. Plastikhaube überstülpen, warm und feucht halten. Schädlinge, Krankheiten und ihre Ursachen: Blattrollen bei zu trockener Luft. Weiße Perlen an der Blattunterseite sind natürliche Ausscheidungen.

Platycerium

Geweihfarn — Polypodiaceae, Tüpfelfarngewächse

Höhe/Länge	0 · 25cm · 50cm · 75cm · 1m · 1,25m · 1,5m · 1,75m · 2m · 2,25m · 2,5m · 2,75m · 3m ▷
Blütezeit	Jan · Feb · März · Apr · Mai · Juni · Juli · Aug · Sept · Okt · Nov · Dez
Blütenfarbe	weiß/beige · gelb · orange · rosa · rot · purpur · violett · blau · grün
Verwendung	

Seinen Namen verdankt er den geweihartig verzweigten Sporenblättern. Sie tragen nahe an der Spitze Behälter mit braunen Sporen, die der Vermehrung dienen. Daneben ist der Farn noch mit dachziegelartig übereinandergelagerten Nischenblättern ausgestattet. Diese unfruchtbaren, in der Jugend flaumig behaarten Blätter stehen oben ein wenig ab und bilden so eine Art Mulde oder Nische für herabfallendes Laub, verrottete Pflanzenteile und Regenwasser. Aus dieser Vorratskammer bezieht der Geweihfarn seine Nährstoffe. Wie viele Bromelien, haust er in seiner Heimat, den tropischen Regenwäldern Australiens, in den Astgabeln mächtiger Urwaldriesen. Der gastlichste Ort im Exil ist für ihn natürlich das Blumenfenster oder Gewächshaus, wo man ihn auf kräftigen Ästen verankert. Aber er gedeiht auch als Ampelpflanze am Nordfenster. Dazu gibt man ihm ein stabiles Orchideenkörbchen aus Holz.

Standort: Hell, aber nicht sonnig. Vorteilhaft sind Temperaturen von 18° bis 22°C, nachts bis 16°C. Erde: Torf und Sphagnum zu gleichen Teilen. Wasser: Bei Bedarf temperiertes und enthärtetes Wasser in die Nische gießen. Oder: Geweihfarn einmal in der Woche tauchen. Öfter sprühen! Düngen: Von April bis August mit einem Viertel der vorgeschriebenen Menge alle drei Wochen. Dünger in Tauchwasser geben! Umpflanzen: Ältere Pflanzen alle 2–3 Jahre, jüngere jährlich. Vermehrung: In Zimmerkultur schwierig. Schädlinge, Krankheiten und ihre Ursachen: Lufttrockenheit ist der einzige Feind.

Polyscias

Fiederaralie — Araliaceae, Araliengewächse

Höhe/Länge	0	25cm	50cm	75cm	1m	1,25m	1,5m	1,75m	2m	2,25m	2,5m	2,75m	3m ▷
Blütezeit	Jan	Feb	März	Apr	Mai	Juni	Juli	Aug	Sept	Okt	Nov	Dez	
Blütenfarbe	weiß/beige	gelb	orange	rosa	rot	purpur	violett	blau	grün				
Verwendung													

Der Name verrät schon, was sie will: viel Schatten (griech.: poly = viel, scias = Schatten). Auch die farnähnliche, filigranzarte Beschaffenheit der Blätter mancher Arten weist darauf hin. Außerdem benötigt die Fiederaralie Luftfeuchtigkeit und Wärme. Im Handel sind vor allem *Polyscias filicifolia* mit schnittigem Laub und *Polyscias fruticosa,* deren Blätter aussehen wir Krause Petersilie. Neuerdings gibt es auch bonsaiähnliche Formen. Sehr attraktiv ist auch *Polyscias balfouriana,* die man strenggenommen schon nicht mehr als Fiederaralie bezeichnen kann, da sie rundliche, nierenförmige Blätter hat. Alle stammen aus dem tropischen Asien und Polynesien, kommen aber heute auch schon in anderen tropischen Regionen der Welt vor, z. B. in der Karibik und Madagaskar, wo sie so üppig wie bei uns Brennesseln wachsen.
Standort: Halbschattig bis schattig, auch hell, aber nie sonnig! Ganzjährig Zimmertemperatur und wärmer. Erde: TKS oder Einheitserde, eventuell mit etwas Lehm und Sand vermischt. Wasser: Mit weichem, warmem Wasser mäßig, aber regelmäßig feucht halten. Öfter einsprühen! Düngen: Im Frühjahr und Sommer alle acht Tage, im Winter alle zwei Monate. Umpflanzen: Alle ein bis zwei Jahre in nicht zu große Gefäße. Für guten Wasserabzug sorgen. Vermehrung: Nur in gärtnerischer Kultur. Schädlinge, Krankheiten und ihre Ursachen: Blattläuse bei zu lufttrockenem Stand. Wurzelfäulnis durch Staunässe.

Pteris

Saumfarn, Flügelfarn — Pteridaceae, Saumfarngewächse

Höhe/Länge	0	25cm	50cm	75cm	1m	1,25m	1,5m	1,75m	2m	2,25m	2,5m	2,75m	3m ▷
Blütezeit	Jan	Feb	März	Apr	Mai	Juni	Juli	Aug	Sept	Okt	Nov	Dez	
Blütenfarbe	weiß/beige	gelb	orange	rosa	rot	purpur	violett	blau	grün				
Verwendung													

Weil seine Wedel aussehen wie Flügel, gaben ihm die Griechen auch den Namen Flügelfarn (pteron = Flügel). Die deutsche Bezeichnung beruft sich auf die Sporensäume an den Fiedern. Die Gattung *Pteris* bietet eine reichhaltige Auswahl an buntblättrigen, grünen, an kleinbleibenden und kräftiger wachsenden Arten. Besonders verbreitet ist der anspruchslose *Pteris cretica* bzw. seine teils panaschierten Varietäten 'Albo-Lineata', 'Gauthieri', 'Wimsettii' und 'Roeweri'. *Pteris ensiformis* wird in den buntblättrigen Sorten 'Evergemiensis' und 'Victoriae' angeboten. Er ist empfindlicher, benötigt hohe Luftfeuchtigkeit und ist ein entzückender Minifarn für Flaschengärten. Liebhabern mit Tropenfenster sei die ganz besonders schöne Art *Pteris quadriaurita* 'Argyraea' empfohlen.
Standort: Halbschattig. *Pteris quadriaurita* über 20 °C, *Pteris-ensiformis*-Sorten 18°–20 °C, *Pteris cretica* ganzjährig bei Zimmerwärme zwischen 18° und 20 °C, im Winter auch bis 12 °C. Erde: TKS oder Einheitserde mit Lauberde. Wasser: Im Sommer mäßig, aber gleichmäßig feucht halten. Immer mit enthärtetem, zimmerwarmem Wasser gießen. Ab und zu sprühen. Düngen: Von Frühling bis Herbst alle 14 Tage schwach konzentriert (1–2 g auf 1 l). Umpflanzen: Im Frühjahr. Ballen schonen! Vermehrung: Durch Teilen. Schädlinge, Krankheiten und ihre Ursachen: *Pteris* ist empfindlich gegen Zugluft.

Rhoicissus capensis

Kapland-Klimme, Kapwein — Vitaceae, Weinrebengewächse

Höhe/Länge	0 25cm 50cm 75cm 1m 1,25m 1,5m 1,75m 2m 2,25m 2,5m 2,75m 3m ▷
Blütezeit	Jan Feb März Apr Mai Juni Juli Aug Sept Okt Nov Dez
Blütenfarbe	weiß/beige gelb orange rosa rot purpur violett blau grün
Verwendung	

In mediterranen Gegenden findet man sie häufig als üppige Berankung für Pergolen und Balkons. Die Kapland-Klimme, bei uns seit 1948 im Handel, ist nämlich ungeheuer wüchsig. Sie benötigt daher ein stabiles Klettergerüst. Da sie bis 5°C Kühle verträgt, zählt sie zu den wenigen kälteunempfindlichen Zimmerpflanzen. Die riesigen, 20 cm breiten Blätter der Südafrikanerin sind an der Unterseite rötlich behaart. Ebenso die Jungtriebe. Wer Lust hat, kann den Kapwein ab Mitte Mai auch an einer Balkonwand hochranken lassen. Stabile Kletterhilfen nicht vergessen! Als Ampelpflanze eignet er sich aber nicht.

Standort: Hell, ohne Sonne, bis halbschattig. *Rhoicissus* wünscht mäßig warme bis kühle Temperaturen, über Winter reichen plus 6°–10°C. Erde: Einheitserde oder TKS mit etwas Lehm und Sand. Wasser: Mäßig feucht halten, im Winter kaum gießen. Blätter dafür öfter mit lauwarmem Wasser und einem Schwamm vom Staub befreien. Düngen: Von Mai bis September alle 14 Tage. Umtopfen: Jährlich im April in größere Gefäße. Die Wurzelknolle wird im Alter immer dicker. Bei Bedarf die Pflanze vorher zurückschneiden. Vermehrung: Durch Kopfstecklinge im Torf-Sand-Gemisch. Immer gleich drei Stecklinge zusammen in einen Topf setzen, das ergibt später schöne, buschige Exemplare. Schädlinge, Krankheiten und ihre Ursachen: Mehltau, Pilzkrankheiten und braune Flecken durch zu „nasse Füße".

Sansevieria trifasciata

Bogenhanf, Sansevierie — Agavaceae, Agavengewächse

Höhe/Länge	0 25cm 50cm 75cm 1m 1,25m 1,5m 1,75m 2m 2,25m 2,5m 2,75m 3m ▷
Blütezeit	Jan Feb März Apr Mai Juni Juli Aug Sept Okt Nov Dez
Blütenfarbe	weiß/beige gelb orange rosa rot purpur violett blau grün
Verwendung	

Die Pflanze wurde nach Raimund von Sangro, Fürst von Sanseviero/Italien benannt. Bogenhanf heißt sie wegen ihrer hanfartigen Fasern, aus denen afrikanische Eingeborene Bogensehnen fertigen. Im Volksmund nennt man sie Schwiegermutterzunge. Vielleicht, weil sie einfach nicht totzukriegen ist? Die Sansevierie gilt tatsächlich als anspruchslose Allerweltspflanze; dabei gibt es Sammler, die dieser Steppenpflanze ihre ganze Leidenschaft widmen. Der größte Sansevierienkenner unserer Zeit war der Engländer Morgenstern. Von den 70 in Afrika beheimateten Arten ist vor allem *Sansevieria trifasciata* in gärtnerischer Kultur. Ihre Formen 'Laurentii', 'Craigii', 'Golden Hahnii' und 'Silver Hahnii', die gelb oder weiß gerandet, gelb gestreift oder silbrig marmoriert sind, überraschen nach einigen Jahren sogar mit duftenden Blüten.

Standort: Hell bis sonnig. Luftig, warm, im Winter nicht unter 16°C. Erde: Einheitserde mit Lehm und Sand. Wasser: Ganzjährig nur mäßig gießen, je heller und wärmer der Platz, um so mehr. Zuviel Wasser und vor allem Staunässe bringen die Sansevieria um! Düngen: Im Sommer alle 14 Tage. Umtopfen: Jährlich in große, flache Schalen. Vermehrung: Durch Teilen und Blattstecklinge, wobei aus gelbgestreiften Stecklingen aber nur grüne Jungpflanzen entstehen. Schädlinge, Krankheiten und ihre Ursachen: Verfaulen durch Staunässe, Blattflecken durch zu dunklen Stand und zu niedrige Temperatur.

Saxifraga stolonifera

Judenbart — Saxifragaceae, Steinbrechgewächse

Höhe/Länge	0	25cm	50cm	75cm	1m	1,25m	1,5m	1,75m	2m	2,25m	2,5m	2,75m	3m ▷
Blütezeit	Jan	Feb	März	Apr	Mai	Juni	Juli	Aug	Sept	Okt	Nov	Dez
Blütenfarbe	weiß/beige	gelb	orange	rosa	rot	purpur	violett	blau	grün			
Verwendung												

Steingartenfreunde und Sammler alpiner Pflanzen lieben diese Familie besonders heiß. Wer je einmal den Botanischen Alpengarten Sündermann in Lindau am Bodensee besucht hat, weiß warum. Es gibt so viele Arten und Hybriden, daß Einteilungen in Sektionen zur besseren Übersicht nötig waren. Die als Zimmerpflanze bekannte *Saxifraga stolonifera* gehört zur Sektion Diptera. Ihre Heimat ist China und Japan. Als Kalthauspflanze übersteht sie mit einer warmen Winterdecke aus Kiefernnadeln sogar bei uns den Winter im Freien. Ihr alter botanischer Zuname sarmentosa (= mit Wurzelranken) und ihr neuer stolonifera (= ausläufertreibend) machen deutlich, daß sie als Ampelpflanze oder als Bodendekker wie geschaffen ist. Bekannteste Spielart ist *Saxifraga stolonifera* 'Tricolor' mit grüner Blattoberseite, die milchweiß gerandet ist, und violetter Unterseite.
Standort: Hell, aber nicht vollsonnig, bis halbschattig. Ganzjährig luftig, warm bis kühl, 'Tricolor' ganzjährig bei Zimmerwärme. Erde: TKS oder Einheitserde mit Lauberde und Sand. Wasser: Ganzjährig nur mäßig feucht halten. Düngen: Im Frühjahr und Sommer alle 8–14 Tage, im Winter alle zwei Monate. Umpflanzen: Bei Bedarf im Sommer. Vermehrung: Kindel auf Erde drücken, nach dem Anwurzeln von der Mutter abtrennen. Schädlinge, Krankheiten und ihre Ursachen: Blattläuse bei zu warmem Stand, Wurzelfäulnis durch nasse, „kalte Füße".

Scindapsus pictus

Gefleckte Efeutute — Araceae, Aronstabgewächse

Höhe/Länge	0	25cm	50cm	75cm	1m	1,25m	1,5m	1,75m	2m	2,25m	2,5m	2,75m	3m ▷
Blütezeit	Jan	Feb	März	Apr	Mai	Juni	Juli	Aug	Sept	Okt	Nov	Dez
Blütenfarbe	weiß/beige	gelb	orange	rosa	rot	purpur	violett	blau	grün			
Verwendung												

Dies ist nun der von Botanikern anerkannte echte *Scindapsus*. Im Gegensatz zu ihrer anspruchslosen Verwandten, der *Rhaphidophora*, wird man mit der silbergetupften Efeutute im Zimmer kaum glücklich werden. Eine Vitrine oder ein geschlossenes Blumenfenster entsprechen ihrem Bedürfnis nach Urwaldklima eher. *Scindapsus pictus* stammt aus dem malaiischen Gebiet. Dort klettert er mit schlankem Stamm über 10 m hoch in die Bäume. An Moosstäbe oder Epiphytenstämme gebunden, nimmt er im Blumenfenster kaum Platz weg. Im Handel ist eine als 'Argyraeus' bezeichnete Varietät, die auch eine Jugendform der reinen Art sein könnte. Die am Grunde herzförmigen Blätter sind an ihren zahlreichen silbrigen Tupfen und Rändern zu erkennen. In Hydrokultur angebotene Pflanzen sind leichter zu pflegen. Man sollte ihnen den Vorzug geben, wenn man kein Blumenfenster für den *Scindapsus* hat.
Standort: Ganzjährig hell, aber nicht sonnig, und sehr warm. Boden- und Lufttemperatur sollten über 20 °C haben. „Kalte Füße" verträgt der *Scindapsus* nicht. Erde: TKS oder Einheitserde. Wasser: Nur mäßig feucht halten, hohe Luftfeuchtigkeit ist wichtiger. Düngen: Von März bis September alle 14 Tage. Pflanzen in Hydrokultur entsprechend mit Nährlösung versorgen. Umpflanzen: Bei Bedarf im Frühjahr und Sommer. Vermehrung: Durch Stecklinge. Schädlinge und Krankheiten: Nur bei zu kaltem Standort.

Schefflera actinophylla

Strahlenaralie — Araliaceae, Araliengewächse

Höhe/Länge	0	25cm	50cm	75cm	1m	1,25m	1,5m	1,75m	2m	2,25m	2,5m	2,75m	3m ▷
Blütezeit	Jan	Feb	März	Apr	Mai	Juni	Juli	Aug	Sept	Okt	Nov	Dez	
Blütenfarbe	weiß/beige	gelb	orange	rosa	rot	purpur	violett	blau	grün				
Verwendung													

In den Hydrokulturgefäßen von Großraumbüros und geräumigen Wohnzimmern spielt sie eine Starrolle als Zimmerbaum. Kein Wunder, denn in ihrer Heimat Australien und in anderen subtropischen Gebieten, z. B. in Florida, wächst die *Schefflera* bis zu 40 m in den Himmel. Man erkennt die Pflanze sofort an ihren rundlich-ovalen Blättern, von denen je nach Alter der *Schefflera* vier bis sechzehn zusammenstehen. Daher rührt auch der volkstümliche Name Regenschirmbaum. Am Heimatstandort blüht die Strahlenaralie mit zahlreichen knallroten Blüten, die schon von weitem wie Signale leuchten.
Standort: Ganzjährig hell, aber nicht sonnig oder halbschattig. Von Frühjahr bis Herbst warme und luftige Temperaturen, auch an einem geschützten Platz im Freien. Nach den Eisheiligen bzw. Ende Mai ins Freie stellen. Im Herbst und Winter reichen tags 16°C, nachts 10°C. Erde: Einheitserde oder TKS. Wasser: Nur mäßig gießen. Düngen: Während der Wachstumszeit jede Woche, im Herbst und Winter monatlich einmal. Umpflanzen: Alle ein bis zwei Jahre. Vermehrung: Für Laien schwierig. Schädlinge, Krankheiten und ihre Ursachen: Blattfall durch zu kühlen, Vergeilen durch zu warmen Winterstand. Fäulnis durch Staunässe oder zu häufiges Gießen.
Tip: Seit zwei Jahren ist *Schefflera arboricola* auf dem Markt. Sie wächst gedrungener, kleiner und besitzt etwas fleischigere Blätter.

Scirpus cernuus

Frauenhaar, Nickende Simse — Cyperaceae, Riedgräser

Höhe/Länge	0	25cm	50cm	75cm	1m	1,25m	1,5m	1,75m	2m	2,25m	2,5m	2,75m	3m ▷
Blütezeit	Jan	Feb	März	Apr	Mai	Juni	Juli	Aug	Sept	Okt	Nov	Dez	
Blütenfarbe	weiß/beige	gelb	orange	rosa	rot	purpur	violett	blau	grün				
Verwendung													

Im Handel wird die Simse oft noch unter der botanischen Bezeichnung *Isolepis gracilis* angeboten. Sie zählt, wie das Zypergras, zu den Sumpfgräsern und wächst zunächst als etwa 20 cm hohes frischgrünes Büschel. Je heller die Pflanze steht, um so länger werden die dünnen Halme. Sie biegen sich weich nach unten, was in einer Ampel recht hübsch aussehen kann. Eine natürliche Eigenschaft ist es nicht, denn am sumpfigen, schattigen Heimatstandort bleiben die binsenartigen Halme aufrecht stehen. Im Sommer blüht dieses Gras tropischer, subtropischer und mediterraner Regionen mit kleinen, doldigen Ähren.
Standort: Hell bis halbschattig, keine Sonne, ganzjährig Zimmertemperatur. Erde: Einheitserde oder TKS mit Lehm und Sandzusatz. Wasser: Pflanze nie austrocknen lassen. Liebt wie *Cyperus* permanent „nasse Füße“. Wenn möglich, für Luftfeuchtigkeit sorgen oder täglich sprühen. Düngen: Im Sommer alle 14 Tage, im Winter jeden Monat. Umtopfen: Jährlich im Frühjahr. Vermehrung: Durch Teilen älterer Pflanzen. Schädlinge, Krankheiten und ihre Ursachen: Trockene Spitzen durch mangelnde Luft- und Bodenfeuchte.
Tip: Die Simse eignet sich gut für Hydrokultur. Außerdem verwendet man sie gern in Terrarien oder Aquarien.

Selaginella

Mooskraut — Selaginellaceae, Mooskrautgewächse

Höhe/Länge	0 · **25cm** · 50cm · 75cm · 1m · 1,25m · 1,5m · 1,75m · 2m · 2,25m · 2,5m · 2,75m · 3m ▷
Blütezeit	Jan · Feb · März · Apr · Mai · Juni · Juli · Aug · Sept · Okt · Nov · Dez
Blütenfarbe	weiß/beige · gelb · orange · rosa · rot · purpur · violett · blau · grün
Verwendung	

Von den über 700 Arten ist die Auferstehungspflanze am populärsten. Wer kennt nicht die getrockneten Kugeln, die kaum angefeuchtet, zu scheinbarem Leben erwachen? In ihrer mittelamerikanischen Heimat macht es dieses Mooskraut, das botanisch *Selaginella lepidophylla* heißt, genauso. Mit dem einzigen Unterschied allerdings, daß die Pflanze dort nach dem Naßwerden wirklich zu neuem Leben erwacht, während die fälschlicherweise auch als „Rose von Jericho" verkauften Kugeln bereits abgestorben sind und die Zweige lediglich einem „angeborenen" Reflex gehorchen (die echte „Rose" heißt botanisch Anastatica hierochuntica). Ein weiteres bekanntes Mooskraut ist *Selaginella apoda.* Diese rasenbildende Art wird gern in kühlen Wintergärten oder Blumenfenstern als Bodendecker eingesetzt. Niedrig bleibt auch *Selaginella kraussiana.* Bis zu 30 cm Höhe erreicht dagegen die mexikanische Art *Selaginella martensii,* von der es auch weißbunte Formen gibt. Einige tropische Arten sind ideale Flaschengarten-Kandidaten.

Standort: Ganzjährig am Nordfenster. Im Winter kühl und frisch um 15 °C. Erde: Einheitserde oder TKS mit Sand. Wasser: Gleichmäßig feucht, aber nicht naß halten. Enthärtetes Wasser verwenden. Düngen: Alle vier Wochen schwach konzentriert (1 g auf 1 l). Umpflanzen: Nach Bedarf im Frühjahr und Sommer. Vermehrung: *S. kraussiana* und *S. martensii* aus Ablegern. Schädlinge und Krankheiten: Selten. Die Pflanze darf aber nie austrocknen!

Setcreasea

Blut-Tradeskantie, Rotblatt — Commelinaceae, Commelinengewächse

Höhe/Länge	0 · **25cm** · 50cm · 75cm · 1m · 1,25m · 1,5m · 1,75m · 2m · 2,25m · 2,5m · 2,75m · 3m ▷
Blütezeit	Jan · Feb · März · Apr · Mai · Juni · Juli · Aug · Sept · Okt · Nov · Dez
Blütenfarbe	weiß/beige · gelb · orange · rosa · rot · purpur · violett · blau · grün
Verwendung	

Die Blut-Tradeskantie wurde erst 1955 als Zimmerpflanze entdeckt. Sie stammt wie ihre Verwandte, die *Zebrina,* aus Texas und Mexiko. Bis jetzt gibt es nur eine Art und Form, nämlich *Setcreasea pallida* 'Purple Heart'. Die Pflanze ist durch und durch purpurrot gefärbt und damit unverwechselbar. In ihrer Heimat wächst sie als 40 cm hohe Staude. Die länglich spitzen Blätter werden 18 cm lang und etwa 3 cm breit. Sie sind am Rande lang gewimpert und oberseits bläulich bereift. Die *Setcreasea* schmückt sich nur sehr sparsam mit blaß purpurfarbenen Blüten. Besonders attraktiv wirkt sie als Kontrapunkt zu grünen Blattgewächsen, die gleiche Pflegebedürfnisse anmelden.

Standort: Hell, aber nicht vollsonnig. Bei zu dunklem Stand vergrünen die Blätter. Ganzjährig bei Zimmerwärme halten. Erde: TKS oder Einheitserde. Wasser: Mäßig, aber gleichmäßig mit temperiertem, enthärtetem Wasser gießen. Verträgt trockene Heizungsluft im Winter erstaunlich gut. Düngen: Von März bis August alle 8 Tage, im Winter alle 4 Wochen. Umtopfen: Da die Pflanze mit der Zeit häßlich wird, lieber alle zwei Jahre erneuern. Vermehrung: Aus Stecklingen, die leicht im Wasser oder einem Torf-Sand-Gemisch bewurzeln. Schädlinge, Krankheiten und ihre Ursachen: Nur bei zu sonnigem oder zu winterkaltem Platz.

Tip: Die *Setcreasea* eignet sich bestens für Hydrokultur.

Soleirolia soleirolii

Bubiköpfchen — Urticaceae, Nesselgewächse

Höhe/Länge	0	25cm	50cm	75cm	1m	1,25m	1,5m	1,75m	2m	2,25m	2,5m	2,75m	3m
Blütezeit	Jan	Feb	März	Apr	Mai	Juni	Juli	Aug	Sept	Okt	Nov	Dez	
Blütenfarbe	weiß/beige	gelb	orange	rosa	rot	purpur	violett	blau	grün				
Verwendung													

Früher hörte dieses hübsche, kleinblättrige Teppichgewächs auf den botanischen Namen *Helxine.* Es ist auf einigen Mittelmeerinseln, vor allem auf Korsika und Sardinien, daheim und wächst dort in Mauerfugen, zwischen Trittplatten und an Felsen. Da das Bubiköpfchen knapp frosthart ist, kann man es auch bei uns draußen als sommerlichen Bodendekker im Garten halten. Nach milden Wintern treiben die unter Platten geschützten unterirdischen Triebe munter wieder aus. Im übrigen eignet sich die Pflanze gut als Bodendecker fürs kühle Blumenfenster und, weil sie so niedrig bleibt, auch als Pflanze für den Flaschengarten.
Standort: Hell bis schattig, bei genügend Wasser sogar sonnig. Liebt es ganzjährig kühl, verträgt aber auch Temperaturen bis 20°C. Erde: Einheitserde oder TKS. Wasser: Während der Vegetation reichlich gießen, im Winter weniger. Die dünnblättrige, zarte Pflanze darf aber nie austrocknen. Öfter sprühen. Düngen: Alle 14 Tage im Sommer. Umpflanzen: Unnötig, da man durch Teilen leicht neue Pflanzen erhält. Vermehrung: Siehe Umpflanzen. Am besten immer gleich mehrere Jungpflanzen in einen Topf geben. So entsteht schneller ein dichtes Bubiköpfchen. Schädlinge, Krankheiten und ihre Ursachen: Bei Zimmerkultur selten Befall. Im Garten droht Schneckengefahr.

Sparmannia africana

Zimmerlinde — Tiliaceae, Lindengewächse

Höhe/Länge	0	25cm	50cm	75cm	1m	1,25m	1,5m	1,75m	2m	2,25m	2,5m	2,75m	3m
Blütezeit	Jan	Feb	März	Apr	Mai	Juni	Juli	Aug	Sept	Okt	Nov	Dez	
Blütenfarbe	weiß/beige	gelb	orange	rosa	rot	purpur	violett	blau	grün				
Verwendung													

Was ist eigentlich das Hübscheste an ihr? Die weichen, behaarten, immergrünen Blätter oder die weißen Blüten mit gelben und roten Staubfäden? In jedem Fall ist die afrikanische Verwandte unserer treudeutschen Linde ein auffälliger Solitär. Egal, ob es sich um die meterhohe Zwergform oder um die bis zu 4 m hohe Großform handelt.
Standort: Hell und sonnig. Ganzjährig luftig. Obwohl man versucht ist, ihr wegen ihrer tropischen Herkunft einen richtig schönen warmen Sommerplatz im Freien zu verschaffen, läßt man sie doch besser ganzjährig im Zimmer. Im Winter darf die *Sparmannia* etwas kühler stehen (10° bis 15°C). Erde: Einheitserde oder TKS mit etwas feinkrümeligem Lehm. Wasser: Von Januar bis August regelmäßig feucht halten. Danach die Wassergaben etwas einschränken. Düngen: Während der Wachstumszeit wöchentlich. Umpflanzen: Jedes Jahr in größere Töpfe. Vermehrung: Durch Kopfstecklinge im feuchtwarmen Beet. Wichtig: Nur von gut blühenden Mutterpflanzen Stecklinge schneiden! Schädlinge, Krankheiten und ihre Ursachen: Gilbende und abfallende Blätter durch Hunger, zu warmen oder zu dunklen Stand. Blattläuse, Rote Spinne und Thrips durch warme, gestaute Zimmerluft. Verkahlte Pflanzen zurückschneiden. Das regt die Bildung von neuen Trieben an.

Syngonium

Purpurtute — Araceae, Aronstabgewächse

Höhe/Länge	0	25cm	50cm	75cm	1m	1,25m	1,5m	1,75m	2m	2,25m	2,5m	2,75m	3m
Blütezeit	Jan	Feb	März	Apr	Mai	Juni	Juli	Aug	Sept	Okt	Nov	Dez	
Blütenfarbe	weiß/beige	gelb	orange	rosa	rot	purpur	violett	blau	grün				
Verwendung													

Warum sie Purpurtute genannt wird, erscheint zunächst unverständlich. Die Pflanzen, die man im Blumenhandel bekommt, gleichen zwar der verwandten Efeutute, Purpurnes aber ist nirgends zu sehen. Das zeigt sich erst in etwas betagterem Alter. Dann nämlich erscheinen im Frühsommer oder Sommer zahlreiche grünliche Aronstabblüten, deren Spatha (Blütenscheide) innen rot glüht. Erwachsene Exemplare überraschen allerdings mit völlig anderen Blättern. Im Gegensatz zur pfeilförmigen Jugendform sind sie fußförmig und fünf- bis neunfach geteilt. Was wir in Erd- oder Hydrokultur kaufen, ist alles *Syngonium*-Jungvolk. Je nach Sorte oder Art ist es mit grün-weiß marmorierten, graugrünen oder glänzendgrünen Blättern ausgestattet. Der elegante „Fall" dieser tropischen Liane erlaubt einen Einsatz als Ampelpflanze oder als Kletterer am Topfspalier.
Standort: Hell bis schattig. Keine Sonne! Ganzjährig warm. Möglichst gleiche Luft- und Bodentemperatur. Erde: TKS oder Einheitserde. Wasser: Von Frühjahr bis Herbst mit zimmerwarmem, enthärtetem Wasser feucht halten. Öfter sprühen. Düngen: Von April bis Herbst alle zwei Wochen. Umpflanzen: Alle ein bis zwei Jahre im Sommer. Vermehrung: Durch Ableger. Die Pflanze schlägt an allen „Einteilungsknoten" am Sproß ständig Wurzeln. Schädlinge, Krankheiten und ihre Ursachen: Braune Blattspitzen durch Ballentrockenheit oder verkalkte Erde.

Tetrastigma voinierianum

Kastanienwein, Tonkin-Wein — Vitaceae, Weinrebengewächse

Höhe/Länge	0	25cm	50cm	75cm	1m	1,25m	1,5m	1,75m	2m	2,25m	2,5m	2,75m	3m
Blütezeit	Jan	Feb	März	Apr	Mai	Juni	Juli	Aug	Sept	Okt	Nov	Dez	
Blütenfarbe	weiß/beige	gelb	orange	rosa	rot	purpur	violett	blau	grün				
Verwendung													

Hände weg von dieser äußerst wüchsigen Pflanze! Es sei denn, man kann ihr genügend Platz bieten. Dann aber läßt sich mit der riesenblättrigen, immergrünen Liane einiges Aufsehen erregen. In einem zugluftfreien Wintergarten oder Hausflur zum Beispiel. Auch in einer Eingangshalle. Unbedingtes Muß für die ungezähmt wachsende und rankende Grünpflanze ist ein kräftiges Wandspalier. Die Triebe, die nach einer Ruhepause plötzlich innerhalb von wenigen Tagen 2 bis 3 m zulegen können, verteilt man so an dem Spalier, daß sich die Blätter schön ausbreiten können. Botanisch interessant sind die Blüten, die im Gegensatz zu allen anderen Verwandten mit einer vierteiligen Narbe ausgestattet sind (tetra = vier, stigma = Narbe).
Standort: Hell bis halbschattig. Verträgt keine pralle Sonne. Ganzjährig Zimmerwärme, im Winter ein wenig kühler. Erde: Einheitserde oder TKS. Wasser: Über Sommer reichlich gießen, im Winter sparsamer. Düngen: Nur einmal pro Woche während der Vegetationszeit, es sei denn, man möchte, daß der Kastanienwein wie der Teufel loswächst. Umpflanzen: Topfpflanzen jedes Frühjahr. Vermehrung: Durch Stecklinge, die ein Auge und ein Blatt aufweisen sollten, im warmen Beet bei 25°C Boden- und Luftwärme. Schädlinge, Krankheiten und ihre Ursachen: Selten. Bei Hunger färben sich die Blätter gelb, Zugluft kann die Rote Spinne hervorrufen.

Tolmiea menziesii

Henne mit Küken — Saxifragaceae, Steinbrechgewächse

Höhe/Länge	0 · 25cm · 50cm · 75cm · 1m · 1,25m · 1,5m · 1,75m · 2m · 2,25m · 2,5m · 2,75m · 3m
Blütezeit	Jan · Feb · März · Apr · Mai · Juni · Juli · Aug · Sept · Okt · Nov · Dez
Blütenfarbe	weiß/beige · gelb · orange · rosa · rot · purpur · violett · blau · grün
Verwendung	

Diese entzückende Blattpflanze ist nicht nur mit der Schaumblüte und der *Heuchera* aus dem Staudengarten eng verwandt, sie kann auch wie diese ganzjährig im Garten bleiben. Darüber hinaus ist sie noch eine üppig beblätterte Ampel- oder Topfpflanze für kühle Räume. Da sie einen kriechenden Wurzelstock bildet, eignet sie sich auch als Unterpflanzung für Wintergärten und Gewächshäuser. Die *Tolmiea* ist einzig als Gattung und als botanische Kuriosität. Sie bildet am Blattgrund komplette kleine Pflänzchen, was ihr den volkstümlichen Namen Henne mit Küken einbrachte. Beheimatet ist dieses liebenswerte und pflegeleichte Gewächs in den küstennahen Wäldern des Pazifik. Dort erscheinen von Mai bis Juni die traubigen Blütenstände mit den grünbraun und orangefarbenen Blüten. Bei uns blüht sie nur selten.

Standort: Ganzjährig kühl und schattig, im Zimmer auch hell, aber absonnig. Erde: Einheitserde oder TKS mit etwas Lehm und Sand. Wasser: Mäßig, aber gleichmäßig feucht, nicht naß, halten. Düngen: Im Frühjahr und Sommer wöchentlich, im Winter jeden Monat. Umpflanzen: Jedes Jahr im Frühjahr oder Sommer. Vermehrung: Aus den „Küken" und durch Ausläufer. Einfach einen Topf mit feuchter Anzuchterde so unter ein Blatt mit Küken stellen, daß es Kontakt mit dem Boden bekommt und Wurzeln bilden kann. Danach von der Mutterpflanze abtrennen. Schädlinge, Krankheiten und ihre Ursachen: Braune Blätter durch zu sonnigen und lufttrockenen Stand.

Tradescantia

Tradeskantie, Dreimasterblume, Flinker Heinrich — Commelinaceae, Commelinengewächse

Höhe/Länge	0 · 25cm · 50cm · 75cm · 1m · 1,25m · 1,5m · 1,75m · 2m · 2,25m · 2,5m · 2,75m · 3m
Blütezeit	Jan · Feb · März · Apr · Mai · Juni · Juli · Aug · Sept · Okt · Nov · Dez
Blütenfarbe	weiß/beige · gelb · orange · rosa · rot · purpur · violett · blau · grün
Verwendung	

Warum die Tradeskantie auf deutsch Dreimasterblume genannt wird, ist nicht eindeutig geklärt. Vielleicht, weil die Blüte nach der Formel 3 aufgebaut ist oder weil die Ranken an Schiffsmasten mit eingeholten Segeln erinnern? Der Name Flinker Heinrich weist auf das Wuchstempo hin. Die bekanntesten Arten und Sorten heißen: *Tradescantia albiflora* (grünblättrig), mit Sorten 'Albovittata' (weißgestreift), 'Aureovittata' (gelbgestreift) und 'Rochford's Silver' (mehrfarbig), dann *Tradescantia fluminensis,* die Rio-Tradeskantie mit Sorten 'Albovittata' und 'Laekenensis' (weiß-rosa panaschiert) sowie *Tradescantia peniculata* mit behaarten Blattunterseiten und *Tradescantia blossfeldiana,* eine nur 20 cm hohe Art mit behaarten, oberseits bräunlichen, unterseits roten Blättern. Die kleinen rosa oder weißen Blüten erscheinen je nach Art und Sorte im Spätwinter oder Frühjahr.

Standort: Buntblättrige helle, grüne auch halbschattig, ganzjährig normale Zimmerwärme. Erde: TKS oder Einheitserde. Wasser: Mäßig, aber gleichmäßig mit weichem Wasser gießen. Düngen: Von März bis August wöchentlich, im Winter alle Monate. Umtopfen: Im April. Vermehrung: Durch Stecklinge, die im Wasser oder in sandig-humoser Erde rasch bewurzeln. Ausnahme: *Tradescantia blossfeldiana,* die besser in Erde bewurzelt. Schädlinge und Krankheiten: Nur bei vollsonnigem Standort.

Yucca

Palmlilie — Agavaceae, Agavengewächse

Höhe/Länge	0 · 25cm · 50cm · 75cm · 1m · 1,25m · 1,5m · 1,75m · 2m · 2,25m · 2,5m · 2,75m · 3m ▷
Blütezeit	Jan · Feb · März · Apr · Mai · Juni · Juli · Aug · Sept · Okt · Nov · Dez
Blütenfarbe	weiß/beige · gelb · orange · rosa · rot · purpur · violett · blau · grün
Verwendung	

Exotisch aussehende Bäume im handlichen Zimmerformat sind zur Zeit die Renner auf dem Markt. Dazu gehören vor allem die Drazänen und Yuccas. Die „Stammschnittlinge“, die von diesen beiden verwandten Arten gezogen werden, sind verschieden hoch. Sie werden als Ti-Plant bezeichnet. Meist ist der Stamm am oberen Ende gegen Fäulnis versiegelt. An den Seiten treiben dann die palmenartigen Blattschöpfe aus. Bei der *Yucca* eignen sich besonders die beiden Arten *Yucca elephantipes* und *Yucca aloifolia* für dieses Verfahren. Die in Weinbaugebieten winterharte *Yucca recurvifolia* bildet ohne Hilfe richtige Stämme. *Yucca gloriosa,* eine weitere Art, gilt als besonders dekorative Kübelpflanze.

Standort: Vollsonnig im Sommer, sehr hell im Winter. Liebt sehr warme und luftige Sommertemperaturen und Kühle im Winter (6°C). Erde: Einheitserde oder TKS mit Lehm und Sand. Wasser: Im Sommer regelmäßig und reichlich gießen, im Winter wenig. Staunässe vermeiden. Düngen: Von April bis August wöchentlich. Umpflanzen: Alle zwei Jahre, Kübelpflanzen nach Bedarf. Möglichst tiefe und gut drainierte Gefäße verwenden. Vermehrung: Durch Seitentriebe im warmen Beet bei 25°C Bodenwärme. Schädlinge, Krankheiten und ihre Ursachen: Selten. Manchmal treten aufgrund von Lichtmangel Wachstumsstörungen auf. Achtung: Die scharfen Blattspitzen sind eine Gefahr für kleine Kinder!

Zebrina

Zebrakraut, Ampelkraut — Commelinaceae, Commelinengewächse

Höhe/Länge	0 · 25cm · 50cm · 75cm · 1m · 1,25m · 1,5m · 1,75m · 2m · 2,25m · 2,5m · 2,75m · 3m ▷
Blütezeit	Jan · Feb · März · Apr · Mai · Juni · Juli · Aug · Sept · Okt · Nov · Dez
Blütenfarbe	weiß/beige · gelb · orange · rosa · rot · purpur · violett · blau · grün
Verwendung	

Wie fast alle Tradeskantien, mit denen sie ständig verwechselt wird, ist auch das Zebrakraut eine wunderschöne Ampelpflanze, die ihren mehrfarbig belaubten Stengel meterlang herabhängen läßt. Auch als Bodendecker fürs Blumenfenster ist dieser emsige Ranker gut geeignet. Die geläufigsten Arten und Sorten sind: *Zebrina flocculosa* (ganze Pflanze flockig weiß behaart, Blätter beidseitig grün), *Zebrina pendula* (Blätter oberseits silberweiß gestreift, unterseits rot) und ihre schönste Spielart 'Quadricolor' sowie *Zebrina purpursii,* die *Zebrina pendula* ähnelt, aber insgesamt kräftiger wächst und größere, etwas gerötete Blätter ohne Längsstreifen besitzt. Das Zebrakraut blüht rosa, die Art *Zebrina flocculosa* himmelblau. Der Heimatstandort der wenigen Arten dieser Gattung ist Mexiko und Mittelamerika.

Standort: Hell, aber nicht sonnig, ganzjährig normale Zimmerwärme, die auch im Winter nicht unter 15°C absinken darf. Erde: TKS oder Einheitserde. Wasser: Mäßig, aber gleichmäßig mit weichem, temperiertem Wasser gießen. Düngen: Von März bis August alle 8–14 Tage, im Winter jeden Monat. Umtopfen: Im Frühjahr. Vermehrung: Durch Stecklinge, die im Wasser oder in sandig-humoser Erde rasch bewurzeln. Schädlinge, Krankheiten und ihre Ursachen: Braune Blätter bei zu sonnigem Standort oder bei zu kaltem und zu nassem Platz im Winter.

Kakteen und andere Sukkulenten

Kakteen und andere Sukkulenten

Die Liebhaberei für diese beiden Pflanzengruppen kennt eigentlich keine Kompromisse. Entweder man mag diese bizarren Gesellen oder man kann rein gar nichts mit ihnen anfangen. Wer den „Kindern des Lichts" aber einmal verfallen ist, kommt nie mehr von ihnen los. Er wird zum leidenschaftlichen Sammler von Kakteen und anderen Sukkulenten.

Sukkulente, was heißt das überhaupt? Das Wort kommt aus dem Lateinischen von Succus (= Saft). Sukkulente Pflanzen erkennt man an dicken, fleischigen, saftigen Blättern oder Stämmen. Agave, Aloe und auch die bei uns beheimatete Fetthenne sind sogenannte Blattsukkulenten; *Euphorbia, Stapelia* und Kakteen zählt man zu den Stamm- oder Sproßsukkulenten.

Allen gemeinsam ist, daß sie Bewohner trockener Gebiete sind, die meisten von ihnen kommen aus den unwirtlichsten Ecken der Welt. Um nicht unterzugehen, haben sie sich im Laufe der Evolution ein maßgeschneidertes Überlebenskostüm zugelegt und ihre Gestalt dementsprechend ausgerüstet. So sorgt ein weitverzweigtes, dicht unter der Erde verlaufendes Wurzelwerk für rasche Aufnahme noch so geringer Wassermengen; verkleinerte, ja sogar wegrationalisierte Blätter und Wachsschichten verhindern die Verdunstung; Haarkleider oder Luftwurzeln nehmen die spärliche Feuchtigkeit aus der Umgebung auf; durch Rosettenbildung spenden sich die Blätter gegenseitig Schatten. Das Wichtigste aber ist die eingebaute „Thermosflasche", das Wasserreservoir in Blättern oder Stämmen.

Daß Pflanzen aus völlig unterschiedlichen Standorten die gleichen Tricks im Kampf gegen die unbarmherzigen Umweltbedingungen anwenden und sich am Ende zum Verwechseln ähnlich sehen, ist wohl das Aufregendste an den Sukkulenten. Die Botaniker nennen dieses Phänomen Konvergenz. Dazu ein Beispiel: Der bolivianische Kaktus *Lobivia ferox* und das südafrikanische Wolfsmilchgewächs *Euphorbia horrida* sind im Jugendstadium von Laien nicht zu unterscheiden. Nur der Fachmann erkennt sie an ihren Dornen. Kaktusdornen sitzen auf einem Haarkissen, Euphorbiendornen nicht. Außerdem würde ein Schnitt messerscharf beweisen, wer hier wer ist. Bei *Euphorbia* tritt sofort ein weißer Milchsaft aus, bei *Lobivia* nicht. Mit Kakteen verwechselt werden können aber nicht nur Euphorbien, es gibt auch Arten der Gattungen *Senecio, Cissus* und *Stapelia*, die genauso aussehen wie Säulenkakteen. Diese „Absprache" unter Pflanzen, die Tausende von Kilometern getrennt leben, ist wirklich merkwürdig, genauso wie die Tatsache, daß Kakteen mit Ausnahme von *Rhipsalis* nur in der Neuen Welt vorkommen und die anderen Sukkulenten zu 90% in der Alten Welt.

Die meisten Sukkulenten stammen aus Süd- und Südwestafrika, die bizarrsten von den Inseln Madagaskar und Sokotra. Von ihrer Heimat her Kummer gewöhnt, sind sie ideale Pflanzen für Zimmergärtner, die nicht viel Zeit und Platz haben. Sie vertragen volle Sonne, Temperaturschwankungen, bleiben klein, überstehen jeden Urlaub, sind also anspruchslose Überlebenskünstler, die man nur durch zuviel Wasser und zuwenig Licht umbringen kann.

Das gilt auch für Kakteen. Ausnahme: Die aus feuchtwarmen Regenwäldern stammenden epiphytischen Kakteen, die ganz andere Pflege brauchen als ihre Brüder aus der Wüste. Während die Sukkulenten zu rund 50 verschiedenen Familien gehören, gibt sich die Kaktusgesellschaft exclusiv. Es gibt nur eine Familie. Aber was für eine!

Schon Goethe deutete die Morphologie des Kakteenkörpers richtig: „Dieser ovale Körper ist nichts anderes als ein sehr ausgedehnter Stiel, der die Blätter aufhebt." Wie überaus formenreich die Stachelgesellschaft ist, konnte er damals noch nicht wissen. Da gibt es Kakteen, klein wie ein Pfennig oder dickleibig wie ein Bierfaß, zwölf Meter hohe Kandelaber oder über zwanzig Meter hohe Bäume, lianenartig schlingende Urwaldbewohner oder polsterbildende Bergsteiger, Säulen, Kugeln oder Scheiben.

Die ersten Kakteen sollen mit der „Santa Maria" des Christoph Kolumbus nach Europa gelangt sein. Es handelt sich um den westindischen Melonenkaktus *Melocactus.* Beim Ordnen der botanischen Namen, die damals noch bunt durcheinandergewürfelt waren, ließ Linné, der wohl berühmteste Botaniker, das Melo einfach weg. Seither heißen die stachligen Gewächse „Cactus". Linné kannte 1753 nur 22 Arten, inzwischen soll die Anzahl der beschriebenen Arten auf 14000 angewachsen sein! Welch ein Glück, denn im vorigen Jahrhundert herrschte ein dem Goldrausch ähnliches Kakteenfieber, das beinahe zum Aussterben vieler Arten geführt hätte. Carl Spitzwegs Bild „Der Kakteenfreund" dokumentiert wohl am besten die Kakteenliebe der Biedermeierzeit. Als teuerster Kaktus der Welt ging *Ariocarpus kotschoubeyanus* in die Geschichte ein. Baron von Karwinsky ließ sich 1832 ein Exemplar dieser seltenen mexikanischen Art beim Verkauf in Europa in purem Gold aufwiegen. Das Sammeln verschiedener Kakteen ist auch heute noch ein beliebtes Hobby. Die um 1890 gegründete Kakteengesellschaft zählt zur Zeit über 8000 Mitglieder.

Der Zauber der Kakteen liegt sicher in ihrer Gegensätzlichkeit. Wie bei den Rosen läßt auch bei den Kakteen die Lieblichkeit der Blüten die trotzigen Stacheln vergessen. Die meisten Kakteen blühen bei uns im Frühjahr oder Frühsommer, das entspricht dem Sommer ihrer Heimat. Bis auf ein ganz tiefes Schwarz sind alle Farben vertreten. Es gibt sogar, was selten ist, eine himmelblaue Art, die *Wittia* heißt. Während die hellen und pastellzarten Blüten sich zumeist nachts entfalten, gehören die kräftiger getönten, feurigen Blüten den Tagblühern. Das hat seinen Sinn, denn helle Blüten werden von den Bestäubern, Nachtschwärmern und Fledermäusen, besser gesehen. Oder gerochen? Manche nachtblühenden Kakteen duften nämlich wundervoll – aber einige stinken auch. Die Tagblüher werden von Bienen und Vögeln besucht und sind geruchlos.

Für den Kakteen- und mehr noch für den Sukkulentenfreund ist es jedesmal ein Erlebnis, wenn seine Schützlinge blühen. Oft muß er Jahre darauf warten. „Gerade das langsame Wachsen fordert Geduld, und Geduld ist eine heilsame Medizin gegen Hast und Eile", schreibt der wohl größte Kenner der Kakteen und Sukkulenten, Professor Dr. Werner Rauh.

Gott sei Dank halten die Kakteengärtnereien heute ein Riesenangebot an diesen beliebten Streßkillern bereit. Wie gesagt: Wer einmal Freundschaft mit Kakteen und Sukkulenten schließt, den faszinieren sie ein Leben lang.

Aeonium

Aeonium — Crassulaceae, Dickblattgewächse

Höhe/Länge	0	25cm	50cm	75cm	1m	1,25m	1,5m	1,75m	2m	2,25m	2,5m	2,75m	3m ▷
Blütezeit	Jan	Feb	März	Apr	Mai	Juni	Juli	Aug	Sept	Okt	Nov	Dez	
Blütenfarbe	weiß/beige	gelb	orange	rosa	rot	purpur	violett	blau	grün				
Verwendung													

Ewig und ausdauernd soll diese Pflanze sein, denn nichts anderes bedeutet ihr aus dem Griechischen stammender Name. Nun, ganz so abwegig ist die Bezeichnung nicht. Wie jedes Dickblattgewächs trägt auch das *Aeonium* seine „Thermosflasche" ständig in Form von saftreichen Blättern bei sich. Die bekannteste Art dieser rosettenblättrigen Durstkünstler heißt *Aeonium arboreum*, besonders schön ist die purpurrote Varietät 'Atropurpureum' mit hellgelben Blüten. Dieses *Aeonium* wächst wie ein Bäumchen. Das Verkahlen der Stämme ist also hier arteigen. Ganz flach auf dem Boden liegt *Aeonium tabuliforme*, dessen Rosette nach der Blüte abstirbt.

Standort: Hell bis halbschattig. Kann zur Sommerfrische im Garten eingesenkt werden. Während des Winters so hell wie möglich und nur mäßig warm halten (10°–16°C). Erde: Kalkhaltige, durchlässige Erde, z. B. TKS oder Einheitserde mit Lehm und Sand. Wasser: Während der Wachstumszeit die Pflanze nie austrocknen lassen. Bei kühlem Stand im Winter nicht gießen. Düngen: Alle 14 Tage mit Kakteendünger. Umpflanzen: Alle 2 Jahre. Vermehrung: Durch abgeschnittene Blattrosetten oder Einzelblätter. Vor dem Stecken in die Erde Schnittflächen antrocknen lassen. *Aeonium tabuliforme* durch Aussaat. Schädlinge und Krankheiten: Nur bei zu viel Wasser, Staunässe oder warmem Winterstand.

Agave victoriae-reginae

Agave — Agavaceae, Agavengewächse

Höhe/Länge	0	25cm	50cm	75cm	1m	1,25m	1,5m	1,75m	2m	2,25m	2,5m	2,75m	3m ▷
Blütezeit	Jan	Feb	März	Apr	Mai	Juni	Juli	Aug	Sept	Okt	Nov	Dez	
Blütenfarbe	weiß/beige	gelb	orange	rosa	rot	purpur	violett	blau	grün				
Verwendung													

Sie ist die bekannteste „kleine" Agave, so wie *Agave americana* die bekannteste „große" ist (siehe auch Kübelpflanzenteil). Und sie soll die Schönste sein, diese Mexikanerin mit den weißgerandeten Blättern, die in einer schön gleichmäßigen Rosette geordnet sind. Aber es gibt noch mehr kulturwürdige, kleinbleibende Agavenarten. Da ist *Agave filifera* mit 3 cm breiten und 20 cm langen Blättern, dann *Agave schidigera*, deren Blätter einen kugeligen Schopf bilden, sowie die breitblättrige *Agave parrasana*. Alle Agaven blühen erst im hohen Alter und sterben nach der Blüte ab. Für Nachwuchs sorgt dieses lilienblütige Gewächs jedoch rechtzeitig mit zahlreichen Kindeln.

Standort: Sommer wie Winter hell, sonnig, luftig. Von Frühjahr bis Oktober so warm wie möglich, im Winter kühl (10°C) halten. Liebt Sommerfrische im Garten. Erde: TKS oder Einheitserde mit Sand und Lehm zu gleichen Teilen. Wasser: Über Sommer reichlich gießen, im Winter so gut wie nie. Umpflanzen: Nach Bedarf im Frühjahr. Jüngere Pflanzen alle ein bis zwei Jahre, ältere seltener. Vermehrung: Kinderleicht durch Nebensprosse. Im Frühjahr abtrennen, Schnittstelle einen Tag abtrocknen lassen und in Anzuchterde stecken. Oder durch Samen. Schädlinge, Krankheiten und ihre Ursachen: Selten. Warme und feuchte Überwinterung kann aber zu Blattschäden führen.

Aloe arborescens

Aloe, Bitterschopf, Brandaloe — Liliaceae, Liliengewächse

Höhe/Länge	0	**25cm**	**50cm**	75cm	1m	1,25m	1,5m	1,75m	2m	2,25m	2,5m	2,75m	3m

Blütezeit	Jan	Feb	März	Apr	Mai	Juni	Juli	Aug	Sept	Okt	Nov	Dez

Blütenfarbe	weiß/beige	gelb	orange	rosa	rot	purpur	violett	blau	grün

Verwendung

Früher stand in fast jedem Bauerngarten im Sommer ein Kübel mit *Aloe arborescens*. Wenn man sich verletzte, vor allem verbrannte, schnitt die Bauersfrau einfach ein Blattstück ab und kühlte mit dem austretenden Saft die Wundfläche. Noch heute besitzt die Aloe wichtige medizinische Bedeutung, vor allem *Aloe ferox*, die in vielen Mitteln gegen chronische Verstopfung enthalten ist. Als Zimmerpflanze ist *Aloe variegata*, die Tiger- oder Papageienaloe, am besten geeignet. Sie bleibt kleiner als die Brandaloe, besitzt schöne, weißgefleckte Blätter und blüht – mit etwas Glück – mit zinnoberroten Blütenständen. Trockene Zimmerluft macht dieser südafrikanischen Aloe übrigens nicht das geringste aus.

Standort: Ganzjährig vollsonnig, im Sommer warm, im Winter kühl (6° bis 10°C). Liebt den Sommeraufenthalt im Freien. In regenreichen, kühlen Sommern muß man aber achtgeben, daß die Aloe nicht zu lange naß bleibt, oder man muß für Regenschutz sorgen. Erde: TKS oder Einheitserde mit Sand und Lehm. Wasser: Nur gießen, wenn die Erde ganz abgetrocknet ist. Im Winter nur selten gießen. Düngen: Von Frühjahr bis Herbst alle Monate mit Kakteendünger. Umpflanzen: Bei Bedarf im Frühjahr. Vermehrung: Durch Kindel, Samen und Stecklinge. Schädlinge, Krankheiten und ihre Ursachen: Verlausung und Fäulnis durch zu warmen, feuchten Winterstand.

Aporocactus flagelliformis

Peitschenkaktus, Schlangenkaktus — Cactaceae, Kakteen

Höhe/Länge	0	**25cm**	**50cm**	**75cm**	**1m**	1,25m	1,5m	1,75m	2m	2,25m	2,5m	2,75m	3m

Blütezeit	Jan	Feb	**März**	**Apr**	**Mai**	Juni	Juli	Aug	Sept	Okt	Nov	Dez

Blütenfarbe	weiß/beige	gelb	orange	rosa	rot	**purpur**	violett	blau	grün

Verwendung

Dieser reichblühende und robuste Kaktus ist das Richtige für Anfänger. Er ist mit ansehnlichen karmesinroten Blüten ausgestattet und hängt mit seinen bleistiftstarken Trieben so schön über, daß man ihn am besten in einer Ampel hält. Seit Ende des 17. Jahrhunderts ist dieser mexikanische Baum- und Felsbewohner in Europa. Die Blüten erscheinen ab März an den zweijährigen Trieben.

Standort: Im Sommer hell, aber nicht knallsonnig, warm und luftig. Hängt auch gern auf der Terrasse oder auf dem Balkon. Im Winter hell – wegen der frühen Blütezeit ist viel Licht nötig – und dabei kühl halten (10° bis 15°C). Erde: Kakteenerde mit Torf oder Einheitserde bzw. TKS mit Sand. Wasser: Nach der Blüte ein bis zwei Monate nicht gießen. Im Sommer reichlich gießen, Erde aber vorher immer abtrocknen lassen, im Herbst und Winter nur sporadisch gießen. Besser ist es, mit einem elektrischen Luftbefeuchter für indirekte Luftfeuchtigkeit zu sorgen. Düngen: Von April bis September alle zwei Wochen mit Kakteendünger. Umpflanzen: Möglichst selten, damit die Pflanze schön buschig wächst. Vermehrung: Durch Stecklinge im Sommer. Schnittfläche vorher abtrocknen lassen und in Torf-Sand-Gemisch bewurzeln. Schädlinge, Krankheiten und ihre Ursachen: Milbenbefall, der durch zu trockene, warme Luft hervorgerufen werden kann, möglichst rechtzeitig bekämpfen.

Astrophytum myriostigma

Bischofsmütze — Cactaceae, Kakteen

Höhe/Länge	0	**25cm**	50cm	75cm	1m	1,25m	1,5m	1,75m	2m	2,25m	2,5m	2,75m	3m
Blütezeit	Jan	Feb	März	Apr	Mai	Juni	**Juli**	Aug	Sept	Okt	Nov	Dez	
Blütenfarbe	weiß/beige	**gelb**	orange	rosa	rot	purpur	violett	blau	grün				
Verwendung													

Der Gattungsname bezieht sich auf die regelmäßige Sternform dieses Kugelkaktus (griech. aster = Stern, phyton = Pflanze). Die Artbezeichnung erinnert an die unzähligen weißen Haarflöckchen auf der Pflanzenoberfläche. Es gibt aber auch eine Form, der die weißen Haarflocken fehlen. Die dornenlose Bischofsmütze zählt zu den populärsten Kakteen. Sie wurde 1837 von dem Franzosen Galeotti entdeckt. Bereits zwei Jahre später kamen in einer holländischen und belgischen Gärtnerei die ersten Exemplare zur Blüte. Die Blüten erscheinen im Sommer, sind bis zu 6 cm groß und glänzen seidig-gelb. Sie halten eine Woche lang. Ebenfalls unbedornt ist der verwandte Seeigelkaktus, *Astrophytum asterias*, der ein Paradebeispiel pflanzlicher Symmetrie darstellt. Im Handel ist weiterhin der bestachelte Sternkaktus, *Astrophytum ornatum*, eine graugrüne Bischofsmütze.
Standort: Volle Sonne oder hell. Im Sommer warm, im Herbst und Winter kühl (10°–15 °C) halten. „Nackte“, grüne Art vor aggressiver Frühjahrssonne schutzen. Erde: Kakteenerde mit Lehm, Sand, Bimskies oder Lavagrus. Wasser: Nur, wenn die Erde trocken ist, gießen, im Winter trocken halten. Düngen: Kaum. Umpflanzen: Junge Astrophyten bei Bedarf im Winter, ältere so gut wie nie. Keine zu kleinen Töpfe nehmen. Vermehrung: Durch Samen im Frühjahr. Nicht mit Erde bedecken und warm (20°–25 °C) stellen. Schädlinge und Krankheiten: Selten.

Beaucarnea recurvata

Elefantenfuß, Affenbaum — Agavaceae, Agavengewächse

Höhe/Länge	0	25cm	**50cm**	**75cm**	**1m**	**1,25m**	**1,5m**	1,75m	2m	2,25m	2,5m	2,75m	3m
Blütezeit	Jan	Feb	März	Apr	Mai	Juni	Juli	Aug	Sept	Okt	Nov	Dez	
Blütenfarbe	weiß/beige	gelb	orange	rosa	rot	purpur	violett	blau	grün				
Verwendung													

Im Versandhandel wird dieses Agavengewächs oft unter dem Phantasienamen Affenbaum angeboten. Ob die mexikanischen Affen wirklich darauf herumturnen? Gebräuchlich ist weiterhin der alte botanische Name *Nolina*. Das Erkennungsmerkmal der *Beaucarnea* ist ihr Stammanfang. Dick angeschwollen, von bräunlichgrauer Farbe und mit borkiger Oberfläche sieht er wirklich aus wie ein mächtiger Elefantenfuß. Dieser Ballon dient als Wasserreservoir und hilft der Pflanze Trockenperioden zu überstehen. Am Wildstandort verzweigt sich der Stamm und bildet am Ende einen stattlichen Schopf schmallanzettlicher Blätter aus. In seiner Heimat Mexiko wird der Elefantenfuß 6–9 m hoch. Bei uns erreicht er mit den Jahren wie die eng verwandte *Yucca* Kübelmaß.
Standort: Vollsonnig im Sommer, sehr hell im Winter. Liebt sehr warme und luftige Sommertemperaturen, z. B. im Garten oder auf dem Balkon, möchte aber im Winter wärmer als *Yucca* stehen (um 10 °C). Erde: TKS oder Einheitserde mit Lehm und Sand zu gleichen Teilen. Wasser: Im Sommer regelmäßig und reichlich gießen, im Winter weniger. Staunässe vermeiden! Düngen: Von Frühjahr bis August wöchentlich. Umpflanzen: Alle zwei bis drei Jahre, Kübelpflanzen nach Bedarf. Möglichst gut drainierte Gefäße verwenden. Vermehrung: Durch Samen oder Ableger. Schädlinge, Krankheiten und ihre Ursachen: Fäulnis bei zu hohen Wassergaben im Winter.

Bryophyllum

Brutblatt — Crassulaceae, Dickblattgewächse

Höhe/Länge	0	25cm	50cm	75cm	1m	1,25m	1,5m	1,75m	2m	2,25m	2,5m	2,75m	3m ▷
Blütezeit	Jan	Feb	März	Apr	Mai	Juni	Juli	Aug	Sept	Okt	Nov	Dez	
Blütenfarbe	weiß/beige	gelb	orange	rosa	rot	purpur	violett	blau	grün				
Verwendung													

Pardon, der korrekte wissenschaftliche Name lautet natürlich *Kalanchoe*, aber denkt man bei diesem Namen nicht eher an das Flammende Kätchen und weniger an dieses bemerkenswerte botanische Unikum? Schon zu Goethes Zeiten philosophierte man über das Brutblatt. Bekannteste Art ist *Kalanchoe crenata*, die braunrot blüht und mit spitzeiförmigen Blättern ausgestattet ist. Ihre „Babys" erscheinen in den Kerben der Blattränder und entwickeln sich rasch zu bewurzelten Pflänzchen. Genauso verhält sich die ähnlich aussehende *Kalanchoe daigremontiana*, die etwas schmalere, gefleckte Blätter besitzt. Bei *Kalanchoe tubiflora* sitzen die „Spaghettiblätter" quirlig am Hauptstamm. Die Brutknospen erscheinen hier gleich büschelweise an den Blattspitzen. Sobald eines der Minipflänzchen auf die Erde fällt, wurzelt es fest an.
Standort: Hell bis vollsonnig (Ost oder West) und ganzjährig Zimmerwärme, im Winter kühler (10°–12°C). Erde: TKS oder Einheitserde mit Sand. Wasser: Im Sommer normal gießen, wenn die Erde abgetrocknet ist, im Winter nur mäßig gießen. Düngen: Im Sommer alle vier Wochen mit Kakteendünger. Umpflanzen: Da ältere Pflanzen unschön im Wuchs werden, lieber neue nachzüchten. Vermehrung: Durch die oben erwähnten Babys, die man zu mehreren in Schalen setzt, oder durch Stecklinge im Mai. Schnittfläche vorher abtrocknen lassen. Schädlinge, Krankheiten und ihre Ursachen: Bei zuviel Bodenfeuchtigkeit kann die Pflanze faulen. Tip: Das Brutblatt wächst gut in Hydrokultur.

Cephalocereus senilis

Greisenhaupt — Cactaceae, Kakteen

Höhe/Länge	0	25cm	50cm	75cm	1m	1,25m	1,5m	1,75m	2m	2,25m	2,5m	2,75m	3m ▷
Blütezeit	Jan	Feb	März	Apr	Mai	Juni	Juli	Aug	Sept	Okt	Nov	Dez	
Blütenfarbe	weiß/beige	gelb	orange	rosa	rot	purpur	violett	blau	grün				
Verwendung													

Er ist wie ein Wichtel aus dem Märchen, der uns zu verulken scheint, denn man weiß bei ihm nicht, was hinten oder vorn ist, weil er über und über mit seidig-silbrigen Haaren bedeckt ist. Etwa 8 cm Dicke erreicht das Greisenhaupt in Zimmerkultur. In seiner Heimat Mexiko wird der auf Schieferböden wachsende Kaktus bei einem Umfang von 35 cm immerhin 15 m hoch. Mit seiner schmutziggelben Borstenwolle sieht er dann längst nicht mehr so putzig aus wie im Kleinformat. Außerdem entstehen in dieser haarigen Zone, und nur dort, die nächtlichen Blüten. Gott sei Dank blüht das Greisenhaupt erst ab 6–8 m Höhe. Die 9 cm langen, weißrosa Blumen riechen nämlich unangenehm.
Standort: Ganzjährig hell, sonnig warm, auch im Winter nicht unter 15 °C. Erde: Durchlässige Mischung aus Lava- oder Urgesteinsgrus. Wasser: Im Sommer normal gießen, von November bis Februar ziemlich trocken halten. *Cephalocereus* liebt Luftfeuchtigkeit. Im Sommer öfter einnebeln! Düngen: Von April bis Juni alle 14 Tage mit Kakteendünger. Umpflanzen: Junge Pflanzen jährlich, ältere selten. Vermehrung: Durch Samen. Aussaat in sandige Erde bei 20°–26 °C. Schädlinge, Krankheiten und ihre Ursachen: Rote Spinne und Wolläuse bei zu trockener Luft im Sommer, Kakteenfäule bei zuviel Nässe im Winter.

Cereus peruvianus

Säulenkaktus — Cactaceae, Kakteen

Höhe/Länge	**0**	**25cm**	**50cm**	**75cm**	1m	1,25m	1,5m	1,75m	2m	2,25m	2,5m	2,75m	3m ▷
Blütezeit	Jan	Feb	März	Apr	Mai	Juni	Juli	Aug	Sept	Okt	Nov	Dez	
Blütenfarbe	weiß/beige	gelb	orange	rosa	rot	purpur	violett	blau	grün				
Verwendung													

Am bekanntesten ist eine Spielart des Säulenkaktus, die Varietät 'Monstrosus'. Sie wird im Volksmund Felsenkaktus genannt, weil sie aus lauter unregelmäßigen Knubbeln besteht. Ihre Form 'Nana' bleibt relativ klein und eignet sich für Zimmerkultur am besten. Das Schönste an manchen Cereen ist die blaue Bereifung. Übrigens wurde *Cereus peruvianus* erstmalig im 1625 erschienenen Kräuterbuch des Tabernaemontanus abgebildet. Die Kakteenart stammt aber nicht aus Peru, sondern man nimmt als Ursprungsgebiet die südöstlichen Küstengebiete Südamerikas an. Während *Cereus peruvianus* und seine Varietät bei uns kaum in Blüte kommen, entfaltet der superblaue *Cereus azureus* schon bei einem Meter Höhe seine weißen Blüten.
Standort: Sonnig und luftig, im Sommer auch auf der überdachten Terrasse, im Winter grüne Cereen bei 6°–10°C, blaue etwas wärmer halten. Erde: Kakteenerde. Wasser: Wenn der Kaktus wächst, gleichmäßig gießen, jedoch unbedingt Staunässe vermeiden. Im Winter völlig trocken halten. Düngen: Alle 14 Tage bis drei Wochen während der Wachstumsperiode. Umpflanzen: Jüngere Exemplare bei Bedarf, ältere selten. Vermehrung: Aus Samen und durch Stecklinge, die bei 20°C und mäßiger Bodenfeuchte in sandigem Boden leicht bewurzeln. Schnittfläche vorher abtrocknen lassen! Schädlinge, Krankheiten und ihre Ursachen: Mickriger Wuchs durch zu dunklen Standort.

Chamaecereus silvestrii

Chamaecereus — Cactaceae, Kakteen

Höhe/Länge	**0**	25cm	50cm	75cm	1m	1,25m	1,5m	1,75m	2m	2,25m	2,5m	2,75m	3m ▷
Blütezeit	Jan	Feb	**März**	**Apr**	**Mai**	Juni	Juli	Aug	Sept	Okt	Nov	Dez	
Blütenfarbe	weiß/beige	**gelb**	orange	rosa	**rot**	purpur	**violett**	blau	grün				
Verwendung													

Jeder kennt ihn, jeder liebt ihn, diesen Kaktus mit den dünnsäuligen, fingerdicken Trieben, die regelrechte Rasen bilden können. Rote, gelbe und violette Trichterblüten lassen im Frühjahr das Herz jedes Kakteenfreundes höher schlagen, zumal er diesen Kaktus im Sommer auch im Steingarten kultivieren kann. Bei entsprechender Abhärtung überwintert er sogar im Freien. *Chamaecereus silvestrii* ist die einzige Art der Gattung. Die Urpflanze ist in den Anden Argentiniens zwischen Salta und Tucaman beheimatet. Im Handel sind heute aber zumeist Hybriden sowie gelbe Formen, die im Volksmund Bananenkaktus heißen und auf einen anderen grünen Kaktus aufgepropft sind. Diese chlorophyllfreien Mutanten können normalerweise nicht blühen. Dennoch war in einer Kakteenzeitschrift schon von einer überraschenden Blüte zu lesen.
Standort: Hell, vor allem nachts nicht zu warm und luftig. Im Winter um 5°C halten. Erde: Kakteenerde. Wasser: Wenn der Kaktus wächst, mäßig, aber gleichmäßig feucht, im Winter total trocken halten. Düngen: Wüchsige Pflanzen alle drei Wochen mit Kakteendünger. Umpflanzen: Die Pflanze ist sehr brüchig! Nur bei Bedarf im Frühjahr nach der Blüte oder im Sommer. Vermehrung: Durch Sprosse, die sich leicht abbrechen lassen. Nach dem Abtrocknen der Bruchstelle mäßig feucht und warm bewurzeln. Schädlinge, Krankheiten und ihre Ursachen: Der Kaktus wird zum Tummelplatz für Spinnmilben, wenn er zu warm und bei gestauter Luft steht.

Cleistocactus

Silberkerze, Cleistokaktus — Cactaceae, Kakteen

Höhe/Länge	0	**25cm**	**50cm**	**75cm**	1m	1,25m	1,5m	1,75m	2m	2,25m	2,5m	2,75m	3m

Blütezeit	Jan	**Feb**	**März**	Apr	Mai	Juni	Juli	Aug	Sept	Okt	Nov	Dez

Blütenfarbe	weiß/beige	gelb	orange	rosa	rot	**purpur**	violett	blau	grün

Verwendung

Ihren Namen erhielt diese artenreiche südamerikanische Gattung, weil sie ihre Blüten nicht richtig öffnet (griech. kleistos = geschlossen). Nur die Staubbeutel und der Griffel treten aus der manchmal S-förmig gebogenen Röhre heraus. Cleistokakteen sind schlanktriebig und verzweigen sich. Einige Arten tragen lange, schneeweiße Borstenhaare, z. B. *Cleistocactus strausii* und *Cleistocactus jujuyensis*. Der bolivianische *Cleistocactus strausii*, die in Kultur bekannteste Art, blüht aber erst ab Meterhöhe. Wer sie so lange hegt und pflegt, wird im zeitigen Frühjahr mit 9 cm langen, dunkelkarminroten Blüten belohnt. Am Heimatstandort kann es passieren, daß die Blüten, die übrigens fast waagerecht wie Finger abstehen, an einer Pflanze in mehreren Farben erscheinen. Dies deutet auf Kolibribestäubung hin.
Standort: Ganzjährig hell und sonnig, vor aggressiver Frühjahrs- und vor Mittagssonne schützen. Im Winter nicht zu kühl halten (15°C). Erde: Kakteenerde. Wasser: Cleistokakteen lieben Luftfeuchtigkeit, im Frühjahr und Sommer also morgens oder abends öfter mit weichem, warmem Wasser einnebeln. Gegossen wird im Sommer immer, wenn die Erde trocken ist, im Winter gibt man ab und zu etwas Wasser. Düngen: Jeden Monat im Sommer mit Kakteendünger. Umpflanzen: Bei Bedarf. Vermehrung: Durch Samen aus Spezialgärtnereien. Schädlinge, Krankheiten und ihre Ursachen: Bei zu viel Trockenheit schrumpft der ganze Kakteenkörper.

Crassula arborescens

Deutsche Eiche, Geldbaum, Elefantenbaum — Crassulaceae, Dickblattgewächse

Höhe/Länge	0	**25cm**	**50cm**	**75cm**	**1m**	1,25m	1,5m	1,75m	2m	2,25m	2,5m	2,75m	3m

Blütezeit	Jan	Feb	März	Apr	Mai	Juni	Juli	Aug	Sept	Okt	Nov	Dez

Blütenfarbe	weiß/beige	gelb	orange	rosa	rot	purpur	violett	blau	grün

Verwendung

So ganz einig ist man sich noch nicht, ob der beliebte Geldbaum nun botanisch die Art *arborescens, portulacea* oder *obliqua* ist. Sei's drum, die Hauptsache ist, daß wir mit diesem knorrig wachsenden Dickblatt eine attraktive Zimmer- und Kübelpflanze mehr haben, die zudem kinderleicht zu halten ist. Einziges Problem: die Überwinterung. Wie viele Kakteen und Sukkulenten hält es auch der Geldbaum von Mitte Oktober bis Anfang März nicht im geheizten Wohnzimmer aus.
Standort: Hell, sonnig und luftig, aber möglichst nicht an einem Fenster mit voller Mittagssonne. Ab Ende Mai steht die Deutsche Eiche auch gern im Freien an einem warmen, unbesonnten Platz auf dem Balkon oder im Garten. Im Winter dürfen die Temperaturen 10°C nicht übersteigen, sonst wächst die Pflanze mit häßlichen, langgezogenen Trieben, oder es gibt Blattfall und Läuse. Erde: Einheitserde mit Lehm und Sand. Wasser: Im Sommer im Zimmer mäßig feucht halten, am Freiluftplatz an heißen Tagen mehr gießen. Im Winter nur ab und zu Wasser geben. Umpflanzen: Im Frühjahr oder Sommer bei Bedarf. Vermehrung: Ist ein Kinderspiel. Kopfstecklinge bewurzeln leicht in einem Torf-Sand-Gemisch. Schädlinge und Krankheiten: Nur bei falscher Überwinterung. Bemerkung: Mit der Blütenbildung ist der Geldbaum etwas eigen. Manche Pflanzen blühen schon nach einigen Jahren, andere nie.

Crassula falcata

Sichel-Dickblatt — Crassulaceae, Dickblattgewächse

Höhe/Länge	0	**25cm**	50cm	75cm	1m	1,25m	1,5m	1,75m	2m	2,25m	2,5m	2,75m	3m ▷
Blütezeit	Jan	Feb	März	Apr	Mai	**Juni**	**Juli**	Aug	Sept	Okt	Nov	Dez	
Blütenfarbe	weiß/beige	gelb	orange	rosa	**rot**	purpur	violett	blau	grün				
Verwendung													

Wegen ihrer schief gestellten Blätter wird die Kapländerin scherzhaft auch „Propellerblatt" genannt. Wegen der üppigen, im Spätfrühjahr erscheinenden, feuerroten Blütendolden, die 3–4 Wochen halten, gilt sie in ihrer Heimat außerdem als „Alpenrose der Südafrikaner". Vielleicht, weil sie dort schon aus großer Entfernung leuchtet wie die Alpenrosen. Bei uns blüht sie ein wenig später. Das Sichel-Dickblatt wächst als immergrüner Halbstrauch. Die breiten, fleischigen Blätter stellen ihre Spreite fast senkrecht. Dadurch scheinen sie in zwei Zeilen angeordnet zu sein. In der Heimat sollen diese Blattzeilen in die Nord-Süd-Richtung weisen, so daß die Mittagssonne nur die Kanten der Blätter erwischt.
Standort: Ganzjährig hell und sonnig, am liebsten bei frischen Temperaturen um 15°C. Für nächstjährige Blüte sind Wintertemperaturen unter 10°C nötig. Erde: Einheitserde mit Lehm und Sand. Wasser: Bei kühlem Stand wenig, bei sehr warmem ruhig reichlich gießen. Staunässe wird nicht vertragen! Düngen: Von Mai bis Ende August alle Monate mit Kakteendünger. Umpflanzen: Bei Bedarf im Frühjahr oder Sommer. Vermehrung: Durch Kopfstecklinge, die bei Zimmerwärme leicht bewurzeln. Schnittfläche vorher einige Tage abtrocknen lassen. Schädlinge und Krankheiten: Selten.

Echeveria

Echeverie — Crassulaceae, Dickblattgewächse

Höhe/Länge	**0**	**25cm**	50cm	75cm	1m	1,25m	1,5m	1,75m	2m	2,25m	2,5m	2,75m	3m ▷
Blütezeit	**Jan**	**Feb**	März	Apr	Mai	Juni	Juli	Aug	Sept	Okt	Nov	**Dez**	
Blütenfarbe	**weiß**/beige	**gelb**	**orange**	rosa	**rot**	purpur	violett	blau	grün				
Verwendung													

Etwa 150 Arten umfaßt die Gattung *Echeveria*. Die sukkulenten Gewächse mit den braunroten, grünen, behaarten oder bereiften Blättern sind im südlichen Nordamerika, Mexiko und einigen südamerikanischen Ländern zu Hause. Manche Arten bilden vielästige Stämme, der Großteil aber herrliche Teppiche. Die haltbaren Blüten stehen auf verzweigten Stengeln, sind rostrot, gelb, orange, korallenrot oder weiß gefärbt und erscheinen je nach Art im Winter oder frühen Frühjahr. Im Handel sind viele Arten und Sorten.
Standort: Ganzjährig sehr heller Standort, im Sommer auch ausgepflanzt im Steingarten. Warme Temperaturen im Sommer, im Winter 5°–10°C. Erde: Sandig-humose Erde, z. B. TKS oder Einheitserde mit etwas Sand und Lehm. Wasser: Im Sommer wenig, im Winter so gut wie nie gießen. Kein Wasser zwischen die Rosettenblättchen laufen lassen – Fäulnisgefahr! Behaarte und bereifte Arten und Formen brauchen am wenigsten Feuchtigkeit. Alle vertragen aber trockene Zimmerluft gut. Düngen: Von März bis September einmal wöchentlich. Umpflanzen: Junge Pflanzen jährlich, ältere Bestände seltener. Vermehrung: Durch Blattstecklinge, Seitenrosetten und Samen. Seitenrosetten aber möglichst dranlassen, die Pflanze wird dadurch immer schöner. Schädlinge, Krankheiten und ihre Ursachen: Zuviel Gießen führt zu Mehltau und Wurzelfäule.

Echinocactus grusonii

Goldkugelkaktus, Schwiegermutterstuhl — Cactaceae, Kakteen

Höhe/Länge	0	25cm	**50cm**	**75cm**	1m	1,25m	1,5m	1,75m	2m	2,25m	2,5m	2,75m	3m

Blütezeit	Jan	Feb	März	Apr	Mai	Juni	Juli	Aug	Sept	Okt	Nov	Dez

Blütenfarbe	weiß/beige	gelb	orange	rosa	rot	purpur	violett	blau	grün

Verwendung

Niemand wird wohl so boshaft sein, seiner Schwiegermutter diesen Sitzplatz anzubieten. Immerhin erlangte der eng verwandte Riesenkugelkaktus, *Echinocactus ingens*, traurige Berühmtheit. Aus alten Darstellungen und zeitgenössischen spanischen Berichten weiß man, daß auf der Pflanze Menschenopfer dargebracht wurden. Zu Zeiten Montezumas errichtete man dem Kaktus sogar einen eigenen Tempel. Noch heute wird in Mexiko aus dem Igelkaktus Konfekt hergestellt, und das stark wasserhaltige Fleisch hat schon so manchen vor dem Verdursten bewahrt. Für den Hausgebrauch wird *Echinocactus ingens* natürlich viel zu groß. Bis 1846 war in Kew Garden (London) ein Exemplar von 3 m Durchmesser und 20 Zentnern Gewicht in Kultur! Kleiner bleibt der Schwiegermuttersessel *Echinocactus grusonii*. Er erreicht „nur" 80 cm Durchmesser.

Standort: Ganzjährig vollsonnig, warm, luftig. Im Winter 12°–15 °C. Erde: Kakteenerde. Wasser: Im Sommer gleichmäßig feucht halten, im Winter das Substrat hier und da anfeuchten. Staunässe aber tunlichst meiden! Düngen: In der Wachstumszeit alle zwei bis drei Wochen mit Kakteendünger. Umpflanzen: Junge Stachelkugeln noch jährlich, ältere seltener. Vermehrung: Durch Samen, den es über Kakteengärtnereien gibt. Aussaat in sandiges Substrat bei 25 °C Bodenwärme und mäßiger Feuchtigkeit. Für Laien nicht ganz einfach! Schädlinge, Krankheiten und ihre Ursachen: Rote Spinne und Wolläuse bei zu wenig Wasser im Sommer.

Echinocereus

Igel-Säulenkaktus, Zwergsäulenkaktus — Cactaceae, Kakteen

Höhe/Länge	0	**25cm**	50cm	75cm	1m	1,25m	1,5m	1,75m	2m	2,25m	2,5m	2,75m	3m

Blütezeit	Jan	Feb	März	**Apr**	**Mai**	**Juni**	**Juli**	**Aug**	**Sept**	Okt	Nov	Dez

Blütenfarbe	weiß/beige	**gelb**	**orange**	**rosa**	**rot**	purpur	violett	blau	grün

Verwendung

Rund 60 Arten umfaßt die Gattung der Igel-Säulenkakteen, und eine ist schöner als die andere. Botanisches Glanzstück ist *Echinocereus pectinatus* bzw. seine Form *rigidissimus*. Sie wird Regenbogenkaktus genannt, weil im Verlauf des jährlichen Längenzuwachses die Farbe der kammförmig angeordneten Dornen von Weiß bis Rosenrot und Braun wechselt. Die großen Blüten sind rot. Zu den robusten Arten, mit denen auch Anfänger glücklich werden, zählen der karottenfarbig blühende *Echinocereus salm-dyckianus* und der rosenrot blühende *Echinocereus scheerii*. Es gibt sogar winterharte Arten, die wie Opuntien bei uns im Freien nicht allzu kalte Winter überdauern, z. B. *Echinocereus triglochiadiatus* mit scharlachroten Blüten, *Echinocereus caespitosus* mit rosa Blüten und der goldfarben blühende *Echinocereus viridiflorus*.

Standort: Grüne Arten ohne dichte, weiße Bedornung ganzjährig sonnig, über Sommer im Freien, Stachel- und Haarträger sowie *Echinocereus pectinatus* im Gewächshaus bzw. sonnigen, luftigen Zimmer halten. Winterharte an regengeschütztem, staunässefreiem Platz im Garten. Kühle Wintertemperaturen für alle (um 5 °C). Erde: Kakteenerde mit Lehm und Sand. Wasser: Im Winter völlig trocken halten, bei den „Sommerfrischlern" reichen die normalen Niederschläge, Gewächshausarten nur sporadisch gießen. Düngen: In der Wachstumsperiode alle drei Wochen mit Kakteendünger. Umpflanzen: Bei Bedarf im Frühjahr. Vermehrung: Durch Kindel. Schädlinge und Krankheiten: Selten.

Echinopsis

Seeigelkaktus, Bauernkaktus — Cactaceae, Kakteen

Höhe/Länge	0	**25cm**	50cm	75cm	1m	1,25m	1,5m	1,75m	2m	2,25m	2,5m	2,75m	3m ▷
Blütezeit	Jan	Feb	März	**Apr**	**Mai**	**Juni**	Juli	Aug	Sept	Okt	Nov	Dez	
Blütenfarbe	weiß/beige	**gelb**	orange	**rosa**	**rot**	purpur	violett	blau	grün				
Verwendung													

Es gibt zwei Gruppen von *Echinopsis*. Einmal die kleiner bleibenden, tagblühenden Arten mit gelben oder roten Blüten, zum anderen die weißrosa blühenden Nachtblüher. Zur ersten Abteilung zählen die früheren Pseudolobivien, z. B. *Echinopsis aurea* mit gelben Blüten und die drei Tage blühende Art *Echinopsis kermesina*, außerdem zahlreiche Hybriden. Die nachtblühenden Arten sind seit 150 Jahren in Sammlungen weit verbreitet. Häufig gepflegt werden *Echinopsis eyriesii* mit ihren unzähligen Varietäten und Hybriden und *Echinopsis oxygona*. Beide sind wohl auch im Stammbaum des weißrosa blühenden Bauernkaktus enthalten. Durch Einkreuzen von anderen Kakteenarten entstanden weitere farbenprächtige *Echinopsis*-Hybriden, deren Herkunft sich kaum noch enträtseln läßt.

Standort: Hell, warm und luftig, nachts kühl. Im Sommer nach draußen stellen, im Winter kühl (um 10 °C) halten. Erde: Kakteenerde mit Torf und etwas Sand. Wasser: In der Wachstumsperiode mäßig feucht, im Winter völlig trocken halten. Erst wenn die Knospen dick sind, mit dem Gießen beginnen. Düngen: Den Sommer über alle drei Wochen mit Kakteendünger. Umpflanzen: Bei Bedarf im Winter. Vermehrung: Durch Seitentriebe, Kopftriebe oder Samen. Schnitt- oder Bruchstellen vor dem Stecken abtrocknen lassen. Samen keimt bei über 20 °C Bodenwärme. Schädlinge und Krankheiten: Selten.

Epiphyllum

Blattkaktus — Cactaceae, Kakteen

Höhe/Länge	0	**25cm**	**50cm**	75cm	1m	1,25m	1,5m	1,75m	2m	2,25m	2,5m	2,75m	3m ▷
Blütezeit	Jan	Feb	März	**Apr**	**Mai**	**Juni**	Juli	Aug	Sept	Okt	Nov	Dez	
Blütenfarbe	weiß/beige	gelb	orange	**rosa**	**rot**	**purpur**	violett	blau	grün				
Verwendung													

Früher hieß er *Phyllocactus* und man wußte, woran man war. Heute versteht man darunter auch die *Epiphyllum*-Hybriden, obwohl die reine Art *Epiphyllum* als Elternteil der Blattkakteen-Züchtungen gar nicht in Frage kommen soll. Egal, herrlich sind die im Frühjahr und Sommer blühenden *Epiphyllum*-Hybriden allemal. Da gibt es die nachtblühende „Falsche Königin der Nacht", duftende Tagblüher von Rosa, Lachs bis Rot und Karmin, ja sogar zweifarbige Sorten. Natürlich existieren in manchen Liebhabersammlungen auch reine *Epiphyllum*-Arten, wie *Epiphyllum rubrocoronatum* oder *Epiphyllum phyllanthus*. Diese Blattkakteen wachsen in ihrer Heimat Mittel- und Südamerika als epiphytische Sträucher in den Astgabeln der Bäume. Der Name „Epiphyllum" bedeutet übrigens wörtlich „auf dem Blatt", weil die Blüten gegen jede botanische Regel aus einem Blatt zu entstehen scheinen, das in Wirklichkeit ein abgeflachter Sproß ist.

Standort: Hell, warm und luftig, im Sommer auch an geschütztem Platz im Freien. Im Winter kühl (10 °C) und hell stellen. Erde: Einheitserde oder TKS mit Sphagnum oder Torfmull. Wasser: Über Sommer reichlich, von November bis Februar kaum gießen. Düngen: Bis August alle 14 Tage mit Kakteendünger. Umpflanzen: Selten, wenn aber nötig, nach der Blüte. Vermehrung: Durch etwa 10 cm lange Blattstücke, die vorher eine Woche abtrocknen sollen. Schädlinge, Krankheiten und ihre Ursachen: Rote Spinne und Wolläuse durch zu trockene Luft im Sommer.

Euphorbia grandicornis

Großhörnige Wolfsmilch — Euphorbiaceae, Wolfsmilchgewächse

Höhe/Länge	0	**25cm**	**50cm**	**75cm**	**1m**	**1,25m**	**1,5m**	1,75m	2m	2,25m	2,5m	2,75m	3m ▷
Blütezeit	Jan	Feb	März	Apr	Mai	Juni	Juli	Aug	Sept	Okt	Nov	Dez	
Blütenfarbe	weiß/beige	gelb	orange	rosa	rot	purpur	violett	blau	grün				
Verwendung													

Wer durch das Kakteen- und Sukkulentenhaus eines botanischen Gartens schlendert, wird mehr als einmal darüber staunen, wie viele vermeintliche Kakteen Wolfsmilchgewächse sind. Nur ein paar Beispiele: *Euphorbia grandicornis* aus Südafrika mit bis zu 7 cm langen Stacheln, *Euphorbia lactea* aus Ceylon, die weißgestreifte dreirippige Kandelaber bildet, dann *Euphorbia pseudocactus*, die Kaktus-Wolfsmilch, die *Euphorbia lactea* ähnlich sieht. Vergessen wir nicht die kleine rundliche *Euphorbia obesa*, die sich nur mit Mühe vom Seeigelkaktus, *Astrophytum asterias*, unterscheiden läßt. Erst wenn man sie mit einer Nadel stupft und ein Tröpfchen Wolfsmilch hervortritt, weiß man sicher, woran man ist.
Standort: Ganzjährig hell, sonnig, warm und luftig. Im Winter auch ein kühler Platz möglich (12°–18°C). Erde: Kakteenerde. Wasser: Im Sommer wie bei Kakteen erst gießen, wenn die Erde abgetrocknet ist, im Winter bei kühlem Stand trocken halten, bei warmem sporadisch gießen. Düngen: Im Frühjahr und Sommer alle Monate mit Kakteendünger. Umpflanzen: Nach Bedarf im Frühjahr. Vermehrung: Durch Stecklinge (außer *Euphorbia obesa*). Stecklinge im Torf-Sand-Gemisch bei über 20°C Bodentemperatur bewurzeln. Schnittstelle mit Holzkohlepuder bestäuben. Schädlinge und Krankheiten: Selten.
Achtung: Der austretende Milchsaft ist giftig und stark hautreizend!

Faucaria

Rachenblatt — Aizoaceae, Mittagsblumengewächse

Höhe/Länge	**0**	25cm	50cm	75cm	1m	1,25m	1,5m	1,75m	2m	2,25m	2,5m	2,75m	3m ▷
Blütezeit	Jan	Feb	März	Apr	Mai	Juni	Juli	**Aug**	Sept	Okt	Nov	Dez	
Blütenfarbe	weiß/beige	**gelb**	orange	rosa	rot	purpur	violett	blau	grün				
Verwendung													

Tigerrachen, Wolfsrachen, Katzenrachen – lauter gefährlich klingende Namen für eine harmlose, kleine Sukkulente. Dahinter verbergen sich die Arten *Faucaria tigrina, Faucaria lupina* und *Faucaria felina*. Alle drei tragen sukkulente, mehr oder weniger stark gezähnte Blätter, die so angeordnet sind, daß sie wie ein aufgerissenes Tiermaul aussehen. Ab August erscheinen zahlreiche goldgelbe Blüten und stopfen damit alle Mäuler. Die aus Kapland stammenden Faucarien zählen zu den erklärten Lieblingen der Kakteen- und Sukkulentenliebhaber. Man muß aber kein botanischer Fuchs sein, um diese liebenswürdigen kleinen Gewächse zu zähmen. Jeder Anfänger kann daran seine Freude haben.
Standort: Sonnig, hell und luftig. Kann im Sommer auch an einem überdachten Platz im Freien stehen. Im Winter kühler halten (10°C). Verträgt trockene Luft. Erde: Einheitserde mit Sand oder Styroporflokken. Wasser: Ab April zuerst wenig, im Sommer zunehmend mehr gießen. Im Herbst und Winter nur sporadisch gießen, wenn die Pflanze bei Zimmertemperatur steht. Düngen: Alle Monate von April bis September mit Kakteendünger. Umtopfen: Alle drei Jahre in nicht zu kleine Töpfe. Vermehrung: Durch Samen im Frühjahr oder durch Stecklinge im Sommer. Einige Tage abtrocknen lassen. Schädlinge und Krankheiten: Selten. Staunässe meiden!

Graptopetalum bellum

Tacitus bellus — Crassulaceae, Dickblattgewächse

Höhe/Länge	0 25cm 50cm 75cm 1m 1,25m 1,5m 1,75m 2m 2,25m 2,5m 2,75m 3m ▷
Blütezeit	Jan Feb März Apr **Mai** **Juni** Juli Aug Sept Okt Nov Dez
Blütenfarbe	weiß/beige gelb orange **rosa** rot purpur violett blau grün
Verwendung	

Als Zimmerpflanze ist sie praktisch ein Greenhorn. Denn das niedliche, kleine Rosettengewächs wurde erst 1972 entdeckt. Die Pflanze existierte bis dahin nur an einem einzigen Ort der Welt, der schwer zugänglichen Schlucht der mexikanischen Sierra Obscura. Ihre Entdeckung hätte beinahe zur vollständigen Ausrottung geführt. Eine der letzten Pflanzen geriet glücklicherweise in die Hände eines talentierten deutschen Gärtners. Der vermehrte die stille Schönheit, was *Tacitus bellus* frei übersetzt bedeuten könnte, mit großem Erfolg. Inzwischen gibt es auch Nachzuchten aus Samen. *Tacitus bellus* blüht von Mai bis Juni mit aufregend schönen rosafarbenen Sternenbündeln.
Standort: Mitte Januar bis Mitte Oktober sehr hell, aber nicht vollsonnig. Ab Oktober etwas dunkler. Ostfenster ist ideal. Luftig und warm, ab Oktober bis zur Blütenbildung bei 10°–15°C halten. Erde: Halb TKS oder Einheitserde, halb Sand. Wasser: Wenig gießen, ab Oktober überhaupt nicht mehr. Düngen: Nie, denn davon werden die Rosetten fett, die blaugraue Bereifung verschwindet, und die Pflanze wird blühfaul. Umpflanzen: Alle ein bis zwei Jahre nach der Blüte. Vermehrung: Durch Kindel und Blattstecklinge. Blättchen aus der Rosette lösen, 20 Tage trocknen lassen, danach in Erde stecken. Schädlinge, Krankheiten und ihre Ursachen: Fäulnis bei zuviel Feuchtigkeit.

Gymnocalycium

Gymnocalycium — Cactaceae, Kakteen

Höhe/Länge	0 **25cm** 50cm 75cm 1m 1,25m 1,5m 1,75m 2m 2,25m 2,5m 2,75m 3m ▷
Blütezeit	Jan Feb März Apr Mai **Juni** **Juli** **Aug** Sept Okt Nov Dez
Blütenfarbe	**weiß**/beige gelb **orange** **rosa** rot **purpur** violett blau grün
Verwendung	

Diesen Kaktus kennt jeder, zumindest die bunten Formen. Hier handelt es sich um chlorophyllfreie Mutanten von Arten und Varietäten des *Gymnocalycium mihanovichii*. Die Farbskala der heute in Kultur befindlichen Exemplare reicht von Rosa über Orangegelb und Lachsrot bis hin zu bläulichen Karmintönen. Damit diese Kakteen leben und assimilieren können, pfropft man sie auf einen anderen grünen Kaktus. Bunte Gymnocalycien blühen nicht, sie bilden aber reichlich Seitensprosse, die wiederum auf andere Kakteenunterlagen gepfropft werden können. Zur Blüte kommen nur die „grünen Gymnos". Die schönsten Arten sind *Gymnocalycium denudatum*, mit spinnenähnlicher hellgelber Bestachelung und 5 cm großen rosaweißen Blüten sowie das ebenfalls weißblühende *Gymnocalycium gibbosum*. Blütezeit dieser Arten ist der Sommer. Die hübschen Blüten sitzen auf beschuppten Achsen.
Standort: Im Sommer hell, warm und luftig, im Winter kühl und halbschattig (um 10°C). Erde: Halb Kakteen- halb Einheitserde. Wasser: Im Sommer normal gießen, wenn die Erde abgetrocknet ist, im Winter trocken halten. Düngen: Wenn die Kugel dicker wird, allenfalls einmal im Monat mit Kakteendünger. Umpflanzen: Ab und zu nach der Blüte. Vermehrung: Die genannten grünen Arten durch Kindel oder aus Samen, den es fertig zu kaufen gibt. Schädlinge und Krankheiten: Selten.

Haworthia

Haworthie — Liliaceae, Liliengewächse

Höhe/Länge	**0**	25cm	50cm	75cm	1m	1,25m	1,5m	1,75m	2m	2,25m	2,5m	2,75m 3m ▷
Blütezeit	Jan	Feb	März	Apr	Mai	Juni	Juli	Aug	Sept	Okt	Nov	Dez
Blütenfarbe	weiß/beige	gelb	orange	rosa	rot	purpur	violett	blau	grün			
Verwendung												

Wenn man ihre Ähnlichkeit mit der *Gasteria* betrachtet, glaubt man kaum, daß sie ein völlig anderes Leben führt als ihre Verwandte. Während Gasterien Sonnenkinder sind, lieben die Haworthien an ihrem südafrikanischen Wildstandort eher den Schatten. Viele Arten verstecken sich regelrecht im Gebüsch oder unter Felsblöcken. *Haworthia truncata* verbirgt sich sogar bis zu den Blattspitzen im Boden. Hauptsächlich in gärtnerischer Kultur sind *Haworthia fasciata* mit quergestreiften, etwa 4 cm langen Rosettenblättern sowie *Haworthia glabrata,* deren Blätter dicht an dicht mit perlartigen weißen Höckerchen besetzt sind. Vereinzelt findet man auch *Haworthia attenuata* mit lang-dreieckigen, bis zu 7 cm langen quergebänderten Blättern, die in eine scharfe Stachelspitze auslaufen, oder die im Wuchs ähnliche, aber größere *Haworthia margaritifera.* In Kakteengärtnereien wird außerdem noch die hellgrüne *Haworthia cuspidata* angeboten.
Standort: Hell bis halbschattig. Im Sommer warm, im Winter kühl bei etwa 10°–15 °C. Erde: Kakteenerde. Wasser: Im Sommer mäßig gießen, im Winter fast völlig trocken halten. Die Erde muß vorher gut abgetrocknet sein. Düngen: Von Frühjahr bis Herbst mit Kakteendünger. Umpflanzen: Bei Bedarf. Vermehrung: Durch Kindel, die man vor dem Stecken in groben Sand einige Tage abtrocknen läßt. Schädlinge und Krankheiten: Keine.

Lithops

Lebende Steine — Aizoaceae, Mittagsblumengewächse

Höhe/Länge	**0**	25cm	50cm	75cm	1m	1,25m	1,5m	1,75m	2m	2,25m	2,5m	2,75m 3m ▷
Blütezeit	Jan	Feb	März	Apr	Mai	Juni	Juli	Aug	**Sept**	**Okt**	Nov	Dez
Blütenfarbe	**weiß**/beige	**gelb**	orange	rosa	rot	purpur	violett	blau	grün			
Verwendung												

Sie sind wahre Meister im Täuschen und Tarnen. Ohne Blüten lassen sich die lebenden Kiesel nicht vom umliegenden Geröll unterscheiden. Alle *Lithops*-Arten sind Bewohner der trockenen Sandwüsten von Süd- und Südwestafrika. Sie blühen dort von Juli bis Dezember je nach Art weiß oder gelb, und zwar nur nachmittags. Die sukkulenten, halbkugelig gewölbten Blätter sind bis auf einen Spalt miteinander verbunden und ziehen sich nach jeder Blüte langsam zurück, um einem neuen „Kiesel" Platz zu machen. Lebende Steine gibt es in Schalen fertig zu kaufen. Sie lassen sich aber auch leicht aus Samen heranziehen und blühen nach 2–3 Jahren, vorrangig in den Monaten September und Oktober.
Aussaat: Das ganze Jahr über möglich. Samen in Schalen mit Torf-Sand-Gemisch oder feinem Sand aussäen. Mit heller Folie oder einer dünnen Quarzsandschicht abdecken und warm halten. Keimdauer: 6–12 Wochen. Gleichmäßig feucht halten und nicht zu früh verpflanzen.
Standort: Hell bis vollsonnig. Ganzjährig Zimmertemperaturen, im Winter um 10°–15 °C. Erde: zwei Drittel Sand, ein Drittel Lehm und etwas Torf. Wasser: Ab April mit „zarten" Wassergaben beginnen, an heißen Sommertagen entsprechend mehr gießen. Immer vorher die Erde ganz abtrocknen lassen! Von November bis April nicht gießen. Düngen: Nie. Umpflanzen: Wenn nötig, vor Ende der Ruhezeit. Vermehrung: Durch Samen (siehe oben). Schädlinge und Krankheiten: Selten.

Lobivia

Lobivie — Cactaceae, Kakteen

Höhe/Länge	**0** 25cm 50cm 75cm 1m 1,25m 1,5m 1,75m 2m 2,25m 2,5m 2,75m 3m ▷
Blütezeit	Jan Feb März Apr **Mai Juni Juli** Aug Sept Okt Nov Dez
Blütenfarbe	**weiß**/beige **gelb orange** rosa **rot** purpur violett blau grün
Verwendung	

Wußten Sie, daß der Name *Lobivia* ein Anagramm des Wortes Bolivia ist? Von dort stammen nämlich die meisten dieser Kugelkakteen. Jeder Anfänger kann sich mit den von Mai bis Juli blühenden Gesellen unbesorgt einlassen. Die Auswahl ist riesengroß. So gibt es von *Lobivia famatimensis* rund 20 Spielarten mit blutroten, orangefarbenen, zitronengelben oder schneeweißen Blüten. Sehr beliebt ist die Nachtblüherin *Lobivia pentlandii.* Sie bildet im Alter einen regelrechten Rasen aus lauter Stachelkugeln! Die 5 cm langen Blüten sind gelborange. Häufig entstehen von dieser Art sogenannte Cristaten. Dabei zieht sich der wachsende Scheitel bandartig auseinander, so daß eine bizarre, kammartige Form entsteht. Häufig kultiviert wird auch die fingerförmige, blutrot blühende *Lobivia silvestrii,* von der es wie bei *Gymnocalycium* leuchtendgelbe, aufgepfropfte Mutanten gibt, die im Volksmund Bananenkaktus genannt werden.
Standort: Ganzjährig vollsonnig und luftig. Im Sommer an regengeschützter Stelle im Freien, im Winter kühl (5°–10°C) halten. Erde: Kakteenerde. Wasser: Im Frühjahr und Sommer mäßig feucht, von August bis Oktober mehr gießen, ab November völlig trocken halten. Düngen: Von April bis Ende September alle 14 Tage mit Kakteendünger. Umpflanzen: Bei Bedarf nach der Blüte. Vermehrung: Wenn vorhanden, durch Ableger. Oder durch Samen. Schädlinge und Krankheiten: Selten.

Mammillaria

Warzenkaktus, Mammillarie — Cactaceae, Kakteen

Höhe/Länge	**0** 25cm 50cm 75cm 1m 1,25m 1,5m 1,75m 2m 2,25m 2,5m 2,75m 3m ▷
Blütezeit	Jan Feb März Apr Mai **Juni Juli Aug** Sept Okt Nov Dez
Blütenfarbe	weiß/beige gelb orange rosa **rot** purpur violett blau grün
Verwendung	

Die Mammillarien stellen nicht nur die stammesgeschichtlich höchst entwickelte Gruppe unter den Kugelkakteen dar, sie sind auch der größte „Stachel-Clan". Beschrieben sind einige hundert Arten, von denen die Botaniker etwa 220 anerkannt haben. Mammillarien sind von Mexiko bis Kolumbien zu Hause. Im Handel sind vor allem der Muttertagskaktus, *Mammillaria zeilmanniana,* mit dichten, dunkelroten Blütenkränzen und *Mammillaria elegans,* ein etwa 8 cm breiter Kugelkaktus mit feiner, weißer Bestachelung und karminroten Blüten. Über Kakteenspezialgärtnereien gibt es darüber hinaus noch viele andere interessante Arten zum Sammeln. Außerdem kann man Samen von Mammillarien-Mischungen kaufen.
Standort: Je dichter bestachelt, desto sonniger, je grüner und nackter, desto schattiger bzw. geschützter. Ganzjährig warm und luftig, im Winter zwischen 5° und 10°C. Erde: Kakteenerde. Wasser: Von März bis Oktober mäßig feucht halten, die dicht bestachelten Arten brauchen fast gar keine Feuchtigkeit. Im Winter nur die Arten mäßig gießen, die zu blühen anfangen. Düngen: Über Sommer einmal monatlich mit Kakteendünger. Umpflanzen: Bei Bedarf nach der Blüte. Vermehrung: Durch Kindel, Teilen oder Samen. Aussaat in Schalen mit sandiger Erde. Gleichmäßig warm (20°–26°C) und feucht halten. Mit Glasplatte bedekken. Keimdauer: 2–8 Wochen. Schädlinge und Krankheiten: Selten.

Notocactus

Buckelkaktus — Cactaceae, Kakteen

Höhe/Länge	0	**25cm**	50cm	75cm	1m	1,25m	1,5m	1,75m	2m	2,25m	2,5m	2,75m	3m ▷
Blütezeit	Jan	Feb	**März**	**Apr**	Mai	Juni	Juli	Aug	Sept	Okt	Nov	Dez	
Blütenfarbe	weiß/beige	**gelb**	orange	rosa	rot	purpur	violett	blau	grün				
Verwendung													

Noto ist griechisch und heißt Süden. Diese etwa 30 Arten umfassende kugelige oder kurzsäulige Kaktusart wächst im südlichen Südamerika, in Brasilien, Uruguay und Argentinien. Ihre oft sehr großen Trichterblüten entspringen nahe dem Scheitel und sind meist gelb. Durch die zahlreichen quergerinnten Rippen, die dazu noch unterschiedlich bestachelt sein können, sehen die Notokakteen aber auch ohne Blüte interessant aus. Zum Standardsortiment gehören *Notocactus ottonis,* der mit gelben bis braunen Stacheln und einer 4 cm großen Blüte ausgestattet ist, *Notocactus leninghausii* mit reingelben Dornen und Blüten und *Notocactus concinnus* mit roten Stacheln und seidiggelben Blüten. Wer sammeln möchte, findet in Kakteengärtnereien Dutzende weiterer Arten und Varietäten, z. B. den weißpelzigen *Notocactus scopa*, den der bekannte Naturforscher Maximilian Prinz zu Wied-Neuwied entdeckte. Alle Notokakteen, zu denen heute auch *Eriocactus* und *Brasilicactus* zählen, sind leicht zu pflegen und schon als Jungpflanzen sehr blühwillig.
Standort: Hell, aber vor Mittags- und Frühjahrssonne schützen. Ganzjährig luftig und warm, im Winter möglichst um 10 °C halten. Erde: Kakteenerde. Wasser: Während des Wachstums mäßig feucht halten, bei warmem Winterstand sporadisch gießen. Düngen: Im Sommer alle vier Wochen mit Kakteendünger. Umpflanzen: Bei Bedarf alle zwei Jahre im Frühjahr. Vermehrung: Aus Samen. Aussaat in durchlässige, sandige Erde. Gleichmäßig warm und feucht halten (20°–26 °C).

Opuntia microdasys

Goldopuntie, Kleinborstiger Feigenkaktus — Cactaceae, Kakteen

Höhe/Länge	0	**25cm**	50cm	75cm	1m	1,25m	1,5m	1,75m	2m	2,25m	2,5m	2,75m	3m ▷
Blütezeit	Jan	Feb	März	Apr	Mai	**Juni**	**Juli**	**Aug**	Sept	Okt	Nov	Dez	
Blütenfarbe	weiß/beige	**gelb**	orange	rosa	rot	purpur	violett	blau	grün				
Verwendung													

Vorsicht im Umgang mit Opuntien! Ihre Stachelspitzen sind mit gefährlichen Widerhaken ausgestattet, die leicht in die Haut eindringen. Auch die bekannteste goldbestachelte Zimmer-Opuntie, *Opuntia microdasys,* setzt sich mit diesen sogenannten Glochiden zur Wehr. Und natürlich tragen auch ihre Varietäten mit rötlichbraunen und schneeweißen Stacheln die für alle Opuntien typischen Angelborsten. Schöne Dornen besitzen auch *Opuntia ursina, Opuntia leucotricha* und *Opuntia sulphurea.* Für die weitreichende Verbreitung der etwa 300 Arten umfassenden Gattung zählt auch die Tatsache, daß es viele winterharte Arten gibt, die mit etwas Schutz im trockenen Garten auch bei uns Fröste überstehen. Vor der in den Mittelmeerländern überall verwilderten *Opuntia ficus-indicus,* die eßbare Früchte hervorbringt, hüte man sich als Zimmerpflanzengärtner. Sie erreicht sehr rasch Kübelmaß.
Standort: Hell, sonnig, warm und luftig im Sommer, im Winter kühl (10 °C). Erde: Kakteenerde. Wasser: Von Frühjahr bis Herbst ab und zu gießen. Im Winter trocken halten. Düngen: Höchstens alle vier Wochen mit Kakteendünger, sonst wachsen die Opuntien zu rasch. Umpflanzen: Alle zwei Jahre. Vermehrung: Aus Stecklingen. Schnittfläche etwa zwei Wochen abtrocknen lassen und in mäßig feuchtem Substrat bewurzeln. Schädlinge, Krankheiten und ihre Ursachen: Die Glochidenbüschel sind beliebte Tummelplätze für Wolläuse.

Pachypodium

Madagaskarpalme, Stern der Steppe, Dickfuß

Apocynaceae, Hundsgiftgewächse

Höhe/Länge	0	25cm	50cm	75cm	1m	1,25m	1,5m	1,75m	2m	2,25m	2,5m	2,75m	3m ▷
Blütezeit	Jan	Feb	März	Apr	Mai	Juni	Juli	Aug	Sept	Okt	Nov	Dez	
Blütenfarbe	weiß/beige	gelb	orange	rosa	rot	purpur	violett	blau	grün				
Verwendung													

Ganz schön dickhäutig sind diese Dickfüße! Als sie vor etwa neun Jahren auf den Markt kamen, entpuppten sie sich gleich als Renner. Der Grund: Sie vertragen trockene Heizungsluft und sie brauchen nicht wie Kakteen kühl überwintert zu werden. Im Handel sind zwei Arten: *Pachypodium lameri* mit breitem, frischgrünem Blattschopf und *Pachypodium geayi* mit schmaleren, silbergrauen Blättern. Beide wachsen in ihrer Heimat als 5–6 m hohe Bäume. In Zimmerkultur erreichen sie erst nach rund zehn Jahren Meterhöhe, dann aber legen sie rasch zu und blühen oft schon bei 120 cm Höhe.

Standort: Hell und sonnig, ganzjährig warm. Das *Pachypodium* kann ruhig über einer Heizung stehen. Erde: Einheitserde mit Kakteenerde und Styroporflocken. Wasser: Im Sommer reichlich, im Herbst und Winter sparsam gießen. Größter Feind: Staunässe. Düngen: Im Sommer alle Monate. Umtopfen: Alle ein bis zwei Jahre. Vermehrung: Ist Gärtnersache. Schädlinge, Krankheiten und ihre Ursachen: Wurzelfäule und schwarz verfärbte Blätter durch Staunässe und zu kühlen Stand, trockene Spitzen durch Sonnenmangel. Totaler Blattfall ist arteigen. Erst wieder gießen, wenn sich neue Blätter zeigen.

Tip: Wenn man den Topf mit der Madagaskarpalme in einen größeren setzt und die Zwischenräume mit kleinen Kieseln füllt, kann er nicht so leicht umkippen.

Achtung: Die Madagaskarpalme ist giftig!

Parodia

Parodie

Cactaceae, Kakteen

Höhe/Länge	0	25cm	50cm	75cm	1m	1,25m	1,5m	1,75m	2m	2,25m	2,5m	2,75m	3m ▷
Blütezeit	Jan	Feb	März	Apr	Mai	Juni	Juli	Aug	Sept	Okt	Nov	Dez	
Blütenfarbe	weiß/beige	gelb	orange	rosa	rot	purpur	violett	blau	grün				
Verwendung													

Die zierlichen, langsamwachsenden Kugelkakteen wurden erstmals 1895 in Nordargentinien entdeckt. Ihren Namen erhielten sie zu Ehren des Botanikers Dr. Domingo Parodi aus Paraguay. Beschrieben sind zwar mehr als 100 Arten, Botaniker vermuten jedoch darunter viele Varietäten und haben sich auf rund 40 wirklich unterschiedliche Arten geeinigt. Parodien tragen je nach Art ein weißes, gelbes, rotschwarzes, hell- oder dunkelbraunes Stachelkleid und warzige oder höckrige Rippen, die sich oft spiralig winden. Der Kugelkörper kann einen Durchmesser von 3 bis 15 cm haben und bläulich, schwarzgrün oder olivgrau gefärbt sein. Die geläufigsten Parodien sind *Parodia mairanana* mit feuerroten Blüten, die schneeweiß bestachelte, hellblutrot blühende *Parodia nivosa* und *Parodia mutabilis* mit goldgelben Blumen. Spezialgärtnereien führen aber noch viele andere Arten und Varietäten.

Standort: Hell, sonnig, luftig im Sommer, kühl (5°–10°C) im Winter. Erde: Kakteenerde oder TKS mit Lehm und Sand. Wasser: Verträgt während der Wachstumszeit weder starke Nässe noch längeres Trockenstehen. Im Winter nicht gießen. Düngen: Wenn der Kaktus wächst, alle zwei bis drei Wochen mit Kakteendünger. Umpflanzen: Nur bei Bedarf etwa alle zwei Jahre. Vermehrung: Wenn vorhanden durch Kindel. Anzucht aus Samen, besonders aus sehr feinsamigen Arten, etwas schwieriger. Parodien sind Dunkelkeimer!

Rebutia

Rebutie — Cactaceae, Kakteen

Höhe/Länge	**0**	25cm	50cm	75cm	1m	1,25m	1,5m	1,75m	2m	2,25m	2,5m	2,75m	3m ▷
Blütezeit	Jan	Feb	**März**	**Apr**	**Mai**	Juni	Juli	Aug	Sept	Okt	Nov	Dez	
Blütenfarbe	weiß/beige	**gelb**	**orange**	rosa	**rot**	**purpur**	violett	blau	grün				
Verwendung													

Die Blüten erscheinen bei diesen allerliebsten Kakteen nicht am Scheitel, sondern an der Seite. Manchmal einzeln wie eine angesteckte Blume, manchmal in so großer Zahl, daß vom Kaktus fast nichts mehr zu sehen ist, wie z. B. bei *Rebutia pseudodeminuta.* Die Farbe der Blüten variiert in allen Rottönen von Feuerrot bis Dunkelkarmin. Rebutien kommen aus West- und Nordwestargentinien und aus Bolivien. Manche Arten wachsen in Höhen bis zu 3600 m. Felsspalten und trockene Steppengebiete sind ihre Lieblingsplätze. Neben den rund 30 Arten sind heute unzählige Hybriden im Handel, allesamt goldige, kleine Kerle, die willig blühen und auch dem Anfänger ein Erfolgserlebnis bescheren. Ihren Namen erhielten die Rebutien nach dem französischen Weinbauern P. Rebut, der Ende des 19. Jahrhunderts in Chazey d'Azergues eine der größten Kakteenhandlungen seiner Zeit aufgebaut hatte.
Standort: Hell und sonnig, jedoch vor aggressiver Mittags- und Frühjahrssonne schützen. Wichtig: Ein sehr kühler Winterplatz (um 5°C). Erde: Kakteenerde. Wasser: Im Sommer gießen, wenn die Erde ganz trocken ist, von November bis Februar trocken halten. Düngen: April bis Juli alle vier Wochen mit Kakteendünger. Umpflanzen: Selten. Vermehrung: Durch Teilen der sich häufig bildenden Grüppchen oder durch Samen. Schädlinge, Krankheiten und ihre Ursachen: Spinnmilben bei zu warmem Winterstand, Rote Spinne und Wolläuse bei Sommertrockenheit. Vorsicht vor Staunässe!

Rhipsalidopsis

Osterkaktus, Schein-Rhipsalis — Cactaceae, Kakteen

Höhe/Länge	0	**25cm**	**50cm**	75cm	1m	1,25m	1,5m	1,75m	2m	2,25m	2,5m	2,75m	3m ▷
Blütezeit	Jan	Feb	März	**Apr**	**Mai**	Juni	Juli	Aug	Sept	Okt	Nov	Dez	
Blütenfarbe	weiß/beige	gelb	orange	rosa	**rot**	purpur	violett	blau	grün				
Verwendung													

Wann Blütezeit ist, verrät der deutsche Name: zu Ostern, ungefähr jedenfalls. Aber nur nach einer Kühleperiode im Herbst und Winter erfolgt der feuerrote oder rosafarbene Blütenrausch. Der Osterkaktus, früher auch *Epiphyllum* oder *Schlumbergera* genannt, ist nicht in der Wüste, sondern in den tropischen Wäldern Brasiliens beheimatet. Wie viele Bromelien oder Orchideen wächst er als Epiphyt. Sein Wurzelwerk ist daher schwach ausgebildet, so daß die meisten im Handel befindlichen Exemplare auf einen stabilen Erdkaktus gepfropft sind.
Standort: Im Zimmer oder Gewächshaus hell, aber vor direkter Sonne geschützt. Kann im Sommer ins Freie an einen schattigen, geschützten Platz. Im Winter zwischen 10° und 15°C halten. Erde: TKS oder Einheitserde mit etwas Sand. Wasser: Während der Wachstums- und Blühperiode regelmäßig mit enthärtetem Wasser gießen. Von Mai bis Juni sowie von Oktober bis Dezember (Ruhezeiten) das Gießen stark einschränken. Düngen: Während der Wachstums- und Blühperiode mit Kakteendünger alle 8–14 Tage. Umpflanzen: Wenn erforderlich, nach der Blüte. Vermehrung: Durch Bewurzelung junger Glieder in sandiger Erde bei 22°C. Schädlinge, Krankheiten und ihre Ursachen: Wurzelfäule durch hartes Gießwasser. Befall von Roter Spinne und Wolläusen bei Lufttrockenheit im Sommer.
Tip: Der Osterkaktus eignet sich prima für Hydrokultur.

Rhipsalis

Binsenkaktus, Rutenkaktus, Korallenkaktus — Cactaceae, Kakteen

Höhe/Länge	0	**25cm**	**50cm**	**75cm**	**1m**	1,25m	1,5m	1,75m	2m	2,25m	2,5m	2,75m	3m ▷
Blütezeit	**Jan**	Feb	März	Apr	Mai	Juni	Juli	Aug	Sept	Okt	Nov	**Dez**	
Blütenfarbe	**weiß**/beige	gelb	orange	rosa	rot	purpur	violett	blau	grün				
Verwendung													

Der griechische Gattungsname bedeutet soviel wie Flechtwerk und weist auf die rohrartig dünnen, biegsamen Zweige z. B. bei *Rhipsalis baccifera* hin. Daneben gibt es aber noch rund 60 weitere *Rhipsalis*-Arten, einige mit lang herabhängenden, stielrunden, dünnen Schnüren, mit zierlichen, korallenartig verzweigten Kurzgliedern oder mit blattartig verbreiterten Gliedern. Manche tragen weiche Borsten, andere sind kahl. Das Schönste an diesen ungewöhnlich aussehenden Kakteen ist, daß sie im Winter blühen, wenn die meisten anderen Ruhepause haben. *Rhipsalis* wächst am tropischen Heimatstandort als Epiphyt in Bäumen, man kann die Pflanzen also gut auf Aststücke binden oder als Ampelpflanze im Orchideenkörbchen pflegen.
Standort: Ganzjährig hell, warm und luftig, aber nicht zugig. In der Ruhezeit im Herbst um 15 °C. Kann im Sommer im Obstbaum hängen. Erde: Laub- und Heideerde mit Sand, Torfmull und Sphagnum zu gleichen Teilen. Wasser: Liebt Luftfeuchtigkeit. Bei hohen Temperaturen öfter mit weichem Wasser sprühen. Ausnahme: Ruhezeit im September und Oktober. Erde mäßig, aber gleichmäßig feucht halten. Düngen: Von Mai bis Ende August alle Monate. Umpflanzen: Wenn nötig, im späten Frühjahr. Vermehrung: Durch Sproßglieder, Stecklinge oder Samen. Schädlinge, Krankheiten und ihre Ursachen: Befall von Läusen bei zu lufttrockenem, warmem Stand.

Rochea coccinea

Scharlachrote Rochee — Crassulaceae, Dickblattgewächse

Höhe/Länge	0	**25cm**	50cm	75cm	1m	1,25m	1,5m	1,75m	2m	2,25m	2,5m	2,75m	3m ▷
Blütezeit	Jan	Feb	März	Apr	Mai	**Juni**	**Juli**	Aug	Sept	Okt	Nov	Dez	
Blütenfarbe	weiß/beige	gelb	orange	rosa	**rot**	purpur	violett	blau	grün				
Verwendung													

Von allen vier Arten, die in Südafrika wachsen, ist die scharlachrote *Rochea* der absolute Renner auf dem Topfpflanzenmarkt geblieben. Seit Anfang des 18. Jahrhunderts ist sie bei uns bereits als Zimmerpflanze bekannt. Benannt wurde sie nach dem französischen Botaniker de La Roche, nach Europa gelangte sie über die „blumensüchtigen" Holländer. *Rochea coccinea* blüht von Juni bis Juli mit großen wundervoll duftenden Trugdolden. Ihre Stengel sind dicht an dicht mit kleinen, kreuzgegenständigen Blättern besetzt. Wer sich eine blühende Pflanze kauft, möchte sie natürlich gern im nächsten Jahr wieder zur Blüte bringen. Dies ist ein wenig knifflig. Voraussetzung ist, daß man die Rochee im Winter unter 10 °C hält.
Standort: Ganzjährig hell, aber nicht vollsonnig und möglichst kühl. Im Winter reichen 6°–8 °C. Erde: TKS oder Einheitserde mit Sand und Lehm. Wasser: Frühjahr bis Herbst mäßig, aber regelmäßig feucht halten, im Winter wenig gießen. Düngen: Von Frühjahr bis Herbst alle 14 Tage mit Kakteendünger. Umpflanzen: Bei Weiterkultur im Frühjahr. Schädlinge, Krankheiten und ihre Ursachen: Schwarze Flecken auf den Blättern durch zu sonnigen Stand.
Tip: Abgeblühte Triebe immer gleich herausschneiden, damit noch neue Blüten kommen. Nach der Blüte Pflanze um ein Drittel zurückschneiden.

Schlumbergera truncata

Weihnachtskaktus — Cactaceae, Kakteen

Höhe/Länge	0 · 25cm · 50cm · 75cm · 1m · 1,25m · 1,5m · 1,75m · 2m · 2,25m · 2,5m · 2,75m · 3m ▷
Blütezeit	Jan · Feb · März · Apr · Mai · Juni · Juli · Aug · Sept · Okt · Nov · Dez
Blütenfarbe	weiß/beige · gelb · orange · rosa · rot · purpur · violett · blau · grün
Verwendung	

Schlumbergera truncata, manchen besser unter der alten Bezeichnung *Zygocactus* bekannt, ist im Orgelgebirge bei Rio de Janeiro zu Hause. Dort wächst sie als Epiphyt auf Bäumen in Gebirgen von 900 bis 1400 m Höhe. Die aktuelle Bezeichnung *Schlumbergera* bezieht sich auf den Franzosen Frédéric Schlumberger, der um 1850 eine große Kakteensammlung in einem Schloß der Normandie besaß. Weihnachtskakteen werden heute in den verschiedensten Blütenfarben kultiviert. Die typische Farbe ist hellkarminrot, aber es gibt auch weiße, blutrote und lachsrote Spielarten. Die Blüten erscheinen im Winterhalbjahr an den Enden der Zweige.

Standort: Ganzjährig hell und warm, aber nicht vollsonnig, im Herbst und Winter bei 15°C. Kann ab Ende Mai ins Freie an einen schattigen Platz. Erde: Einheitserde oder TKS mit etwas Sand. Wasser: Mit weichem, temperiertem Wasser mäßig feucht halten, im Herbst und Winter sparsam gießen. Bis zur Knospenentwicklung öfter sprühen! Düngen: Während der Wachstumszeit alle 14 Tage mit normalem Dünger. Umpflanzen: Nach der Blüte und ein paar Wochen Ruhe. Vermehrung: Durch Sproßstücke, die bei gut 20°C und mäßiger Feuchtigkeit leicht bewurzeln. Schädlinge, Krankheiten und ihre Ursachen: Rote Blattverfärbungen durch Sonnenbrand. Schrumplige Blätter durch zu nasse Wurzeln. Knospenfall durch plötzlichen Standortwechsel.

Sedum morganianum

Eselsschwanz, Affenschwanz — Crassulaceae, Dickblattgewächse

Höhe/Länge	0 · 25cm · 50cm · 75cm · 1m · 1,25m · 1,5m · 1,75m · 2m · 2,25m · 2,5m · 2,75m · 3m ▷
Blütezeit	Jan · Feb · März · Apr · Mai · Juni · Juli · Aug · Sept · Okt · Nov · Dez
Blütenfarbe	weiß/beige · gelb · orange · rosa · rot · purpur · violett · blau · grün
Verwendung	

Monkey Tail, Affenschwanz, wird dieses merkwürdig aussehende Dickblattgewächs in den USA genannt. Die meterlangen Triebe sind dicht an dicht mit blaugrünen dickfleischigen Blättern besetzt, so daß sie beinahe wie Würste über den Topfrand hängen. Als Ampelpflanze sind sie daher Blickfang so mancher Kleingewächshäuser oder sonniger Wintergärten. Man kann die exotisch anmutende Sukkulente aus Mexiko aber auch gut in ein normales Zimmerfenster hängen. Mit etwas Glück blüht sie sogar von Frühjahr bis Herbst mit rosaroten Glöckchen.

Standort: Ganzjährig hell und sonnig. Normale Zimmertemperatur, im Winter möglichst etwas kühler (10°C) halten. Kann im Sommer auf den Balkon oder in den Garten gehängt werden. Erde: Kakteenerde oder Einheitserde mit scharfem Sand und etwas Lehm. Wasser: Während der Wachstumsperiode mäßig, im Winter nur hier und da gießen. Trockene Zimmerluft wird bestens vertragen. Düngen: Alle Monate mit Kakteendünger. Umpflanzen: Möglichst selten, da die fleischigen Blätter ziemlich schnell abbrechen. Vermehrung: Durch Stecklinge, die nach Abtrocknen bei Bodenwärme bewurzelt werden. Auch einzelne Blättchen treiben zuweilen Wurzeln, wenn sie mit Erde in Kontakt kommen. Schädlinge, Krankheiten und ihre Ursachen: Nur zuviel Feuchtigkeit kann die „Mexikanische Fetthenne“ umbringen.

Selenicereus grandiflorus

Königin der Nacht — Cactaceae, Kakteen

Höhe/Länge	0	25cm	**50cm**	**75cm**	**1m**	**1,25m**	**1,5m**	**1,75m**	**2m**	**2,25m**	**2,5m**	**2,75m**	**3m ▷**
Blütezeit	Jan	Feb	März	Apr	Mai	Juni	**Juli**	**Aug**	**Sept**	**Okt**	Nov	Dez	
Blütenfarbe	**weiß/beige**	gelb	orange	rosa	rot	purpur	violett	blau	grün				
Verwendung													

Es ist immer wieder ein Ereignis, wenn Ihre Majestät geruhen, ihre vanilleduftenden Blüten zu öffnen. Dafür schlagen sich Kakteenliebhaber gern einmal die Nacht um die Ohren. Vom Sommer bis zum Herbst hat die nach der Mondgöttin Selene benannte Kaktusart Blütesaison. Besonders viel Spaß macht es, wenn nach jahrelanger Geduld – oft nach vier bis fünf Jahren – selbstausgesäte Pflanzen das erste Mal blühen. Die cremeweißen, strahlenden, 30 cm großen Blüten erscheinen zu mehreren an den 2 cm dicken, bis zu 5 m langen Trieben. Das erfordert ein stabiles Klettergerüst, Platz und ein geräumiges Pflanzgefäß. Aus diesem Grund trifft man die Königin der Nacht auch weniger im Zimmer, sondern eher im Gewächshaus an. Als hübsche Alternative empfiehlt sich übrigens die in Ampeln gehaltene *Pfeiffera ianthotele*.
Standort: Ganzjährig hell und warm. Erde: Einheitserde oder TKS mit Torf- und Sandbeigabe. Wasser: Von März bis Oktober mäßig, aber gleichmäßig feucht halten, im Winter sparsamer gießen. Bis zur Blüte öfter sprühen. Düngen: Im Sommer alle 8–14 Tage mit Kakteendünger. Umpflanzen: Ältere Pflanzen bei Bedarf. Dazu die Triebe in festes Tuch wickeln. Vermehrung: Aus Stecklingen, die bei 25 °C Bodenwärme leicht bewurzeln, oder aus Samen. Schädlinge und Krankheiten: Nur bei schweren Kulturfehlern.
Tip: Die Königin der Nacht kann auch gut in Hydrokultur gehalten werden.

Stapelia variegata

Ordensstern, Aasblume — Asclepiadaceae, Seidenpflanzengewächse

Höhe/Länge	**0**	25cm	50cm	75cm	1m	1,25m	1,5m	1,75m	2m	2,25m	2,5m	2,75m	3m ▷
Blütezeit	Jan	Feb	März	Apr	Mai	Juni	Juli	**Aug**	**Sept**	**Okt**	Nov	Dez	
Blütenfarbe	weiß/beige	gelb	orange	**braun**	**rot**	purpur	violett	blau	grün				
Verwendung													

Zugegeben, sie sind etwas anrüchige Schönheiten, diese Stapelien. Aber dennoch ist es immer wieder faszinierend, wenn sich die Blüten mit einem deutlich wahrnehmbaren Knall öffnen. Nicht alle Arten riechen gleich stark nach Aas. Am bekanntesten ist *Stapelia variegata,* auch *Orbea variegata* genannt, die schon in den zwanziger Jahren ein beliebtes Pflanzenkuriosum war. Heute kann man die Sukkulenten mit den zahlreichen kurzen, fleischigen Stämmchen wieder empfehlen, denn warme, lufttrockene Wohnzimmer sind genau das Richtige für sie. Stapelien kommen bei uns im Frühjahr in Trieb und bilden ab Juli ihre Knospen.
Standort: Sonnig, warm und luftig. Kann im Sommer über draußen stehen. Im Winter bei Zimmertemperatur oder auch etwas kühler halten. Erde: TKS oder Einheitserde mit grobem Sand. Wasser: Von Frühjahr bis Herbst mäßig, aber regelmäßig gießen. Erde vorher abtrocknen lassen. Bei sonnigem Winterstand alle Wochen gießen, bei kühlem nur ab und zu. Düngen: Von März bis Oktober alle 14 Tage mit Kakteendünger. Umtopfen: Von April bis Juli in flache Schalen. Vermehrung: Aus Stecklingen im Frühjahr. Vor dem Stecken Schnittfläche in Holzkohlepuder stecken und abtrocknen lassen. Schädlinge, Krankheiten und ihre Ursachen: Schwarze Flecken an der Sproßbasis können eine gefürchtete Pilzkrankheit sein, gegen die bis heute kein Kraut gewachsen ist. Befallene Triebe wegwerfen.

Orchideen

Orchideen

Orchideenblüten! Wir assoziieren sie mit Begriffen wie Exotik, Eleganz, Extravaganz. Doch die farbenprächtigen Kaskaden, die manchmal aussehen wie im Fluge erstarrte Schmetterlinge, sind nichts anderes als sichtbar gewordene Verführungskünste ganz großen Stils.

„Die Orchidee ist das Symbol der Verführung schlechthin. Mit all ihrer Zweideutigkeit verkörpert sie ein Januswesen, eine Femme fatale und einen Don Juan, mit einem Wort: ein undurchsichtiges Geschöpf", schreibt der bekannte französische Naturwissenschaftler Jean Marie Pelt in seinem Buch „Das Leben der Pflanzen" über das raffinierte Liebesleben der Orchideen. Er trifft damit den Nagel auf den Kopf. Keine andere Pflanze der Welt hat ihre Blüten so aufwendig und zweckmäßig perfektioniert wie die Orchidee. Wie viele Mutationen waren wohl nötig, um das Markenzeichen aller Orchideen, die Lippe, zum Abbild eines Insekts werden zu lassen? Müßig zu erwähnen, daß diese Pflanzen sich meisterhaft auf die Herstellung von Duft- und Farbstoffen verstehen und die talentiertesten Konstrukteure von Insektenfallen sind. Die ganze Prachtentfaltung dient dabei nur einem Zweck: der Fortpflanzung.

Ihre Zauberkünste haben die Orchidee zur Königin der Blütenpflanzen erhoben. Tatsächlich ist ihre Stellung in der Evolution mit der des Menschen vergleichbar. Noch steht die Orchidee in der Morgenröte ihrer Entwicklung, und der Himmel mag wissen, was der Abend bei der Wandlungsfähigkeit dieser Pflanzen noch bringen mag!

Schon heute stellen Orchideen mit rund 25000 Arten 10% aller Blütenpflanzen. Sie wachsen mit Ausnahme der Antarktis, ausgesprochener Wüstengebiete und superhoher Berggipfel überall – sogar in Alaska, Sibirien und Grönland. Die schönsten gehören natürlich zur üppigen Tropenflora.

Botanisch zählen Orchideen zu den ausdauernden Kräutern, was bedeutet, daß sie sich aus alten Pflanzenteilen ständig regenerieren. Der besseren Übersicht wegen teilt man sie in drei Gruppen: *Erdorchideen*, von denen viele auch bei uns vorkommen wie Knabenkraut und Pleione; *Epiphyten*, die ähnlich wie Kakteen und Bromelien andere Pflanzen als Mietwohnung benutzen, und *Lithophyten*, die auf Felsen oder Steinen hausen.

Epiphyten und Lithophyten sind meist immergrün und in wärmeren Regionen beheimatet. Man erkennt sie an ihren Luftwurzeln, mit denen sie sich nicht nur an besonders exponierten Stellen festklammern, sondern auch mit Feuchtigkeit aus der Luft versorgen können.

Als Wasser- und Nährstoffspeicher dienen den Epiphyten die sogenannten Schein- oder Pseudobulben. Die je nach Art eiförmigen, flachen, kugeligen, dünnen, kannen-, keulen- oder spindelförmigen Gebilde sind umgewandelte Sprosse, mit denen die Orchidee klimatische Engpässe überwinden kann. Auch ihr Laub zeigt sich dem Klima angepaßt. So weisen fleischige Blätter darauf hin, daß die Orchidee Wüstenklima gewohnt ist; bleistiftdünne, harte Blätter werden mit sengender Hitze fertig, großflächige mit schattiger Umgebung.

Bezeichnend für den hohen Entwicklungsstand der Orchideen sind ihre puderzarten Samen. Sie besitzen kein Nährgewebe. Ihre erfolgreiche Keimung ist von einem bestimmten Pilz abhängig, mit dem die Pflanze in Symbiose lebt. Nach dem Motto „Eine Hand wäscht die andere" ernährt der Pilz wie eine Amme den Embryo, um hernach selbst von der erwachsenen Pflanze zu profitieren. Manche behaupten, daß dies der egoistischen Orchidee überhaupt nicht gefällt und werten das Anschwellen der unterirdischen Organe als Abwehrreaktion. Wegen ihrer Ähnlichkeit mit Hoden nannte der griechische Philosoph Theophrastus (370–285 v. Chr.) die damals bekannten Vertreter Orchis (griech. = Hoden). Linné beließ es bei dieser Bezeichnung und gab der großen Familie den Namen „Orchidaceae".

Bis zur Mitte des 16. Jahrhunderts waren etwa 13 verschiedene europäische Orchideenarten bekannt. Die ersten Kenntnisse über tropische Orchideen stammen von Francisco Hernandez, dem Leibarzt des spanischen Königs Philipp II. Zwischen 1571 und 1577 beschreibt er eine getigerte Blütenschönheit mit Namen „coatzonte coxochitl", die mit unserer *Stanhopea tigrina* identisch ist.

Die erste tropische Orchidee im Exil erblühte 1732 in England. Es handelte sich um *Bletia verecunda*. Schon kurz darauf galt es als schick, außergewöhnliche Orchideen zu kultivieren. Sie avancierten zum Statussymbol des reichen Adels. Gärtnereien witterten bald das große Geschäft und schickten Sammler in alle Welt. Später griff das Orchideenfieber auch auf die USA über und führte beinahe zum Verschwinden zahlreicher Arten. Beinahe, denn gleichzeitig begann man mit Vermehrung und Kreuzung der Wildarten. Die ersten Hybriden entstanden.

Diese inzwischen weiterentwickelten Hybriden halten wir heute in Gewächshäusern, Vitrinen oder auf der Fensterbank. Reine Arten sind seltener im Handel. Obwohl die Züchter im Laufe der Jahre gewisse Anpassungsschwierigkeiten an unsere Zimmerverhältnisse überwunden haben, muß der Orchideenfreund dennoch den individuellen Bedürfnissen Rechnung tragen.

Trotzdem sind Orchideen keineswegs mimosenhaft, wie vielfach angenommen wird, und sie sind auch nicht alle tropensüchtig. Was Orchideen im allgemeinen brauchen, ist Licht, Frischluft, Luftfeuchtigkeit und normale Zimmerwärme, wobei kühlere Nachttemperaturen im Winter durch Herunterdrehen der Heizung von vielen durchaus gut vertragen werden. Es scheint, als behage der Orchidee ein gewisses Reizklima.

Über das richtige Substrat gibt es die unterschiedlichsten Meinungen und noch mehr Patentrezepte. Man könnte ein ideales Orchideensubstrat mit einem frisch gesetzten, noch unverrotteten Minikomposthaufen vergleichen. Die Zutaten wie Rinde, Holzkohlestückchen, Bimskies, Styroporflocken, Hornspäne, zerriebener Kuhfladen oder Mineraldünger sind dabei zweitrangig, Hauptsache der Pflanzstoff ist luftig, saugfähig, wasserdurchlässig, wärmehaltend, trocknet rasch ab und begünstigt weder Fäulnis noch Infektionen. Wer sich auf Experimente nicht einlassen möchte, kauft lieber fix und fertige Orchideensubstrate. Auf gar keinen Fall erlaubt ist normale Blumenerde.

Zur Düngung noch eine Bemerkung: Orchideen sind kleine Esser. Wenn man die auf normalen Blumendünger angegebenen Mengen halbiert und im Winter viertelt, liegt man in etwa richtig. Es gibt auch Spezialdünger zu kaufen. Im übrigen lebt die Orchidee im wahrsten Sinne des Wortes von der Luft und der Liebe, womit wir wieder beim Anfang des Themas wären.

x Brassocattleya

Brassocattleya

Orchidaceae, Orchideen

Höhe/Länge	0, 25cm, 50cm, 75cm, 1m, 1,25m, 1,5m, 1,75m, 2m, 2,25m, 2,5m, 2,75m, 3m ▷
Blütezeit	Jan, Feb, März, Apr, Mai, Juni, Juli, Aug, Sept, Okt, Nov, Dez
Blütenfarbe	weiß/beige, gelb, orange, rosa, rot, purpur, violett, blau, grün
Verwendung	

Bei dieser Orchidee handelt es sich um eine Kreuzung von der in Südamerika verbreiteten *Brassavola* mit *Cattleya*. Ihre Blüten stehen einzeln und haben eine gefranste Lippe. Der Vorteil dieser Hybride ist ihre Pflegeleichtigkeit im Vergleich zu den Eltern. So vertragen sie mehr Sonne und kommen weitgehend ohne die strenge Winterruhe aus. Darüber hinaus zeichnen sie sich durch ihre Farbigkeit aus.
Standort: Hell, aber nicht in praller Sonne. Am günstigsten sind Ost- oder Westfenster. Im Sommer werden Temperaturen bis 28 °C vertragen. Im Winter sollten sie etwa bei 16°–18 °C liegen. Nachts um 15 °C. Erde: Orchideensubstrat. Wasser: Sehr mäßig und nur mit enthärtetem Wasser gießen, im Winter gerade so viel, daß der Ballen nicht austrocknet. Am besten besprüht man die Pflanzen in dieser Zeit nur. Während des ganzen Jahres für genügend hohe Luftfeuchtigkeit sorgen. Düngen: In der Wachstumszeit alle 3 Wochen mit einem flüssigen Volldünger in halber Konzentration. Umpflanzen: Alle 3 bis 4 Jahre nach der Blüte. Vermehrung: Durch Abtrennen einiger Pseudobulben.

Cattleya

Cattleya

Orchidaceae, Orchideen

Höhe/Länge	0, 25cm, 50cm, 75cm, 1m, 1,25m, 1,5m, 1,75m, 2m, 2,25m, 2,5m, 2,75m, 3m ▷
Blütezeit	Jan, Feb, März, Apr, Mai, Juni, Juli, Aug, Sept, Okt, Nov, Dez
Blütenfarbe	weiß/beige, gelb, orange, rosa, rot, purpur, violett, blau, grün
Verwendung	

Die Verwandtschaft der *Cattleya* besteht aus etwa 40 Arten, die hauptsächlich im tropischen Amerika verbreitet sind. Sie bilden Pseudobulben mit einem oder zwei, seltener auch drei ledrigen Blättern und wachsen in ihrer Heimat meist auf Bäumen. Die Blüte ist sehr attraktiv und farbig und hat eine große Lippe. Da die Arten sehr schwierig zu pflegen sind, kommen sie für die Zimmerkultur kaum in Frage. Die zahlreichen Züchtungen von *Cattleya* kann man jedoch durchaus mit Erfolg auf der Fensterbank halten.
Standort: Die meisten Cattleyen lieben einen hellen Standort, jedoch nicht in der prallen Sonne. Im Sommer liegen die Temperaturen am günstigsten zwischen 18° und 20 °C oder etwas darüber, nachts um 17 °C. Im Winter sollten die Temperaturen etwa 2 °C niedriger als im Sommer sein. Erde: Orchideensubstrat. Wasser: Mäßig gießen und nur dann, wenn das Substrat an der Oberfläche schon gut abgetrocknet ist. Im Winter genügt oft ein Besprühen der Pflanze mit enthärtetem Wasser. Vor allen Dingen benötigen Cattleyen aber hohe Luftfeuchtigkeit. Düngen: Bei jedem dritten Gießen einen flüssigen Volldünger in halber Konzentration beigeben. Umpflanzen: Nicht zu oft, in der Regel alle 3 Jahre. Für Frühjahrs- und Sommerblüher ist die Zeit nach der Blüte am günstigsten, für Herbst- und Winterblüher das Frühjahr. Vermehrung: Durch Abtrennen der Pseudobulben. Schädlinge und Krankheiten: Schmier- und Schildläuse.

Coelogyne

Coelogyne — Orchidaceae, Orchideen

Höhe/Länge	0	**25cm**	50cm	75cm	1m	1,25m	1,5m	1,75m	2m	2,25m	2,5m	2,75m	3m ▷
Blütezeit	Jan	**Feb**	**März**	**Apr**	Mai	Juni	Juli	Aug	Sept	Okt	Nov	Dez	
Blütenfarbe	**weiß/beige**	**gelb**	orange	rosa	rot	purpur	violett	blau	grün				
Verwendung													

Von den über 120 verschiedenen Arten dieser Orchidee ist die aus dem Himalaja stammende *Coelogyne cristata* eine der schönsten. Sie hat rundliche bis eiförmige Pseudobulben und große, weiße Blüten, die zu mehreren an einem hängenden Stiel sitzen. Ebenfalls für die Zimmerkultur zu empfehlen ist die cremefarbene *Coelogyne massangeana*, die allgemein als noch pflegeleichter gilt. Wegen der hängenden Blütenrispen hält man die beiden Orchideen als Ampelpflanzen in einem Korb.
Standort: Im Winter gedeiht *Coelogyne* am besten an einem hellen, kühlen Platz mit Temperaturen zwischen 12° und 16°C. *Coelogyne massangeana* bis 20°C, nachts etwas kühler. Im Sommer hängt man die Pflanzen an einen halbschattigen Platz im Freien. Erde: Orchideensubstrat. Wasser: Während *Coelogyne massangeana* keine Ruhezeit durchmacht und das ganze Jahr über gleichmäßig gegossen wird, muß man das Gießen bei *Coelogyne cristata* im Herbst und Winter fast ganz einstellen. Am besten besprüht man die Pflanzen nur soviel, daß die Pseudobulben nicht schrumpfen. Mit dem Triebbeginn im Frühjahr wieder mehr gießen. Wichtig: Auf hohe Luftfeuchtigkeit achten. Düngen: Von Frühjahr bis Herbstbeginn alle 3 Wochen mit Flüssigdünger in halber Konzentration. Umpflanzen: Nur dann, wenn die Wurzeln wirklich keinen Platz mehr haben, der beste Termin ist im Frühjahr. Vermehrung: Beim Umtopfen durch Teilen.

Cymbidium

Cymbidie — Orchidaceae, Orchideen

Höhe/Länge	0	**25cm**	**50cm**	**75cm**	**1m**	1,25m	1,5m	1,75m	2m	2,25m	2,5m	2,75m	3m ▷
Blütezeit	Jan	**Feb**	**März**	**Apr**	**Mai**	Juni	Juli	**Aug**	**Sept**	**Okt**	Nov	Dez	
Blütenfarbe	**weiß/beige**	**gelb**	orange	**rosa**	rot	purpur	violett	blau	grün				
Verwendung													

Von dieser in Südostasien und Indien beheimateten Orchidee werden vor allem Hybriden, in letzter Zeit auch häufig die fürs Zimmer besonders gut geeigneten Mini-Formen angeboten. Charakteristisch für die Cymbidie ist ihre prächtige Blütenrispe in rosa, gelben oder cremeweißen Farbnuancen. Sehr beliebt ist sie auch als Schnittblume. Die Blütezeit ist im Herbst oder Frühling.
Standort: Cymbidien lieben einen sehr hellen Standort und während der Wachstumszeit Tagestemperaturen von 20°–30°C. Im Sommer stellt man sie am besten an einen geschützten halbschattigen Platz im Freien. Entscheidend für den Blütenansatz ist, daß die Nachttemperatur ab Juli deutlich unter der des Tages liegt. Im Winter möchten Cymbidien kühl, ungefähr bei 12°–15°C stehen. Erde: Orchideensubstrat oder TKS 2 mit etwas Orchideenrinde vermischt. Wasser: Von Frühjahr bis Herbst gießt man reichlich, im Winter etwas weniger. Dabei immer enthärtetes Gießwasser nehmen und für hohe Luftfeuchtigkeit sorgen. Düngen: Während der Wachstumsperiode bei jeder zweiten Wassergabe Volldünger in halber Konzentration zufügen, ab Mitte Juli phosphor- und kalireichen Dünger nehmen. Umpflanzen: Nur alle 3 bis 4 Jahre im Frühjahr. Vermehrung: Durch Abtrennen einiger Pseudobulben. Schädlinge, Krankheiten und ihre Ursachen: Bei zu trockenem Stand kommen häufig Spinnmilben vor. Durch ein Insektizid bekämpfen. Luftfeuchtigkeit erhöhen und sorgfältiger gießen.

Dendrobium

Dendrobie — Orchidaceae, Orchideen

Höhe/Länge	**0**	**25cm**	**50cm**	**75cm**	1m	1,25m	1,5m	1,75m	2m	2,25m	2,5m	2,75m	3m ▷
Blütezeit	Jan	**Feb**	**März**	**Apr**	Mai	Juni	Juli	Aug	Sept	Okt	Nov	Dez	
Blütenfarbe	**weiß/beige**	**gelb**	orange	**rosa**	rot	purpur	violett	blau	grün				
Verwendung													

Mit vermutlich mehr als 1500 Arten ist *Dendrobium* eine der größten Pflanzengattungen. Das Verbreitungsgebiet reicht vom tropischen und subtropischen Asien bis zu den Fidschii-Inseln und Australien. Fast alle Arten sind Baumbewohner; nur ganz wenige wachsen auf Felsen oder am Boden. Die größte Bedeutung als Zimmerpflanze haben *Dendrobium nobile* und *Dendrobium phalaenopsis* sowie ihre zahlreichen Hybriden. Gut hält sich aber auch *Dendrobium kingianum.*
Standort: Dendrobien brauchen sehr viel Licht. Lediglich um die heißen Mittagsstunden sind sie im Frühjahr und Sommer leicht zu schattieren. Während *Dendrobium phalaenopsis* ganzjährig warm bei ca. 18°–22 °C stehen möchte, sollten die Temperaturen bei *Dendrobium kingianum* und *Dendrobium nobile* ab Herbst vor allem nachts nur noch bei 8°–10 °C liegen. Bei zu warmer Überwinterung kommen statt Blüten nur Seitensprosse. Erde: Orchideensubstrat. Wasser: Während der Wachstumszeit reichlich gießen. Im Herbst und Winter gerade soviel, daß die Triebe und Bulben nicht schrumpfen. Hohe Luftfeuchtigkeit! Düngen: Im Frühjahr und Sommer bei jeder zweiten Wassergabe mit einem Blumendünger in halber Konzentration. Umpflanzen: Höchstens alle zwei Jahre, in ziemlich kleine Töpfe. Vermehrung: Durch Abtrennen einiger Pseudobulben. Schädlinge, Krankheiten und ihre Ursachen: Rote Spinnmilben, z. B. bei Überdüngung.

Epidendrum

Epidendrum — Orchidaceae, Orchideen

Höhe/Länge	**0**	**25cm**	**50cm**	**75cm**	**1m**	1,25m	1,5m	1,75m	2m	2,25m	2,5m	2,75m	3m ▷
Blütezeit	**Jan**	Feb	März	Apr	**Mai**	**Juni**	**Juli**	**Aug**	**Sept**	**Okt**	**Nov**	**Dez**	
Blütenfarbe	**weiß/beige**	**gelb**	**orange**	rosa	rot	**purpur**	violett	blau	**grün**				
Verwendung													

Epidendrum ist eine außergewöhnlich große Orchideengattung. Sie umfaßt über 1000 Arten, die in den tropischen und subtropischen Gebieten Amerikas zu Hause sind. Dort wachsen sie vorwiegend auf Bäumen. Für die Kultur im Zimmer kommen nur wenige Vertreter dieser Orchidee in Frage, so z. B. *Epidendrum mariae, Epidendrum cochleatum* oder *Epidendrum ciliare.*
Standort: Geeignet sind ein heller, aber nicht vollsonniger Fensterplatz und normale Zimmertemperatur. Nachts allerdings, besonders bei *Epidendrum cochleatum* deutlich kühler. Stehen die Pflanzen an einem Südfenster, müssen sie über Mittag gut schattiert werden. Erde: Orchideensubstrat. Wasser: Im Frühjahr und Sommer, wenn die Pflanzen wachsen, gleichmäßig feucht halten. Im Herbst und Winter gerade soviel gießen, daß die Orchideen prall bleiben. Zum Gießen immer enthärtetes Wasser nehmen. Wichtig: Hohe Luftfeuchtigkeit. Düngen: Im Frühjahr und Sommer bei jeder dritten Wassergabe flüssigen Volldünger in halber Konzentration zugeben. Umpflanzen: Im Frühjahr, jeweils dann, wenn der Topf voll durchwurzelt ist. Vermehrung: Durch Abtrennen von Bulben.

Laelia

Laelie | Orchidaceae, Orchideen

Höhe/Länge	0	**25cm**	**50cm**	**75cm**	**1m**	1,25m	1,5m	1,75m	2m	2,25m	2,5m	2,75m	3m ▷
Blütezeit	**Jan**	**Feb**	**März**	**Apr**	**Mai**	**Juni**	Juli	**Aug**	**Sept**	**Okt**	Nov	**Dez**	
Blütenfarbe	**weiß/beige**	**gelb**	**orange**	**rosa**	rot	**purpur**	violett	blau	grün				
Verwendung													

Laelia ist mit *Cattleya* eng verwandt. Viele Arten beider Gattungen wurden miteinander gekreuzt, um neue Zuchtformen für den Handel zu gewinnen. Die Gattung umfaßt etwa 75 baumbewohnende Arten. Das Verbreitungsgebiet erstreckt sich von Mexiko bis Brasilien und Argentinien. Die Sproßknollen der Orchideen sind kugelförmig, die Blüten erinnern an *Cattleya,* haben aber eine weniger auffallende Lippe. Da die meisten Laelien sehr hohe Luftfeuchtigkeit benötigen, sind nur ganz wenige Arten fürs Zimmer geeignet. Am besten halten sich noch *Laelia anceps, Laelia autumnalis, Laelia pumila* und *Laelia purpurata,* vor allem aber die Hybriden.
Standort: Laelien wünschen sich einen hellen Fensterplatz, vertragen jedoch keine pralle Sonne. Die optimalen Temperaturen liegen im Sommer zwischen 20° und 25°C, während der Ruhezeit im Herbst und Winter etwa 5°C darunter. Erde: Orchideenerde. Wasser: Nur enthärtetes Wasser verwenden. Im Frühling und Sommer mäßig gießen, in der Ruhezeit gerade soviel, daß die Pflanzen nicht schrumpfen. Durch Sprühen und Aufstellen von Wasserschalen für hohe Luftfeuchtigkeit sorgen. Düngen: Solange die Pflanze wächst, bei jeder dritten Wassergabe Flüssigdünger in halber Konzentration verabreichen. Umpflanzen: Alle 2 bis 3 Jahre im Frühjahr. Vermehrung: Durch Abtrennen einiger Pseudobulben.

x Laeliocattleya

Laeliocattleya | Orchidaceae, Orchideen

Höhe/Länge	0	**25cm**	**50cm**	75cm	1m	1,25m	1,5m	1,75m	2m	2,25m	2,5m	2,75m	3m ▷
Blütezeit	**Jan**	**Feb**	**März**	**Apr**	**Mai**	**Juni**	**Juli**	**Aug**	**Sept**	**Okt**	**Nov**	**Dez**	
Blütenfarbe	**weiß/beige**	**gelb**	**orange**	rosa	**rot**	purpur	**violett**	blau	grün				
Verwendung													

Auffallend große Blüten in zauberhaften Farben kennzeichnen diese Kreuzung aus *Cattleya* und der ihr sehr ähnlich sehenden, aus Mittel- und Südamerika stammenden *Laelia.* Die Farbpalette reicht von Violett über Rot bis Orangegelb und Weiß. Von allen Kreuzungen, an denen *Cattleya* beteiligt war, ist x *Laeliocattleya* am einfachsten zu pflegen, jedoch immer noch als anspruchsvolle Zimmerpflanze zu bezeichnen.
Standort: Am besten gedeiht diese Orchideen-Hybride an einem hellen Fenster mit Morgensonne. Die günstigsten Raumtemperaturen liegen im Sommer etwa zwischen 20° und 25°C, auch höhere Temperaturen werden vertragen. Im Winter sollte es etwa 16°–20°C warm sein. Nachts liebt x *Laeliocattleya* Temperaturen, die jeweils 3°–4°C unter denen des Tages liegen. Erde: Orchideensubstrat. Wasser: Zum Gießen nur enthärtetes Wasser nehmen. Im Winter besprüht man die Orchideen am besten nur. Während der Wachstumszeit etwas mehr, jedoch immer noch sehr vorsichtig gießen. Wichtig: Für hohe Luftfeuchtigkeit sorgen. Düngen: In der Wachstumszeit alle 3 Wochen mit einem flüssigen Volldünger in halber Konzentration. Umpflanzen: Etwa alle 2 bis 3 Jahre. Vermehrung: Durch Abtrennen der Pseudobulben, wobei immer mindestens drei Stück zusammenbleiben sollten.

Lycaste

Lykaste — Orchidaceae, Orchideen

Höhe/Länge	0 **25cm 50cm** 75cm 1m 1,25m 1,5m 1,75m 2m 2,25m 2,5m 2,75m 3m ▷
Blütezeit	Jan Feb **März Apr Mai Juni** Juli Aug Sept Okt Nov Dez
Blütenfarbe	**weiß/beige gelb** orange **rosa** rot purpur violett blau grün
Verwendung	

Ihren Namen bekam diese Orchidee nach Lykaste, der schönen Tochter des griechischen Königs Priamos. Es gibt 35 Arten von dieser Gattung, davon wachsen die meisten epiphytisch. Die großen, verhältnismäßig dünnen Blätter werden jährlich abgeworfen. Die sehr ansehnlichen Blüten sitzen meist einzeln an den Blütenstielen. Da die aus den Bergregionen Mittelamerikas stammenden Pflanzen enorm viel Luftfeuchtigkeit brauchen, ist das Zimmer nicht der ideale Standort für sie. Versuche lohnen sich mit der zwischen März und Mai gelb blühenden *Lycaste cruenta* und *Lycaste skinneri*, der Nationalblume von Guatemala.

Standort: *Lycaste* bevorzugt einen halbschattigen Standort und normale Zimmertemperatur. Während der Ruhezeit, wenn die Blätter abgeworfen sind, kühler halten. Erde: Orchideensubstrat. Wasser: In der Ruhezeit kaum gießen. Mit Beginn des Neutriebs die Wassergaben langsam steigern und schließlich reichlich gießen. Zur Ruhezeit hin das Gießen wieder langsam einschränken. Dabei immer enthärtetes Wasser benutzen. Hohe Luftfeuchtigkeit! Die günstigsten Verhältnisse lassen sich noch in einer Vitrine oder einem Blumenfenster herstellen. Düngen: Während der Wachstumszeit alle 14 Tage mit flüssigem Volldünger in halber Konzentration. Umpflanzen: Etwa alle 3 Jahre nach der Blüte. Vermehrung: Beim Umtopfen durch Abtrennen einiger Bulben.

Masdevallia

Masdevallie — Orchidaceae, Orchideen

Höhe/Länge	0 **25cm** 50cm 75cm 1m 1,25m 1,5m 1,75m 2m 2,25m 2,5m 2,75m 3m ▷
Blütezeit	**Jan Feb März** Apr Mai Juni Juli Aug Sept Okt **Nov Dez**
Blütenfarbe	**weiß/beige gelb** orange **rosa** rot **purpur** violett blau grün
Verwendung	

Masdevallia ist eine große Orchideengattung mit über 300 im tropischen Amerika verbreiteten Arten, vorwiegend Epiphyten. Die hübsch gefärbten Blüten stehen einzeln oder sind zu wenigen in einer Ähre angeordnet. Die äußeren Blütenblätter sind ein besonders charakteristisches Merkmal der Masdevallien. Sie sind im Grunde verwachsen und am Ende oft zu langen Spitzen ausgezogen.

Leider ist diese äußerst attraktive Orchidee wegen ihrer hohen Ansprüche im Zimmer schwer zu halten. Am ehesten glückt der Versuch mit *Masdevallia erythrochaete, Masdevallia coccinea* oder der nach einem Ungeheuer aus der griechischen Sagenwelt benannten *Masdevallia chimaera*.

Standort: Geeignet ist ein heller oder halbschattiger Standort. Direkte Sonnenbestrahlung vermeiden. Die Luft im Raum muß stets frisch sein, und die Temperatur darf 20 °C nicht übersteigen. Im Winter sollte sich die Temperatur um 10 °C bewegen. Erde: Orchideenerde. Wasser: Im Sommer reichlich, im Winter mäßig gießen, dabei weiches Wasser verwenden und – sehr wichtig – für sehr hohe Luftfeuchtigkeit sorgen. Düngen: Im Frühjahr und Sommer alle 3 Wochen. Ein Drittel der auf der Packung angegebenen Menge nehmen. Umpflanzen: Im Frühjahr, etwa alle 2 bis 3 Jahre. Vermehrung: Beim Umpflanzen, durch vorsichtiges Teilen des fleischigen Wurzelstockes.

Miltonia

Miltonie

Orchidaceae, Orchideen

Höhe/Länge	0 25cm 50cm 75cm 1m 1,25m 1,5m 1,75m 2m 2,25m 2,5m 2,75m 3m ▷
Blütezeit	Jan Feb März Apr Mai Juni Juli Aug Sept Okt Nov Dez
Blütenfarbe	weiß/beige gelb orange rosa rot purpur violett blau grün
Verwendung	

Wegen ihrer großen, rundlichen Blüten wird die Miltonie oft „Stiefmütterchen-Orchidee" genannt. Tatsächlich erinnert sie zuweilen mehr an diesen kleinen Frühjahrsblüher als an eine Orchidee. Bei der Pflege müssen die Miltonien in zwei Gruppen eingeteilt werden. Die eine Gruppe, vorwiegend aus Brasilien stammend, verträgt etwas mehr Wärme und eignet sich besser für die Zimmerkultur. Hierzu gehören auch die Hybriden. Die Arten der anderen Gruppe zählen zu den sogenannten „Nebelwaldorchideen" und kommen hauptsächlich aus Kolumbien. Sie lieben kühle und feuchte Luft und sind auf die Dauer nur im Gewächshaus zu halten.
Standort: Miltonien der ersten Gruppe gedeihen am willigsten an einem halbschattigen Standort. Die Temperatur sollte im Sommer 20°–25°C betragen, im Winter etwa 18°C. Miltonien kolumbianischer Herkunft möchten dagegen mindestens 5° kälter stehen. Erde: Orchideensubstrat. Wasser: Das ganze Jahr über mäßig gießen, und nur mit enthärtetem Wasser. Düngen: Nur wenig, im Frühjahr und Sommer etwa alle 3 Wochen mit einem Viertel der üblichen Konzentration. Umpflanzen: Im Frühjahr nach der Blüte, nur wenn das Substrat sich zu sehr verdichtet hat und der Topf absolut zu klein geworden ist. Vermehrung: Durch Teilung beim Umpflanzen. Schädlinge, Krankheiten und ihre Ursachen: Eine leichte Rotfärbung der Blätter deutet auf zu hellen Stand hin.

x Odontioda

Odontioda

Orchidaceae, Orchideen

Höhe/Länge	0 25cm 50cm 75cm 1m 1,25m 1,5m 1,75m 2m 2,25m 2,5m 2,75m 3m ▷
Blütezeit	Jan Feb März Apr Mai Juni Juli Aug Sept Okt Nov Dez
Blütenfarbe	weiß/beige gelb orange rosa rot purpur violett blau grün
Verwendung	

Aus einer Kreuzung der Gattung *Odontoglossum* mit der aus den südamerikanischen Bergregionen stammenden *Cochlioda* entstanden die Orchideen-Hybriden x *Odontioda.* Ihre Blüten gleichen weitgehend denen von *Odontoglossum,* sie wurden jedoch im roten Farbenbereich um einige Nuancen bereichert. Die Pflege betreffend sind diese Hybriden nicht ganz so anspruchsvoll wie *Odontoglossum* und *Cochlioda,* vor allem vertragen sie höhere Temperaturen etwas besser.
Standort: Es empfiehlt sich ein halbschattiger Fensterplatz ohne direkte Sonnenbestrahlung. Im Sommer sollten die Temperaturen nicht über 25°C liegen, im Winter zwischen 14° und 18°C. Erde: Orchideenerde. Wasser: Man gießt nur mit enthärtetem Wasser, und zwar so viel, daß die Pflanzen mäßig feucht stehen. Im Winter etwas weniger gießen, jedoch das ganze Jahr über für hohe Luftfeuchtigkeit und frische Luft sorgen. Düngen: Unabhängig von der Jahreszeit immer nur dann, wenn die Pflanzen sich im Wachstum befinden. In dieser Zeit dem Gießwasser alle drei Wochen flüssigen Volldünger in halber Konzentration zufügen. Umpflanzen: Alle zwei bis drei Jahre bei Beginn des Wachstums, meist im Herbst oder Frühjahr. Vermehrung: Beim Umtopfen durch Abtrennen einiger Bulben.

x Odontocidium

Odontocidie — Orchidaceae, Orchideen

Höhe/Länge	0 · **25cm · 50cm · 75cm** · 1m · 1,25m · 1,5m · 1,75m · 2m · 2,25m · 2,5m · 2,75m · 3m ▷
Blütezeit	**Jan · Feb · März · Apr · Mai · Juni · Juli · Aug · Sept · Okt · Nov · Dez**
Blütenfarbe	**weiß/beige · gelb · orange** · rosa · **rot · purpur** · violett · blau · grün
Verwendung	

Die Orchideen-Gattungen *Odontoglossum* und *Oncidium* waren bei der Entstehung dieser Züchtung beteiligt. Die Nachkommen aus dieser Verbindung sind durchweg weniger anspruchsvoll als die Eltern. Vor allen Dingen kommen sie mit etwas weniger Luftfeuchtigkeit aus und reagieren auch nicht so empfindlich auf zu hohe Temperaturen im Winter wie ihre Vorfahren.

Standort: Odontocidien bevorzugen einen halbschattigen Fensterplatz bei Temperaturen zwischen 17° und 25 °C im Sommer und 14°–18 °C im Winter. Zu warme Überwinterung führt zu einem verfrühten Neutrieb und Fäulnis der Sprosse. Erde: Orchideensubstrat. Wasser: Während sich Sproß und Blütenschaft ausbilden, reichlich gießen. Nach der Blüte Wassergaben langsam verringern, in der Ruhezeit nur noch soviel gießen oder sprühen, daß die Bulben nicht schrumpfen. Düngen: Zur Zeit des Wachstums alle 2 Wochen flüssigen Blumendünger in halber Konzentration ins Gießwasser geben. Umpflanzen: Ein Verpflanzen wird in der Regel alle 2 Jahre notwendig. Vermehrung: Beim Umpflanzen durch vorsichtiges Teilen. Der günstigste Zeitpunkt ist bei beginnendem Wurzelwachstum.

Odontoglossum

Odontoglossum — Orchidaceae, Orchideen

Höhe/Länge	0 · **25cm · 50cm · 75cm · 1m · 1,25m** · 1,5m · 1,75m · 2m · 2,25m · 2,5m · 2,75m · 3m ▷
Blütezeit	Jan · Feb · **März · Apr** · Mai · **Juni · Juli · Aug** · Sept · **Okt · Nov** · Dez
Blütenfarbe	**weiß/beige · gelb** · orange · **rosa** · rot · **purpur** · violett · blau · grün
Verwendung	

Odontoglossum ist mit über 300 Arten in Mittel- und Südamerika verbreitet, wo es überwiegend in Gebirgsregionen bis 3000 m Höhe wächst. Die großen Sproßknollen haben am oberen Ende zwei Blätter. Der seitlich entspringende Stengel trägt je nach Art eine bis viele große Blüten. Zwischen den verschiedenen Arten von *Odontoglossum* gibt es unzählige Hybriden. Aber auch mit anderen Gattungen, z. B. *Oncidium, Miltonia, Brassia* und *Cochlioda* ist *Odontoglossum* gekreuzt worden. Für die Zimmerkultur eignen sich wegen der hohen Ansprüche an die Luftfeuchtigkeit nur wenige Arten. Am besten gedeiht noch *Odontoglossum bictoniense,* das nach dem englischen Park „Bicton" benannt wurde, weil es dort erstmals in Europa blühte. Orchideengärtner empfehlen weiterhin *Odontoglossum maculatum, Odontoglossum leave* und *Odontoglossum harryanum* für einen Kulturversuch im Zimmer.

Standort: Die Pflanze möchte halbschattig und nicht zu warm stehen. Am besten sind Sommertemperaturen um 20 °C, im Winter 14 °C. Im Sommer kann man die Pflanzen an einem halbschattigen Platz im Freien halten. Erde: Orchideenerde. Wasser: Während des Wachstums kräftig gießen, sonst gerade soviel, daß die Bulben nicht schrumpfen. Entscheidend für den Kulturerfolg ist jedoch die hohe Luftfeuchtigkeit. Düngen: Solange die Pflanzen wachsen, alle 14 Tage mit einem Flüssigdünger in halber Konzentration. Umpflanzen: Alle 2 Jahre. Vermehrung: Durch Abtrennen einiger Bulben.

Oncidium

Schmetterlingsorchidee — Orchidaceae, Orchideen

Höhe/Länge	0 **25cm 50cm 75cm 1m** 1,25m 1,5m 1,75m 2m 2,25m 2,5m 2,75m 3m ▷
Blütezeit	**Jan Feb März Apr Mai Juni Juli Aug Sept Okt Nov Dez**
Blütenfarbe	weiß/beige **gelb** orange rosa **rot** purpur violett blau grün
Verwendung	

Oncidium ist eine große Orchideengattung mit mehr als 500 Arten, die vorwiegend epiphytisch wachsen. Ihr Verbreitungsgebiet reicht vom Norden Mexikos bis in den Süden Brasiliens und umfaßt Standorte im Flachland ebenso wie Gebirgshöhen bis 2500 m. Entsprechend unterschiedlich sind die Ansprüche bei den verschiedenen Vertretern dieser Gattung. Während die eine Gruppe, zu der Arten wie *Oncidium flexuosum* und *Oncidium tigrinum* gehören, einen eher kühlen Standort bevorzugt, möchten andere etwas wärmer, das besonders schöne *Oncidium papilio* mit den großen, schmetterlingsähnlichen Blüten sogar recht warm stehen.
Standort: Im allgemeinen wird ein heller Platz vorgezogen, besonders von Arten mit fleischigen Blättern. Direkte Sonnenbestrahlung jedoch vermeiden. Temperaturen: im Sommer 24°, im Winter bei 20°C. Oncidien aus kühleren Gebieten jeweils etwa 6°C kälter halten. Erde: Orchideensubstrat. Wasser: Während der Ruhezeit im Winter gerade soviel gießen oder sprühen, daß die Bulben, bei dickblättrigen Arten die Blätter, nicht schrumpfen oder schlapp werden. Sobald der Neutrieb im Frühjahr beginnt, die Wassergaben langsam steigern. Immer enthärtetes Wasser verwenden und auf genügend hohe Luftfeuchtigkeit achten. Düngen: Alle 3 Wochen mit Flüssigdünger in halber Konzentration, solange die Pflanzen wachsen. Umpflanzen: Etwa alle 2 Jahre im Frühling. Vermehrung: Beim Umpflanzen durch vorsichtiges Teilen.

Paphiopedilum

Frauenschuh, Venusschuh — Orchidaceae, Orchideen

Höhe/Länge	0 **25cm** 50cm 75cm 1m 1,25m 1,5m 1,75m 2m 2,25m 2,5m 2,75m 3m ▷
Blütezeit	**Jan Feb März Apr** Mai Juni Juli Aug Sept Okt Nov **Dez**
Blütenfarbe	**weiß/beige gelb** orange rosa **rot purpur** violett blau **grün**
Verwendung	

Die Frauenschuh-Orchidee wird mittlerweile in vielen Blumengeschäften angeboten, wegen ihrer lange haltbaren Blüten oft als Schnittblume, häufig aber auch als Topfpflanze. Ihren anschaulichen Namen bekam diese Orchidee aufgrund ihrer Blüte mit der eigenartigen, wie ein Pantoffel geformten Lippe.
Das natürliche Verbreitungsgebiet der rund 50 Arten reicht von China und dem Himalaja über ganz Südostasien bis nach Neuguinea. Für die Kultur auf der Fensterbank eignen sich am besten die zahlreichen, oft sehr großblütigen Hybriden.
Standort: Günstig ist ein heller bis halbschattiger Platz. Direkte Sonnenbestrahlung vor allem im Sommer vermeiden. Bei zu dunklem Stand kann allerdings die Blühwilligkeit etwas nachlassen. Für die Hybriden und vielen Arten ist normale Zimmertemperatur am bekömmlichsten. Erde: Orchideensubstrat. Wasser: Man gießt, da Frauenschuhe keine Ruhezeit einlegen, das ganze Jahr über gleichmäßig so viel, daß die Erde immer mäßig feucht, aber nie naß ist. Enthärtetes Wasser nehmen und möglichst morgens gießen, damit Wasser auf den Blättern rasch abtrocknet. Düngen: Im Frühjahr und Sommer alle 3 Wochen mit einem Drittel der üblichen Düngerkonzentration. Umpflanzen: Alle zwei Jahr nach der Blüte. Vermehrung: Durch Teilen beim Umpflanzen. Schädlinge, Krankheiten und ihre Ursachen: Bei stehender, feuchter Luft Knospenfäule.

Phalaenopsis

Malaienblume, Phalaenopsis — Orchidaceae, Orchideen

Höhe/Länge	0	25cm	50cm	75cm	1m	1,25m	1,5m	1,75m	2m	2,25m	2,5m	2,75m	3m ▷
Blütezeit	Jan	Feb	März	Apr	Mai	Juni	Juli	Aug	Sept	Okt	Nov	Dez	
Blütenfarbe	weiß/beige	gelb	orange	rosa	rot	purpur	violett	blau	grün				
Verwendung													

Indien, die Malaiischen Inseln, die Philippinen und Nordaustralien sind die Heimat dieser aus etwa 45 Arten bestehenden Orchideengattung. Meist wachsen sie auf tropischen Bäumen. Die wichtigsten Wildarten sind die grünlich-rot blühende *Phalaenopsis violaceae,* die weiße *Phalaenopsis amabilis* und *Phalaenopsis lueddemanniana,* deren cremefarbene Blüten feine violette Streifen aufweisen. Sie alle waren und sind maßgeblich an der Züchtung der großblütigen und farbenprächtigen *Phalaenopsis*-Hybriden beteiligt, die mit zu den beliebtesten Zimmer-Orchideen gehören. Tatsächlich lassen sie sich auch von wenig erfahrenen Zimmerpflanzengärtnern mit viel Erfolg pflegen.
Standort: Am willigsten wächst und blüht die Malayenblume an einem hellen, jedoch nicht vollsonnigen Fensterplatz bei normaler Zimmertemperatur. Erde: Orchideensubstrat. Wasser: Ganzjährig mäßig mit enthärtetem Wasser gießen. Stehende Nässe vermeiden, für hohe Luftfeuchte sorgen. Düngen: Während des Wachstums alle 14 Tage mit Flüssigdünger in halber Konzentration. Umpflanzen: Alle 2 bis 3 Jahre im Frühling. Vermehrung: Durch Kindel, die sich gelegentlich an den Blütenstielen bilden. Sonstiges: Pflanzen im Winter nachts für ca. 4 Wochen kühler stellen (15°C), dadurch wird die Blütenbildung angeregt. Verblühte Rispen nicht ganz abschneiden. Oft bildet sich unterhalb der Schnittstelle eine zweite Blütenrispe.

Pleione

Tibetorchidee — Orchidaceae, Orchideen

Höhe/Länge	0	25cm	50cm	75cm	1m	1,25m	1,5m	1,75m	2m	2,25m	2,5m	2,75m	3m ▷
Blütezeit	Jan	Feb	März	Apr	Mai	Juni	Juli	Aug	Sept	Okt	Nov	Dez	
Blütenfarbe	weiß/beige	gelb	orange	rosa	rot	purpur	violett	blau	grün				
Verwendung													

Diese hübschen kleinen Orchideen sind zwar nur für die kurze Zeit ihrer Blüte attraktiv, gerade unerfahrenen Zimmergärtnern kann man sie aber für die ersten Versuche mit Orchideen empfehlen.
Insgesamt gibt es nur rund 10 Arten, die im östlichen Asien zu Hause sind. Am unkompliziertesten sind *Pleione formosana* und *Pleione limprichtii.* Sie blühen im Frühjahr. Ein einziges Blatt erscheint erst nach der Blüte. Es bleibt den Sommer über grün und liefert in dieser Zeit Nährstoffe für eine neue Bulbe, während die alte einschrumpft und abstirbt. Im Herbst fällt das Blatt dann ab, und die Tibetorchidee beginnt ihre Ruhezeit.
Standort: Während der Wachstumszeit hell und bei Zimmertemperatur aufstellen. Nachdem das Blatt abgeworfen wurde, hält man die Pflanzen möglichst kühl. Selbst Temperaturen um den Gefrierpunkt werden noch vertragen. Erde: Einheitserde mit Torf und Torfmoos (Sphagnum) vermischen. Wasser: Solange die Orchidee wächst, gut gießen. Mit dem Einziehen des Blattes die Wassergaben langsam einschränken. Im Winter mit dem Gießen ganz aussetzen, bis im Februar der Neutrieb beginnt. Düngen: Solange das Blatt grün ist, alle 2 bis 3 Wochen mit flüssigem Volldünger. Umpflanzen: Jedes Jahr im Winter. Die Bulben nur zu einem Drittel mit Erde bedecken. Vermehrung: Durch die sich rund um die Bulben bildenden kleinen Bulbillen.

Trichopilia

Trichopilie — Orchidaceae, Orchideen

Höhe/Länge	0	**25cm**	50cm	75cm	1m	1,25m	1,5m	1,75m	2m	2,25m	2,5m	2,75m	3m ▷
Blütezeit	**Jan**	**Feb**	**März**	**Apr**	**Mai**	Juni	Juli	Aug	Sept	Okt	Nov	Dez	
Blütenfarbe	**weiß/beige**	gelb	orange	rosa	rot	purpur	violett	blau	**grün**				
Verwendung													

Mit etwa 25 Arten kommt *Trichopilia* in den nebligen Bergwäldern des tropischen Mittel- und Südamerika vor. Im Blütenaufbau erinnern sie etwas an *Cattleya.* Die äußeren Blütenblätter sind oft schmal und spiralig gedreht. Die Lippe ist groß und trichterförmig. Die flachen Pseudobulben tragen je ein ledriges Blatt. Wie viele andere Orchideen wächst die Trichopilie epiphytisch, sitzt also auf anderen Pflanzen, meist auf Bäumen. Im Zimmer hält man sie wegen der hängenden Blüten gern als Ampelpflanze.

Eine außergewöhnlich schöne Art ist *Trichopilia fragrans* mit weißen, grünlich überhauchten Blütenblättern und einer weißen Lippe mit gelbem Schlundfleck.

Standort: Ihrem heimatlichen Standort entsprechend bevorzugt *Trichopilia* einen eher halbschattigen, luftigen Platz bei normaler Zimmertemperatur. Nachts etwas kühler, etwa 15°C. Im Sommer kann man die Orchidee auch im Freien an einem kühlen Platz unterbringen. Erde: Orchideenerde. Wasser: Im Sommer gleichmäßig feucht halten, im Winter etwas weniger gießen. Immer enthärtetes Wasser verwenden. Hohe Luftfeuchtigkeit! Düngen: Von Frühjahr bis Herbst alle 3 Wochen mit flüssigem Volldünger in halber Konzentration. Umpflanzen: Jedes Jahr im Frühling. Vermehrung: Beim Umpflanzen durch Teilen.

Vanda

Vanda — Orchidaceae, Orchideen

Höhe/Länge	0	**25cm**	**50cm**	**75cm**	**1m**	1,25m	1,5m	1,75m	2m	2,25m	2,5m	2,75m	3m ▷
Blütezeit	**Jan**	**Feb**	**März**	**Apr**	**Mai**	**Juni**	**Juli**	**Aug**	**Sept**	**Okt**	**Nov**	**Dez**	
Blütenfarbe	**weiß/beige**	**gelb**	**orange**	**rosa**	**rot**	**purpur**	**violett**	**blau**	grün				
Verwendung													

Bis zu 1 m hoch werden die durchgehenden Stämme von *Vanda,* was die Unterbringungsmöglichkeiten im Zimmer leider sehr begrenzt. Für Besitzer von Blumenfenstern kommt sie aber durchaus noch in Frage. Das Verbreitungsgebiet dieser stattlichen Orchidee erstreckt sich von Indien über die Philippinen bis nach Australien. Besonders beliebt und begehrt ist *Vanda coerulea* mit der bei Orchideen sehr seltenen blauen Blütenfarbe.

Standort: Um in Blüte zu kommen, braucht *Vanda* einen sehr hellen Fensterplatz, der lediglich im Sommer in den heißesten Mittagsstunden leicht schattiert werden sollte. Die optimalen Raumtemperaturen liegen im Sommer zwischen 22° und 27°C, im Winter zwischen 17° und 22°C. Erde: Orchideensubstrat. Wasser: Zwischen Mai und September, wenn die Pflanze wächst, reichlich gießen und täglich übersprühen. Nur weiches Wasser verwenden. Im Winter nur sehr wenig gießen, Ballen jedoch nicht austrocknen lassen. Düngen: Von Mai bis September alle 3 Wochen flüssigen Volldünger in halber Konzentration ins Gießwasser geben. Umpflanzen: Nur wenn der Topf zu klein wird, in der Regel alle 3 Jahre im Frühjahr. Vermehrung: Durch Abmoosen.

Sonstiges: Bleibt die Blüte im Winter aus, liegt dies meist an einem zu dunklen Standort. Vorzeitiger Knospenabwurf ist auf einen zu kühlen Standort zurückzuführen.

x Vuylstekeara

Vuylstekeara — Orchidaceae, Orchideen

Höhe/Länge	0	**25cm**	**50cm**	75cm	1m	1,25m	1,5m	1,75m	2m	2,25m	2,5m	2,75m	3m ▷
Blütezeit	**Jan**	**Feb**	**März**	**Apr**	**Mai**	**Juni**	**Juli**	**Aug**	**Sept**	**Okt**	**Nov**	**Dez**	
Blütenfarbe	**weiß/beige**	gelb	orange	rosa	**rot**	purpur	violett	blau	grün				
Verwendung													

Bei x *Vuylstekeara* handelt es sich um eine Züchtung, an der drei Orchideengattungen beteiligt waren, nämlich *Cochlioda, Miltonia* und *Odontoglossum.* Im Grunde ist sie nichts Neues. Vielmehr entstand sie schon Anfang dieses Jahrhunderts. Daß sie erst jetzt häufiger kultiviert wird, mag unter anderem an ihrem zungenbrecherischen Namen liegen. Am häufigsten findet man x *Vuylstekeara cambria* 'Plush' mit hübschen zinnoberroten Blüten und weiß gesprenkelter Lippe. Zierlicher, und deshalb für die Fensterbank besser geeignet, ist die Sorte 'Stamperland'.

Standort: Die Hybride möchte hell, aber nicht in der vollen Sonne stehen. Im Sommer sind ihr normale Zimmertemperaturen zuträglich, im Winter sollte es etwas kühler, etwa 15° bis 18°C sein. Erde: Orchideenerde. Wasser: Das ganze Jahr über gleichmäßig feucht halten. Zum Gießen kein hartes Wasser nehmen. Auf hohe Luftfeuchtigkeit achten. Düngen: Im Frühjahr und Sommer alle 2 bis 3 Wochen mit Flüssigdünger in halber Konzentration. Umpflanzen: Alle zwei bis drei Jahre im Frühjahr, wenn die Pflanze zu treiben beginnt. Vermehrung: Beim Umpflanzen durch Abtrennen einiger Pseudobulben.

x Wilsonara

Wilsonara — Orchidaceae, Orchideen

Höhe/Länge	0	25cm	**50cm**	**75cm**	1m	1,25m	1,5m	1,75m	2m	2,25m	2,5m	2,75m	3m ▷
Blütezeit	**Jan**	**Feb**	**März**	**Apr**	**Mai**	**Juni**	**Juli**	**Aug**	**Sept**	**Okt**	**Nov**	**Dez**	
Blütenfarbe	**weiß/beige**	**gelb**	orange	**rosa**	**rot**	**purpur**	violett	blau	grün				
Verwendung													

Wie bei x *Vuylstekeara* waren auch bei der Entstehung von x *Wilsonara* drei verschiedene Orchideengattungen mit von der Partie: *Cochlioda, Oncidium* und *Odontoglossum.* Das Ergebnis sind sehr wuchsfreudige, blütenreiche Pflanzen mit interessanten gesprenkelten Blumen.

Standort: Recht gut gedeiht x *Wilsonara* bei durchschnittlichen Zimmertemperaturen an einem hellen, allerdings nicht voll sonnigen Fenster. Im Winter möchte sie etwas kühler stehen, tagsüber bei 18°, nachts möglichst nur bei 14°C. Erde: Orchideenerde. Wasser: Gleichbleibende mäßige Feuchtigkeit bekommt dieser Orchidee am besten. Im Winter etwas weniger, im Sommer, wenn der Wasserverbrauch höher wird, etwas mehr gießen. Dabei nur weiches Wasser verwenden. Außerdem für reichlich Luftfeuchtigkeit sorgen. Düngen: Solange die Pflanze wächst, im Frühling und Sommer also, alle 2 bis 3 Wochen mit flüssigem Blumendünger in halber Konzentration gießen. Umpflanzen: Alle zwei Jahre im Frühling. Vermehrung: Beim Umtopfen jeweils einige zusammenhängende Bulben abtrennen.

Bonsai fürs Zimmer

Bonsai fürs Zimmer

Was ist Bonsai? Ein Zen-Buddhist würde antworten: „Eine grüne Treppe, die zum Himmel führt." Wie immer wir Westeuropäer zur Bonsaikunst stehen, für den chinesischen und japanischen Gärtner steht das Wort „Bonsai" für jahrtausendealte Tradition, bedeutet es Tätigkeit und fertiges Werk zugleich.
Baum in der Schale lautet die Übersetzung für das lebende Kunstwerk, das in Asien von der geistlichen und weltlichen Elite seit altersher hoch geschätzt wird. Philosophen aus Fernost sehen darin die verkörperte Harmonie zwischen Mensch und Natur. Was aber ist Bonsai für uns?
Die ständig wachsende Begeisterung für die bizarren Baumminiaturen zeigt, daß auch der Mensch des Abendlandes eine enge Beziehung zu diesen kostspieligen Topfpflanzen gefunden hat. Für den Städter ist Bonsai oft die einzige Möglichkeit, einen ausgewachsenen Baum, ja sogar ein richtiges Wäldchen hautnah zu erleben. Worin der Reiz der knorrigen Miniatur eines Serissabaumes oder die Faszination eines silbrig schimmernden Zelkovenwäldchens liegen, ist schwer zu ergründen. Macht uns vielleicht der Spieltrieb bonsai-anfällig? Immerhin sind Puppenstube und Modelleisenbahn die ersten Bonsais, mit denen wir Bekanntschaft schließen. Möglich, daß auch die ungewohnte Perspektive den Gedanken Flügeln wachsen läßt. So ein Wäldchen kann die Phantasie auf die abenteuerlichsten Reisen schicken. Fast fühlt man sich wie Gulliver in Lilliput.
Als vor etwa 20 Jahren mit den ersten Bonsais gehandelt wurde, hielt man das teure Kleinholz für eine rasch vergängliche Mode. Man irrte sich. „Heute begeistern sich überraschend viele junge Leute für Bonsai", sagt Paul Lesniewicz, Pionier der Bonsaibewegung in Europa und Autor zahlreicher Fachbücher über dieses Spezialgebiet. Tatsächlich begegnet man in seinem Heidelberger Bonsai-Centrum auffallend vielen Jugendlichen, denen Fernsehen, Video und Computerspiele anscheinend nicht genug geben. Für sie bietet Bonsai eine neue Beziehung zur Natur, eine Möglichkeit, Einzelheiten besser und bewußter wahrzunehmen.
Wer sich erstmals in das Bonsaiabenteuer stürzt, muß zwei ganz wichtige Dinge unterscheiden: den Outdoor- und den Indoor-Bonsai, zu deutsch den Minibaum für draußen und den für drinnen.
Klassiker ist der Outdoor-Bonsai, zu dem auch bei uns heimische Gehölze wie Kiefer, Buche, Ahorn und Wacholder gehören. Was vielen nicht klar ist: Diese Miniaturen dürfen nur kurzfristig zur Dekoration ins Zimmer geholt werden, sonst gehen sie bald den Weg alles Irdischen und man ärgert sich über das verlorene Geld und die Mühe. Anders die Indoors, das neueste an der Bonsaifront. Wie ihre rauhen Geschwister sind auch sie echte Baumminiaturen, aber solche von tropischen und subtropischen Arten. Sie sind demzufolge das, was wir als Zimmerpflanzen pflegen. Für Bonsaifreunde ohne Terrasse, Balkon oder Garten stellen sie den einzigen Lichtblick dar. Damit sind ihre Vorteile aber noch nicht erschöpft. Ein Zimmer-Bonsai braucht im Winter nicht eingeschlagen zu werden, sondern bleibt jahraus, jahrein am selben Platz. Ausnahme: die mediterranen Arten, die zwischen „in" und „out" liegen und wie Kübelpflanzen ab Mai an die frische Luft dürfen. Alle tropischen Bonsais sind mit einem hellen, aber nicht sonnigen Fensterplatz direkt über der Heizung ganzjährig einverstanden.
Zimmer-Bonsai sind auch sehr urlaubsfreundlich. Wer keinen „Sitter" gefunden hat, kann mit kleinen Kniffen die Wasserversorgung gewährleisten. Vor einem Kurzurlaub genügt es, die Schale in eine mit feuchtem Torf ausstaffierte Wanne oder Kiste zu stellen. Vorher kräftig gießen! In einem geschlossenen Minigewächshaus hält es der Bonsai ebenfalls einige Tage ohne Pflege aus. Es reicht sogar, wenn man eine große, durchsichtige Plastiktüte durchlöchert, über ein Drahtgestell zieht und der Pflanze wie eine Mütze überstülpt.
Grundsätzlich gelten für Zimmer-Bonsai die gleichen Kulturregeln wie für ihre „normal" gehaltenen Namensvettern. Einzige Nuancen: Zimmer-Bonsais brauchen bereits Wasser, bevor die Erde ganz abgetrocknet ist und sollen besser häufig und dafür niedrig konzentriert als selten und reichlich gedüngt werden. Man vergesse nie, daß dem Zimmer-Bonsai im Gegensatz zu seinen großen Brüdern nur eine sehr begrenzte Erdmenge zur Verfügung steht, aus der er seine Nährstoffe bezieht.
Das Paradebeispiel für einen idealen Zimmer-Bonsai ist der berühmte Baum der tausend Sterne, botanisch *Serissa foetida.* Wegen seiner Hauptblütezeit im Sommer wird er auch Junischnee genannt. *Serissa foetida* vereinigt alle Vorzüge einer bonsaigeeigneten Zimmerpflanze auf sich: leicht verholzende Äste, zierliche Blüten, kleine Blätter. Inzwischen gibt es aber auch viele Freunde des sukkulenten Bonsai. Die Deutsche Eiche und manche Euphorbien eignen sich wegen ihrer eigentümlichen Gestalt wunderbar als Minibäume. Sie sind sogenannte Kalthauspflanzen wie Fuchsie, Myrte, Lantane, Kamelie und Gardenie, von denen es ebenfalls zauberhafte Bonsaiformen gibt.
Alle, die Bonsai von Grund auf erleben möchten, ziehen sich ihr Material am liebsten selbst heran. Übrigens: Samen, aus denen fix und fertige Bonsais wachsen, gibt es nicht. Zuerst einmal ist jeder Bonsai ein normales Jungpflänzchen. Erst die Erziehung macht aus ihnen jene vollendet ästhetischen Gestalten, die wir so bewundern.
Diese Erziehung besteht nicht nur aus Formen, Drahten, Schneiden und Biegen, sie beinhaltet auch eine gezielte Kultur. Bonsai werden aber nicht, wie vielfach angenommen wird, im Existenzminimum gehalten, sondern müssen wie alle Pflanzen regelmäßig mit Wasser und Nährstoffen versorgt werden. All dies will gelernt sein. Bücher helfen mit Anleitungen; Geräte und Schalen kann man kaufen. Nicht aber den Interessen- und Erfahrungsaustausch. In der Bundesrepublik gibt es heute die meisten Bonsaifreunde Europas. Sie haben sich in regionalen Arbeitskreisen und Clubs zusammengeschlossen. Wer Lust hat beizutreten, wende sich an den *Verein europäischer Miniaturbaumfreunde e. V.* (Weiher-Str. 9, 6908 Wiesloch). Über diese Adresse ist auch die informative Zeitschrift „Bonsai-Club" erhältlich. Eines ist sicher, die ernsthafte Beschäftigung mit Bonsai führt nicht nur zu vielen neuen Kontakten, sie ist für viele Europäer auch tatsächlich eine grüne Treppe geworden, die zum Himmel führt.

Buxus microphylla

Japanischer Buchsbaum — Buxaceae, Buchsbaumgewächse

Höhe/Länge	0	**25cm**	50cm	75cm	1m	1,25m	1,5m	1,75m	2m	2,25m	2,5m	2,75m	3m ▷
Blütezeit	Jan	Feb	März	Apr	**Mai**	Juni	Juli	Aug	Sept	Okt	Nov	Dez
Blütenfarbe	weiß/beige	gelb	orange	rosa	rot	purpur	violett	blau	**grün**			
Verwendung												

Als Gehölz kennt man diese Buchsbaumart aus japanischen Gartenanlagen. Es wird dort bis 1 m hoch und zeigt einen gedrungenen, dichten Wuchs. Die immergrünen Blättchen sind noch kleiner als bei *Buxus sempervirens,* dem bekannten Buchsbaum der Bauern- und Schloßgärten. Äste und Zweige haben eine auffallend gelblichweiße Rinde. Die Blüte ist unscheinbar.
Standort: Im Zimmer gedeiht *Buxus microphylla* am besten an einem hellen, aber kühlen Fenster. Wenn möglich, sollte man ihn im Sommer aber nach draußen an einen sonnigen oder schattigen Platz stellen. Im Winter für einen hellen, kühlen Standort sorgen. Temperaturen nachts nicht höher als 8°C. Erde: Bonsai-Erde, pH-Wert 5,5 bis 6. Wasser: Von Frühjahr bis Herbst reichlich gießen, im Winter Wassergaben etwas reduzieren. Düngen: Von April bis September alle 4 Wochen mit flüssigem Volldünger. Umtopfen: Alle 2 Jahre im Frühjahr vor Austriebsbeginn. Schnitt: Ältere Äste im Frühjahr vor dem Neuaustrieb zurücknehmen. Den Jahrestrieb auf 2 bis 3 Augen einkürzen. Krankheiten, Schädlinge und ihre Ursachen: Bei Trockenheit Blattabfall.

Citrus reticulata

Mandarine — Rutaceae, Rautengewächse

Höhe/Länge	0	**25cm**	50cm	75cm	1m	1,25m	1,5m	1,75m	2m	2,25m	2,5m	2,75m	3m ▷
Blütezeit	**Jan**	**Feb**	**März**	**Apr**	**Mai**	**Juni**	**Juli**	**Aug**	**Sept**	**Okt**	**Nov**	**Dez**
Blütenfarbe	**weiß/beige**	gelb	orange	rosa	rot	purpur	violett	blau	grün			
Verwendung												

Ursprünglich kommt die Mandarine aus Südostasien und von den Philippinen. 1828 wurde sie von dort aus nach Südeuropa eingeführt. Bei normaler Kultur wächst sie meist strauchartig, seltener als kleiner Baum. Die Zweige tragen Dornen. Die weißen Blüten und die bekannten orangefarbenen, süß schmeckenden Früchte erscheinen erst bei älteren Pflanzen.
Standort: Im Sommer fühlt sich die Mandarine an einem sonnigen Platz im Freien am wohlsten. Im Zimmer soll man sie hell stellen, in den Sommermonaten wird es ihr an Südfenstern aber meistens zu heiß. Im Winter kühl und hell unterbringen, tagsüber bei etwa 12°, nachts bei nur 5°C. Ein entsprechend kühler Raum entsteht oft schon, wenn man den Fensterbereich durch einen Vorhang vom übrigen Zimmer abtrennt und den Heizkörper an diesem Fenster abschaltet. Erde: Bonsai-Substrat. Wasser: Im Sommer reichlich, im Winter mäßig gießen. Düngen: Von Frühjahr bis Herbst monatlich mit einem Flüssigdünger. Umpflanzen: Alle 2 Jahre vor dem Austrieb.

Lagerstroemia indica

Lagerströmie — Lythraceae, Weiderichgewächse

Höhe/Länge	0	**25cm**	50cm	75cm	1m	1,25m	1,5m	1,75m	2m	2,25m	2,5m	2,75m	3m ▷
Blütezeit	Jan	Feb	März	Apr	Mai	Juni	Juli	**Aug**	**Sept**	**Okt**	Nov	Dez	
Blütenfarbe	**weiß/beige**	gelb	orange	**rosa**	rot	purpur	violett	blau	grün				
Verwendung													

Mit ungefähr 30 Arten ist die Lagerströmie im südlichen und östlichen Asien sowie in Australien beheimatet. *Lagerstroemia indica* entwickelt sich frei ausgepflanzt zu einem bis 8 m hohen Baum. Da sie nicht winterhart ist, wird sie bei uns als Kübelpflanze gehalten und wächst dann meist strauchförmig. Südlich der Alpen kann man sie dagegen als prachtvollen Park- und Alleebaum bewundern. Eine besondere Zierde sind ihre bis zu 20 cm langen rosafarbenen oder weißen Blütenrispen. Sie erscheinen zwischen August und Oktober.

Standort: Den Sommer über liebt die Lagerströmie einen sonnigen, warmen Platz im Freien. Bei reiner Zimmerkultur hält man sie an einem hellen Fenster, während der Sommermonate jedoch nicht an einem Südfenster. Hier wird es meist selbst für diese wärmeliebende Pflanze zu heiß. Im Winter hell und kühl, aber frostfrei halten. Erde: Bonsai-Substrat. Wasser: Im Sommer reichlich gießen, im Winter etwas weniger. Düngen: Von Frühjahr bis Herbst alle 3 bis 4 Wochen mit flüssigem Volldünger. Umtopfen: Im Frühjahr vor Triebbeginn. Alle 2 Jahre. Krankheiten, Schädlinge und ihre Ursachen: Gelegentlich ist ein Befall von Blattläusen zu bemerken.

Olea europaea

Ölbaum, Olivenbaum — Oleaceae, Ölbaumgewächse

Höhe/Länge	0	**25cm**	**50cm**	75cm	1m	1,25m	1,5m	1,75m	2m	2,25m	2,5m	2,75m	3m ▷
Blütezeit	Jan	Feb	März	Apr	Mai	Juni	**Juli**	**Aug**	Sept	Okt	Nov	Dez	
Blütenfarbe	**weiß/beige**	gelb	orange	rosa	rot	purpur	violett	blau	grün				
Verwendung													

Als Lieferant der Oliven und des Olivenöls war der Ölbaum im Mittelmeergebiet seit jeher eine weitverbreitete Nutzpflanze. Schon in der Mythologie der Griechen und Römer hatte er seinen festen Platz. Mit den Jahren bildet er 10 bis 12 m hohe Bäume mit immergrünen, silbergrauen, schmalen Blättern und malerisch-knorrigem Wuchs. Dabei kann er uralt werden. Die pflaumenähnlichen Früchte des Ölbaums, die Oliven, sind zunächst grün und färben sich bei der Vollreife im Winter schwarz. Leider kann der Ölbaum wegen mangelnder Winterhärte bei uns nur als Kübelpflanze kultiviert werden.

Standort: Ölbäume brauchen viel Sonne und Wärme. Im Sommer stellt man sie auf den Südbalkon, bei Zimmerkultur an ein sonniges Fenster. Bei zu großer Hitze in den Mittagsstunden eventuell etwas schattieren. Den Winter über möchte *Olea europaea* hell und sehr kühl stehen, vor allem nachts nicht wärmer als 5 °C. Erde: Bonsai-Erde. Wasser: Im Sommer reichlich gießen, im Winter nur mäßig. Düngen: Von April bis September alle 14 Tage mit flüssigem Volldünger. Umpflanzen: Alle zwei Jahre vor dem Austrieb im Frühjahr. Krankheiten, Schädlinge und ihre Ursachen: Bei unsachgemäßer Überwinterung – zu warm, zu feucht – kommt es zu Verfärbung und Abwurf der Blätter.

Podocarpus macrophylla

Steineibe — Podocarpaceae, Steineibengewächse

Höhe/Länge	0	25cm	50cm	75cm	1m	1,25m	1,5m	1,75m	2m	2,25m	2,5m	2,75m	3m ▷
Blütezeit	Jan	Feb	März	Apr	Mai	Juni	Juli	Aug	Sept	Okt	Nov	Dez	
Blütenfarbe	weiß/beige	gelb	orange	rosa	rot	purpur	violett	blau	grün				
Verwendung													

Auf der südlichen Erdhalbkugel gehört die Steineibe mit 100 verschiedenen Arten zu den am meisten verbreiteten Nadelbäumen. In unserem Klimabereich sind die Bäume leider durchweg nicht winterhart. Mitunter werden sie jedoch als Kübelpflanzen gezogen und wachsen dann strauchartig.

Standort: Während des Sommers fühlt sich *Podocarpus macrophylla* an einem vollsonnigen oder halbschattigen Platz im Freien am wohlsten. Im Zimmer gedeiht sie am besten an einem hellen Fenster, das man während der heißen Mittagsstunden allerdings etwas schattieren sollte. Im Winter möchten die Pflanzen kühl und hell stehen. Günstig sind Temperaturen um 8°C. Erde: Bonsai-Substrat, pH-Wert 5,8 bis 6,0. Wasser: Von Frühjahr bis Herbst reichlich gießen, im Winter etwas weniger. Düngen: Im Mai und Juni, sowie im September und Oktober alle 4 Wochen. Umpflanzen: Alle 2 Jahre vor dem Austrieb. Schnitt: Ältere Äste werden vor dem Austrieb im Frühjahr zurückgeschnitten. Neue Triebe um zwei Drittel zurücknehmen.

Serissa foetida

Junischnee — Rubiaceae, Rötegewächse

Höhe/Länge	0	25cm	50cm	75cm	1m	1,25m	1,5m	1,75m	2m	2,25m	2,5m	2,75m	3m ▷
Blütezeit	Jan	Feb	März	Apr	Mai	Juni	Juli	Aug	Sept	Okt	Nov	Dez	
Blütenfarbe	weiß/beige	gelb	orange	rosa	rot	purpur	violett	blau	grün				
Verwendung													

Baum der 1000 Sterne wird dieses hübsche Gehölz von den Freunden der Bonsaikunst liebevoll genannt. Seine Heimat ist China. Es bildet zierliche Bäume mit immergrünen, schmalen Blättern. Im Juni ist die ganze Pflanze mit unzähligen weißen Blütchen übersät, vereinzelte Blüten öffnen sich auch zu anderen Zeiten.

Standort: Im Sommer gedeiht *Serissa* am besten an einem sehr hellen Fenster oder an einem schwach sonnigen Platz im Freien. Im Winter möchte sie bei einer Temperatur um 14°C hell stehen. Erde: Bonsai-Substrat oder ein Gemisch aus jeweils einem Teil Lehm, Sand und Torf. pH-Wert 5,5 bis 5,8. Wasser: Im Sommer sehr reichlich, im Winter mäßig gießen. Düngen: Von April bis September einmal pro Monat mit einem flüssigen Volldünger. Umpflanzen: Alle zwei Jahre im Frühjahr vor dem Austrieb. Schnitt: Ein Rückschnitt der Äste ist jederzeit möglich und auch etwa alle 2 Jahre notwendig. Neue Triebe werden nach der Blüte auf ein bis zwei Blattpaare zurückgeschnitten.

Sonstiges: Standortwechsel kann zum Abwerfen der Blätter führen. Die Pflanzen erholen sich allerdings schnell wieder.

Pflanzengäste aus dem Süden

Pflanzengäste aus dem Süden

Die Sehnsucht nach fernen Ländern, nach ewigem Sommer, nach Süden und Sonne hat den Kübelpflanzen seit jeher eine begeisterte Schar von Anhängern beschert.
Bereits um die Mitte des 17. Jahrhunderts begannen Gärtner nördlich der Alpen kleine Bäume und blühende Sträucher aus dem Süden in Kübel zu pflanzen und liebevoll aufzuziehen. Da die meisten dieser Pflanzen im Laufe der Zeit zu groß wurden, um sie im Winter ins Haus zu nehmen, sie aber keinen Frost vertragen, umbaute man sie alljährlich, wenn der Winter kam, mit Holzbrettern. Die Holzverschläge wurden dann mit kleinen Öfen beheizt, so daß die empfindlichen Gäste aus dem Süden schadlos ins nächste Frühjahr kamen. Diese Art „Urgewächshäuser" waren der Beginn einer Mode, die in der Zeit des Barock mit dem Bau von Orangerien ihren Höhepunkt erlebte. Viele Fürsten, aber auch reiche Bürger, die etwas auf sich hielten, ließen sich einen solchen, mit großen Fenstern ausgestatteten Bau errichten, um darin Zitronen, Orangen, Pomeranzen und eine ganze Reihe anderer Gewächse aus südlichen Ländern zu halten. Einige beeindruckende Orangeriebauten können wir noch heute z.B. in Schwetzingen, Nymphenburg oder Herrenhausen bewundern.
Eine zweite Blütezeit erlebte die Kübelpflanzenliebhaberei Ende des letzten Jahrhunderts, als aus Amerika und Ostasien immer mehr Pflanzen eingeführt wurden. Stattliche Exemplare, darunter viele Palmen, schmückten jetzt helle Eingangshallen und Wintergärten und verliehen den Bewohnern einen Hauch von Weltoffenheit.
Fernweh schließlich hat auch die letzte Kübelpflanzenwelle ins Rollen gebracht. Fast jeder Urlauber, der aus einem südlichen Land zurückkehrt, hat ein grünes Souvenir im Gepäck, sei es ein Oleandersteckling, der Stamm einer Yuccapalme oder Samen von Strelitzien. Wenn heutzutage jemand von seinen Kübelpflanzen schwärmt, muß es sich allerdings nicht unbedingt um exotische Gewächse handeln. Seit mobile Gärten, Gärten in Pflanzgefäßen also, mehr und mehr Dächer, Fußgängerzonen, Innenhöfe und Terrassen erobern, ist der Begriff „Kübelpflanze" umfassender geworden. Viele Hobbygärtner bezeichnen damit beinahe alle Gewächse, die in einem größeren Topf, einem Kübel oder irgend einem anderen Pflanzgefäß wachsen. So gesehen könnte eigentlich fast jede Pflanze eine Kübelpflanze sein, denn selbst Baumriesen wie Buchen oder Eichen wachsen als Bonsai in Töpfen.
In diesem Kapitel soll es jedoch um Kübelpflanzen im klassischen Sinn gehen. Hierbei handelt es sich durchweg um Gewächse, die keinen oder nur ganz wenig Frost vertragen und in unserem Klimabereich deshalb in einem entsprechend temperierten Raum überwintert werden müssen. Im Gegensatz zu den ebenfalls nicht winterharten einjährigen Sommerblumen wachsen sie meist strauch- oder baumartig und bleiben bei richtiger Pflege jahrelang schön.
Von den Zimmerpflanzen unterscheiden sich die Kübelpflanzen dadurch, daß sie im Sommer unbedingt im Freien stehen müssen, wenn sie gut gedeihen sollen. Ein Oleander würde sich im Zimmer z.B. niemals so prächtig entwickeln wie draußen. Das liegt vor allem an dem enormen Lichtbedürfnis, das diese Pflanzen aus ihrer Heimat mitbringen.
Der Herkunft nach lassen sich die Kübelpflanzen in zwei große Gruppen aufteilen. Die eine ist im subtropischen Raum zu Hause. Hierzu gehören beispielsweise die Pflanzen aus dem Mittelmeerraum wie Oleander oder Zitrone. Die andere Gruppe, zu der Pflanzen wie der Hibiskus oder die Banane zählen, stammt aus den feuchtwarmen Regionen der Tropen, z.B. aus Mittelamerika, dem nördlichen Südamerika oder Südostasien. Entsprechend der Wachstumsverhältnisse in diesen Klimazonen verlangen die Kübelpflanzen auch bei uns sehr viel Wärme und Sonne. Die geschützte Lage vieler Balkone, besonders von Südbalkonen, kommt ihnen dabei sehr entgegen. Darüber hinaus brauchen unsere exotischen Gäste im Sommer durchweg recht viel Wasser und Dünger, auch wenn sie in ihrer Heimat oft noch an den unwirtlichsten Plätzen zu gedeihen scheinen. Oftmals wundert man sich zum Beispiel über Oleander, die in Südfrankreich oder Italien an völlig trockenen, heißen Standorten gedeihen. Forscht man genauer nach, stellt sich aber bald heraus, daß die Pflanzen an diesen Stellen immer noch reichlich Feuchtigkeit aus dem Untergrund erhalten.
Weit größere Probleme als im Sommer bereiten uns die Kübelpflanzen allerdings im Winter. Wo bringt man die nicht gerade kleinen Gewächse am besten unter? Wieviel Wasser brauchen sie und welche Temperaturen? Die meisten Fehler werden beim Gießen gemacht. Fast alle Kübelpflanzen, die den Winter nicht überstehen, wurden zu stark gegossen. Besonders gefährdet sind aus den Subtropen stammende Arten, die im Winter Temperaturen von nur wenigen Graden über dem Gefrierpunkt wünschen, während die tropischen Pflanzen gerne etwas wärmer stehen. Die geeignetsten Überwinterungsquartiere finden sich, wenn nicht gerade ein Kleingewächshaus oder ein Wintergarten zur Verfügung stehen, in hellen Treppenhäusern oder Garagen. Die meisten Keller sind dagegen zu dunkel und Wohnräume in der Regel zu warm. Wer gar keinen geeigneten Raum zum Überwintern findet, sollte sich einmal bei den Gärtnereien in der näheren Umgebung erkundigen. Für einen meist recht günstigen Betrag sind viele Betriebe bereit, Kübelpflanzen den Winter über in Pension zu nehmen.
Eine sehr beliebte Wuchsform ist bei den Kübelpflanzen derzeit der Hochstamm.
Diese kleinen Bäumchen mit kugelförmiger Krone kann man aus vielen Kübelgewächsen selbst ziehen: Bei der Jungpflanze schneidet man zunächst alle Seitentriebe weg und läßt nur den Mitteltrieb wachsen, bis er die gewünschte Stammhöhe erreicht hat. Nun schneidet man die Spitze ab und läßt statt dessen die aus den obersten Blattachsen kommenden Seitentriebe, die die Krone bilden sollen, stehen. Damit sie sich reichlich verzweigen und die Krone schön dicht wird, nimmt man sie jedoch mehrmals bis auf ein Drittel ihrer Länge zurück. Ist die Krone gebildet, genügt ein jährlicher Formschnitt im Herbst.
Besonderes Talent zum Hochstamm haben Kübelpflanzen, deren Triebe schnell verholzen, z.B. Oleander, Lorbeer oder Wandelröschen. Schwieriger wird es bei Heliotrop, Geranien oder Bleiwurz. Ihre relativ weichen, schwachen Stämme benötigen eine feste Stütze in Form eines stabilen Stabes. Noch besser sind spezielle Hochstammstützen aus Metall. Man bekommt sie in guten Gartenfachgeschäften und -Centern.

Agapanthus orientalis

Schmucklilie — Liliaceae, Liliengewächse

Höhe/Länge	0	25cm	**50cm**	**75cm**	**1m**	1,25m	1,5m	1,75m	2m	2,25m	2,5m	2,75m	3m ▷
Blütezeit	Jan	Feb	März	Apr	Mai	Juni	**Juli**	**Aug**	Sept	Okt	Nov	Dez	
Blütenfarbe	weiß/beige	gelb	orange	rosa	rot	purpur	violett	**blau**	grün				
Sonstiges	☼	W	ⓘ										

Für Balkone und Terrassen gibt es kaum eine attraktivere Pflanze. Die großen blauen, seltener auch weißen Blütendolden auf ca. 1 m hohen Stielen verwandeln die an sich schon dekorative Pflanze mit den grasartigen Blattbüscheln im August in ein wahres Schmuckstück.

Standort und Pflege: Die in Südafrika beheimatete Schmucklilie braucht im Sommer einen geschützten warmen Standort in der vollen Sonne. Damit sich die Blüten gut entwickeln, wöchentlich düngen und reichlich gießen. Noch wichtiger als die sorgfältige Pflege im Sommer ist die richtige Überwinterung. Im Winter werden nämlich bereits die Blüten angelegt, allerdings nur, wenn die Pflanze nicht wärmer steht als 15 °C. Schmucklilien deshalb frostfrei, aber kühl überwintern, dabei nur mäßig gießen. Die kleinblütige Sorte 'Headbourne Hybrids' kann sogar im Freien bleiben. Entscheidend für die Blühwilligkeit des *Agapanthus* ist auch das Umpflanzen. Nach Möglichkeit sollte nur selten umgetopft werden, da nur gut durchwurzelte Pflanzen Blüten bringen. Erde: Einheitserde. Vermehrung: Durch Teilung.

Verwendung: Besonders für Balkone und Dachgärten mit exotischem oder mediterranem Flair.

Agave americana

Agave, Amerikanische Agave — Agavaceae, Agavengewächse

Höhe/Länge	0	25cm	**50cm**	**75cm**	**1m**	1,25m	1,5m	1,75m	2m	2,25m	2,5m	2,75m	3m ▷
Blütezeit	Jan	Feb	März	Apr	Mai	**Juni**	**Juli**	**Aug**	**Sept**	Okt	Nov	Dez	
Blütenfarbe	**weiß/beige**	gelb	orange	rosa	rot	purpur	violett	blau	grün				
Sonstiges	☼	ⓘ											

Die imposante Pflanze mit den dicken Blättern kommt im Mittelmeerraum überall wild vor. Ursprünglich stammt sie jedoch aus Mexiko. Neben der einfachen graugrünen Form gibt es Agaven mit wunderbar gelb- oder weißbunten Blättern. Leider blühen Agaven erst ab einem Alter von 30 bis 40 Jahren, so daß man sie hier meist nur in botanischen Gärten blühend bewundern kann.

Standort und Pflege: Agaven sind nicht frosthart und müssen im Winter ins Haus gebracht werden. Am besten eignet sich ein sehr kühler, heller Raum zur Überwinterung, z. B. das Treppenhaus oder ein heller Keller. Während des Winters nicht düngen und kaum gießen. Ab Mitte April darf die Pflanze dann wieder ins Freie, aber Vorsicht beim Transport: Die Blätter haben gefährlich scharfe Spitzen, an denen man sich schlimm verletzen kann. Erfahrene Gärtner stecken beim Ein-und Ausräumen der Pflanzen auf jede Blattspitze einen Korken. Im Sommer möchten Agaven einen möglichst warmen, sonnigen Standort. Umpflanzen: Nur alle 4 bis 5 Jahre in lehmig-humose Erde mit etwas Sand.

Verwendung: Für den Balkon wegen des ausladenden Wuchses nur im Jugendalter geeignet. Wegen der spitzen Blattenden muß man genügend Platz zum Vorbeigehen lassen.

Aucuba japonica

Aukube — Cornaceae, Hartriegelgewächse

Höhe/Länge	0 25cm 50cm 75cm **1m 1,25m 1,5m 1,75m 2m** 2,25m 2,5m 2,75m 3m ▷
Blütezeit	Jan Feb März Apr Mai Juni Juli **Aug Sept** Okt Nov Dez
Blütenfarbe	weiß/beige gelb orange rosa **rot** purpur violett blau grün
Sonstiges	☀ W ⓘ

Der dichtlaubige Strauch aus Japan findet bei uns als Kübelpflanze immer mehr Verehrer. Mit seinen immergrünen, bei manchen Sorten gelb gefleckten oder gepunkteten Blättern sieht er nicht nur sehr exotisch aus, sondern bietet auch guten Sichtschutz. Im Spätwinter und Frühling tragen die 2 m hohen Büsche leuchtendrote Früchte. Da es sich um zweihäusige Pflanzen handelt, müssen die beerentragenden weiblichen Sträucher jedoch mit mindestens einer männlichen Aukube zusammenstehen.

Standort und Pflege: In sehr milden Gegenden kann die Aukube im Winter im Freien bleiben, ansonsten bringt man sie Ende November an einen hellen, luftigen, frostfreien Platz. Im Sommer bevorzugen Aukuben einen halbschattigen oder schattigen Standort, z. B. auf einem West- oder Ostbalkon. Regelmäßige Düngung und viel Wasser sorgen für gesundes, üppiges Blattwerk und flotten Wuchs. Im Winter weniger gießen und nur alle 4 Wochen düngen. Umpflanzen: Ältere Aukuben alle 2 bis 4 Jahre in lehmige Erde, Jungpflanzen je nach Wuchsstärke, jedes Jahr. Vermehrung: Durch Stecklinge, zwischen Februar und August. Beste Bewurzelung bei 20°–22°C. Die einfache, grünlaubige Form kann auch durch Aussaat vermehrt werden.

Canna indica

Indisches Blumenrohr — Cannaceae, Blumenrohrgewächse

Höhe/Länge	0 25cm **50cm 75cm 1m 1,25m 1,5m** 1,75m 2m 2,25m 2,5m 2,75m 3m ▷
Blütezeit	Jan Feb März Apr Mai **Juni Juli Aug Sept** Okt Nov Dez
Blütenfarbe	weiß/beige **gelb orange rosa rot** purpur violett blau grün
Sonstiges	☀

Aufgrund seiner wunderschönen gelben, rosafarbenen und roten Blüten und der großen, dekorativen Blätter wird dieser Blumengast aus Brasilien häufig in unseren öffentlichen Anlagen angepflanzt. Für die Kübelbepflanzung wählt man am besten kleinwüchsige Sorten mit großen Blüten.

Standort und Pflege: Als Sumpfpflanze benötigt das Indische Blumenrohr den ganzen Sommer über sehr viel Wasser. Im März werden die Knollen in große Schalen oder Töpfe gepflanzt und in einem mäßig warmen Raum vorgetrieben. Als Topferde eignet sich Einheitserde oder Komposterde, die man mit etwas Sand vermischt. Nach den Eisheiligen kommen die frostempfindlichen Pflanzen ins Freie, wo sie bei guter Versorgung mit Dünger und Wasser rasch zu üppigen Pflanzen heranwachsen und bis zum Spätherbst blühen. Nach den ersten Frösten werden die Triebe auf 20 cm zurückgeschnitten und die Töpfe zum Überwintern in einen trockenen, kühlen Raum gebracht. Sind die Pflanzgefäße zu groß oder schwer, nimmt man die Rhizome aus der Erde heraus und überwintert sie in einer mit Sand gefüllten Kiste. Im folgenden Frühjahr brauchen die Pflanzen in jedem Fall wieder neue Erde. Vermehrung: Im Frühjahr durch Teilen der Rhizome mit einem scharfen Messer. Schnittstellen gut abtrocknen lassen, da sonst Faulstellen entstehen können.

Chrysanthemum frutescens

Strauchmargerite — Compositae, Korbblütler

Höhe/Länge	0	25cm	**50cm**	**75cm**	**1m**	**1,25m**	1,5m	1,75m	2m	2,25m	2,5m	2,75m	3m ▷
Blütezeit	Jan	Feb	März	Apr	Mai	Juni	**Juli**	**Aug**	**Sept**	**Okt**	Nov	Dez	
Blütenfarbe	**weiß/beige**	gelb	orange	rosa	rot	purpur	violett	blau	grün				
Sonstiges													

Erkundigt man sich in Gärtnereien und Blumengeschäften, so ist die Strauchmargerite der „Renner" der letzten Jahre. Gefragt sind vor allem Hochstämmchen, die allerdings nicht ganz billig sind und gute Pflege verlangen. Ursprünglich war die graulaubige Pflanze mit den unzähligen Margeritenblütchen auf den Kanarischen Inseln zu Hause. Von dort aus führten die Engländer sie um 1700 als Zierpflanze ein. Inzwischen wurde sie züchterisch bearbeitet und zeigt nun deutlich höheren Wuchs und veränderte Belaubung. Vielfach wird die Strauchmargerite bei uns nur einjährig kultiviert. Man kann sie aber genausogut über Jahre halten, bei den Bäumchen ist dies sogar Voraussetzung. Mehrjährige Pflanzen verholzen langsam von unten her und bilden im Lauf der Zeit die typische Strauchform.

Standort und Pflege: Strauchmargeriten wollen den Sommer über warm und sonnig stehen und reichlich gedüngt und gegossen werden. Überwinterung: Hell und kühl, aber frostfrei, nicht düngen und äußerst sparsam gießen. Im Frühjahr topft man die Sträucher in lehmigen Kompost oder Einheitserde um, verkleinert dabei den Wurzelballen und schneidet die Zweige um ein Drittel zurück. Im Sommer regelmäßig alles Verblühte entfernen.

Verwendung: Als Kübelpflanze, besonders hübsch in Hochstammform, bei einjähriger Kultur in Balkonkästen oder Blumenschalen zusammen mit anderen Sommerblumen.

Citrus

Zitrone, Orange, Mandarine — Rutaceae, Rautengewächse

Höhe/Länge	0	25cm	50cm	**75cm**	**1m**	**1,25m**	**1,5m**	**1,75m**	**2m**	**2,25m**	**2,5m**	2,75m	3m ▷
Blütezeit	**Jan**	**Feb**	**März**	**Apr**	**Mai**	**Juni**	**Juli**	**Aug**	**Sept**	**Okt**	**Nov**	**Dez**	
Blütenfarbe	**weiß/beige**	gelb	orange	rosa	rot	purpur	violett	blau	grün				
Sonstiges													

Die Verwandtschaft der Citrusgewächse besteht aus ungefähr 20 Arten, die nicht, wie irrtümlich oft angenommen, aus dem Mittelmeerraum stammen, sondern aus Süd- und Ostasien. Recht verbreitet sind *Citrus limon,* die Zitrone, *Citrus reticulata,* die Mandarine, *Citrus sinensis,* die Apfelsine und *Citrus grandis,* die Pampelmuse. Bei der Haltung der attraktiven Gewächse als Kübelpflanzen ergibt sich oft die Schwierigkeit, daß sie leider erst im höheren Alter blühen und fruchten, wenn sie bereits so groß geworden sind, daß sich kaum noch ein geeigneter Platz für die Überwinterung findet. Als Alternative bietet sich nur die kleinbleibende Züchtung x *Citrofortunella* an. Sie bekommt schon in jungen Jahren die begehrten Blüten und Früchte. Eine genauere Beschreibung finden Sie bei der Art *Citrus microcarpa* (S. 22).

Standort und Pflege: Im Sommer sonnig und warm aufstellen, nur mäßig mit kalkfreiem Wasser gießen. Von April bis Juli wöchentlich düngen. Im Winter für ein helles, kühles (3°–5°C) und gut belüftbares Quartier sorgen. Nur wenig gießen, nicht düngen und häufig lüften. Jüngere Pflanzen werden alle 2 bis 3 Jahre zwischen März und April in frische, saure Erde umgetopft, ältere Pflanzen alle 5 Jahre. Vermehrung: Pflanzen aus Samen bringen leider keine Früchte hervor. Diese erscheinen nur an veredelten Pflanzen.

Crinum x powellii

Hakenlilie — Amaryllidaceae, Amaryllisgewächse

Höhe/Länge	0	25cm	50cm	**75cm**	1m	1,25m	1,5m	1,75m	2m	2,25m	2,5m	2,75m	3m ▷
Blütezeit	Jan	Feb	März	Apr	Mai	Juni	**Juli**	**Aug**	Sept	Okt	Nov	Dez	
Blütenfarbe	weiß/beige	gelb	orange	**rosa**	rot	purpur	violett	blau	grün				
Sonstiges	☼	W											

Wer dieses prachtvolle Amaryllisgewächs einmal in voller Blüte kennengelernt hat, möchte es keinen Sommer mehr missen. Eigentlich handelt es sich bei den tropischen und subtropischen Zwiebelblumen um reine Gewächshauspflanzen. Erst durch die Kreuzung von zwei afrikanischen *Crinum*-Arten entstand die weniger anspruchsvolle Hybride *Crinum* x *powellii.*

Standort und Pflege: Um optimal zu blühen und zu gedeihen benötigen Hakenlilien ein Gefäß von ca. 50 cm Durchmesser. Die großen Zwiebeln werden so tief eingepflanzt, daß der Zwiebelhals noch aus der Erde herausschaut. Damit sich ein üppigeres Bild ergibt, setzt man gleich 4 bis 5 Zwiebeln zusammen. Bis sie zum ersten Mal blühen dauert es allerdings meist 2 oder 3 Jahre. Am schnellsten erscheinen die rosafarbenen Blüten, wenn die Lilie möglichst ungestört wachsen kann, selten umgetopft und im Frühjahr und Sommer reichlich gedüngt und gegossen wird.

Vermehrung: Durch Nebenzwiebeln.

Verwendung: Gut harmonieren Hakenlilien mit den zur gleichen Zeit blühenden Schmucklilien.

Datura

Engelstrompete, Stechapfel — Solanaceae, Nachtschattengewächse

Höhe/Länge	0	25cm	50cm	75cm	**1m**	**1,25m**	**1,5m**	**1,75m**	**2m**	2,25m	2,5m	2,75m	3m ▷
Blütezeit	Jan	Feb	März	Apr	Mai	**Juni**	**Juli**	**Aug**	**Sept**	Okt	Nov	Dez	
Blütenfarbe	**weiß/beige**	**gelb**	**orange**	**rosa**	**rot**	purpur	violett	blau	grün				
Sonstiges	☼												

Die Engelstrompete ist eine der auffälligsten und schönsten Kübelpflanzen. Die großen, trompetenförmigen Blüten des etwa mannshohen Strauches oder Baumes sind je nach Art unterschiedlich gefärbt. *Datura suaveolens* blüht weiß und strömt besonders nachts einen narkotisierenden Duft aus. Rote Blüten bringt *Datura rosei* hervor, gelb blüht *Datura* 'Clorantha'.

Standort und Pflege: Die Engelstrompete ist ein ausgesprochener Vielfraß. Während der Wachstums- und Blütezeit verbraucht sie enorme Mengen an Dünger und Wasser. An heißen Tagen muß man sie mitunter morgens und abends gießen; Düngung von April bis August mindestens einmal, besser sogar zweimal pro Woche. Der Standort der tropischen Pflanze sollte sonnig und windgeschützt liegen. Überwinterung: Hell und kühl. Nicht düngen, wenig gießen. Im Frühjahr werden die Pflanzen, bevor sie nach den Eisheiligen ins Freie kommen, in frische, nahrhafte Erde umgepflanzt, die Triebe um ein Drittel eingekürzt. Schädlinge und Krankheiten: Blattläuse, Weiße Fliege, meist verursacht durch Trockenheit. Bekämpfung durch ein Insektizid. Vermehrung: Durch Stecklinge. Einige Triebspitzen abschneiden und einfach in ein Glas Wasser stellen.

Dracaena draco

Drachenbaum, Dracäne — Agavaceae, Agavengewächse

Höhe/Länge	0	25cm	50cm	75cm	**1m**	**1,25m**	**1,5m**	**1,75m**	**2m**	**2,25m**	**2,5m**	**2,75m**	**3m ▷**

Blütezeit	Jan	Feb	März	Apr	Mai	Juni	**Juli**	**Aug**	Sept	Okt	Nov	Dez

Blütenfarbe	**weiß/beige**	gelb	orange	rosa	rot	purpur	violett	blau	grün

Sonstiges	☀	ⓘ

Viele Verwandte dieser Blattpflanze sind in erster Linie als Zimmerpflanzen bekannt (siehe „Blattpflanzen" S. 52). *Dracaena draco* eignet sich, vor allem wenn sie größer wird, aber auch gut als Kübelpflanze für Balkone und Terrassen. Populär wurde das mehrstämmige, exotisch aussehende Gewächs durch die vielen Urlaubsreisenden, die Drachenbäume als Souvenir von den Kanarischen Inseln mitbrachten.

Standort und Pflege: Im Sommer benötigt *Dracaena draco* viel Wärme und Sonne, im Winter einen hellen, kühlen, aber frostfreien Platz. Darüber hinaus müssen die Pflanzen das ganze Jahr über gleichmäßig gegossen und wöchentlich gedüngt werden. Umpflanzen ist in der Regel nur alle paar Jahre erforderlich, wenn der Topf völlig durchwurzelt ist.

Vermehrung: Da die Anzucht aus Samen sehr langwierig ist, kauft man Drachenbäume besser als größere Exemplare mit Stamm.

Verwendung: Drachenbäume geben Balkonen, Terrassen und Dachgärten einen exotischen Touch. Am besten kommen sie zusammen mit anderen Kübelpflanzen und Sommerblumen zur Wirkung.

Erythrina crista-galli

Korallenstrauch — Leguminosae, Hülsenfrüchtler

Höhe/Länge	0	25cm	50cm	75cm	**1m**	**1,25m**	**1,5m**	1,75m	2m	2,25m	2,5m	2,75m	3m ▷

Blütezeit	Jan	Feb	März	Apr	Mai	Juni	**Juli**	**Aug**	Sept	Okt	Nov	Dez

Blütenfarbe	weiß/beige	gelb	orange	rosa	**rot**	purpur	violett	blau	grün

Sonstiges	☀

Im Volksmund wird diese Pflanze auch „Hahnenkamm" genannt. Tatsächlich erinnern die auffälligen Blüten in Farbe und Form an den Kopfschmuck eines Hahns. Sie erscheinen im Hochsommer an langen Zweigen, die im Frühjahr aus kurzen, dicken Stämmen austreiben. Von den etwa hundert Arten dieser in den Tropen und Subtropen beheimateten Pflanzengattung ist allein die aus Brasilien stammende *Erythrina crista-galli* als Zierpflanze weiter verbreitet.

Standort und Pflege: Wie die meisten Kübelpflanzen liebt der Korallenstrauch viel Sonne und Wärme. Im Sommer muß er fleißig gedüngt und gegossen werden. Von Oktober bis April macht er eine strenge Ruhezeit durch, während der er sehr kühl (6°–8°C), aber frostfrei und hell stehen möchte und überhaupt nicht gegossen werden soll. Bevor die Pflanze ins Winterquartier kommt, werden die Zweige kurz über dem Stamm abgeschnitten. Im Frühjahr treiben sie dann sehr rasch wieder aus.

Vermehrung: Durch Aussaat.

Verwendung: Als Solitärpflanze, sehr wirkungsvoll auch zusammen mit anderen Tropenschönheiten wie Engelstrompete und Schmucklilie.

Heliotropium arborescens

Heliotrop — Boraginaceae, Rauhblattgewächse

Höhe/Länge	0 · 25cm · 50cm · 75cm · 1m · 1,25m · 1,5m · 1,75m · 2m · 2,25m · 2,5m · 2,75m · 3m (markiert: 50cm–1,5m)
Blütezeit	Jan · Feb · März · Apr · Mai · **Juni · Juli · Aug · Sept** · Okt · Nov · Dez
Blütenfarbe	weiß/beige · gelb · orange · rosa · rot · purpur · **violett** · blau · grün
Sonstiges	☼ ⓘ (Hochstamm-Symbol)

Der Heliotrop ist vor allen Dingen wegen des süßen, vanilleartigen Duftes seiner violetten Blütendolden als Balkonpflanze sehr beliebt. Meist wird er als einjährige Sommerblume gepflanzt, genaugenommen handelt es sich jedoch um einen mehrjährigen Strauch. Man kann ihn deshalb auch gut als Hochstämmchen ziehen. Da er nur einen schwachen Stamm ausbildet, benötigt er eine gute Stütze.

Standort und Pflege: Die aus Peru stammende, wärmeliebende Pflanze gedeiht am besten an einem sonnigen, geschützten Standort. Dabei verlangt sie wöchentlich Dünger und viel Wasser. Blätter, die aus Wassermangel einmal schlapp geworden sind, erholen sich nur zögernd wieder. Meistens bleiben unschöne braune Flecken zurück. Soll der Heliotrop als Kübelpflanze gehalten werden, bringt man ihn vor dem ersten Frost an einen kühlen, hellen Platz im Haus und gießt während des Winters kaum. Im Frühjahr wird die Pflanze in frische, sandige Erde umgetopft und nach den Eisheiligen wieder nach draußen gebracht.

Schädlinge und Krankheiten: Steht der Heliotrop öfter zu trocken, stellt sich rasch die Weiße Fliege ein. Bekämpfung: Reichlicher gießen und mit einem Insektizid behandeln. Vermehrung: Durch Aussaat, ab Ende Januar auf der warmen Fensterbank oder im beheizten Anzuchtbeet.

Lantana camara

Wandelröschen — Verbenaceae, Verbenengewächse

Höhe/Länge	0 · 25cm · 50cm · 75cm · 1m · 1,25m · 1,5m · 1,75m · 2m · 2,25m · 2,5m · 2,75m · 3m (markiert: 50cm–1,25m)
Blütezeit	Jan · Feb · März · Apr · Mai · **Juni · Juli · Aug · Sept** · Okt · Nov · Dez
Blütenfarbe	**weiß/beige · gelb · orange** · rosa · **rot** · purpur · violett · blau · grün
Sonstiges	☼ ⓘ (Hochstamm-Symbol)

Den deutschen Namen „Wandelröschen" bekamen die vorwiegend im tropischen Südamerika vorkommenden Sträucher, weil ihre Blüten die Angewohnheit haben, mehrmals leicht die Farbe zu ändern. Gärtnerisch von Bedeutung sind vor allem die Hybriden von *Lantana camara.* Sie werden etwa einen halben Meter hoch und blühen in den Farben Weiß, Gelb, Weiß-Rosa, Rot und Rot-Gelb. Wie Heliotrop und Strauchmargerite kultiviert man das Wandelröschen oft nur als einjährige Sommerblume. Es wächst aber auch mehrjährig, z. B. als Hochstämmchen.

Standort und Pflege: Im Sommer wünschen sich Lantanen einen warmen, sonnigen Platz, viel Wasser und wöchentlich Dünger. Sowie im Herbst die ersten Fröste zu erwarten sind, bringt man die Pflanzen in einen kühlen, hellen Raum, düngt nicht mehr und gießt wenig. Im März werden die Sträucher in frische Erde umgetopft, dabei verkleinert man die Wurzelballen, so daß sie einschließlich neuer Erde meist wieder in die alten Töpfe passen. Gleichzeitig schneidet man die Zweige um die Hälfte zurück. Im Sommer verblühte Blumen regelmäßig entfernen und bei Kugelbäumchen zu lange Triebe etwas stutzen.

Verwendung: Einjährige zusammen mit anderen Sommerblumen in Blumenkästen und Schalen, mehrjährige hübsch als Hochstamm.

Tip: Hochstämme mit farblich passenden Sommerblumen unterpflanzen.

Laurus nobilis

Lorbeerbaum — Lauraceae, Lorbeergewächse

Höhe/Länge	0 · 25cm · 50cm · **75cm · 1m · 1,25m · 1,5m · 1,75m** · 2m · 2,25m · 2,5m · 2,75m · 3m ▷
Blütezeit	Jan · Feb · März · **Apr · Mai** · Juni · Juli · Aug · Sept · Okt · Nov · Dez
Blütenfarbe	**weiß/beige** · gelb · orange · rosa · rot · purpur · violett · blau · **grün**
Sonstiges	

Beim Lorbeer haben wir es mit einer außerordentlich bedeutungsvollen Pflanze zu tun. Im antiken Griechenland pflanzte man das immergrüne Gehölz als Symbol der Reinheit an Apollos Tempel. Die Römer schmückten ihre siegreichen Kriegshelden mit einem Kranz aus Lorbeerblättern, und in der Heilkunde des Altertums brauchte man Lorbeer, um Salben gegen Hautkrankheiten herzustellen. Die Heimat des Lorbeers ist das östliche Mittelmeergebiet. Heute findet man ihn im gesamten Mittelmeerraum, vor allem im Küstenbereich wild.

Standort und Pflege: Lorbeer verträgt kaum Frost. Man nimmt ihn deshalb im Winter ins Haus und stellt ihn in einen hellen, kühlen Raum. Im Sommer plaziert man ihn sonnig, gießt reichlich und düngt von April bis Juli wöchentlich. Geschnitten werden die immergrünen Pflanzen im März. Vermehrung: Von September bis März läßt sich Lorbeer durch Stecklinge vermehren. In sandiges Substrat gesteckt und bei 20°C aufgestellt, bilden sich nach einem Monat die ersten Wurzeln. Die beliebten Hochstämmchen kann man ebenfalls selbst heranziehen, indem man alle Seitentriebe abschneidet und nur den Spitzentrieb weiterwachsen läßt. Erst wenn er die gewünschte Höhe erreicht hat, wird die Spitze gekappt, wodurch sich Seitentriebe für die Krone bilden.

Nerium oleander

Oleander — Apocynaceae, Hundsgiftgewächse

Höhe/Länge	0 · 25cm · 50cm · **75cm · 1m · 1,25m · 1,5m · 1,75m · 2m** · 2,25m · 2,5m · 2,75m · 3m ▷
Blütezeit	Jan · Feb · März · Apr · Mai · Juni · **Juli · Aug · Sept** · Okt · Nov · Dez
Blütenfarbe	**weiß/beige · gelb** · orange · **rosa · rot** · purpur · violett · blau · grün
Sonstiges	

Wohl keine andere Kübelpflanze ist so beliebt, wie der Oleander, und das seit 2000 Jahren. Schon damals wurden die Sträucher oder kleinen Bäume als Zierpflanzen kultiviert.

Standort und Pflege: Obwohl das Hundsgiftgewächs mit seinen ledrigen Blättern sehr robust aussieht, braucht es in unserem Klima sehr sorgfältige Pflege. Der Standort im Sommer kann gar nicht sonnig und warm genug sein. Nur dann öffnen sich die weißen, rosafarbenen, roten oder gelben Blüten, wobei die ungefüllten Sorten in der Regel besser und früher blühen. Wichtig ist, besonders an heißen Tagen, eine ausreichende Bewässerung. Mitunter muß man sogar zweimal täglich gießen, dabei pro Woche einmal flüssigen Dünger ins Gießwasser geben. Überwinterung: Möglichst kühl und hell, aber frostfrei. Wenig gießen. Im Frühjahr kann man bei Bedarf einen kräftigen Rückschnitt vornehmen, z. B. wenn die Pflanze aus Platzgründen nicht mehr größer werden soll. In diesem Fall kann zusätzlich der Wurzelballen verkleinert werden, und der Oleander paßt schließlich einschließlich neuer Pflanzerde wieder in den alten Kübel. Vermehrung: Durch Stecklinge. Aber Vorsicht beim Schneiden. Der dabei austretende Saft ist giftig.

Tip: Alte Blütenstände bei gefüllten Sorten nicht abschneiden. Oft sitzen daran noch Knospen, die sich erst im folgenden Jahr öffnen.

Plumbago auriculata

Bleiwurz — Plumbaginaceae, Bleiwurzgewächse

Höhe/Länge	0	25cm	50cm	75cm	1m	1,25m	1,5m	1,75m	2m	2,25m	2,5m	2,75m	3m
Blütezeit	Jan	Feb	März	Apr	Mai	Juni	Juli	Aug	Sept	Okt	Nov	Dez	
Blütenfarbe	weiß/beige	gelb	orange	rosa	rot	purpur	violett	blau	grün				
Sonstiges													

(Hervorgehoben: Höhe 50cm–1,25m; Blütezeit Juni–Sept; Blütenfarbe blau)

Als einjährige Sommerblume wird dieser aparte Strauch mit den himmelblauen, an Geranien erinnernden Blüten, gelegentlich für Balkonkasten- oder Beetpflanzungen verwendet. Bei sorgfältiger Pflege kann man ihn aber über Jahre hinweg als Kübelpflanze halten. In seiner Heimat Südafrika erreicht er durchschnittlich eine Höhe von 2 m. In unseren Breitengraden, wo der Strauch meist als Kugelbäumchen gehalten wird, bleibt er etwas kleiner.

Standort und Pflege: Bleiwurz überwintert man wie die meisten Kübelpflanzen kühl, hell und fast trocken. Bevor die Pflanzen ins Haus kommen, werden die Triebe auf die Hälfte zurückgeschnitten. Ab April kann man die Sträucher in einen etwas wärmeren Raum stellen und so schon etwas auf den kommenden Sommer vorbereiten. Ganz ins Freie dürfen sie allerdings erst nach den letzten Frösten. Den Standort wählt man am besten vor einer geschützten Südwand. Während des Sommers reichlich gießen und wöchentlich düngen. Umpflanzen: Im Frühjahr in lockere, nahrhafte Erde. Schädlinge und Krankheiten: Vor allem durch die Überwinterung geschwächte Pflanzen werden von Blattläusen befallen. Bekämpfung durch ein entsprechendes Pflanzenschutzmittel. Helle Überwinterung und gute Düngung im Frühjahr und Sommer beugen dem Befall vor.

Verwendung: Einzeln als Kronenbäumchen oder vor einem Spalier als Kletterpflanze.

Punica granatum

Granatapfel — Punicaceae, Granatapfelgewächse

Höhe/Länge	0	25cm	50cm	75cm	1m	1,25m	1,5m	1,75m	2m	2,25m	2,5m	2,75m	3m
Blütezeit	Jan	Feb	März	Apr	Mai	Juni	Juli	Aug	Sept	Okt	Nov	Dez	
Blütenfarbe	weiß/beige	gelb	orange	rosa	rot	purpur	violett	blau	grün				
Sonstiges													

(Hervorgehoben: Höhe 50cm–1,5m; Blütezeit Juli–Aug; Blütenfarbe rot)

Die Familie der Granatäpfel besteht aus nur zwei Mitgliedern, wovon *Punica granatum* am bekanntesten ist. Das natürliche Verbreitungsgebiet reicht von Südosteuropa bis zum Himalaja. Der Strauch oder kleine Baum blüht korallenrot. Die eßbaren Früchte werden bei tropischem oder subtropischem Klima apfelgroß und schmecken ähnlich wie Johannisbeeren. Da der Fruchtansatz in unserem Klima zu wünschen übrig läßt, findet man *Punica granatum* nur selten als Kübelpflanze. Wesentlich dankbarer ist die Zwergform 'Nana'. Wuchs und „Früchte" dieser Sorte sind erheblich kleiner, jedoch blüht und fruchtet sie um so reichlicher.

Standort und Pflege: Man hält die Pflanze, nachdem sie im Herbst die Blätter abgeworfen hat, möglichst kühl, aber frostfrei (ca. 5°C). Höhere Temperaturen führen im Frühjahr zu verfrühtem Blattaustrieb. Vor dem Einstellen ins Winterquartier, das übrigens dunkel sein kann, schneidet man alle schwachen Triebe weg, die anderen werden nur etwas eingekürzt. Im Sommer gedeiht der Granatapfel am besten in voller Sonne. Von April bis Juli reichlich wässern und wöchentlich düngen. Später stellt man das Düngen ganz ein und gießt nur noch sparsam. Auf diese Weise stellt sich die Pflanze langsam auf den Winter ein. Vermehrung: Durch Stecklinge im Frühjahr.

Tibouchina urvilleana

Tibouchina — Melastomataceae, Schwarzmundgewächse

Höhe/Länge	0	25cm	**50cm**	**75cm**	**1m**	**1,25m**	**1,5m**	1,75m	2m	2,25m	2,5m	2,75m	3m ▷
Blütezeit	Jan	Feb	März	Apr	Mai	Juni	**Juli**	**Aug**	**Sept**	Okt	Nov	Dez	
Blütenfarbe	weiß/beige	gelb	orange	rosa	rot	purpur	violett	**blau**	grün				
Sonstiges	☀												

Um eine *Tibouchina* zu ergattern, muß man schon eine Portion Glück haben. Trotz ihrer schönen blauen Blüten wird sie nämlich leider nur sehr selten angeboten. Kleinere Pflanzen können Sie im Zimmer halten, im Grunde genommen gehört die *Tibouchina* aber wie eine Kübelpflanze im Sommer ins Freie. In großen Kübeln kann man gut mehrere Pflanzen zusammensetzen und so eine etwas nachteilige Eigenschaft der *Tibouchina,* den kaum verzweigten Wuchs, überspielen.
Standort und Pflege: Im Sommer gedeiht das aus dem tropischen Amerika stammende Gewächs am besten an einem sonnigen, warmen Platz. Im Winter hell und kühl (10°C) stellen. Erde: Einheitserde oder TKS 2. Das ganze Jahr über gleichmäßig gießen und von Frühjahr bis Herbst alle 14 Tage düngen. Umpflanzen: Alle zwei Jahre, jeweils bevor die Pflanze nach den Eisheiligen im Frühjahr nach draußen kommt. Vermehrung: Durch Stecklinge im Frühjahr oder Sommer. Zur Bewurzelung ist eine Bodentemperatur von mindestens 25°C erforderlich.

Yucca gloriosa

Palmlilie — Agavaceae, Agavengewächse

Höhe/Länge	0	25cm	**50cm**	**75cm**	**1m**	**1,25m**	**1,5m**	**1,75m**	**2m**	**2,25m**	**2,5m**	**2,75m**	**3m ▷**
Blütezeit	Jan	Feb	März	Apr	Mai	Juni	**Juli**	**Aug**	Sept	Okt	Nov	Dez	
Blütenfarbe	**weiß/beige**	gelb	orange	rosa	rot	purpur	violett	blau	grün				
Sonstiges	☀	W	ⓘ										

Die Palmlilie stammt aus Nord- und Mittelamerika, wo sie hauptsächlich in trockenen Gebieten verbreitet ist. Wegen ihres exotischen Aussehens wird sie gern als Kübelpflanze gehalten. Meistens handelt es sich dabei um *Yucca gloriosa.* Sie bildet kurze, bizarr gekrümmte Stämme, die jeweils ein graugrüner Blattschopf ziert. Sehr populär wurde in den letzten Jahren *Yucca elephantipes.* Die Stämme mit den frischgrünen Blättern kann man mittlerweile in jedem Supermarkt kaufen. Im Alter wird diese Palmlilie mehrere Meter hoch. Überhaupt keinen Stamm bildet dagegen *Yucca filamentosa,* die Stauden-Palmlilie. Sie ist winterhart und bringt wesentlich früher als die beiden anderen genannten Arten die wunderschönen, weißen Blütenrispen hervor.
Standort und Pflege: Palmlilien sind erfreulich anspruchslos. Sie ertragen anstandslos Trockenperioden, Hitze und pralle Sonne, möchten jedoch jede Woche gedüngt werden. Im Winter fühlt sich *Yucca gloriosa* in einem frostfreien, hellen Raum am wohlsten. *Yucca elephantipes* bringt man als normale Zimmerpflanze im Wohnzimmer unter, während *Yucca filamentosa* im Freien überwintern kann. Vermehrung: Durch Stecklinge.
Verwendung: Zusammen mit Sommerblumen und anderen Kübelpflanzen.

Sommerblumen und Zweijährige

Sommerblumen und Zweijährige

Im allgemeinen versteht man unter Sommerblumen Gartenpflanzen, deren Leben gerade eine Gartensaison lang dauert. Mitunter werden sie deshalb auch Einjährige genannt, im Gegensatz zu den ausdauernden, mehrjährigen Stauden. Daneben gibt es die sogenannten Zweijährigen, die eine Zwischenstufe einnehmen, jedoch in der Regel zu den Sommerblumen gezählt werden. Die meisten Sommerblumen werden im Frühjahr aus Samen herangezogen, wachsen schnell heran, blühen dann mit wenigen Unterbrechungen den ganzen Sommer lang, bis sie im Herbst nach den ersten Frösten absterben. Bei den Zweijährigen sieht der Entwicklungsverlauf etwas anders aus. Hier erfolgt die Aussaat im Frühsommer. Im Sommer wachsen sie zu kräftigen Jungpflanzen heran, die dann im Herbst an ihren endgültigen Standort gesetzt werden. Dort überwintern sie und blühen bereits im zeitigen bis späten Frühjahr. Danach könnte man sie eigentlich noch weiterkultivieren, einige blühen auch tatsächlich nochmals im darauffolgenden Jahr. Die Blüte erscheint dann jedoch nur noch sehr spärlich.

Eine weitere Gruppe, die zu den Sommerblumen gezählt wird, umfaßt die frostempfindlichen Zwiebel- und Knollenpflanzen, zum Beispiel Dahlien und Knollenbegonien. Sie können jedes Jahr erneut gepflanzt werden, brauchen im Winter aber einen frostfreien Platz.

Im großen und ganzen handelt es sich bei den Sommerblumen um krautige Gewächse, die aus den warmen Regionen der Erde stammen und dort zum Teil mehrjährig wachsen. Darunter sind auch mehrere Schlinger und Ranker, die im Kapitel „Kletterpflanzen" behandelt werden.

Die Wildformen der Einjährigen sind größtenteils eher bescheidene Pflanzen. Erst durch lange, mühsame Züchtungsarbeit entstanden unsere üppigblühenden, farbenprächtigen Gartensorten. Von etlichen Arten gibt es mittlerweile Hunderte verschiedener Formen, was die Auswahl nicht gerade einfach macht.

Längst bevölkern ja nicht mehr nur die „Klassiker" wie Geranien, Petunien, Fuchsien und Begonien die Blumenkästen an unseren Balkonen, sondern die ganze bunte Gesellschaft der niedrigen Beet-Sommerblumen. Kunterbunt oder Ton in Ton bepflanzte Blumenkästen sind sogar zu einer regelrechten Modeerscheinung geworden, was nicht verwundert, da das Zusammenstellen immer neuer Kombinationen viel Spaß macht und Abwechslung bringt. Da kann man schon mal in Kauf nehmen, daß einige Sommerblumen mehrmals längere Verschnaufpausen einlegen, um Kraft für den nächsten Blütenschub zu schöpfen, während die Klassiker den ganzen Sommer über durchgehend Blüten bilden.

Wer in kurzer Zeit soviel leistet wie die Sommerblumen, stellt natürlich hohe Ansprüche an Standort und Pflege.

Die meisten Arten wünschen einen vollsonnigen, windgeschützten und warmen Platz. Nur wenige, zum Beispiel Fuchsien, Begonien und das Fleißige Lieschen, halten es im Schatten aus, ohne merklich zu leiden. Alle anderen Sommerblumen blühen schon im Halbschatten deutlich weniger.

Darüber hinaus brauchen die Sommerblumen reichlich und regelmäßig bis zum Frostbeginn Dünger und Wasser. Einmal pro Woche sollte man mindestens zu einem Volldünger greifen, und die Gießkanne wird täglich, an heißen Tagen sogar zweimal am Tag, gebraucht. Eine weitere, sehr wichtige Pflegemaßnahme ist das Ausbrechen der verwelkten Blüten. Rückt man ihnen zu Leibe, bevor sich Samen bilden können, läßt sich die Blühwilligkeit der Sommerblumen erheblich steigern und die Blütezeit um Wochen verlängern.

Was schließlich noch eine Menge zum Gedeihen der bunten Blumengesellschaft beiträgt, sind die richtigen Pflanzgefäße. Blumenkästen und Schalen sollten mindestens 15 cm tief und 18 cm breit sein, dann haben die Wurzeln genügend Platz, sich gut zu entwickeln und auszubreiten.

Als Pflanzsubstrat sind die meisten handelsüblichen Blumenerden brauchbar. Sie enthalten neben Ton, Torf und Sand auch Dünger, der für die ersten vier Wochen eine ausreichende Versorgung der Blumen mit Nährstoffen gewährleistet.

Mit etwas Geschick und den entsprechenden Hilfsmitteln kann man fast alle Sommerblumen selbst aus Samen heranziehen. Die Samen sind im Gartenfachhandel oder Fachversand erhältlich und meist mit einem speziellen Zeichen, einem Kreis mit Punkt, gekennzeichnet. Das Symbol für zweijährige Pflanzen ist ein Kreis mit zwei Punkten.

Voraussetzung für die Anzucht sind ein beheizbares Anzuchtbeet mit Glashaube und ein warmes Frühbeet oder Kleingewächshaus. Notfalls kann man auch in eine Saatschale auf der Fensterbank aussäen, die Weiterkultur gestaltet sich wegen Lichtmangels jedoch oft recht problematisch. Die jungen Pflänzchen bekommen „lange Hälse" oder Pilzkrankheiten und knicken um. In diesem Fall besorgt man sich besser Mitte Mai einige kräftige Jungpflanzen beim Gärtner oder auf dem Wochenmarkt und zieht nur solche Arten selbst heran, die sich direkt draußen im Balkonkasten aussäen lassen.

Auch bei den Zweijährigen, die eine relativ lange Zeit der Vorkultur bedürfen, lohnt sich die Überlegung, ob man nicht besser Pflanzen in der Gärtnerei besorgt, bevor man umständlich mit Kisten und Töpfen auf dem Balkon herumhantiert.

Stiefmütterchen, Vergißmeinnicht, Goldlack und Maßliebchen werden meist schon blühend oder mit Knospen angeboten, so daß man sie direkt in die Pflanzschale oder in den Balkonkasten, zum Beispiel zu Tulpen, Hyazinthen und Narzissen oder aber unter blühende Sträucher und Bäume, setzen kann.

Die Zwiebel- und Knollengewächse unter den Sommerblumen benötigen ebenfalls eine gewisse Zeit der Vorkultur, bevor sie nach den Eisheiligen ins Freie kommen. Dazu pflanzt man sie im zeitigen Frühjahr in frische Erde und stellt sie erst mäßig warm und später, wenn sie zu wachsen beginnen, warm und hell auf. Zum Abhärten werden sie ab April tagsüber schon ab und zu ins Freie gestellt, dann überstehen sie das endgültige Auspflanzen ohne größeren Wachstumsschock. Im Herbst, nach dem ersten Frost, schneidet man das Laub bis auf Handbreite ab, nimmt die Knollen oder Rhizome vorsichtig aus der Erde und legt sie in eine Kiste Sand ein, die man dann an einen frostfreien, aber kühlen Platz stellt. Der Sand, der nur ganz leicht feucht sein darf, verhindert, daß die Knollen austrocknen oder sich an einer Stelle auftretende Fäulnis über den ganzen Bestand ausbreitet.

Ageratum houstonianum

Leberbalsam — Compositae, Korbblütler

Höhe/Länge	0	**25cm**	50cm	75cm	1m	1,25m	1,5m	1,75m	2m	2,25m	2,5m	2,75m	3m	▷
Blütezeit	Jan	Feb	März	Apr	**Mai**	**Juni**	**Juli**	**Aug**	**Sept**	**Okt**	Nov	Dez		
Blütenfarbe	**weiß/beige**	gelb	orange	rosa	rot	**purpur**	**violett**	blau	grün					
Standort	☼													

Der botanische Name des Leberbalsam leitet sich aus dem Griechischen her und bedeutet soviel wie „ewig jung". Möglicherweise dachten die Namengeber an die unglaubliche Ausdauer, mit der diese Sommerblume über Monate immer wieder neue Blüten bringt. Diese Eigenschaft hat sie zu einer der am meisten verwendeten Beetpflanzen gemacht. Seit die Balkonkästen immer häufiger mit bunten Sommerblumen statt einheitlich mit Geranien bepflanzt werden, konnte der Leberbalsam auch als Balkonpflanze Karriere machen. Neben weit verbreiteten violettblauen Sorten wie 'Blue Blazer' oder 'Blue Chip' gibt es auch weiße Formen, z. B. 'Summersnow'.

Anzucht: Früher gewann man Jungpflanzen in erster Linie aus Stecklingen, heute wird der Leberbalsam ausgesät. Die Aussaat erfolgt schon Anfang Februar am Fensterbrett. Bei einer Temperatur von 18°–20°C keimen die Samen schnell. Die Sämlinge werden später einzeln in kleine Torftöpfe pikiert. Damit die Jungpflanzen schön buschig wachsen, kürzt man sie, wenn sie ungefähr 10 cm hoch sind, etwa um die Hälfte ein.

Standort und Pflege: An einem sonnigen Platz fühlt sich *Ageratum* am wohlsten. Reichlich Wasser und wöchentliche Düngergaben halten ihn bei Blühlaune.

Verwendung: Z. B. zusammen mit Pantoffelblumen in buntgemischten Blumenkastenbepflanzungen.

Arctotis-Hybriden

Bärenohr — Compositae, Korbblütler

Höhe/Länge	0	25cm	**50cm**	75cm	1m	1,25m	1,5m	1,75m	2m	2,25m	2,5m	2,75m	3m	▷
Blütezeit	Jan	Feb	März	Apr	Mai	Juni	**Juli**	**Aug**	**Sept**	**Okt**	Nov	Dez		
Blütenfarbe	**weiß/beige**	**gelb**	**orange**	**rosa**	**rot**	purpur	violett	blau	grün					
Standort	☼													

Auf den ersten Blick wird das Bärenohr oft mit der Gerbera verwechselt. Tatsächlich gehören auch beide Pflanzen zumindest der gleichen Familie an. Die farbenfrohen *Arctotis*-Hybriden entstanden aus einer Kreuzung der gelben *Arctotis acaulis* mit der hellvioletten *Arctotis grandis,* die man gelegentlich noch in den Gärten sieht.

Anzucht: Aussaat im März in ein beheizbares Anzuchtbeet oder eine Schale auf der Fensterbank. Später werden die Sämlinge in Torftöpfe pikiert, durch häufiges Lüften langsam abgehärtet und nach den Eisheiligen ins Freie gepflanzt. Standort und Pflege: Die von südafrikanischen Eltern abstammenden *Arctotis*-Hybriden gedeihen nur, wenn sie recht warm und sonnig stehen. Die Erde sollte nahrhaft und durchlässig sein. Alle 8 bis 14 Tage düngen, dagegen nur mäßig gießen, denn das Bärenohr ist sehr empfindlich gegen Nässe.

Verwendung: Auf Südbalkonen im Blumenkasten, hübsch auch in Gefäßen mit Steinen und graulaubigen Stauden.

Begonia – Knollenbegonien-Hybriden

Knollenbegonien — Begoniaceae, Begoniengewächse

Höhe/Länge	0	**25cm**	**50cm**	75cm	1m	1,25m	1,5m	1,75m	2m	2,25m	2,5m	2,75m	3m
Blütezeit	Jan	Feb	März	Apr	Mai	Juni	**Juli**	**Aug**	**Sept**	**Okt**	Nov	Dez	
Blütenfarbe	**weiß/beige**	**gelb**	**orange**	**rosa**	**rot**	purpur	violett	blau	grün				
Standort													

Früher zählten die Knollenbegonien mit ihren prächtigen roten, weißen, gelben und rosafarbenen Blüten zu den klassischen Balkonpflanzen für den Schatten. Mittlerweile bieten die Züchter jedoch auch sonnenverträgliche Sorten an. Man unterscheidet im wesentlichen 5 Gruppen: die *Gigantea*-Gruppe bis 60 cm hoch, Blüten handtellergroß; die *Grandiflora-Compacta*-Gruppe 25–50 cm hoch, Blüten bis 10 cm Durchmesser; die *Multiflora-Maxima*- und *Floribunda*-Gruppe mit niedrigem Wuchs und 6–8 cm großen Blüten sowie die *Multiflora*-Gruppe, ebenfalls niedrig, aber kleinblütiger. Schließlich gibt es noch Knollenbegonien mit hängendem Wuchs.
Anzucht: Zwar kann man viele moderne Knollenbegonien-Hybriden auch aus Samen heranziehen, da mit der Aussaat jedoch bereits vor Weihnachten begonnen werden müßte, besorgt man sich besser Anfang Februar einige Knollen und treibt sie vor. Knollen dazu flach in feuchten Torf legen (hohle Seite nach oben) und an einem hellen, warmen Platz aufstellen. Erst nach den Eisheiligen dürfen die sehr frostempfindlichen Pflanzen nach draußen. Standort und Pflege: Begonien wachsen im Schatten und Halbschatten, moderne Züchtungen auch in der Sonne. Wöchentlich düngen und gut gießen. Alles Verblühte regelmäßig entfernen. Knollen vor Frostbeginn zum Überwintern in den Keller bringen.

Begonia semperflorens

Beet-Begonie — Begoniaceae, Begoniengewächse

Höhe/Länge	0	**25cm**	50cm	75cm	1m	1,25m	1,5m	1,75m	2m	2,25m	2,5m	2,75m	3m
Blütezeit	Jan	Feb	März	Apr	**Mai**	**Juni**	**Juli**	**Aug**	**Sept**	**Okt**	Nov	Dez	
Blütenfarbe	**weiß/beige**	gelb	orange	**rosa**	**rot**	purpur	violett	blau	grün				
Standort													

Dieses zierliche Mitglied der mehrere 100 Arten zählenden Begonienfamilie gehört seit langem zu den unentbehrlichen Beetpflanzen für schattige Bereiche. Dank der Bemühungen vieler Züchter gibt es unter den Semperflorens-Begonien eine reiche Auswahl verschiedener Sorten mit gedrungenem oder lockerem Wuchs, weißen, rosafarbenen oder roten Blüten, braunroten oder grünen Blättern.
Anzucht: Die Anzucht von Semperflorens-Begonien ist mühsam und langwierig, weshalb man sie in der Regel dem Gärtner überläßt. Wer es dennoch selbst versuchen möchte, braucht ein beheizbares Anzuchtbeet, denn für die Keimung sind 20° bis 22 °C Bodentemperatur erforderlich. Der staubfeine Samen wird bereits Ende Dezember ausgesät. Die Sämlinge vereinzelt man später zunächst in kleine Kistchen und pflanzt sie, nachdem sie etwas herangewachsen sind, in kleine Torftöpfe um. Ab Mitte Mai dürfen die Jungpflanzen dann ins Freie. Standort und Pflege: Beetbegonien lieben einen schattigen oder halbschattigen Standort und humose Erde, die niemals trocken werden darf. Regelmäßiges Abzupfen der verwelkten Blüten verlängert die Blütezeit oft erheblich.
Verwendung: In Blumenkästen auf Ost- oder Westbalkonen, flächenweise als Unterpflanzung.

Bellis perennis

Maßliebchen, Gänseblümchen — Compositae, Korbblütler

Höhe/Länge	0 – 25cm (markiert); Skala: 0, 25cm, 50cm, 75cm, 1m, 1,25m, 1,5m, 1,75m, 2m, 2,25m, 2,5m, 2,75m, 3m
Blütezeit	Jan, Feb, **März**, **Apr**, **Mai**, **Juni**, Juli, Aug, Sept, Okt, Nov, Dez
Blütenfarbe	**weiß/beige**, gelb, orange, **rosa**, **rot**, purpur, violett, blau, grün
Standort	halbschattig, sonnig

Das Maßliebchen, Tausendschön oder Gänseblümchen ähnelt schon lange nicht mehr der kleinen Wiesenblume, aus dem es einmal gezüchtet wurde. Obwohl gerade diese einfache Form zur Zeit wieder im Kommen ist. Häufiger sieht man aber nach wie vor Sorten mit dicken, gefüllten Blütenköpfen in Rosa, Rot oder Weiß. Daneben erfreuen sich die Pomponette-Züchtungen mit kleinen, knopfartigen, gefüllten Blüten größter Beliebtheit.
Anzucht: *Bellis perennis* gehören zu den sogenannten Zweijährigen. Sie werden im ersten Jahr, etwa im Juli, ausgesät und blühen im Frühjahr darauf. Die Aussaat nimmt man in ein Saatkistchen vor. Später werden die Sämlinge in Torftöpfe vereinzelt, wo sie bis zum Herbst zu kräftigen Jungpflanzen heranwachsen und an den endgültigen Standort gesetzt werden können. Steht nur wenig Platz zur Verfügung, kauft man die blühenden Pflanzen besser im Frühjahr auf dem Markt. Standort und Pflege: Als ehemalige Wiesengewächse bevorzugen Maßliebchen feuchte, lehmige Erde und einen Standort in der Sonne. Die kleinen Pflanzen blühen über viele Wochen, wenn man die verwelkten Blüten immer wieder abzupft und alle 8 Tage flüssig düngt.
Verwendung: Für die Frühjahrsbepflanzung von Balkonkästen und Blumenschalen, hübsch zu blauen Hyazinthen oder dicht an dicht in rustikalen Tongefäßen.

Calceolaria

Pantoffelblume — Scrophulariaceae, Rachenblütler

Höhe/Länge	25cm – 50cm (markiert); Skala: 0, 25cm, 50cm, 75cm, 1m, 1,25m, 1,5m, 1,75m, 2m, 2,25m, 2,5m, 2,75m, 3m
Blütezeit	Jan, Feb, März, Apr, Mai, **Juni**, **Juli**, **Aug**, **Sept**, **Okt**, Nov, Dez
Blütenfarbe	weiß/beige, **gelb**, orange, rosa, rot, purpur, violett, blau, grün
Standort	sonnig

Wer kennt sie nicht, diese blühfleißige Sommerblume mit den sonnengelben Blüten, deren Unterlippe wie ein Pantoffel geformt ist. Während die großblumige *Calceolaria* x *herbeohybrida* als Zimmerpflanze kultiviert wird, gehört ihre kleinblumige Schwester *Calceolaria integrifolia* zu den dankbarsten Balkonblumen.
Anzucht: Die Zeit, als man Pantoffelblumen nur aus Stecklingen heranzog, ist längst vorbei. Inzwischen gibt es Züchtungen, die auch bei Aussaat flottes Wachstum und Farbtreue der Sorten garantieren. Gesät wird im Januar und Februar in eine Schale am warmen Fensterbrett. Später vereinzelt man die Sämlinge und kultiviert sie bei etwas niedrigeren Temperaturen weiter. Dabei müssen die Pflänzchen sehr hell stehen, damit sie nicht lang und dünn werden. Ab Mitte Mai dürfen die Pantoffelblumen dann nach draußen. Standort und Pflege: *Calceolaria* liebt volle Sonne und frische, nahrhafte Erde. Düngung: Von Mai bis Frostbeginn jede Woche mit flüssigem Volldünger.
Verwendung: In Blumenschalen und bunt bepflanzten Balkonkästen. Hübsch zusammen mit Leberbalsam.

Cheiranthus cheiri

Goldlack — Cruciferae, Kreuzblütler

Höhe/Länge	0	**25cm**	50cm	75cm	1m	1,25m	1,5m	1,75m	2m	2,25m	2,5m	2,75m	3m
Blütezeit	Jan	Feb	März	**Apr**	**Mai**	**Juni**	Juli	Aug	Sept	Okt	Nov	Dez	
Blütenfarbe	weiß/beige	**gelb**	**orange**	rosa	**rot**	purpur	**violett**	blau	grün				
Standort													

Schon wegen seines wundervollen, honigartigen Duftes sollte der Goldlack auf keinem Balkon fehlen. Aber auch die gelben, kupferfarbenen oder weinroten Blüten sind im Frühjahr beliebter Blickfang. Goldlack gibt es mit gefüllten und ungefüllten Blüten und mit verschiedenen Wuchsformen. Für Balkone und Dachgärten eignen sich am besten Zwerg-Goldlack und Zwerg-Buschgoldlack. Eine empfehlenswerte Sorte ist 'Bedder Formelmischung'. Mit ihrer geringen Höhe von 25 cm und ihrem gedrungenen Wuchs gedeihen sie auch in Balkonkästen.
Anzucht: Goldlack zählt zu den zweijährigen Pflanzen. Ausgesät wird im Mai oder Juni in ein Saatkistchen im Freien. Im Sommer werden die Sämlinge einzeln in kleine Töpfe oder Multitopfplatten (gibt es im Fachhandel) pikiert. Während einfach blühende Sorten draußen überwintern können, ist bei den gefüllten Formen Vorsicht geboten. In rauhen Gegenden bringt man sie besser in einem frostfreien Raum unter. In milden Gebieten genügt ein Winterschutz aus Tannenreisern. Standort und Pflege: Goldlack bevorzugt frische, nahrhafte Erde und einen sonnigen Standort. Werden die verwelkten Blüten entfernt, halten die Pflanzen oft ein weiteres Jahr.
Verwendung: In Blumenkästen und Schalen, z. B. zusammen mit Vergißmeinnicht.

Chrysanthemum paludosum

Balkonkasten-Margerite — Compositae, Korbblütler

Höhe/Länge	0	**25cm**	50cm	75cm	1m	1,25m	1,5m	1,75m	2m	2,25m	2,5m	2,75m	3m
Blütezeit	Jan	Feb	März	Apr	Mai	**Juni**	**Juli**	**Aug**	**Sept**	**Okt**	Nov	Dez	
Blütenfarbe	**weiß/beige**	gelb	orange	rosa	rot	purpur	violett	blau	grün				
Standort													

Die hübsche kleine, mit den Margeriten verwandte Sommerblume ist bedauerlicherweise immer noch recht wenig verbreitet. Dabei treibt sie den ganzen Sommer über unermüdlich ihre weißen Blütchen. Auch der gedrungene Wuchs bei einer Höhe von nur 20 cm macht sie zu einer idealen Balkonkastenblume und Beetpflanze. Eine gute Sorte ist z. B. 'Weißer Ring'.
Anzucht: *Chrysanthemum paludosum* kann ab Ende April im Freien ausgesät werden. Früher blüht sie jedoch, wenn man sie bereits im März in eine Schale aussät und am Fensterbrett vorkultiviert. Ab Mitte Mai können die Jungpflanzen dann nach draußen. Standort und Pflege: Frische, nahrhafte Erde und ein sonniger Platz sind die Voraussetzung für ein üppiges Wachsen und Blühen. Regelmäßiges Abzupfen der verwelkten Blüten bewirkt eine Verlängerung der Blütezeit. Wöchentlich düngen.
Verwendung: *Chrysanthemum paludosum* ist ein problemloser Dauerblüher für bunt bepflanzte Balkonkästen und Blumenschalen. Mit ihrer neutralen Blütenfarbe paßt sie als „Lückenbüßer" oder als Unterpflanzung zu vielen anderen Gewächsen.

Dahlia

Dahlie — Compositae, Korbblütler

Höhe/Länge	0	25cm	**50cm**	**75cm**	**1m**	**1,25m**	**1,5m**	**1,75m**	2m	2,25m	2,5m	2,75m	3m ▷
Blütezeit	Jan	Feb	März	Apr	Mai	Juni	Juli	**Aug**	**Sept**	**Okt**	Nov	Dez	
Blütenfarbe	**weiß/beige**	**gelb**	**orange**	**rosa**	**rot**	**purpur**	**violett**	blau	grün				
Standort	☼												

Seit seiner Entdeckung in Mexiko durch die Spanier hat das Knollengewächs eine enorme Entwicklung durchgemacht. Heute wird die Dahlie in einer Fülle von Sorten in allen Farben und sehr unterschiedlichen Blütenformen angeboten. Hatten die Züchter früher vor allem Blütenfarbe und -größe im Auge, so bemühen sie sich derzeit um niedrige Sorten für Balkonkästen und Blumenbeete. Nur 30 cm hoch werden beispielsweise die Sorten 'Mignon', 'Rigoletto', 'Gartenfreude', 'Figaro' und 'Unwins Dwarf Hybriden'.

Anzucht: Während man bei höheren Dahliensorten meistens die Knollen kauft, können Zwergdahlien in einer Schale auf der warmen Fensterbank aus Samen herangezogen werden. Die Sämlinge vereinzelt man, sowie sie sich gut fassen lassen, und stellt sie kühler. Durch Entspitzen der Jungpflanzen erreicht man einen gedrungenen Wuchs. Ende Mai dürfen die Dahlien dann ins Freie, wo sie ab Juli bis zum Frost blühen. Standort und Pflege: Nahrhafte Blumenerde und ein sonniger Platz garantieren eine üppige Blüte. Wöchentlich düngen und verwelkte Blüten regelmäßig abschneiden. Wegen der problemlosen Anzucht aus Samen überwintert man Zwergdahlien in der Regel nicht, sondern sät sie jedes Frühjahr neu aus.

Verwendung: In Balkonkästen und Schalen.

Dianthus chinensis

Sommernelke, Chinesische Nelke — Caryophyllaceae, Nelkengewächse

Höhe/Länge	0	**25cm**	**50cm**	75cm	1m	1,25m	1,5m	1,75m	2m	2,25m	2,5m	2,75m	3m ▷
Blütezeit	Jan	Feb	März	Apr	**Mai**	**Juni**	**Juli**	**Aug**	**Sept**	**Okt**	Nov	Dez	
Blütenfarbe	**weiß/beige**	gelb	orange	**rosa**	**rot**	**purpur**	violett	blau	grün				
Standort	☼												

Als schönste einjährige Nelke für Balkonkästen gilt die Gebirgshängenelke. Sie leidet jedoch häufig an einer Pilzkrankheit, dem Nelkenrost. Etwas widerstandsfähiger soll die neue Sorte 'Dominiks Balkonfeuer' sein. Eine Alternative bietet sich aber auch in der Chinesischen Nelke, die sich sehr gut im Blumenkasten halten läßt. Zu empfehlen sind vor allem die sehr reichblühenden, kompakt wachsenden 'Magic-Charm-Hybriden'. Es gibt sie in den Farben Karminrot, Korallenrot, Hellrosa, Scharlach und Reinweiß.

Anzucht: Man sät die Nelken Anfang März in einer Schale am Fenster oder in einem Anzuchtkasten aus, vereinzelt sie, nachdem die Sämlinge groß genug sind, in Torftöpfe und pflanzt sie Anfang Mai in Gruppen von 3 bis 4 Stück an den vorgesehenen Standort. Standort und Pflege: Am besten entwickeln sich Nelken in der vollen Sonne. Regelmäßig gießen und alle 10 Tage düngen. Wenn ab Juli der Flor nachläßt, empfiehlt sich ein Rückschnitt, worauf die Pflanzen ab Mitte August ein zweites Mal zur vollen Blüte kommen.

Verwendung: Attraktiv in bunt bepflanzten Blumenkästen.

Fuchsia

Fuchsie — Onagraceae, Nachtkerzengewächse

Höhe/Länge	0	25cm	50cm	**75cm**	**1m**	**1,25m**	1,5m	1,75m	2m	2,25m	2,5m	2,75m	3m
Blütezeit	Jan	Feb	März	Apr	Mai	Juni	**Juli**	**Aug**	**Sept**	**Okt**	Nov	Dez	
Blütenfarbe	**weiß/beige**	gelb	orange	**rosa**	**rot**	**purpur**	**violett**	blau	grün				
Standort													

Von der Fuchsie kommen an die 1000 Arten in Mittel- und Südamerika sowie in Neuseeland vor. Meist wachsen sie strauchartig oder bilden kleine Bäume. Bei den hierzulande allseits sehr beliebten Balkonfuchsien handelt es sich in der Regel um Hybriden, die es inzwischen zu Hunderten gibt. Die Variationen der Blüten reichen von winzigen, einfachen Blütchen bis zu großen, zweifarbigen, gefüllten Blumen. Die Farbpalette umfaßt rote, violette, rosa und blaue Töne. Sehr gefragt sind in der letzten Zeit reinweiße Fuchsien.
Anzucht: Meistens kauft man Fuchsien jedes Jahr neu beim Gärtner. Man kann sie durch Stecklinge, die im Herbst geschnitten werden, aber auch selbst vermehren. Standort und Pflege: Am besten gedeihen Fuchsien an halbschattigen Standorten, die neueren Züchtungen auch in der Sonne, wenn für reichlich Wasser gesorgt wird. Die Erde sollte humos sein. Im Sommer wöchentlich mit flüssigem Blumendünger düngen. Wer seine Fuchsien überwintern will, holt sie vor dem ersten Frost in einen kühlen, hellen Raum. Während des Winters wenig gießen, im Frühjahr Pflanzen auf die gewünschte Größe zurückschneiden.
Schädlinge und Krankheiten: Hauptsächlich im Winter Befall durch die Weiße Fliege.
Verwendung: Für Balkonkästen, Hängefuchsien als Ampelpflanzen. Sehr apart sind Fuchsien-Hochstämme.

Iberis umbellata

Einjährige Schleifenblume — Cruciferae, Kreuzblütler

Höhe/Länge	0	**25cm**	50cm	75cm	1m	1,25m	1,5m	1,75m	2m	2,25m	2,5m	2,75m	3m
Blütezeit	Jan	Feb	März	Apr	Mai	**Juni**	**Juli**	**Aug**	Sept	Okt	Nov	Dez	
Blütenfarbe	**weiß/beige**	gelb	orange	**rosa**	rot	purpur	**violett**	blau	grün				
Standort													

Während ihre immergrünen Schwestern *Iberis saxatilis* und *Iberis sempervirens* zu den winterharten Stauden gehören, überdauert die einjährige *Iberis umbellata* nur einen Sommer. Das schon im 16. Jahrhundert als Gartenpflanze bekannte Gewächs wird etwa 25 cm hoch und treibt im Juni und Juli schirmförmige kleine Blütendolden in Rosa, Violett oder Weiß. Man kann aber auch Samenmischungen bekommen. Gelegentlich werden Samen von *Iberis amara,* einer anderen einjährigen Schleifenblumenart, angeboten. Ihre weißen Blüten duften sehr gut. Bekannt ist die Sorte 'Hyazinthenblütige Riesen'.
Anzucht: Die Aussaat erfolgt möglichst früh, schon Ende Februar, in ein Kistchen auf der Fensterbank. Ab April kann man auch im Freien säen. Die Sämlinge werden vereinzelt und Ende April nach draußen gepflanzt.
Standort und Pflege: Die aus Südeuropa stammende Sommerblume liebt einen vollsonnigen Standort. Gedüngt wird wöchentlich mit flüssigem Volldünger. Pflanzen nicht zu feucht halten. Ein Rückschnitt nach der Blüte verlängert die Blütezeit.
Verwendung: Vorwiegend als „Lückenbüßer" in Balkonkästen, Blumenschalen und Trögen mit Steingartenbepflanzung. Auch gut als Schnittblume für kleine Sträuße geeignet.

Lobelia erinus

Männertreu, Lobelie — Campanulaceae, Glockenblumengewächse

Höhe/Länge	0, **25cm**, 50cm, 75cm, 1m, 1,25m, 1,5m, 1,75m, 2m, 2,25m, 2,5m, 2,75m, 3m ▷
Blütezeit	Jan, Feb, März, Apr, Mai, **Juni**, **Juli**, **Aug**, **Sept**, Okt, Nov, Dez
Blütenfarbe	weiß/beige, gelb, orange, rosa, rot, purpur, **violett**, **blau**, grün
Standort	

Mit ihren leuchtendblauen Blüten ist diese aus Südafrika zu uns gekommene Sommerblume für Blumenkästen, Schalen und Kübel fast unentbehrlich. Man unterteilt die Züchtungen in die aufrecht wachsenden, 10 bis 15 cm hohen Compacta-Sorten und in die Pendula-Sorten mit hängendem Wuchs. Zur ersten Gruppe gehören Sorten wie 'Blauer Stein', einfarbig blau, 'Kaiser Wilhelm', kornblumenblau mit hellem Laub, 'Kristallpalast', dunkelblau mit dunklem Laub, und 'Schwabenmädchen', blau mit weißem Auge. Hängende Sorten sind 'Pendula Saphir', blau mit weißem Auge, und 'Blue Cascade', hellblau.

Anzucht: Lobelien werden jedes Jahr neu aus Samen herangezogen. Aussaat im zeitigen Frühjahr in eine Saatschale auf der Fensterbank. Später werden die Sämlinge in Torftöpfe vereinzelt und ab Mitte Mai ins Freie gepflanzt. Standort und Pflege: *Lobelia erinus* möchte feucht und sonnig stehen, 'Pendula Saphir' gedeiht auch noch im Halbschatten. Gedüngt wird jede Woche mit Flüssigdünger. Rückschnitt Ende Juli nach der ersten Blüte kommt der zweiten Blüte im Spätsommer zugute.

Verwendung: In Balkonkästen, Pendula-Sorten als Hängepflanzen in Ampeln oder zur Unterpflanzung von Hochstämmchen in Kübeln.

Lobularia maritima

Steinkraut, Duftsteinrich — Cruciferae, Kreuzblütler

Höhe/Länge	0, **25cm**, 50cm, 75cm, 1m, 1,25m, 1,5m, 1,75m, 2m, 2,25m, 2,5m, 2,75m, 3m ▷
Blütezeit	Jan, Feb, März, Apr, Mai, **Juni**, **Juli**, **Aug**, **Sept**, Okt, Nov, Dez
Blütenfarbe	**weiß/beige**, gelb, orange, **rosa**, rot, purpur, **violett**, blau, grün
Standort	

Die kleine Sommerblume ist mancherorts auch unter dem sehr treffenden deutschen Namen „Duftsteinrich" bekannt. Tatsächlich duftet sie sehr stark und angenehm süß, so daß man sie schon von weitem wahrnimmt. Der Wuchs ist polsterartig, meist werden die Pflanzen nicht höher als 5 bis 8 cm. Die Samenhandlungen bieten verschiedene Sorten in Weiß und Violett, vereinzelt auch in Rosa oder Rosarot an. Gut bewährt haben sich 'Snowdrift', reinweiß, und 'Orientalische Nächte', purpurviolett.

Anzucht: Steinkraut sät man entweder ab Mitte April direkt an Ort und Stelle aus oder im Februar und März am Fensterbrett. In Saatkisten gezogene Pflanzen werden einmal pikiert. Wegen ihrer Winzigkeit nimmt man dabei gleich mehrere Sämlinge zusammen in einen Topf. Mitte Mai können die Pflanzen dann ins Freie. Standort und Pflege: *Lobularia maritima* liebt volle Sonne. Durch Rückschnitt nach der Blüte erzielt man eine Nachblüte im Herbst.

Verwendung: Als Unterpflanzung von höheren Sommerblumen, Knollen- und Kübelpflanzen, als Zwischenpflanzen im Balkonkasten, wo sie bald über den Rand hinausquellen und wie kleine Hängepflanzen aussehen.

Nicotiana x sanderae

Ziertabak — Solanaceae, Nachtschattengewächse

Höhe/Länge	0	25cm	**50cm**	75cm	1m	1,25m	1,5m	1,75m	2m	2,25m	2,5m	2,75m 3m
Blütezeit	Jan	Feb	März	Apr	Mai	**Juni**	**Juli**	Aug	**Sept**	Okt	Nov	Dez
Blütenfarbe	**weiß/beige**	**gelb**	orange	**rosa**	**rot**	purpur	violett	blau	grün			
Standort	[Sonne]											

Bei *Nicotiana* x *sanderae* handelt es sich um eine Garten-Hybride, die aus den südamerikanischen Arten *Nicotiana alata* und *Nicotiana forgetiana* entstanden ist. Da sich die Blüten des Nachtschattengewächses nur nachts öffneten, die Pflanzen außerdem recht hoch wurden, blieb der Ziertabak als Balkonpflanze lange Zeit im Hintergrund. Beide Eigenschaften konnten durch konsequente Züchtung jedoch inzwischen abgebaut werden, so daß der Ziertabak seine farbenkräftigen Blüten heute tagsüber an gedrungenen Pflanzen öffnet. Neben der ehemaligen Blütenfarbe Karminrosa und Rot gibt es inzwischen auch Sorten in Weiß und Gelb. Die neuesten, besonders für Balkonkästen geeigneten Züchtungen sind 'Tinkerbell', eine Mischung aus allen Farben, und 'Nicki', ebenfalls in Rosa, Rot, Weiß und Gelb zu haben.

Anzucht: Die Samen werden im Februar und März in eine Schale auf der warmen Fensterbank ausgesät. Später pikiert man die Sämlinge einzeln in Torftöpfe und hält sie weiterhin recht warm. Wenige Wochen vor dem Auspflanzen, etwa Mitte April, werden die Pflanzen etwas kühler gestellt und so allmählich abgehärtet. Standort und Pflege: In nahrhafter Erde und voller Sonne gedeiht Ziertabak am besten. Regelmäßig düngen und gießen. Ein Rückschnitt Ende Juli fördert die Nachblüte im Herbst.

Verwendung: In bunt bepflanzten Balkonkästen und Schalen.

Pelargonium

Geranie, Pelargonie — Geraniaceae, Storchschnabelgewächse

Höhe/Länge	0	**25cm**	**50cm**	**75cm**	1m	1,25m	1,5m	1,75m	2m	2,25m	2,5m	2,75m 3m
Blütezeit	Jan	Feb	März	Apr	Mai	**Juni**	**Juli**	**Aug**	**Sept**	**Okt**	Nov	Dez
Blütenfarbe	**weiß/beige**	gelb	orange	**rosa**	**rot**	**purpur**	**violett**	blau	grün			
Standort	[Sonne]	[Halbschatten]										

Nach wie vor Balkonblume Nummer eins, dürfte diese Pflanze wohl jedermann bekannt sein. Statistiker haben zumindest herausgefunden, daß etwa die Hälfte aller verkauften Balkonblumen Geranien sind. Man unterscheidet bei den Balkongeranien zwei Gruppen: die aufrecht wachsenden *Zonale*-Pelargonien, mit einem braunen Ringmuster auf den rauhen Blättern, und die hängend wachsenden *Peltatum*-Pelargonien, auch Hänge-Geranien, Hänge-Pelargonien oder Efeu-Pelargonien genannt. Ihre Blätter sind dunkelgrün und haben eine lederartige Oberfläche. Das Sortenangebot bei beiden Gruppen ist sehr groß. Die Blütenfarben bewegen sich in den Bereichen Rot, Violett, Rosa und Weiß. Die Blüten sind einfach oder halbgefüllt.

Anzucht: Wegen Platzmangel werden viele Geranien jeden Herbst weggeworfen und im Frühjahr wieder neu gekauft. Man kann sie aber auch immer wieder überwintern. Eine gute Möglichkeit ist, im Herbst Stecklinge von den alten Pflanzen zu machen und sie erst dann wegzuwerfen. Darüber hinaus lassen sich einige Geranien durch Samen vermehren.

Standort und Pflege: Unaufhörliche Blütenpracht von Mai bis Oktober erhält man nur an einem vollsonnigen Platz bei regelmäßiger Düngung. Aber auch im Halbschatten wachsen Geranien noch zufriedenstellend.

Verwendung: In Balkonkästen und allen anderen Gefäßen. Hänge-Pelargonien auch als Ampelpflanzen und zur Unterpflanzung von Hochstämmen.

Petunia

Petunie — Solanaceae, Nachtschattengewächse

Höhe/Länge	0 · **25cm** · 50cm · 75cm · 1m · 1,25m · 1,5m · 1,75m · 2m · 2,25m · 2,5m · 2,75m · 3m ▷
Blütezeit	Jan · Feb · März · Apr · **Mai · Juni · Juli · Aug · Sept · Okt** · Nov · Dez
Blütenfarbe	**weiß/beige · gelb** · orange · **rosa · rot · purpur · violett · blau** · grün
Standort	☼

Neben Geranien, Fuchsien und Knollenbegonien gehören die Petunien zu den klassischen Balkonkastenpflanzen. Während es rund 25 Wildarten in Südamerika gibt, handelt es sich bei unseren Petunien durchweg um Hybriden (Kreuzungen). Das Sortiment ist inzwischen riesig und wird nach der Blütenform in 6 verschiedene Gruppen aufgeteilt: klein- oder vielblütige Sorten (*Multiflora*-Gruppe), großblütige (*Grandiflora*-Gruppe), gefülltblühende (*Plena*-Gruppe), mit gefransten Blütenblättern (*Fimbriata*-Gruppe), mit sehr großen Blüten und gewelltem Blütenrand (*Superbissima*-Gruppe) und mit hängendem Wuchs (*Pendula*-Gruppe). Die Farben reichen von Weiß über Rosa und Rot bis Violett. Neu sind die Töne Hellblau und Gelb. Daneben gibt es schon länger zweifarbige Petunien.
Anzucht: Zwar kann man Petunien selbst aussäen, doch werden die Pflanzen wegen Lichtmangel oft schwach und lang. Wer keine sehr helle Fensterbank hat, kauft die Jungpflanzen deshalb besser beim Gärtner. Pflanzzeit ist nach den Eisheiligen. Standort und Pflege: Am besten gedeihen Petunien in der vollen Sonne. Reichlich düngen und gießen, verwelkte Blüten abzupfen. Pflanzen, die zu lang werden und mit dem Blühen nachlassen, um ein Drittel einkürzen, das fördert die Bildung neuer Triebe.
Verwendung: Für Balkonkästen und Schalen, Hängesorten als Ampelpflanzen.

Salvia splendens

Feuersalbei — Labiatae, Lippenblütler

Höhe/Länge	0 · **25cm · 50cm** · 75cm · 1m · 1,25m · 1,5m · 1,75m · 2m · 2,25m · 2,5m · 2,75m · 3m ▷
Blütezeit	Jan · Feb · März · Apr · Mai · **Juni · Juli** · Aug · **Sept** · Okt · Nov · Dez
Blütenfarbe	weiß/beige · gelb · orange · rosa · **rot** · purpur · violett · blau · grün
Standort	☼

Brasilien ist die Heimat dieser feurigrot blühenden Sommerblume. Wie bei vielen anderen Sommerblumen, versucht man auch beim Feuersalbei durch Züchtung immer niedrigere und noch blühfreudigere Sorten zu erhalten. Von der ursprünglich 50–150 cm hohen Art gibt es inzwischen Formen, die nicht höher als 25 cm werden und sich gut für Balkonkästen eignen. Besonders kompakte Sorten sind z. B. 'Carabiniere', 'Knirps' und 'Scharlachzwerg'.
Anzucht: Aussaat Anfang März bei 18°–20°C in einem Anzuchtkasten oder in Saatschalen am Fensterbrett. Die Sämlinge werden bald vereinzelt und später, nach den letzten Frösten, ins Freie gepflanzt. Standort und Pflege: *Salvia splendens* verlangt einen sonnigen Standort und nahrhafte, durchlässige Erde. Die Pflanzen wollen regelmäßig jede Woche gedüngt und gut gegossen werden, vertragen aber keine stauende Nässe. Nach der ersten Blüte im Juli ist es mit der Schönheit zunächst vorbei. Schneidet man die braunen Blütenstände aber vorsichtig heraus, treiben die Pflanzen neu durch und blühen ein zweites Mal.
Verwendung: In Balkonkästen und Blumenschalen.

Tagetes

Studentenblume — Compositae, Korbblütler

Höhe/Länge	0	**25cm**	**50cm**	**75cm**	1m	1,25m	1,5m	1,75m	2m	2,25m	2,5m	2,75m	3m ▷
Blütezeit	Jan	Feb	März	Apr	Mai	**Juni**	**Juli**	**Aug**	**Sept**	**Okt**	Nov	Dez	
Blütenfarbe	weiß/beige	**gelb**	**orange**	rosa	**rot**	purpur	violett	blau	grün				
Standort	☼												

Aufgrund ihrer Blühfreudigkeit, die den ganzen Sommer nicht nachläßt, gehört die Studentenblume zu den bedeutendsten Sommerblumen. Als Balkonpflanze war sie wegen ihres strengen Geruchs aber nie sehr beliebt. Bei den neuen Züchtungen konnte diese schlechte Eigenschaft jedoch erheblich zurückgedrängt werden, so daß dem Einzug der Studentenblume ins grüne Zimmer nun eigentlich nichts mehr im Weg steht. Je nach Geschmack kann man unter drei *Tagetes*-Typen wählen. Die *Erecta*-Hybriden haben z. B. sehr große, einfarbig gelbe oder orange Blütenbälle. Da die meisten Sorten sehr hoch werden, pflanzt man sie allerdings hauptsächlich als Schnittblumen. Es gibt aber auch niedrigere Formen, z. B. die Sorte 'Cupido'. Kaum höher als 20 cm wird die bekannte Beet-Studentenblume, *Tagetes patula*, mit ihren vielen Sorten. Aber auch die kleinblütige zierliche *Tagetes tenuifolia* eignet sich gut für Balkonkästen und Blumenschalen.
Anzucht: Aussaat im März in eine Schale. Mitte Mai können die Pflanzen ins Freie. Standort und Pflege: Am besten gibt man *Tagetes* einen sonnigen Platz. Wöchentliche Düngergaben und reichlich Wasser sorgen für eine gesunde Dauerblüte. Schädlinge und Krankheiten: Blattflecken- und Welkekrankheit. Stark befallene Pflanzen sehen wie verbrüht aus. Bekämpfung mit einem Grünkupfermittel.

Verbena

Eisenkraut, Verbene — Verbenaceae, Verbenengewächse

Höhe/Länge	0	**25cm**	50cm	75cm	1m	1,25m	1,5m	1,75m	2m	2,25m	2,5m	2,75m	3m ▷
Blütezeit	Jan	Feb	März	Apr	**Mai**	**Juni**	**Juli**	**Aug**	**Sept**	Okt	Nov	Dez	
Blütenfarbe	**weiß/beige**	gelb	orange	**rosa**	**rot**	**purpur**	**violett**	**blau**	grün				
Standort	☼												

Die Verbene und ihre Zuchtformen zeichnen sich durch ihre besondere Farbigkeit aus. Die Palette reicht von einfachem Weiß über Rosa, Rot bis Violett und Blau. Schöne buschige, nur 20 cm hohe Pflanzen bringt die 'Compacta'-Serie. 'Springtime', eine Mischung verschiedener Farben, blüht dagegen besonders früh. 'Tropic', eine ganz neue Züchtung in feurigem Rosenrot, besitzt die größten Blüten. Neben den Hybriden werden im Fachhandel einige reine *Verbena*-Arten angeboten, z. B. die flachwachsende, im Balkonkasten sogar hängende, zinnoberrote *Verbena peruviana,* die fliederblaue *Verbena rigida* und *Verbena bonariensis,* die wegen ihrer Wuchshöhe von 120 cm für Balkone aber kaum in Frage kommt.
Anzucht: Die Aussaat erfolgt bereits im Februar in Schalen, die man bei 18°–20°C im Zimmer aufstellt. Nach dem Keimen die Sämlinge dann etwas kühler halten und bald einzeln in kleine Töpfe pikieren. Ab Mitte Mai können die Pflanzen ins Freie gebracht werden. Standort und Pflege: Die aus den Tropen und Subtropen stammenden Verbenen gedeihen am besten an warmen, sonnigen Standorten. Die Erde nicht zu feucht halten, wöchentlich düngen.
Verwendung: In buntbepflanzten Balkonkästen, als Unterpflanzung von Kübelpflanzen, *Verbena peruviana* hübsch als Ampelpflanze.

Viola x wittrockiana

Stiefmütterchen — Violaceae, Veilchengewächse

Höhe/Länge	0	25cm	50cm	75cm	1m	1,25m	1,5m	1,75m	2m	2,25m	2,5m	2,75m	3m ▷
Blütezeit	Jan	Feb	März	Apr	Mai	Juni	Juli	Aug	Sept	Okt	Nov	Dez	
Blütenfarbe	weiß/beige	gelb	orange	rosa	rot	purpur	violett	blau	grün				
Standort													

Wer rund ums Jahr einen blühenden Balkon oder Dachgarten haben möchte, kann auf diese kleinen Pflanzen mit den hübschen Blütengesichtern eigentlich nicht verzichten. Sie blühen gerade dann, wenn sich sonst mit blühenden Pflanzen nicht viel tut, im Spätherbst und im zeitigen Frühjahr. Das Sortiment der Stiefmütterchen ist inzwischen sehr groß, so daß hier unmöglich einzelne Sorten aufgezählt werden können. Grob gesehen kann man zwischen Formen mit dunklem Fleck oder „Auge" und einfarbigen Sorten unterscheiden. Längst hat sich auch die Farbpalette erweitert. So findet man neben den typischen Stiefmütterchenfarben Violett, Gelb, Weiß und Rot auch Sorten in Himmelblau oder Cognac.

Anzucht: Stiefmütterchen gehören zu den zweijährigen Pflanzen. Man sät sie Anfang Juli in eine kleine Kiste aus, die bis zur Keimung der Samen kühl und schattig stehen muß. Sind die Sämlinge so groß, daß man sie gut fassen kann, vereinzelt man sie in Töpfe. Im Herbst werden die Blumen dann an ihren endgültigen Platz gepflanzt. Standort und Pflege: Stiefmütterchen brauchen frische, feuchte Erde und möchten nicht zu warm stehen. Das Abschneiden verwelkter Blüten fördert die Bildung neuer Knospen.

Verwendung: Für die Herbst- und Frühjahrsbepflanzung von Schalen und Balkonkästen.

Zinnia

Zinnie — Compositae, Korbblütler

Höhe/Länge	0	25cm	50cm	75cm	1m	1,25m	1,5m	1,75m	2m	2,25m	2,5m	2,75m	3m ▷
Blütezeit	Jan	Feb	März	Apr	Mai	Juni	Juli	Aug	Sept	Okt	Nov	Dez	
Blütenfarbe	weiß/beige	gelb	orange	rosa	rot	purpur	violett	blau	grün				
Standort													

Zinnien erinnern uns mit ihren fröhlichen Farben und ihren oft wie geschnitzt aussehenden Blüten an Bauerngärten und Erntedankfeste. Ursprünglich kamen sie aber von weit her, nämlich aus Mexiko. Die modernen, großblumigen Züchtungen sind an und für sich wegen ihrer Wuchshöhe bis 80 cm nicht gerade balkongeeignet. Wer sich umsieht, entdeckt im großen Angebot an Sorten und Formen aber immer häufiger buschig wachsende Zwerg-Zinnien. Nur 15 cm hoch wird z. B. 'Thumbelina', eine Mischung aus vielen Farben.

Anzucht: Zinnien werden ab März in Schalen am Fensterbrett ausgesät. Zum Keimen brauchen sie eine Mindesttemperatur von 15°C. Auch später sollten sie nie kühler stehen, da die Pflanzen sonst das Wachstum einstellen und gelbe Blätter bekommen. Da es sich um Dunkelkeimer handelt, Samen leicht mit Erde übersieben. Standort und Pflege: In frischer Erde, an einem sonnigen, warmen Platz entwickeln sich Zinnien am besten. Eine Flüssigdüngung pro Woche und laufendes Entfernen verwelkter Blüten verlängert die Blütezeit bis Frostbeginn. Schädlinge und Krankheiten: Bei feuchter Witterung treten zuweilen rötlich umrandete, graubraune Flecken auf, die durch einen Pilz verursacht werden (= Alternaria-Blattfleckenkrankheit). Bekämpfung mit einem Fungizid.

Verwendung: In Balkonkästen, sehr hübsch in rustikalen Holzkübeln oder Tontöpfen.

Winterharte Stauden, Gräser und Zwiebelblumen

Winterharte Stauden, Gräser und Zwiebelblumen

Beständigkeit und Winterhärte sind die hervorstechendsten Eigenschaften jener Pflanzengruppe, die Gartenfachleute „Stauden“ nennen.
Wie die Gehölze können diese Gewächse sommers wie winters im Freien bleiben und viele Jahre alt werden. Dabei bilden diese Stauden jedoch nicht wie Bäume und Sträucher holzige Äste, sondern bleiben krautig.
Wer sich mit Stauden nicht auskennt, mag sich im Herbst zunächst wundern. Sowie sich die ersten Fröste ankündigen, färben sich Stiele und Blätter braun und es hat den Anschein, daß die Pflanzen absterben. Das tun sie auch, allerdings nur oberirdisch. Unter der Erde geht das Leben der Stauden in Wurzelstöcken, fleischigen Rhizomen, Knollen oder Zwiebeln weiter.
Daß dieses seltsame Verhalten nur ein Trick ist, um den Unbilden des Winters zu entgehen, zeigt sich spätestens im nächsten Frühjahr, wenn die Stauden in voller Kraft mit neuen Trieben, Blättern und Blüten hervorbrechen.
Natürlich hat dieser typische Lebensrhythmus auch einige Ausnahmen. So bilden etliche Stauden bereits im Spätherbst an der Basis die Triebe für das nächste Jahr. Einige wenige Arten ziehen ihre Blätter sogar überhaupt nicht ein und bleiben auch im Winter grün. Das bekannteste Beispiel hierfür ist das Immergrün.
Außer ihrem faszinierenden Lebensrhythmus, mit dem die Stauden uns das stete Werden und Vergehen in der Natur immer wieder eindrucksvoll vor Augen führen, ist es die unglaubliche Vielfalt an Wuchs- und Blattformen, Blütezeiten und Farben, die diese Pflanzen so beliebt macht. Vom kleinblättrigen, nur zwei Zentimeter hohen Teppichthymian bis zur übermannshohen Herkulesstaude gibt es hier einfach alles, was sich ein Gärtner nur wünschen kann. Auch von ihren Ansprüchen her sind die Stauden so vielseitig, daß sich für jeden Standort etwas Passendes finden läßt, für eine trockene Treppenfuge in der prallen Sonne ebenso wie für eine feuchte Ecke im tiefsten Schatten.
Welche Staude sich an welchem Platz und mit welchem Nachbarn am wohlsten fühlt, hat man in der Fachhochschule für Gartenbau in Freising-Weihenstephan und dem daran angeschlossenen berühmten Stauden-Sichtungsgarten erforscht. Jede Staude bekam eine bestimmte Kennziffer, an Hand derer man nun leicht die passenden Arten für eine harmonische Pflanzengesellschaft herausfindet.
Für die Bepflanzung von Balkonkästen oder Dachgärten ist dieses System allerdings leider nur sehr begrenzt anwendbar, weil aufgrund der besonderen Pflanzsituation auf eine ganze Reihe von Arten verzichtet werden muß.
Viel gewonnen ist aber auch schon, wenn man bei der Pflanzenauswahl allgemeine Standortansprüche wie Sonne, Halbschatten, Schatten, trokken-heiße oder eher feuchte Lage berücksichtigt. Darüber hinaus sollten grundsätzlich nur niedrige und mittelhohe Stauden verwendet werden, da die hohen Arten zuviel Platz für ihre Wurzeln benötigen und außerdem bei Wind leicht umknicken.
Die Pflege der Stauden besteht weitgehend aus Gießen und Düngen. Die Blütezeit läßt sich erheblich verlängern, wenn verwelkte Blumen regelmäßig ausgebrochen werden. Im Winter empfiehlt sich eine leichte Abdeckung mit Fichtenreisern, Laub oder Ähnlichem. Wintergrüne Stauden müssen an frostfreien Tagen gegossen werden, aber auch bei den eingezogenen Pflanzen sollte man von Zeit zu Zeit nachschauen, ob die Erde nicht ausgetrocknet ist.
Wer an den Stauden Gefallen gefunden hat und mehr davon pflanzen möchte, kann die meisten von ihnen später leicht selbst durch Teilung der Wurzelstöcke oder durch Stecklinge vermehren. Auch aus Samen lassen sich viele Stauden heranziehen, doch lohnt sich dies meist nur dann, wenn wirklich ein größerer Bedarf an Pflanzen vorhanden ist. Hinzu kommt, daß es sich bei den schönsten und wertvollsten Blütenstauden häufig um Züchtungen handelt, die sich nicht aus Samen nachziehen lassen.
Mit zu den Stauden gehören die winterharten Blumenzwiebeln, die statt des Wurzelstocks eine Zwiebel oder Knolle besitzen. Diese ermöglicht es ihnen, selbst bei extremsten Witterungsverhältnissen zu überleben. Die meisten Zwiebelblumen stammen aus Gebieten mit sehr heißen und trockenen Sommern. Um nicht zu vertrocknen, haben sie sich angepaßt und ein unterirdisches Speicherorgan – die Zwiebel – entwickelt, in das sie sich zurückziehen können. Über der Erde zeigen sie sich mit Blättern und Blüten nur in den wenigen Monaten, in denen die Wachstumsbedingungen günstiger sind. In ihrer Heimat ist dies meist im Frühling der Fall. Entsprechend gehören die meisten unserer Zwiebelblumen zu den Frühjahrsblühern. Narzissen, Tulpen und Hyazinthen sind die bekanntesten und prächtigsten, daneben gibt es aber auch eine Reihe nicht ganz so auffälliger Arten wie Krokus, Scilla, Zwiebeliris. Gerade sie eignen sich für den Balkonkasten besonders gut, da sie nicht hoch werden und kaum Ansprüche stellen.
Im allgemeinen wird man Zwiebelblumen im Balkonkasten oder Pflanzkübel nach dem Verblühen nicht weiterpflegen. Nach dem Einziehen hinterlassen sie häßliche Lücken, außerdem kommen sie im folgenden Jahr nicht annähernd so schön wieder wie im Garten. Wer es dennoch versuchen möchte, sollte daran denken, daß die Pflanzen in der Zeit nach der Blüte innerhalb weniger Wochen die Reserven für die Blüte des nächsten Jahres anlegen müssen. Verblühte Blumen deshalb sofort abschneiden, schon während der Blüte reichlich düngen und gießen und – was außerdem sehr wichtig ist – das Laub stehen lassen bis es restlos eingetrocknet ist. Die Zwiebeln danach bis zum Herbst möglichst trokken halten.
Eine weitere Sondergruppe bei den Stauden bilden die Gräser. Mit ihren Halmen und Ähren, die sich sanft im Wind wiegen, bringen sie etwas Heiter-Beschwingtes in jede Anpflanzung. Die kleineren Arten kann man locker zwischen Stauden und Sommerblumen einstreuen, stattliche Vertreter, wie z. B. das Chinaschilf, verwendet man als dekorative Einzelpflanze.
Gepflegt werden die Gräser in der Regel wie die Stauden, jedoch sollte man ihre abgestorbenen Halme nicht schon im Herbst, sondern erst im Frühjahr entfernen. Zum einen bleibt den nässeempfindlichen Gräserhorsten dadurch ein natürlicher Winterschutz erhalten, zum anderen sind von Rauhreif oder Schnee überpuderte Gräser die schönste Zierde für den Balkongarten.

Achillea

Schafgarbe — Compositae, Korbblütler

Höhe/Länge	0	**25cm**	**50cm**	**75cm**	**1m**	1,25m	1,5m	1,75m	2m	2,25m	2,5m	2,75m	3m ▷
Blütezeit	Jan	Feb	März	Apr	Mai	**Juni**	**Juli**	**Aug**	**Sept**	Okt	Nov	Dez	
Blütenfarbe	weiß/beige	**gelb**	orange	rosa	rot	purpur	violett	blau	grün				
Standort	☼												

Ein anspruchsloser Sommerblüher mit doldigen Blütenständen. Für Dachgärten und Balkonkästen kommen vor allem die niedrigen und halbhohen Arten in Frage. Die aus Südeuropa stammende *Achillea tomentosa* hat hübsche behaarte, graugrüne Blätter und wird nur etwa 10 cm hoch. Ihre Blüten sind goldgelb. Etwas höher, nämlich 40 cm, wird *Achillea* x *taygetea.* Sie treibt aparte schwefelgelbe Blüten. Ihr gefiedertes Laub hat ebenfalls eine silbrigweiße Behaarung. Sehr gut in einem Terrakotta-Kübel oder in einem anderen Tongefäß macht sich die weiße *Achillea ptarmica* 'Schneeball'. Sie wächst rasch heran und treibt immer wieder neu aus, so daß man ab und zu auch mal einen kleinen Strauß für die Vase stibitzen kann.
Standort und Pflege: Alle genannten Arten lieben einen vollsonnigen Standort. *Achillea ptarmica* 'Schneeball' benötigt recht viel Wasser, die beiden anderen vertragen dagegen Trockenheit ganz gut. Von April bis Ende Juli alle 2 Wochen mit einem Volldünger gießen und verwelkte Blüten regelmäßig abschneiden. Die graulaubigen Arten im Winter vor zuviel Nässe schützen. Vermehrung: Am besten durch Teilung nach der Blüte.

Alyssum

Steinkraut — Cruciferae, Kreuzblütler

Höhe/Länge	0	**25cm**	50cm	75cm	1m	1,25m	1,5m	1,75m	2m	2,25m	2,5m	2,75m	3m ▷
Blütezeit	Jan	Feb	März	**Apr**	**Mai**	Juni	Juli	Aug	Sept	Okt	Nov	Dez	
Blütenfarbe	weiß/beige	**gelb**	orange	rosa	rot	purpur	violett	blau	grün				
Standort	☼												

Das Steinkraut bildet zusammen mit Blaukissen und Gänsekresse das klassische Dreigespann der Frühlings-Steingartenstauden. Aber auch nach der Blüte ist es mit seinem graugrünen Laub und dem polsterartigen Wuchs noch recht hübsch anzusehen. Schön kompakt wächst *Alyssum saxatile* 'Compactum', ebenso das Bergsteinkraut *Alyssum montanum* 'Berggold'. Sie eignen sich für luftige Standorte deshalb am besten. An geschütztere Plätze kann man die etwas höheren Sorten *Alyssum saxatile* 'Citrinum' und 'Plenum' (gefüllt blühend) pflanzen.
Standort und Pflege: Am besten gedeiht das Steinkraut an einem vollsonnigen Platz in normaler Blumenerde, der etwas Sand beigemischt wurde. Zuviel Feuchtigkeit führt, wenn der Standort nicht sehr sonnig ist, leicht zu Fäulnis. Düngung von Frühjahr bis Sommer alle 14 Tage mit einem flüssigen Volldünger. Vor Winternässe schützen. Schädlinge und Krankheiten: Verformte Blätter und grauweißer Pilzbelag deuten auf falschen Mehltau. Häufig bei anhaltend feuchtem Wetter.
Verwendung: Zusammen mit Blaukissen und Gänsekresse in Trögen, Balkonkästen oder als Unterpflanzung von Frühlingsblumenzwiebeln, beispielsweise violetten Tulpen.

Arabis

Gänsekresse — Cruciferae, Kreuzblütler

Höhe/Länge	0	**25cm**	50cm	75cm	1m	1,25m	1,5m	1,75m	2m	2,25m	2,5m	2,75m	3m ▷
Blütezeit	Jan	Feb	**März**	**Apr**	**Mai**	Juni	Juli	Aug	Sept	Okt	Nov	Dez	
Blütenfarbe	**weiß/beige**	gelb	orange	**rosa**	rot	purpur	violett	blau	grün				
Standort	☼	◐											

Die Gänsekresse gehört zu den schönsten und blühfreudigsten Frühlingsstauden und sollte deshalb auf keinem Balkon fehlen. Mit ihrem kriechenden Wuchs bildet sie in kurzer Zeit recht ansehnliche Polster, die bald dekorativ über Topf- und Balkonkastenränder hinauswachsen. Unter den angebotenen Sorten ist *Arabis caucasica* 'Plena' zu empfehlen. Ihre weißen, gefüllten Blüten erscheinen reichlich, und nach der Blüte behält die Pflanze ihren dichten Wuchs, während die Art selbst gerne verkahlt. Leuchtend rosafarbene Blüten bringt *Arabis* x *arendsii* 'Rosabella' hervor. In Kombination z. B. mit weißen Hyazinthen sieht sie ganz bezaubernd aus. Während die beiden genannten Sorten einen sonnigen Platz beanspruchen, zieht die immergrüne, weiß blühende Schaumkresse (*Arabis procurrens*) einen eher halbschattigen Standort vor.

Standort und Pflege: Die Gänsekresse ist im allgemeinen anspruchslos.

Düngung: Von Frühjahr bis Sommer alle 2 Wochen mit flüssigem Volldünger.

Verwendung: Hervorragend als Unterpflanzung von hohen Zwiebelblumen wie Tulpen oder Narzissen. *Arabis procurrens* hübsch als Bodendecker unter Gehölzen.

Armeria

Grasnelke — Plumbaginaceae, Bleiwurzgewächse

Höhe/Länge	0	**25cm**	50cm	75cm	1m	1,25m	1,5m	1,75m	2m	2,25m	2,5m	2,75m	3m ▷
Blütezeit	Jan	Feb	März	Apr	**Mai**	**Juni**	**Juli**	Aug	Sept	Okt	Nov	Dez	
Blütenfarbe	**weiß/beige**	gelb	orange	**rosa**	rot	**purpur**	violett	blau	grün				
Standort	☼												

Die Grasnelke bildet dichte, geschlossene Polster aus grasartigen immergrünen Blättern. Sehr schön niedrig bleibt *Armeria maritima* mit weißen (Sorte 'Alba') oder purpurroten Blütenköpfen (Sorte 'Düsseldorfer Stolz'). Höher, etwa 30 cm hoch, wird *Armeria latifolia,* von der es eine sehr empfehlenswerte Sorte namens 'Bees Ruby' gibt.

Standort und Pflege: Die niedrige *Armeria maritima* ist vollkommen unempfindlich gegen Wind. Sie verlangt jedoch einen möglichst sonnigen Standort und reagiert mit Fäulnis auf zuviel Feuchtigkeit. Besonders im Winter sollte man sie daher vor Nässe schützen. Ansonsten ist sie frosthart und anspruchslos. Da alle Grasnelken gerne aus der Erde herauswachsen, pflanzt man sie am besten alle zwei Jahre um und setzt sie dabei wieder etwas tiefer. Bei dieser Gelegenheit kann man sie auch gleich durch Teilung vermehren.

Verwendung: Im Garten gehören Grasnelken zu den typischen Steingartengewächsen. Auf dem Balkon kann man sie mit Polsterglockenblumen oder Ehrenpreis in Blumenkästen oder Tröge pflanzen. *Armeria maritima* paßt gut zu Zwerg-Schwertlilien oder Fingerkraut.

Aster

Aster — Compositae, Korbblütler

Höhe/Länge	0 · **25cm · 50cm** · 75cm · 1m · 1,25m · 1,5m · 1,75m · 2m · 2,25m · 2,5m · 2,75m · 3m ▷
Blütezeit	Jan · Feb · März · Apr · **Mai · Juni · Juli · Aug · Sept · Okt** · Nov · Dez
Blütenfarbe	**weiß/beige** · gelb · orange · **rosa · rot · purpur · violett · blau** · grün
Standort	☼

Wegen ihrer Farbigkeit und Blühfreudigkeit gehören Astern zu den wichtigsten Pflanzen des Staudengartens, darum sollten sie auch auf Balkonen und Dachgärten einen Platz erhalten. In Frage kommen in erster Linie die niedrigen und halbhohen Arten. Den Blütenreigen eröffnet im Mai und Juni die Alpenaster (*Aster alpinus*) mit den Sorten 'Albus', weiß, 'Dunkle Schöne', violett, und 'Happy End', rosa. Es folgen ab Mitte Juli die Sommerastern (*Aster amellus*). Empfehlenswerte Sorten sind 'Sternkugel', lavendelblau, und die violette 'Veilchenkönigin'. Ab September schließlich blühen die Kissenastern (*Aster dumosus*), rosa z. B. 'Herbstgruß vom Bresserhof', karminrot die Sorte 'Kassel' und violett 'Prof. A. Kippenberg'.

Standort und Pflege: Astern bevorzugen einen sonnigen Standort und frische, nahrhafte Erde. Eine Düngung ist alle 14 Tage erforderlich. Vermehrung: Durch Teilung. *Aster dumosus* generell alle zwei bis drei Jahre umpflanzen und dabei teilen. Schädlinge und Krankheiten: Die Welkekrankheit und Mehltau sind die häufigsten Krankheiten der Aster. Bekämpfung durch ein Fungizid. Von der Welkekrankheit befallene Pflanzen wegwerfen.

Verwendung: *Aster alpinus* zusammen mit anderen Steingartenstauden in Trögen oder Blumenkästen. *Aster amellus* und *Aster dumosus* in Verbindung mit Gräsern, niedriger Schafgarbe oder Prachtscharte in größeren Gefäßen.

Aubrieta

Blaukissen — Cruciferae, Kreuzblütler

Höhe/Länge	**0** · 25cm · 50cm · 75cm · 1m · 1,25m · 1,5m · 1,75m · 2m · 2,25m · 2,5m · 2,75m · 3m ▷
Blütezeit	Jan · Feb · März · **Apr · Mai** · Juni · Juli · Aug · Sept · Okt · Nov · Dez
Blütenfarbe	weiß/beige · gelb · orange · rosa · **rot · purpur · violett · blau** · grün
Standort	☼

Das Blaukissen ist das blaue Pendant zur weißen Gänsekresse. Es blüht meist zur gleichen Zeit im April und Mai. Man pflanzt das farbenfrohe Paar deshalb gern zusammen. Unter den verschiedenen Sorten des Blaukissens findet man eine Reihe unterschiedlicher Blautöne. Sie reichen von einem dunklen Violettblau bei den Sorten 'Blue Emperor' und 'Dr. Mules' über ein helles Lavendelblau bei 'Neuling' bis zu einem dunklen Rot bei 'Red Carpet'. Der Wuchs des Blaukissens ist, wie der Name schon sagt, kissenartig. Die Stauden eignen sich sehr gut als Unterpflanzung.

Standort und Pflege: Blaukissen brauchen viel Sonne. Die Pflanzerde sollte durchlässig und etwas kalkhaltig sein. Fertigsubstrate wie Einheitserde oder TKS 2 vermischt man noch mit etwas Sand. Beim Gießen vorsichtig sein. Lieber etwas trockener als zu naß halten. Düngung im Frühjahr und Sommer alle 14 Tage mit einem Flüssigdünger. Vermehrung: Nach der Blüte im Frühjahr vorsichtig teilen und zunächst in kleine Töpfe pflanzen, bis sich genügend neue Wurzeln gebildet haben.

Verwendung: In „Frühlingsblumenkästen“ zusammen mit Blumenzwiebeln und anderen Polsterstauden, als Bodendecker unter Sträuchern.

Avena sempervirens

Blaustrahlhafer — Gramineae, Gräser

Höhe/Länge	0	25cm	**50cm**	75cm	1m	1,25m	1,5m	1,75m	2m	2,25m	2,5m	2,75m	3m ▷
Blütezeit	Jan	Feb	März	Apr	Mai	Juni	**Juli**	**Aug**	Sept	Okt	Nov	Dez	
Blütenfarbe	**weiß/beige**	gelb	orange	rosa	rot	purpur	violett	blau	grün				
Standort	☼												

Den Blaustrahlhafer kann man fast schon als Modegras bezeichnen, so häufig wird er verwendet. Mit seinen blaugrauen Halmen und aufrechten Ähren gehört er aber auch zu den dekorativsten Gartengräsern. Sogar im Winter ist es schön anzusehen, wenn Rauhreif oder Schnee die grazilen Halme bedecken.

Standort und Pflege: *Avena sempervirens* ist in den Steppen von Südrußland, Westsibirien und Turkestan zu Hause. Entsprechend verlangt es eher trockene Standorte und möglichst viel Sonne. Die Erde sollte durchlässig, humos und etwas kalkhaltig sein. Abgestorbene Halme kann man im Frühjahr mit Hilfe eines groben Kammes aus dem immergrünen Horst herausstreifen. Im Winter ist das Gras vor zuviel Nässe zu schützen. Vermehrung: Durch Teilung im Frühjahr oder Aussaat. Krankheiten und Schädlinge: Bei längeren schlechten Wetterperioden treten häufig Rostpilze auf.

Verwendung: Einzeln oder in kleinen Gruppen, in Verbindung mit Steinen oder Koniferen. Sehr schön kann z. B. schon eine einzige Pflanze in einem Topf mit ein paar Kieselsteinen aussehen.

Campanula

Glockenblume — Campanulaceae, Glockenblumengewächse

Höhe/Länge	0	**25cm**	50cm	75cm	1m	1,25m	1,5m	1,75m	2m	2,25m	2,5m	2,75m	3m ▷
Blütezeit	Jan	Feb	März	Apr	Mai	**Juni**	**Juli**	Aug	**Sept**	Okt	Nov	Dez	
Blütenfarbe	**weiß/beige**	gelb	orange	**rosa**	rot	**purpur**	**violett**	**blau**	grün				
Standort	☼												

So schön die höheren Arten der Glockenblumen sind, als Balkon- oder Dachgärtner hält man sich lieber an die niedrigen Polsterglockenblumen. Sie bilden üppige Blütenteppiche und können nicht vom Wind umgeknickt werden. Eine außergewöhnlich robuste, starkwüchsige Polsterglockenblume ist *Campanula poscharskyana* 'Blauranke'. Mit roten Hängegeranien zusammengepflanzt ruft sie immer wieder Bewunderung hervor. Andere empfehlenswerte Polsterglocken sind *Campanula portenschlagiana* 'Birch Hybrid' mit hellpurpurblauen Blüten oder *Campanula carpatica,* die Karpatenglockenblume, mit großen, offenen Blütenglocken in Weiß (Sorte 'Weiße Clips') oder Blau (Sorte 'Blaue Clips'). Wer mehr für Rosa schwärmt, pflanzt *Campanula poscharskyana* 'Lisduggan Var.'.

Standort und Pflege: Polsterglockenblumen sind im allgemeinen anspruchslos, wenn man ihnen einen sonnigen Platz gibt und sie mäßig gießt. Schädlinge kommen selten vor. Die abgeblühten Ranken entfernt man, meistens blühen die Stauden im Spätsommer dann ein zweites Mal. Vermehrung: Durch Teilen im Frühjahr oder Herbst. Schädlinge und Krankheiten: Bei feuchter Witterung kommt es zu Mehltau.

Verwendung: Als Unterpflanzung, zwischen Geranien und Zwergkoniferen im Blumenkasten und Pflanzkübel.

Carex morrowii

Japanische Segge — Cyperaceae, Riedgrasgewächse

Höhe/Länge	0	**25cm**	50cm	75cm	1m	1,25m	1,5m	1,75m	2m	2,25m	2,5m	2,75m	3m ▷
Blütezeit	Jan	Feb	**März**	**Apr**	**Mai**	Juni	Juli	Aug	Sept	Okt	Nov	Dez	
Blütenfarbe	**weiß/beige**	gelb	orange	rosa	rot	purpur	violett	blau	grün				
Standort													

Mit ihren weiß- und gelbbunten Sorten 'Variegata' und 'Variegata Aurea' zählt die Japanische Segge zu den attraktivsten Gräsern für schattige Bereiche. Da ihre breiten Halme zudem im Winter nicht vergilben, wird sie gerne in immergrüne Gärten gepflanzt.
Standort und Pflege: *Carex morrowii* liebt Schatten oder Halbschatten und frische, humose Erde. Im Sommer gut gießen und von Frühjahr bis Herbst mit einem flüssigen Blumendünger versorgen. An frostfreien Tagen auch im Winter gießen, da die Pflanzen aufgrund ihres immergrünen Laubes sonst leicht vertrocknen. Vermehrung: Die Japanische Segge läßt sich, wenn sie erst einmal dicke Horste gebildet hat, leicht selbst durch Teilung vermehren. Der beste Zeitpunkt dafür ist im Frühjahr.
Verwendung: Als Unterpflanzung von Gehölzen, sehr wirkungsvoll auch in Verbindung mit Wasser, z. B. an kleinen Teichen oder Mühlsteinbrunnen. In Balkonkästen zusammen mit anderen Immergrünen und Zwergkoniferen.

Cerastium

Hornkraut — Caryophyllaceae, Nelkengewächse

Höhe/Länge	**0**	**25cm**	50cm	75cm	1m	1,25m	1,5m	1,75m	2m	2,25m	2,5m	2,75m	3m ▷
Blütezeit	Jan	Feb	März	Apr	**Mai**	**Juni**	**Juli**	Aug	Sept	Okt	Nov	Dez	
Blütenfarbe	**weiß/beige**	gelb	orange	rosa	rot	purpur	violett	blau	grün				
Standort													

Im Steingarten gilt das Hornkraut als eine der wuchsfreudigsten und anspruchslosesten Stauden überhaupt. Mit seinen silbrig behaarten, kleinen Blättern bildet es rasch dichte Teppiche. Besonders eifrig tut sich dabei *Cerastium biebersteinii* hervor, das mit seinem ungebremsten Ausbreitungsdrang gelegentlich schon lästig werden kann und für den Balkon oder Dachgarten weniger in Frage kommt. Etwas zurückhaltender wächst *Cerastium tomentosum.* Besonders schöne mattgrüne Polster bildet *Cerastium arvense* 'Compactum'.
Standort und Pflege: In voller Sonne gedeiht die Polsterstaude aus Süditalien am besten. Außerdem wünscht sie sich ein leichtes Pflanzsubstrat, z. B. Einheitserde mit reichlich Sand vermischt, damit stauende Nässe von vornherein vermieden wird. Nach der Blüte verwelkte Blumen abschneiden. Vermehrung: Einfach durch Teilung.
Verwendung: Zur Unterpflanzung von graulaubigen Stauden, zum Kaschieren unschöner Pflanzgefäße (das Polster wächst über den Gefäßrand hinaus), *Cerastium arvense* 'Compactum' In Trögen, zusammen mit anderen Steingartenpflanzen, z. B. niedrigen Glockenblumen, und überall, wo noch eine Lücke zu füllen ist.

Crocus

Krokus — Iridaceae, Irisgewächse

Höhe/Länge	0	25cm	50cm	75cm	1m	1,25m	1,5m	1,75m	2m	2,25m	2,5m	2,75m	3m ▷
Blütezeit	Jan	Feb	März	Apr	Mai	Juni	Juli	Aug	Sept	Okt	Nov	Dez	
Blütenfarbe	weiß/beige	gelb	orange	rosa	rot	purpur	violett	blau	grün				
Standort	☼												

Das kleine Knollengewächs gehört mit zu den Frühaufstehern unter den Frühlingsblumen. Einige Wildkrokusse stehen schon im Februar in voller Blüte, z. B. *Crocus chrysanthus* mit hübschen pastellfarbenen Sorten, *Crocus ancyrensis* in leuchtendem Gelb, *Crocus imperati*, violett, außen purpur gestreift, und der lavendelfarbene 'Elfenkrokus', *Crocus tomasinianus.* Etwas später, im März und April, folgt der bekannte Garten-Krokus, *Crocus vernus,* mit seinen großen violetten, gelben, weißen und gestreiften Blütentrichtern.

Außer den frühjahrsblühenden Krokussen gibt es auch Arten, die im Herbst blühen, z. B. *Crocus sativus,* der Safran oder der hellviolette, großblumige Prachtkrokus, *Crocus speciosus.*

Pflanztip: Frühjahrsblühende Krokusse pflanzt man Ende September, Herbst-Krokusse im Juli. Pflanztiefe: etwa 6 cm. Die fertig bepflanzten Gefäße stellt man an einen überdachten Platz und hält sie regelmäßig feucht. Unter freiem Himmel wird das Substrat häufig zu naß, wodurch die Knollen faulen. Im Dachgarten kann man Krokusse nach der Blüte weiterkultivieren. Düngen und gießen, bis das Laub gelb wird. Danach möchten die Krokusse möglichst trocken stehen.

Verwendung: Gruppenweise in Frühlings-Balkonkästen und Blumenschalen. Im Dachgarten vor oder unter Gehölzen.

Dianthus

Nelke — Caryophyllaceae, Nelkengewächse

Höhe/Länge	0	25cm	50cm	75cm	1m	1,25m	1,5m	1,75m	2m	2,25m	2,5m	2,75m	3m ▷
Blütezeit	Jan	Feb	März	Apr	Mai	Juni	Juli	Aug	Sept	Okt	Nov	Dez	
Blütenfarbe	weiß/beige	gelb	orange	rosa	rot	purpur	violett	blau	grün				
Standort	☼												

Ungefähr 300 Arten umfaßt die Gattung der Nelken, wovon allerdings nur wenige als Zierpflanzen Verwendung finden. In Dachgärten und auf Balkonen beschränken wir uns auf niedrige Arten mit mehr oder weniger polsterartigem Wuchs. Einjährig gezogene Nelken werden im Kapitel „Sommerblumen und Zweijährige" (S. 152) behandelt. Bei den Staudennelken erfreut sich die Federnelke größter Beliebtheit. Die Blüten der verschiedenen Züchtungen sind rot, rosa oder weiß und gefüllt. Auch duften sie sehr fein. Großen Schmuckwert besitzt die gleichzeitig blühende Pfingstnelke, *Dianthus caesius.* Sie bildet wunderschöne dichte, graugrüne bis silberblaue Polster und wächst sehr kompakt. Erwähnt werden soll schließlich noch die Heidenelke, *Dianthus deltoides,* mit den Sorten 'Brillant' und 'Leuchtfunk'. Im Juni und Juli ziehen ihre blutroten Blüten über den glänzendgrünen Blättern jeden Blick auf sich.

Standort und Pflege: Nelken sind ausgesprochene Sonnenanbeterinnen, weshalb als Standort in erster Linie Südbalkone in Frage kommen. Die Pflanzerde sollte leicht und, außer bei der Heidenelke, etwas kalkhaltig sein. Zuviel Nässe vermeiden. Vermehrung: Am einfachsten durch Teilung.

Verwendung: Im Balkonkasten und in größeren Gefäßen, *Dianthus deltoides* in Verbindung mit Heidepflanzen, Federnelken und Pfingstnelken mit graulaubigen Sonnenstauden und Gehölzen.

Festuca

Schwingel — Gramineae, Gräser

Höhe/Länge	0 **25cm** 50cm 75cm 1m 1,25m 1,5m 1,75m 2m 2,25m 2,5m 2,75m 3m ▷
Blütezeit	Jan Feb März Apr Mai **Juni** **Juli** Aug Sept Okt Nov Dez
Blütenfarbe	**weiß/beige** gelb orange rosa rot purpur violett blau grün
Standort	☼

Wohl kein anderes Gras wird in Dachgärten häufiger verwendet als der Schwingel, allen voran der Blauschwingel, *Festuca glauca.* Er bildet dichte, nur etwa 20 cm hohe blaugraue Horste. Fast ebenso beliebt wie der Blauschwingel ist das Bärenfellgras, *Festuca scoparia.* Es bildet dicke grüne Polster und bleibt wie *Festuca glauca* auch während des Winters grün.

Standort und Pflege: Die beiden Schwingelarten sind an sich recht robust, vertragen aber vor allem im Winter keine Nässe. Damit die Gräser nicht zu üppig wachsen und auseinanderfallen, nur gelegentlich düngen. Die abgestorbenen Halme vom Vorjahr entfernt man erst im Frühling, am besten mit einem groben Kamm. Vermehrung: Durch Teilung im Frühjahr.

Verwendung: Beide Schwingelarten machen sich gut zwischen Zwergkoniferen, Polsterstauden und Heide. Man kann sie auch zu winterharten Kakteen und Dickblattgewächsen in Tröge pflanzen und so kleine „Wüstengesellschaften" schaffen. *Festuca glauca* paßt darüber hinaus gut zu Rosen.

Galanthus

Schneeglöckchen — Amaryllidaceae, Amaryllisgewächse

Höhe/Länge	0 **25cm** 50cm 75cm 1m 1,25m 1,5m 1,75m 2m 2,25m 2,5m 2,75m 3m ▷
Blütezeit	Jan **Feb** **März** Apr Mai Juni Juli Aug Sept Okt Nov Dez
Blütenfarbe	**weiß/beige** gelb orange rosa rot purpur violett blau grün
Standort	☼ ☁

„Schneeglöckchen" wird die kleine Zwiebelblume genannt, weil sie bereits kurz nach der Schneeschmelze oder sogar schon aus dem Schnee heraus ihre weißen Blüten treibt. Die beiden bekanntesten Arten sind *Galanthus elwesii* mit besonders großen Blütenglocken und *Galanthus nivalis,* eine etwas kleinblütigere Art.

Pflanztip: Schneeglöckchen lieben einen halbschattigen Standort. Im Balkonkasten darf man sie aber ruhig in die Sonne stellen, da die Zwiebeln nach der Blüte ohnehin selten weitergepflegt werden. Möchte man sie beispielsweise im Dachgarten über mehrere Jahre ansiedeln, sollten sie allerdings in den gewünschten Halbschatten gesetzt werden. Pflanzzeit für Schneeglöckchenzwiebeln ist im Oktober. Im Winter darauf achten, daß die Erde in den Pflanzgefäßen nicht zu naß wird, da die Zwiebeln sonst faulen.

Verwendung: In kleinen Tuffs unter Laubgehölzen. Für den Balkonkasten das großblumige *Galanthus elwesii* nehmen. Die Zwiebeln sehr dicht und in Gruppen von mindestens 10 Stück pflanzen.

Gypsophila

Schleierkraut — Caryophyllaceae, Nelkengewächse

Höhe/Länge	0	**25cm**	50cm	75cm	1m	1,25m	1,5m	1,75m	2m	2,25m	2,5m	2,75m	3m ▷
Blütezeit	Jan	Feb	März	Apr	Mai	**Juni**	**Juli**	Aug	**Sept**	Okt	Nov	Dez	
Blütenfarbe	**weiß/beige**	gelb	orange	**rosa**	rot	purpur	violett	blau	grün				
Standort	☼												

Das Schleierkraut mit seinen Wolken aus Tausenden kleiner Blütchen erfreut sich als Garten- und Schnittstaude großer Beliebtheit. Für den Balkon kommt das hohe *Gypsophila paniculata* allerdings weniger in Frage. Besser eignet sich die niedrige Sorte 'Compacta Plena', die nicht nur größere Blüten hervorbringt, sondern meist auch sehr lange blüht. Hübsch macht sich auch das kriechende Schleierkraut, *Gypsophila repens,* wovon es neben der weißblühenden Grundform rosa Spielarten gibt, z. B. die gefüllte Sorte 'Rosenschleier'.

Standort und Pflege: Das Schleierkraut liebt einen sonnigen Platz und nicht zu feuchte, durchlässige Erde. Im Winter wird gelegentlich ein Schutz vor zuviel Nässe notwendig. Das Entfernen der welken Blüten fördert bei *Gypsophila* 'Compacta Plena' eine Nachblüte im Spätsommer. Vermehrung: *Gypsophila repens* durch Teilung, *Gypsophila* 'Compacta Plena' durch Stecklinge. Schädlinge und Krankheiten: Abfaulen der Triebe durch zu hohe Bodenfeuchtigkeit.

Verwendung: Das kriechende Schleierkraut fühlt sich in Trögen und Gefäßen mit Steingartenpflanzen wohl. *Gypsophila* 'Compacta Plena' eignet sich für Balkonkästen und für Zwiebelpflanzungen jeder Art.

Helianthemum

Sonnenröschen — Cistaceae, Zistrosengewächse

Höhe/Länge	0	**25cm**	50cm	75cm	1m	1,25m	1,5m	1,75m	2m	2,25m	2,5m	2,75m	3m ▷
Blütezeit	Jan	Feb	März	Apr	Mai	**Juni**	**Juli**	**Aug**	Sept	Okt	Nov	Dez	
Blütenfarbe	**weiß/beige**	**gelb**	**orange**	**rosa**	**rot**	purpur	violett	blau	grün				
Standort	☼												

Die immergrünen oder halbimmergrünen kleinen Sträucher aus der Familie der Zistrosengewächse sieht man leider immer noch viel zu selten. Unter anderem liegt es wohl daran, daß sie allgemein als sehr frostempfindlich gelten. Wenn man nicht gerade eine der tatsächlich sehr empfindlichen englischen Sorten pflanzt, entwickeln sich die Sonnenröschen jedoch zu liebenswerten Dauergästen. Empfehlenswert wegen der längeren Blütezeit sind die gefüllten Sorten wie 'Cerise Queen', rosarot, 'Gelbe Perle', gelb, 'Rubin', dunkelrot, aber auch besonders flach wachsende Sorten wie die gelbe 'Sterntaler'.

Standort und Pflege: Wie der Name schon vermuten läßt, sind Sonnenröschen rechte Sonnenanbeterinnen. Im Winter kann ihnen die Sonne jedoch zum Verhängnis werden, wenn sie die immergrünen Blätter nämlich auftaut, die Wurzeln das verdunstende Wasser aus dem gefrorenen Erdsubstrat aber nicht nachziehen können. Folglich vertrocknen die Pflanzen. Sonnenröschen im Winter also grundsätzlich mit Tannenreisern abdecken oder auf andere Weise schattieren. An frostfreien Tagen bei Trockenheit gießen. Vermehrung: Durch Stecklinge.

Verwendung: In Blumenkästen und anderen Gefäßen, vornehmlich zusammen mit Steingartenstauden oder Zwergkoniferen.

Hosta

Herzblattlilie, Funkie — Liliaceae, Liliengewächse

Höhe/Länge	0 · **25cm · 50cm · 75cm** · 1m · 1,25m · 1,5m · 1,75m · 2m · 2,25m · 2,5m · 2,75m · 3m ▷
Blütezeit	Jan · Feb · März · Apr · Mai · **Juni · Juli · Aug** · Sept · Okt · Nov · Dez
Blütenfarbe	**weiß/beige** · gelb · orange · rosa · rot · purpur · **violett · blau** · grün
Standort	

Wegen ihres dekorativen Blattwerks findet die Funkie immer mehr Freunde. Am bekanntesten sind die großblättrige Blaublattfunkie, *Hosta sieboldiana* 'Elegans', und die grüne Riesenblattfunkie, *Hosta elata.* Wer das Besondere liebt, wird sich für die gelbbunten und weiß panaschierten Sorten begeistern, die vor allem in England weit verbreitet sind und von dort aus immer wieder den Weg zu uns finden. Die eigentliche Heimat der Herzblattlilie ist jedoch China, Korea und Japan, von wo aus sie im letzten Jahrhundert nach Europa kam.

Standort und Pflege: Wie viele großblättrige Gewächse benötigen Funkien viel Wasser und Dünger. Bei guter Wasserversorgung gedeihen *Hosta* auch in der Sonne. In der Regel ziehen sie aber einen halbschattigen Standort vor. Schädlinge und Krankheiten: Unschöne Löcher in den Blättern durch Schneckenfraß. Auf Balkon- und Dachgärten jedoch selten.

Verwendung: Großblättrige, starkwüchsige Arten und Sorten kann man einzeln in Kübel pflanzen und zum Beispiel links und rechts der Balkontür aufstellen. Ansonsten pflanzt man sie allein oder zu mehreren in größere Gefäße, gut passen sie zu Gehölzen.

Hyacinthus

Hyazinthe — Liliaceae, Liliengewächse

Höhe/Länge	0 · **25cm** · 50cm · 75cm · 1m · 1,25m · 1,5m · 1,75m · 2m · 2,25m · 2,5m · 2,75m · 3m ▷
Blütezeit	Jan · Feb · März · **Apr** · Mai · Juni · Juli · Aug · Sept · Okt · Nov · Dez
Blütenfarbe	**weiß/beige** · gelb · orange · **rosa · rot** · purpur · **violett · blau** · grün
Standort	

Die bekannten Zwiebelblumen mit den prächtigen violetten, hellblauen, roten, rosafarbenen und weißen Blütenkolben sind nicht nur sehr farbenfroh, sie duften auch besonders gut. Schon deshalb sollte man ihnen auf dem Balkon ein Plätzchen reservieren. Insgesamt gibt es etwa 30 Hyazinthenarten in Vorderasien und rund um das Mittelmeer. Unsere Garten-Hyazinthen stammen von *Hyacinthus orientalis* ab.

Pflanztip: Man pflanzt die Zwiebeln Anfang Oktober in sandige Erde, nach bewährter Faustregel etwa dreimal so tief, wie sie selbst dick sind. Während des Winters muß man die Gefäße mit den Zwiebeln vor zu großer Nässe schützen. Am besten stellt man sie an einen trockenen Platz im Freien und gießt ab und zu. Nach der Blüte kann man die Zwiebeln an Freunde oder Bekannte, die einen Garten haben, verschenken, oder wirft sie weg. Im Dachgarten können die Zwiebeln gegebenenfalls stehenbleiben. Wichtig: Das Laub erst entfernen, wenn es völlig eingetrocknet ist.

Verwendung. In Frühlings-Blumenkästen und Schalen. Hübsch zusammen mit Maßliebchen oder Osterglocken.

Iberis

Schleifenblume, Schneekissen — Cruciferae, Kreuzblütler

Höhe/Länge	0	**25cm**	50cm	75cm	1m	1,25m	1,5m	1,75m	2m	2,25m	2,5m	2,75m	3m	▷
Blütezeit	Jan	Feb	März	Apr	**Mai**	Juni	Juli	Aug	Sept	Okt	Nov	Dez		
Blütenfarbe	**weiß/beige**	gelb	orange	rosa	rot	purpur	violett	blau	grün					
Standort	☼													

Ein weniger bekannter, aber eigentlich sehr zutreffender Name der Schleifenblume ist Schneekissen. Tatsächlich verschwindet die immergrüne Polsterpflanze zur Blütezeit im Mai nämlich unter einer Wolke von weißen Blüten. Von den insgesamt 30–40 im Mittelmeerraum verbreiteten Arten der Schleifenblume haben sich *Iberis saxatilis* und *Iberis sempervirens* als Zierpflanzen in unseren Gärten eingebürgert. Darüber hinaus findet man noch zwei einjährige Arten, auf die wir im Kapitel „Sommerblumen und Zweijährige" (S. 152) eingehen.

Der Unterschied zwischen den beiden Stauden-*Iberis* besteht hauptsächlich in der Wuchshöhe. *Iberis saxatilis* erreicht nur eine Höhe von 10 cm, während *Iberis sempervirens* je nach Sorte bis 25 cm hoch wird.

Standort und Pflege: Schleifenblumen wünschen sich ein vollsonniges Plätzchen und gut wasserdurchlässiges Substrat. Bei einem zu schattigen Standort reifen die immergrünen Pflanzen nur ungenügend aus, was im Winter dann zu Frostschäden führt. Vermehrung: Durch Stecklinge im Sommer.

Verwendung: Im Balkonkasten und in Trögen zusammen mit Steingartenstauden und Zwergkoniferen. An den Rand von Gefäßen gepflanzt, hängen die Polster dekorativ über.

Iris barbata

Schwertlilie, Bartiris — Iridaceae, Irisgewächse

Höhe/Länge	0	**25cm**	50cm	75cm	1m	1,25m	1,5m	1,75m	2m	2,25m	2,5m	2,75m	3m	▷
Blütezeit	Jan	Feb	März	Apr	**Mai**	Juni	Juli	Aug	Sept	Okt	Nov	Dez		
Blütenfarbe	**weiß/beige**	**gelb**	orange	rosa	**rot**	**purpur**	**violett**	**blau**	grün					
Standort	☼													

Das Sortiment der Schwertlilien ist außerordentlich umfangreich. Für Dachgärten und Balkone kommen vorwiegend die niedrigen Zwergiris, *Iris barbata-nana*, in Frage, während die höheren Barbata-Media- und Barbata-Elatior-Sorten die oft windigen Standorte nicht sonderlich gut vertragen. Die hübschen Zwergiris blühen bereits im Mai. Man kann unter zahlreichen Sorten in Blau, Violett, Weinrot, Weiß und Gelb wählen, wobei es die herrlichsten Zwischentöne und Farbkombinationen gibt.

Standort und Pflege: Die Vorfahren der Zwergiris-Hybriden stammen aus trockenen Steppengebieten im Süden Europas, dem Kaukasus und Kleinasien. Entsprechend lieben sie viel Sonne und durchlässige Erde, die man zusätzlich noch mit etwas Schotter auflockert. Beim Pflanzen die Rhizome nur ganz flach mit Erde bedecken. Im Winter ist für Schutz vor zuviel Nässe zu sorgen, damit die Rhizome nicht verfaulen. Auch während des Sommers nicht zuviel gießen und kaum düngen. Vermehrung: Durch Teilung. Schädlinge und Krankheiten: Bei zu feuchtem Stand Entstehung von Rhizomfäule durch Bakterien.

Verwendung: In Trögen und anderen Gefäßen zusammen mit Steingartenstauden, z. B. Blaukissen, Polsterglockenblumen, Fetthenne.

Iris danfordiae

Zwiebeliris, Gelbe Zwergiris — Iridaceae, Irisgewächse

Höhe/Länge	0	**25cm**	50cm	75cm	1m	1,25m	1,5m	1,75m	2m	2,25m	2,5m	2,75m	3m ▷
Blütezeit	Jan	Feb	**März**	**Apr**	Mai	Juni	Juli	Aug	Sept	Okt	Nov	Dez	
Blütenfarbe	weiß/beige	**gelb**	orange	rosa	rot	purpur	**violett**	**blau**	grün				
Standort	☼												

Im Aussehen erinnert die im zeitigen Frühjahr blühende Zwergiris an die Holländische Zwiebeliris, die um die gleiche Zeit fast in jedem Blumenstrauß zu finden ist. Dabei wird sie allerdings nicht einmal halb so groß wie ihre Schnittblumenschwester. Gerade ihre Höhe von nur 15 cm macht sie aber zu einer idealen Zwiebelblume für Balkonkästen. Zur gleichen Zeit blüht außerdem eine blaue Zwergiris, *Iris reticulata.* Neben der veilchenblauen Grundart gibt es einige Sorten in Hell- und Dunkelblau. Beide zusammen ergeben ein wunderschönes Blumenpaar.

Pflanztip: Die kleinen länglichen Zwiebeln der Zwergiris werden im Oktober in sandige Erde gepflanzt. Man setzt sie ziemlich dicht in Gruppen. Pflanztiefe: 5 cm. Während des Winters darauf achten, daß die Erde nicht zu naß wird. Nach der Blüte setzt man die Zwiebelchen in den Garten oder wirft sie weg, da sich ein Weiterkultivieren auf dem Balkon kaum lohnt.

Verwendung: Gruppenweise im Balkonkasten oder in Blumenschalen. Im Dachgarten zusammen mit Frühlingsstauden und Gehölzen.

Miscanthus

Chinaschilf — Gramineae, Gräser

Höhe/Länge	0	25cm	50cm	75cm	1m	1,25m	**1,5m**	**1,75m**	**2m**	**2,25m**	**2,5m**	**2,75m**	**3m ▷**
Blütezeit	Jan	Feb	März	Apr	Mai	Juni	Juli	Aug	Sept	**Okt**	Nov	Dez	
Blütenfarbe	**weiß/beige**	gelb	orange	rosa	rot	purpur	violett	blau	grün				
Standort	☼	☼☁											

Das Chinaschilf ist der Riese unter den Gartengräsern. Fast alle Sorten bilden im Lauf der Zeit stattliche, dichte Horste. Für Ihren Dachgarten oder Balkon wählen Sie am besten eine der panaschierten Sorten aus, z. B. 'Variegatus', mit silberweiß-gestreiften Halmen, 'Zebrinus', mit locker überhängenden, quergestreiften Blättern, oder 'Strictus', ebenfalls mit hellen Querstreifen, aber steif aufrechtem Wuchs. Eine besonders aparte Sorte mit schmalen, hellgrünen Halmen ist 'Gracillimus'. Wenn Sie das Rascheln von Grashalmen im Wind lieben, sollten Sie *Miscanthus japonicus* pflanzen. Mit einer Höhe bis 3 m ist es das größte Chinaschilf.

Standort und Pflege: Die mannshohen Gräser brauchen reichlich Dünger und Feuchtigkeit. In der Sonne kommen die Riesen am besten voran, aber auch Halbschatten wird noch vertragen. Erde: Einheitserde oder Torfkultursubstrat (TKS 2). Abgestorbene Halme erst im Frühjahr zurückschneiden. Vermehrung: Durch Teilung im Frühjahr.

Verwendung: In großen Kübeln und Gefäßen, am besten einzeln. Schön in der Nähe von Wasser. Im Sommer bieten die dichten Horste einen guten Sichtschutz.

Narcissus

Narzisse, Osterglocke — Amaryllidaceae, Amaryllisgewächse

Höhe/Länge	0	**25cm**	50cm	75cm	1m	1,25m	1,5m	1,75m	2m	2,25m	2,5m	2,75m	3m
Blütezeit	Jan	Feb	März	**Apr**	Mai	Juni	Juli	Aug	Sept	Okt	Nov	Dez	
Blütenfarbe	**weiß/beige**	**gelb**	**orange**	rosa	rot	purpur	violett	blau	grün				
Standort													

Die nähere Verwandtschaft der Narzissen besteht aus etwa 30 Arten, die im Mittelmeergebiet und Mitteleuropa zu Hause sind. Was man als sogenannte Gartennarzissen angeboten bekommt, sind meist Kreuzungen aus verschiedenen Arten. Im Fachhandel sind aber auch die kleinblütigen, empfindlicheren, aber oft sehr reizvollen Wildnarzissen erhältlich. Unter den Gartennarzissen dürfte die gelbe Trompetennarzisse, die eigentliche Osterglocke, am bekanntesten sein. Häufiger sieht man auch Großkronige Narzissen mit hellem Blütenkranz und dunklerem, meist orangefarbenem Blütenbecher. Für Dachgärten und Balkonkästen sollte man aber eher kleinwüchsige Narzissen kaufen. Sehr apart sind die *Triandrus*-Narzissen, ihrer nickenden Blüten wegen „Engelstränen" genannt. Empfehlen kann man auch die Alpenveilchen-Narzissen, *Narcissus cyclamineus,* mit den typisch zurückgebogenen äußeren Blütenblättern.

Pflanztip: Narzissen werden im Oktober gepflanzt. Während des Winters bleiben sie im Freien stehen, aber Vorsicht, daß die Erde in den Pflanzgefäßen nicht zu naß wird, die Zwiebeln könnten sonst faulen. Verblühte Zwiebeln wirft man meist weg oder verschenkt sie, da sich eine Weiterkultur auf dem Balkon kaum lohnt. In größeren Dachgärten können sie in der Erde bleiben. Laub im Sommer erst entfernen, wenn es eingetrocknet ist.

Nepeta x faassenii

Katzenminze — Labiatae, Lippenblütler

Höhe/Länge	0	25cm	**50cm**	75cm	1m	1,25m	1,5m	1,75m	2m	2,25m	2,5m	2,75m	3m
Blütezeit	Jan	Feb	März	Apr	**Mai**	**Juni**	Juli	**Aug**	**Sept**	Okt	Nov	Dez	
Blütenfarbe	weiß/beige	gelb	orange	rosa	rot	purpur	**violett**	**blau**	grün				
Standort													

So blau wie der Himmel sind die Blüten dieser liebenswerten Dauerblüherin. Sie erscheinen im Mai und Juni und nach einem Rückschnitt fortwährend bis in den September hinein. Eine Zierde ist aber auch das graugrüne Laub, das selbst kleine Pflanzen rasch in ansehnliche Büsche verwandelt. Außer der einfachen Katzenminze sollte man sich die in allen Teilen etwas kräftigere, 50 cm hohe Sorte 'Six Hills Giant' merken, außerdem die wegen ihrer geringen Höhe von 20 cm besonders balkonfreundliche Form *Nepeta mussinii* 'Superba'.

Standort und Pflege: Katzenminzen gedeihen auch in magerer Erde noch zufriedenstellend, vorausgesetzt der Standort ist sonnig. Übermäßige Feuchtigkeit macht den Stauden vor allen Dingen im Winter zu schaffen. Mitunter kommt es dadurch zu Totalausfällen. Die alten Zweige, die im Winter etwas unschön aussehen, aber einen guten Winterschutz abgeben, schneidet man erst vor dem neuen Austrieb im März ab. Vermehrung: Im Frühjahr durch Teilung.

Verwendung: Als Balkonkastenbepflanzung zu roten oder gelben Partnern, vor Gehölzen und zur Unterpflanzung von Rosen. Hübsch auch in Terrakottakübeln, unentbehrlich für Balkone und Dachgärten mit mediterranem Touch.

Pennisetum compressum

Federborstengras — Gramineae, Gräser

Höhe/Länge	0	25cm	**50cm**	75cm	1m	1,25m	1,5m	1,75m	2m	2,25m	2,5m	2,75m	3m ▷
Blütezeit	Jan	Feb	März	Apr	Mai	Juni	**Juli**	**Aug**	**Sept**	Okt	Nov	Dez	
Blütenfarbe	**weiß/beige**	gelb	orange	rosa	rot	purpur	violett	blau	grün				
Standort	☼												

Neben dem Blaustrahlhafer und dem Blauschwingel zählt das Federborstengras zu den beliebtesten Gartengräsern. Die lustigen, walzenförmigen, an Flaschenputzer erinnernden Blütenähren schieben sich erst im August aus dem Grashorst heraus. Zuvor wirkt *Pennisetum* aber allein schon durch den üppigen Blattschopf sehr dekorativ. Außer der Art selbst bieten die Staudengärtnereien die niedrige, kompakt wachsende Sorte 'Hameln' an, die sich für die Bepflanzung von Gefäßen besonders gut eignet und zudem noch sehr früh, schon ab Juli, blüht. Eine noch niedrigere Sorte ist erst seit neuestem auf dem Markt. Sie heißt 'Weserbergland' und wird nur 30–40 cm hoch.

Standort und Pflege: Das Federborstengras gedeiht am besten in normaler, durchlässiger Blumenerde an einem geschützten, sonnigen Platz. Im Winter vor zuviel Nässe schützen, im Sommer mäßig gießen und alle 14 Tage mit einem Volldünger versorgen. Abgestorbene Halme erst im Frühjahr abschneiden. Vermehrung: Durch Teilung im Frühjahr.

Verwendung: Einzeln oder in kleinen Gruppen vor Koniferen oder in Verbindung mit Wasser. In größeren Gefäßen zusammen mit *Salvia nemorosa* und *Rudbeckia sullivantii* 'Goldsturm'. In Heidepflanzungen.

Phlox subulata

Polsterphlox — Polemoniaceae, Sperrkrautgewächse

Höhe/Länge	**0**	25cm	50cm	75cm	1m	1,25m	1,5m	1,75m	2m	2,25m	2,5m	2,75m	3m ▷
Blütezeit	Jan	Feb	März	Apr	**Mai**	Juni	Juli	Aug	Sept	Okt	Nov	Dez	
Blütenfarbe	**weiß/beige**	gelb	orange	**rosa**	rot	**purpur**	**violett**	blau	grün				
Standort	☼												

Beim Polsterphlox handelt es sich um einen teppichartig wachsenden Verwandten des bekannten hohen Gartenphlox. Er wird nur 10 cm hoch und besitzt nadelförmige, wintergrüne Blätter. Ursprünglich stammt die Art aus Amerika, wo man sie um 1800 entdeckte. Inzwischen wurden jedoch eine ganze Reihe von Kulturformen mit größeren Blüten in kräftigeren Farben gezüchtet. Bekannte Sorten dieses aparten Frühjahrsblühers sind 'G. F. Wilson', blauviolett, 'Temiscaming', purpurrot, und 'White Delight', weiß. Eine weitere hübsche Polsterpflanze finden wir in *Phlox douglasii* 'Georg Arends'. Sie bildet zierliche, runde, gerade 5 cm hohe Kissen mit rosafarbenen Blütchen.

Standort und Pflege: Im Gegensatz zum hohen Staudenphlox, der frische, nahrhafte Erde braucht, wächst der Polsterphlox lieber in sandigen, durchlässigen Substraten. Im Winter empfiehlt es sich, die feuchtigkeitsempfindlichen Pflanzen vor Kahlfrösten und Winternässe zu schützen. Vermehrung: Durch Stecklinge im Mai.

Verwendung: In Trögen zusammen mit Steingartenpflanzen, z. B. Glokkenblumen, Steinkraut, Zwerg-Schwertlilien.

Potentilla

Fingerkraut — Rosaceae, Rosengewächse

Höhe/Länge	0	**25cm**	50cm	75cm	1m	1,25m	1,5m	1,75m	2m	2,25m	2,5m	2,75m	3m ▷
Blütezeit	Jan	Feb	März	Apr	Mai	**Juni**	**Juli**	**Aug**	**Sept**	Okt	Nov	Dez	
Blütenfarbe	**weiß/beige**	**gelb**	orange	rosa	**rot**	purpur	violett	blau	grün				
Standort													

Durch ihr an die Blätter von Erdbeeren erinnerndes Laub sieht diese Staude auch außerhalb der Blütezeit immer attraktiv aus. Je nach Art und Sorte sind die Blüten rot, weiß oder gelb. Für den Balkon und Dachgarten zu empfehlen sind vor allem die niedrigen Formen wie *Potentilla aurea* 'Goldklumpen', goldgelb und besonders reichblühend, oder *Potentilla verna* 'Goldrausch', tief und goldgelb. Flammend rot blüht *Potentilla atrosanguinea* 'Gibsons Scarlet'. Sie wird allerding 40 cm hoch. *Potentilla alba* zeichnet sich wieder durch gedrungenen Wuchs aus. Ihre kleinen weißen Blüten erscheinen nie in großer Zahl auf einmal, dafür aber den ganzen Sommer über.

Standort und Pflege: Das Fingerkraut gehört an und für sich zu den unkomplizierten, pflegeleichten Stauden. Der Standort sollte jedoch sehr sonnig sein. Düngung: Von Frühjahr bis Hochsommer alle 2 Wochen. Vermehrung: Entweder durch Teilung oder im Mai und Juni durch Stecklinge.

Verwendung: Steingärten in Trögen und größeren Gefäßen sind die passenden Plätze für das Fingerkraut. Die niedrigen Arten eignen sich auch für die Begrünung größerer Flächen. Vorteilhafte Partner sind *Helianthemum, Iberis* und Zwerg-Iris.

Primula

Primel — Primulaceae, Primelgewächse

Höhe/Länge	0	**25cm**	50cm	75cm	1m	1,25m	1,5m	1,75m	2m	2,25m	2,5m	2,75m	3m ▷
Blütezeit	Jan	Feb	**März**	**Apr**	Mai	Juni	Juli	Aug	Sept	Okt	Nov	Dez	
Blütenfarbe	**weiß/beige**	**gelb**	orange	**rosa**	**rot**	**purpur**	**violett**	**blau**	grün				
Standort													

Ohne die bunten Primeln ist ein Balkon im Frühling eigentlich überhaupt nicht mehr denkbar. Mit ihren blauen, gelben, roten und weißen Blüten bringt die Staude nach dem Winter endlich wieder leuchtende Farben in die Blumenkästen. Meistens kauft man sie bereits blühend auf dem Markt oder in der Gärtnerei, ebensogut lassen sie sich aber über Jahre als Stauden halten. In diesem Fall ist mit den ersten Blüten allerdings frühestens im April zu rechnen. Bei den üblichen Frühlingsprimeln handelt es sich meistens um die Arten *Primula acaulis* oder *Primula elatior* sowie deren Zuchtformen. Eine andere, weniger populäre Primelart ist die Kugelprimel, *Primula denticulata,* mit kugelrunden Blütenständen in Rosa, Violett oder Weiß.

Standort und Pflege: Über längere Zeit gedeihen Primeln am besten im Halbschatten. Stehen sie nur für einige Wochen als Frühlingsblumenschmuck in Schalen oder Blumenkästen, halten sie es aber auch in der vollen Sonne aus. Die Erde muß immer ausreichend feucht sein, was fleißiges Gießen erfordert, denn Primeln sind äußerst durstige Pflanzen. Düngung: Alle zwei Wochen, von Frühling bis Hochsommer. Vermehrung: Durch Aussaat im Frühjahr oder durch Teilung.

Verwendung: Als saisonaler Balkonkastenschmuck fürs Frühjahr, sonst als Unterpflanzung von Gehölzen.

Rudbeckia

Sonnenhut, Rudbeckie — Compositae, Korbblütler

Höhe/Länge	0	25cm	**50cm**	75cm	1m	1,25m	1,5m	1,75m	2m	2,25m	2,5m	2,75m	3m

Blütezeit	Jan	Feb	März	Apr	Mai	Juni	Juli	**Aug**	**Sept**	Okt	Nov	Dez

Blütenfarbe	weiß/beige	**gelb**	orange	rosa	rot	purpur	violett	blau	grün

Standort

Der populärste Vertreter unter den Sonnenhüten ist *Rudbeckia sullivantii* 'Goldsturm'. Im Spätsommer überrascht die großblättrige Staude mit unzähligen sonnengelben Blütensternen, weshalb sie mittlerweile immer häufiger auch im öffentlichen Grün und beinahe auf jeder Gartenschau zu sehen ist. Auch auf dem Balkon und im Dachgarten sollte man nicht auf sie verzichten, zumal sie recht lange blüht. Mit einer Höhe von ca. 60 cm kommt *Rudbeckia sullivantii* 'Goldsturm' von allen Rudbeckien außerdem am besten für die Verwendung in Pflanzgefäßen in Frage.
Standort und Pflege: So überreich blühende Pflanzen wie die Rudbeckie verlangen einen kräftigen, nahrhaften Boden, genug Feuchtigkeit und regelmäßig alle 14 Tage Dünger. Dazu recht viel Sonne. Verblühte Blumen schneidet man laufend zurück. Dadurch wird die Nachblüte angeregt, so daß man sich über viele Wochen an der farbenfrohen Staude erfreuen kann. Damit sie über die Jahre nicht im Blühen nachläßt, empfiehlt es sich, die Horste alle drei Jahre zu teilen und in frische Erde zu setzen. Vermehrung: Durch Teilung im Frühjahr oder nach der Blüte im Herbst.
Verwendung: Gruppenweise in größeren Pflanzbehältern, zusammen mit violett blühenden Stauden wie Kissenaster oder Salbei.

Saxifraga

Steinbrech — Saxifragaceae, Steinbrechgewächse

Höhe/Länge	0	**25cm**	50cm	75cm	1m	1,25m	1,5m	1,75m	2m	2,25m	2,5m	2,75m	3m

Blütezeit	Jan	Feb	März	Apr	**Mai**	**Juni**	**Juli**	Aug	Sept	Okt	Nov	Dez

Blütenfarbe	**weiß/beige**	gelb	orange	**rosa**	**rot**	purpur	violett	blau	grün

Standort

Der Steinbrech ist eine vielseitige und vielgestaltige Staude mit über 300 Arten, die meist aus dem Hochgebirge stammen. Die Gartenformen werden in mehrere Gruppen mit sehr unterschiedlichen Bedürfnissen unterteilt. Sonne und Trockenheit liebt der Rosetten-Steinbrech. Verbreitete Arten sind *Saxifraga cotyledon* 'Pyramidalis' und *Saxifraga aizoon*. Sie bilden interessante, kalküberkrustete Blattrosetten und sind, ähnlich wie das *Sempervivum*, oft noch mit dem kärgsten Standort zufrieden. Frische Erde und einen sonnigen bis halbschattigen Pflanzplatz möchte der Moossteinbrech, am bekanntesten durch die rosa, weiß, rot und gelb blühenden *Arendsii*-Hybriden. Mitglieder dieser Gruppe bilden dichte Polster oder Teppiche aus weichen Blattrosetten. Mit einem charmanten Schattenkind haben wir es schließlich beim Schattensteinbrech zu tun. Die bekannteste Art ist *Saxifraga umbrosa*, mit immergrünen, ledrigen Rosetten und zierlichen rosaweißen Blütenrispen, die bei der Sorte 'Elliott' besonders intensiv gefärbt sind. Vermehrung: Durch Teilung und Rosettenstecklinge.
Verwendung: Rosettensteinbreche sind begehrte und dankbare Sammlerpflanzen. Schon in einem kleinen Troggärtchen lassen sich viele Sorten unterbringen. Moos- und Schattensteinbreche eignen sich zum Unterpflanzen von Stauden und Sträuchern.

Scilla

Blauglöckchen, Scilla — Liliaceae, Liliengewächse

Höhe/Länge	**0**	**25cm**	50cm	75cm	1m	1,25m	1,5m	1,75m	2m	2,25m	2,5m	2,75m	3m ▷
Blütezeit	Jan	Feb	**März**	**Apr**	Mai	Juni	Juli	Aug	Sept	Okt	Nov	Dez	
Blütenfarbe	**weiß/beige**	gelb	orange	**rosa**	rot	purpur	violett	**blau**	grün				
Standort													

Im April, zuweilen schon im März öffnet die *Scilla* ihre leuchtendblauen Blütensternchen. Am zeitigsten erscheint die hellblaue *Scilla tubergeniana.* Es folgen *Scilla bifolia,* von der es auch eine Sorte in Rosa gibt, und schließlich die populärste Vertreterin dieser Gattung, *Scilla sibirica.* Später, im Mai, blüht dann noch die 25 cm hohe Glockenscilla, *Scilla campanulata,* mit Sorten in Rosa, Weiß und Dunkelblau. Unter all diesen zierlichen Schönheiten dürfte *Scilla sibirica* für den Balkonkasten am interessantesten sein. Besorgen Sie sich nach Möglichkeit die Sorte 'Spring Beauty'. Ihre Blüten zeichnen sich durch besondere Größe und Leuchtkraft aus. Auch schieben sich die Stielchen 15 cm weit aus der Zwiebel heraus, während die nur 8 bis 10 cm hohe Stammform kaum über den Balkonkastenrand hinausschaut.

Pflanztip: Blauglöckchen gedeihen am besten im Halbschatten. Sollen sie im Dachgarten über längere Zeit erhalten bleiben, pflanzt man sie am besten am Fuß von Laubgehölzen. Im Balkonkasten, wo sie nur eine Saison verbringen, dürfen sie auch in der vollen Sonne stehen. Die Pflanzzeit ist im Oktober. Man setzt die Zwiebeln dreimal so tief wie sie selbst dick sind. Im Winter auf einen Schutz vor zuviel Nässe achten.

Sedum

Fetthenne, Mauerpfeffer — Crassulaceae, Dickblattgewächse

Höhe/Länge	**0**	**25cm**	**50cm**	75cm	1m	1,25m	1,5m	1,75m	2m	2,25m	2,5m	2,75m	3m ▷
Blütezeit	Jan	Feb	März	Apr	Mai	**Juni**	**Juli**	**Aug**	**Sept**	**Okt**	Nov	Dez	
Blütenfarbe	**weiß/beige**	**gelb**	orange	**rosa**	**rot**	purpur	violett	blau	grün				
Standort													

Die als Gartenpflanzen kultivierten *Sedum*-Arten lassen sich grob in zwei Gruppen unterteilen: in die höheren Arten und in niedrige Arten mit teppich- oder rasenartigem Wuchs. Zur ersten Gruppe gehört das attraktive *Sedum telephium* 'Herbstfreude'. Etwas früher blüht *Sedum spectabile* 'Carmen'. Beide haben rosafarbene Blütendolden und graugrüne, fleischige Blätter.

Gerade in Dachgärten werden jedoch gerne die niedrigen Formen eingesetzt, da sie in ihren dicken Blättern Wasser speichern können und unempfindlich gegen Trockenheit sind. Bewährte Flächenbegrüner finden wir in *Sedum floriferum* 'Weihenstephaner Gold', grüne Blätter, gelbe Blüten, *Sedum hybridum* 'Immergrünchen', mit immergrünem Laub, *Sedum acre,* dem eigentlichen Mauerpfeffer, ganz und gar unempfindlich, sowie *Sedum album* 'Murale', ebenfalls sehr trockenheitsresistent. Darüber hinaus gibt es einige hübsche *Sedum*-Spezialitäten für Troggärten: *Sedum spathulifolium* 'Capa Blanca', silbergraue, fleischige Blätter, *Sedum spathulifolium* 'Purpureum', dunkelviolette Blätter, sowie *Sedum anacampseros,* das Walzensedum.

Standort und Pflege: Sonnig. Durchlässiges Substrat. Vor Winternässe schützen.

Verwendung: Kriechende Arten im Steingarten oder als Bodendecker, *Sedum* 'Herbstfreude' und 'Carmen' sehr schön in Tontöpfen.

Sempervivum

Dachwurz, Hauswurz — Crassulaceae, Dickblattgewächse

Höhe/Länge	0 · **25cm** · 50cm · 75cm · 1m · 1,25m · 1,5m · 1,75m · 2m · 2,25m · 2,5m · 2,75m · 3m ▷
Blütezeit	Jan · Feb · März · Apr · Mai · **Juni** · **Juli** · Aug · Sept · Okt · Nov · Dez
Blütenfarbe	weiß/beige · **gelb** · orange · **rosa** · **rot** · purpur · violett · blau · grün
Standort	

Früher diente das Dickblattgewächs mit den hübschen Blattrosetten als eine Art Blitzableiter. Man pflanzte es aufs Dach und glaubte sich so vor Blitzschlägen schützen zu können. Heute wächst sich das *Sempervivum* immer mehr zur beliebten Sammlerpflanze aus, gerade bei Pflanzenliebhabern, die nur einen Balkon zur Verfügung haben. Der Grund: Die Hauswurz kommt mit einem Minimum an Erde aus. Manchen Arten reicht schon ein Fingerhut voll. Die ideale Pflanze also für Mini-Steingärten, Troggärtchen und bepflanzte Tuffsteine.

Das *Sempervivum*-Sortiment besteht inzwischen aus Hunderten von Sorten mit dunkelroten, grünen oder zweifarbigen, kleinen oder großen Rosetten. Besonders hübsch sind die Spinnweb-Hauswurz, deren Rosetten wie von seidenen Fäden überzogen sind. Die meisten *Sempervivum*-Sorten blühen rosa oder rot, einige auch gelb.

Standort und Pflege: Die Dachwurz ist ein wahrer Durst- und Hungerkünstler. Sie wächst noch in der engsten Mauerfuge. Nicht gut bekommen ihr Nässe und Schatten. Vermehrung: Durch Abtrennen der rund um die Mutterrosette angesiedelten „Kindel".

Sinarundinaria

Gartenbambus — Gramineae, Gräser

Höhe/Länge	0 · 25cm · 50cm · 75cm · 1m · 1,25m · 1,5m · 1,75m · **2m** · **2,25m** · **2,5m** · **2,75m** · **3m ▷**
Blütezeit	Jan · Feb · März · Apr · Mai · Juni · Juli · Aug · Sept · Okt · Nov · Dez
Blütenfarbe	weiß/beige · gelb · orange · rosa · rot · purpur · violett · blau · grün
Standort	

Wer eine Schwäche für exotische Gewächse hat, wird sich für den Gartenbambus begeistern. Von den beiden in den Baumschulen angebotenen Arten ist *Sinarundinaria nitida* aus China absolut winterhart. Die wüchsigen Röhrentriebe erreichen schnell eine Höhe von 3 m. Im Gegensatz dazu ist *Sinarundinaria murielae* nur 2 m hoch. In strengen Wintern muß man sie mit Rohrmatten vor Frost und Wintersonne schützen. Außer Wuchshöhe und unterschiedlicher Winterhärte unterscheiden sich die beiden immergrünen Bambusarten durch die Färbung der Rohrhalme. Während sie bei *Sinarundinaria murielae* grün sind, weisen sie bei *Sinarundinaria nitida* eine dunkelbraune Tönung auf.

Standort und Pflege: Am besten gedeiht Bambus an sonnigen bis halbschattigen Plätzen. Als Substrat eignet sich Einheitserde oder TKS 2. Auf genügend Feuchtigkeit ist zu achten, doch liebt der Bambus keineswegs, wie häufig angenommen, sumpfartige Verhältnisse. Hat der Bambus in Folge von Wassermangel einmal die Blätter eingerollt oder sogar abgeworfen, lohnt es sich, einige Wochen zu warten, bevor man die Pflanze aufgibt. Oftmals treibt sie unverhofft wieder aus. Eventueller Rückschnitt im März.

Verwendung: Als Solitärpflanze und Sichtschutz. Sehr schön in Verbindung mit Wasser.

Thymus

Zier-Thymian | Labiatae, Lippenblütler

Höhe/Länge	**0**	**25cm**	50cm	75cm	1m	1,25m	1,5m	1,75m	2m	2,25m	2,5m	2,75m	3m ▷
Blütezeit	Jan	Feb	März	Apr	Mai	**Juni**	**Juli**	**Aug**	**Sept**	Okt	Nov	Dez	
Blütenfarbe	**weiß/beige**	gelb	orange	**rosa**	**rot**	**purpur**	**violett**	blau	grün				
Standort	☼												

Außer dem aromatisch duftenden Gewürz-Thymian, *Thymus vulgaris,* bieten die Staudengärtnereien verschiedene schöne Zierformen an. Tief karminrot blüht *Thymus serpyllum* 'Coccineus', weiß die Sorte 'Albus'. Weißwollig behaarte Blättchen besitzt der rosa blühende *Thymus pseudolanuginosus.* Das Laub des nach Zitronen duftenden *Thymus* x *citriodorus* 'Golden Dwarf' fällt dagegen durch seine goldbunte Tönung auf.
Standort und Pflege: Thymian liebt warme, sonnige Plätze und magere, sandige Böden. Kahlfröste können den wintergrünen Pflanzen, wenn sie nicht abgedeckt werden, erhebliche Schäden zufügen. Besonders frostempfindlich ist *Thymus* x *citriodorus* 'Golden Dwarf'. Als Schutz nimmt man am besten Tannen- oder Fichtenreiser.
Verwendung: In großen Dachgärten findet Thymian als Bodendecker Verwendung. Generell harmoniert er gut mit Steinen und Steingartenpflanzen. Passende Partner sind Zwergiris, silberlaubige Gräser, Nelken und Blumenlauch.

Tulipa

Tulpe | Liliaceae, Liliengewächse

Höhe/Länge	0	**25cm**	**50cm**	75cm	1m	1,25m	1,5m	1,75m	2m	2,25m	2,5m	2,75m	3m ▷
Blütezeit	Jan	Feb	März	**Apr**	**Mai**	Juni	Juli	Aug	Sept	Okt	Nov	Dez	
Blütenfarbe	**weiß/beige**	**gelb**	**orange**	**rosa**	**rot**	**purpur**	**violett**	blau	grün				
Standort	☼												

Im 17. Jahrhundert gab es Zeiten, da verkaufte man Haus und Hof, um eine Tulpenzwiebel zu erwerben. So etwas könnte heute, schon wegen des großen Zwiebelangebots aus Holland, sicherlich niemandem passieren. Die Liebe für diese farbenfrohe und vielseitige Zwiebelpflanze ist jedoch geblieben. Ohne sie wäre der Frühling nämlich eben einfach nur halb so schön. Von den vielen verschiedenen Tulpenrassen kommen für Balkone und Dachgärten vorwiegend die niedrigen Formen in Frage: Einfache und gefüllte frühe Tulpen, *Kaufmanniana*-Tulpen, *Fosteriana*-Tulpen und *Greigii*-Tulpen. Letztere blühen nicht nur herrlich gelb, rot und rosa, sondern schmücken sich auch noch mit interessant gezeichnetem Laub. Wer Freude an sehr kleinen, zierlichen Blüten hat, kann außerdem Wildtulpen pflanzen.
Pflanztip: Die meisten Tulpen sind anspruchslos. Man setzt die Zwiebeln Ende Spetember etwa 10 cm tief in durchlässiges Substrat. Tulpen, die im Balkonkasten stehen, wirft man nach der Blüte weg. Im Dachgarten können sie stehenbleiben. Sie blühen im nächsten Jahr aber nur dann wieder, wenn das Laub, bis es völlig vertrocknet ist, an der Zwiebel bleibt.
Verwendung: Zusammen mit anderen Zwiebelblumen oder Stauden in Balkonkästen oder Schalen. Wildtulpen vor oder unter Gehölzen.

Veronica

Ehrenpreis — Scrophulariaceae, Rachenblütler

Höhe/Länge	0	**25cm**	**50cm**	75cm	1m	1,25m	1,5m	1,75m	2m	2,25m	2,5m	2,75m	3m ▷
Blütezeit	Jan	Feb	März	Apr	Mai	Juni	**Juli**	Aug	Sept	Okt	Nov	Dez	
Blütenfarbe	**weiß/beige**	gelb	orange	**rosa**	**rot**	**purpur**	**violett**	**blau**	grün				
Standort	☼												

Abgesehen von der beinahe meterhohen *Veronica longifolia* und der sogar bis 1,80 m hoch wachsenden *Veronica virginica,* sind alle in den Staudengärtnereien angebotenen *Veronica*-Arten für Balkon- und Dachgärten zu empfehlen. Ausgesprochen attraktiv ist *Veronica incana.* Ihre leuchtendblauen Blütenähren bilden einen hübschen Kontrast zu dem dekorativen, silbergrauen Laub. Knallblaue Blüten bringt, der Name verrät es, *Veronica teucrium* 'Knallblau' hervor, rosa blüht *Veronica spicata* 'Erika', weinrot *Veronica spicata* 'Heidekind'. Eine liebenswerte, dichte Matten bildende Staude finden wir in *Veronica prostrata.* Von allen Garten-*Veronica* blüht sie als erste, nämlich schon im Mai.

Standort und Pflege: Alle aufgezählten *Veronica* lieben volle Sonne und durchlässige Böden. *Veronica prostrata* und *Veronica teucrium* vor übermäßiger Nässe schützen. Düngung: Von Frühjahr bis Sommer alle zwei Wochen mit flüssigem Blumendünger. Vermehrung: Am einfachsten durch Teilung. Krankheiten und Schädlinge: Blattfleckenkrankheit. Dunkelbraune Flecken mit heller Mitte. Mit einem Fungizid behandeln.

Verwendung: Tröge, Steingärten und mit Stauden bepflanzte Blumenkästen sind die richtigen Plätze für den Ehrenpreis. Als Partner für *Veronica spicata* eignen sich das Sonnenröschen und Schleierkraut, zu *Veronica prostrata* passen Polsterphlox, *Alyssum* und Elfenbeinginster.

Vinca

Immergrün — Apocynaceae, Hundsgiftgewächse

Höhe/Länge	0	**25cm**	50cm	75cm	1m	1,25m	1,5m	1,75m	2m	2,25m	2,5m	2,75m	3m ▷
Blütezeit	Jan	Feb	März	**Apr**	Mai	Juni	Juli	Aug	Sept	Okt	Nov	Dez	
Blütenfarbe	**weiß/beige**	gelb	orange	rosa	**rot**	**purpur**	**violett**	**blau**	grün				
Standort	⛅	☁											

Europa und Kleinasien sind die Heimat des bekannten Immergrün *Vinca minor.* Mit seinen langen Ranken breitet es sich an ihm zusagenden Standorten rasch aus und wird deshalb gern als Bodendecker verwendet. Außer der ursprünglichen, violett blühenden Form gibt es Sorten mit weißen und violettroten Blüten, zum Beispiel 'Alba' und 'Rubra'. Besonders großblumig ist die leuchtendblaue 'Bowles', flache, dichte Teppiche aus glänzendgrünen Blättern bildet 'Grüner Teppich'. Neben dem kleinblättrigen Immergrün bieten die Gärtnereien *Vinca major* an. Es hat größere Blätter und wird etwas höher. Ausgesprochen dekorativ ist die weißbunte Sorte 'Variegata'.

Standort und Pflege: Als Waldstaude bevorzugt *Vinca* schattige bis halbschattige Standorte und humose Erde. Die empfindliche *Vinca major* benötigt im Winter einen Schutz gegen Sonne. Düngung alle 2 Wochen mit einem löslichen Volldünger, nach August nicht mehr. Im Winter an frostfreien Tagen gießen. Vermehrung: Durch Teilung oder Abtrennen schon bewurzelter Triebe.

Verwendung: *Vinca major* 'Variegata' eignet sich hervorragend zum Aufhellen schattiger Ecken. *Vinca minor* kann als Allround-Begrüner in allen Lagen, außer in der prallen Sonne, verwendet werden.

Laubgehölze für Balkon und Dachgarten

Laubgehölze für Balkon und Dachgarten

Waren winterharte Gehölze ehemals Parks und Gärten vorbehalten, so halten sie seit geraumer Zeit und immer häufiger auch auf Balkonen und in Dachgärten Einzug.
Die Gärtner verstehen unter Gehölzen Bäume und Sträucher, Pflanzen also, deren Triebe mit der Zeit verholzen und die viele Jahre alt werden können.
Man unterscheidet im allgemeinen Laubgehölze und Nadelgehölze, manchmal wird aber auch noch eine dritte Gruppe genannt: die Immergrünen. Aus botanischer Sicht gehören die Immergrünen zu den Laubgehölzen. Da ihre Blätter wie die Nadeln der Nadelgehölze immergrün sind, werden sie aber häufig, wie auch in dem vorliegenden Buch, mit diesen zusammengefaßt. Der Grund dafür liegt in der Verwendbarkeit und in der Pflege, die bei Immergrünen und Nadelgehölzen sehr ähnlich sind.
Wie kommt es nun, daß Balkongärtner vom herkömmlichen Blumenschmuck aus Geranien, Petunien, Begonien und anderen Sommerblumen zunehmend abweichen und statt dessen Gehölze pflanzen? Eigentlich ist es ganz einfach: Gehölze haben eine ganze Menge zu bieten. Der größte Vorteil: Sie können über Jahre an ihrem Platz bleiben. Man kann beobachten, wie sie im Frühjahr treiben, grüne Blätter bekommen, sich ihr Laub im Herbst erst bunt färbt und schließlich abgeworfen wird. Man erlebt dadurch den Lauf der Jahreszeiten praktisch vom Wohnzimmer aus mit. Dabei werden die Pflanzen von Jahr zu Jahr ein bißchen größer, vorausgesetzt natürlich, sie erhalten die richtige Pflege und fühlen sich wohl.
Aber nicht nur mit ihrem oft sehr dekorativen Blattwerk machen uns die Laubgehölze Freude, viele von ihnen blühen auch wunderschön. Es gibt fast zu jeder Zeit blühende Sträucher. Einige Arten blühen selbst im Winter. Die Hauptblütezeit der Gehölze liegt jedoch im Frühjahr und Sommer. Der Herbst dagegen ist die Zeit des Fruchtschmucks und der Laubfärbung, während im Winter die unterschiedlichen Wuchsformen und die schöne Rinde zur Geltung kommen.
Natürlich eignet sich nicht jedes Gehölz für das Dasein in einem beengten Pflanzgefäß. Alle größeren Bäume und Sträucher scheiden von vorne herein aus. Aber auch unter den kleineren Arten gedeihen auf die Dauer nur solche gut, die ein dicht verzweigtes Wurzelwerk besitzen. Dank ihrer vielen Faserwurzeln sind sie in der Lage, aus dem begrenzten Angebot an Pflanzsubstrat relativ viel Wasser und Nährstoffe aufzunehmen. Gehölzarten mit wenigen, bei freier Entfaltungsmöglichkeit aber weitläufigen Wurzeln, tun sich dagegen im Kübel schon schwerer, und als Balkonpflanze völlig ungeeignet sind die sogenannten Pfahlwurzler, deren Wurzelwerk aus einer einzigen Hauptwurzel besteht, die jedoch mehrere Meter tief in den Boden reicht.
Neben der Beschaffenheit der Wurzel sollte bei der Auswahl der Gehölze für einen Balkon oder Dachgarten mehr noch als im Garten die äußere Erscheinung berücksichtigt werden. Von großer Bedeutung ist bei dem beschränkten Raumangebot die Wuchsform. Ist der Balkon sehr klein, bieten sich Bäume und Sträucher mit schirm- oder trichterförmigem Aufbau an, deren Krone über die Brüstung hinausragt. Weiterhin empfehlen sich rundlich-kompakt oder schmal in die Höhe wachsende Pflanzen, wogegen solche mit rundum ausladendem Wuchs bald zuviel Platz beanspruchen.
Geschickte Balkongärtner achten beim Zusammenstellen ihrer Pflanzen darauf, daß jede von ihnen gleichzeitig mehrere hervorstechende Eigenschaften hat, z. B. eine besonders reizvolle Blüte und einen bizarren Wuchs oder interessante Rinde, auffallende Herbstfärbung, duftende Blüten und attraktives Laub. Wie gerufen kommt in dieser Hinsicht eine Modewelle aus England, die dort allerdings schon seit Jahrzehnten anhält: die Kultur von buntblättrigen Pflanzen. Schaut man sich in den Baumschulen um, so findet man inzwischen auch bei uns nicht nur grüne Bäume und Sträucher, sondern auch ein reichhaltiges Angebot an Arten mit roten, gelben, silbergrauen oder gar gelb und weiß marmorierten Blättern. Mit den verschiedenen Grüntönen der üblichen Gehölze kombiniert, ergibt sich so schon allein durch das Laub ein farbiges, abwechslungreiches Bild und selbst der winzigste Balkon sieht von Frühjahr bis Winter niemals langweilig aus.
Die Pflege winterharter Laubgehölze ist im Vergleich zu anderen Balkonpflanzen mit wenig Aufwand verbunden. Sie beschränkt sich in der Regel auf das Düngen etwa alle vier Wochen von Frühjahr bis Spätsommer, wobei die letzten beiden Düngegaben mit einem kalibetonten Dünger erfolgen sollte. Kali fördert die Festigung des Pflanzengewebes. Die Neutriebe reifen folglich besser aus, wodurch die Pflanzen dem Frost im Winter besser standhalten.
Weitere Pflegemaßnahmen sind regelmäßiges Gießen und ein gelegentliches Auslichten der alten Zweige. Der Zeitpunkt des Rückschnitts richtet sich nach der Blütezeit des Gehölzes. Als Faustregel gilt: Frühjahrsblüher nach der Blüte, Sommer- und Herbstblüher im Spätwinter zurückschneiden.
Pflanzenschutzmaßnahmen sind bei guter Bewässerung und ausreichender Nährstoffversorgung nur selten nötig. Eventuell auftauchende Blattläuse, Spinnmilben oder Pilzkrankheiten bekämpft man mit den entsprechenden Pflanzenschutzmitteln.
Sehr viel Sorgfalt erfordert die Pflanzung von Gehölzen in Gefäßen. Da die winterharten Pflanzen über mehrere Jahre im gleichen Gefäß bleiben und sich das Pflanzsubstrat in dieser Zeit leicht verdichtet, muß in jeden Kübel eine Dränage eingebaut werden. Sehr gut eignen sich hierfür sogenannte „Por-Drainplatten", etwa 6 cm dicke Platten aus Styroporkugeln, aber auch Kies, Schotter oder Blähtonkugeln.
Die Erde für das Pflanzgefäß sollte besonders locker und strukturbeständig sein und nicht zuviel Torf enthalten, da dieser, wenn er einmal ausgetrocknet ist, nur schwer wieder Wasser aufnimmt. Gut bewährt haben sich zum Beispiel Mischungen aus Einheitserde und Styroporflocken.
Zum Schluß noch ein paar Tips zum Pflanzen selbst:
Trocken gewordene Ballenpflanzen vor dem Einpflanzen in einen Eimer Wasser stellen und erst wieder herausnehmen, wenn keine Luftblasen mehr aufsteigen. Gehölze genauso tief setzen, wie sie in der Baumschule oder im Container gestanden haben. Nach dem Pflanzen reichlich gießen. Größere Sträucher an einem Stab befestigen, bis sie eingewachsen sind.

Acer

Ahorn — Aceraceae, Ahorngewächse

Höhe/Länge	0 – 25cm – 50cm – 75cm – 1m – 1,25m – 1,5m – 1,75m – 2m – 2,25m – 2,5m – 2,75m – 3m ▷ (markiert: 75cm – 3m)
Blütezeit	Jan Feb März Apr Mai Juni Juli Aug Sept Okt Nov Dez
Blütenfarbe	weiß/beige gelb orange rosa rot purpur violett blau grün
Standort	Halbschatten

Ahorne kennt man meist als große Bäume aus Alleen oder Parkanlagen. Unter den insgesamt etwa 150 Arten gibt es aber auch einige kleinwüchsige Formen, die sich problemlos über Jahre im Kübel auf dem Balkon oder im Dachgarten halten. Wegen seiner roten Blätter sehr begehrt ist der Fächerahorn, *Acer palmatum* 'Atropurpureum', der im Pflanzgefäß selten höher als 3 m wird. Noch kleiner bleibt *Acer palmatum* 'Dissectum Atropurpureum', der rotblättrige Schlitzahorn und sein grünes Pendant *Acer palmatum* 'Dissectum Viridis'. Beide entwickeln einen halbkugeligen Wuchs und erreichen bei sehr langsamem Wachstum nur Höhen bis 150 cm. Doppelt so hoch wird der Japan-Ahorn, *Acer japonicum* 'Aconitifolium', mit frischgrünen, fiederlappigen Blättern, die sich im Herbst brennendrot verfärben. Der Goldahorn, *Acer japonicum* 'Aureum' zeigt von Frühjahr bis Herbst eine gelbe, stets freundlich wirkende Blattfärbung.

Standort und Pflege: Alle genannten Ahorne benötigen einen geschützten Platz im Halbschatten. Vor allem *Acer palmatum* verträgt keine volle Sonne. Wichtig: Die kleinen, sehr wertvollen Bäumchen immer gut feucht halten. Düngung von April bis August alle 2 bis 3 Wochen.

Verwendung: Einzeln im Kübel, in größeren Gefäßen zusammen mit Gräsern. Sehr wirkungsvoll in Verbindung mit Wasser.

Amelanchier

Felsenbirne — Rosaceae, Rosengewächse

Höhe/Länge	0 – 25cm – 50cm – 75cm – 1m – 1,25m – 1,5m – 1,75m – 2m – 2,25m – 2,5m – 2,75m – 3m ▷ (markiert: 1,5m – 3m)
Blütezeit	Jan Feb März **Apr Mai** Juni Juli Aug Sept Okt Nov Dez
Blütenfarbe	**weiß/beige** gelb orange rosa rot purpur violett blau grün
Standort	Sonne, Halbschatten, Schatten

Von den 25, überwiegend in Nordamerika vorkommenden Arten der Felsenbirne, werden zwei in unseren Baumschulen angeboten. Davon am häufigsten *Amelanchier canadensis.* Sie wird im Freiland ein 1–8 m hoher Großstrauch, im Pflanzgefäß erreicht sie jedoch selten mehr als 3 m. Von Natur aus kleiner und zierlicher ist *Amelanchier laevis,* der man bei der Kübelbepflanzung deshalb den Vorzug geben sollte. Beide Arten bereichern Balkone und Dachgärten im April und Mai mit duftigen weißen Blütentrauben, die sich zunächst in grüne Beeren verwandeln. Später färben sie sich schwarz und sind eßbar. Von ihrer schönsten Seite zeigt sich die Felsenbirne aber im Herbst, wenn sich ihr Laub glühendrot verfärbt und zum weithin sichtbaren Blickfang wird.

Standort und Pflege: Felsenbirnen sind vollkommen anspruchslos. Sie gedeihen in der Sonne und im Halbschatten, *Amelanchier canadensis* auch im Schatten. Pflanzerde: Kompost, TKS 2 oder Einheitserde. Düngung: Von Austriebsbeginn bis August alle 14 Tage mit flüssigem Volldünger. Rückschnitt, wenn nötig, im Winter. Schädlinge und Krankheiten: Blattläuse meist als Folge von zu trockenem Stand.

Verwendung: Im Dachgarten zusammen mit anderen Blütensträuchern. Auf dem Balkon einzeln im Kübel. Hübsch zusammen mit Frühlingsstauden und Blumenzwiebeln.

Aralia elata

Teufelsspazierstock, Aralie — Araliaceae, Araliengewächse

Höhe/Länge	0 · 25cm · 50cm · 75cm · 1m · 1,25m · 1,5m · 1,75m · **2m · 2,25m · 2,5m · 2,75m · 3m** ▷
Blütezeit	Jan · Feb · März · Apr · Mai · Juni · Juli · Aug · **Sept** · Okt · Nov · Dez
Blütenfarbe	**weiß/beige** · gelb · orange · rosa · rot · purpur · violett · blau · grün
Standort	☼

Wegen ihrer malerischen Wuchsform bietet sich die Freiland-Aralie besonders zur Einzelstellung, z. B. vor dem Wohnzimmerfenster, an. Der Strauch wird 2–3 m hoch und bringt im September lockere, gelblich-weiße Blütenrispen hervor. Eine Zierde ist aber auch das gefiederte Laub. Aber Vorsicht, die Zweige tragen Stacheln. Neben der grünblättrigen Art gibt es die exotisch aussehende gelbbunte Sorte 'Aureo-Variegata' und die weißbunte 'Variegata'.
Standort und Pflege: Das in Japan und Korea beheimatete Gehölz benötigt einen geschützten Standort in sonniger Lage. Frieren die Triebe doch einmal zurück, schneidet man sie im Frühjahr einfach weg. In der Regel erfolgt bald ein neuer Austrieb. Erde: humos, z. B. Torfkultursubstrat (TKS 2). Regelmäßige Düngung und Bewässerung sind Voraussetzung für ein gutes Gedeihen der Aralie.
Verwendung: Aralien sind so auffällige Gewächse, daß man sie am besten einzeln plaziert. Allenfalls unterpflanzt man sie mit kriechenden Pflanzen, zum Beispiel mit Efeu. Am besten machen sie sich auf Balkonen und in Dachgärten mit leicht exotischem Flair. Buntlaubige Sorten brauchen einen dunklen Hintergrund, um voll zur Wirkung zu kommen.

Berberis

Berberitze — Berberidaceae, Berberitzengewächse

Höhe/Länge	0 · 25cm · **50cm · 75cm · 1m · 1,25m · 1,5m** · 1,75m · 2m · 2,25m · 2,5m · 2,75m · 3m ▷
Blütezeit	Jan · Feb · März · Apr · **Mai · Juni** · Juli · Aug · Sept · Okt · Nov · Dez
Blütenfarbe	weiß/beige · **gelb** · orange · rosa · rot · purpur · violett · blau · grün
Standort	☼ · ☼☁

Die Berberitzen sind eine große Pflanzengattung mit etwa 190 Arten in Europa, Amerika, Asien und Nordafrika. Meist handelt es sich um immergrüne oder sommergrüne Sträucher mit spitzen Dornen und hübschen roten oder schwarzen Beeren im Herbst. Auf dieser Seite wollen wir nur die sommergrünen Arten beschreiben. Eine der schönsten Berberitzen ist *Berberis thunbergii* 'Atropurpurea' mit roten Blättchen, gelben Blüten und roten Beeren. Sie wird etwa 1,50 m hoch. Lachsrote, bis in den Winter haftende Beeren bekommt *Berberis wilsoniae,* die China-Berberitze. Sie wächst dicht buschig und erreicht eine Höhe von 1 m. Die graugrünen Blätter verfärben sich im Herbst scharlachrot.
Standort und Pflege: Die genannten Arten gedeihen in der Sonne und im Halbschatten. Als Pflanzerde eignet sich jede normale Blumenerde oder Torfkultursubstrat (TKS 2). Düngung: Von Frühjahr bis August mit flüssigem Volldünger. Schädlinge und Krankheiten: Häufiger Gast an Berberitzen ist die Blattlaus. Mit einem Insektizid oder in Wasser gelöster Schmierseife spritzen.
Verwendung: Zusammen mit anderen Gehölzen. Wegen der Dornen möglichst nicht direkt auf Terrassen oder an Wegen pflanzen.

Buddleja

Sommerflieder, Schmetterlingsstrauch — Buddlejaceae, Schmetterlingsstrauchgewächse

Höhe/Länge	0	25cm	50cm	75cm	1m	1,25m	**1,5m**	**1,75m**	**2m**	**2,25m**	**2,5m**	**2,75m**	**3m** ▷
Blütezeit	Jan	Feb	März	Apr	Mai	**Juni**	**Juli**	**Aug**	Sept	Okt	Nov	Dez	
Blütenfarbe	**weiß/beige**	gelb	orange	**rosa**	rot	**purpur**	**violett**	**blau**	grün				
Standort													

Nicht zu Unrecht trägt *Buddleja* den deutschen Namen Schmetterlingsstrauch. Zur Blütezeit sitzen die bunten Falter oft zu Dutzenden auf den duftenden Blütenkolben. Die am meisten verbreitete Art ist *Buddleja davidii* mit Sorten in Blauviolett, Dunkelviolett, Rosa und Weiß. Sie alle entwickeln sich zu etwa 2–3 m hohen Sträuchern, die im zeitigen Frühjahr jedoch radikal zurückgeschnitten werden müssen. Nur so bilden sich die reich blühenden Neutriebe. Nicht schneiden sollte man dagegen *Buddleja alternifolia,* die am zweijährigen Holz blüht. Der 2 m hohe Strauch mit den grazil überhängenden Zweigen blüht bereits im Juni und verbreitet einen starken Duft.

Standort und Pflege: *Buddleja davidii* beansprucht einen sonnigen, warmen Platz, wogegen *Buddleja alternifolia* auch noch mit einem halbschattigen Standort vorlieb nimmt. Beide benötigen durchlässige Erde und vertragen keine stehende Nässe. Düngung: Von Mai bis Ende Juli alle 3–4 Wochen mit einem Flüssigdünger.

Verwendung: Sommerflieder braucht viel Platz, damit sein eleganter Wuchs zur Geltung kommt. Als Unterpflanzung eignen sich niedrige Stauden und Sommerblumen.

Caryopteris clandonensis

Bartblume — Verbenaceae, Verbenengewächse

Höhe/Länge	0	25cm	50cm	**75cm**	**1m**	1,25m	1,5m	1,75m	2m	2,25m	2,5m	2,75m	3m ▷
Blütezeit	Jan	Feb	März	Apr	Mai	Juni	Juli	Aug	Sept	Okt	Nov	Dez	
Blütenfarbe	weiß/beige	gelb	orange	rosa	**rot**	purpur	violett	**blau**	grün				
Standort													

Ungefähr 10 Arten der Bartblume sind in Japan und Ostchina beheimatet. Dabei handelt es sich um sommergrüne Sträucher oder Halbsträucher mit roten oder blauen Blüten. In unseren Baumschulen wird vorwiegend die um 1930 in England entstandene Züchtung *Caryopteris* x *clandonensis* angeboten. Sie blüht blau und wird etwa 1 m hoch. Die silbergrauen Blätter duften aromatisch. Sehr gut für den Dachgarten eignet sich die gedrungen wachsende Sorte 'Heavenly Blue'. Graufilzige Zweige und Blätter besitzt die ebenfalls im Spätsommer blühende *Caryopteris incana.* Sie erreicht eine Höhe von 70–100 cm. Die Blüten, dichte Dolden, sind violettblau.

Standort und Pflege: Ein warmer, geschützter Platz in der vollen Sonne behagt der Bartblume am meisten. Hitze und Trockenheit übersteht sie unbeschadet, zuviel Feuchtigkeit, vor allem stehende Nässe und kalte Winde, machen ihr dagegen zu schaffen. Erde: Einheitserde mit etwas Sand vermischt. Düngung: Von Frühjahr bis Sommer alle 2 bis 3 Wochen. In rauhen Gegenden empfiehlt sich ein guter Winterschutz aus Laub, Stroh oder Holzwolle. Meist frieren die Triebe zurück, von der Basis her treibt der Strauch im Frühjahr aber wieder durch.

Verwendung: In Dachgärten mit mediterranem Charakter. Hübsch in Terrakottatöpfen.

Cotoneaster

Felsenmispel — Rosaceae, Rosengewächse

Höhe/Länge	0	25cm	50cm	75cm	1m	1,25m	**1,5m**	**1,75m**	**2m**	**2,25m**	**2,5m**	**2,75m**	**3m ▷**
Blütezeit	Jan	Feb	März	Apr	**Mai**	**Juni**	Juli	Aug	Sept	Okt	Nov	Dez	
Blütenfarbe	**weiß/beige**	gelb	orange	rosa	rot	purpur	violett	blau	grün				
Standort													

Genügsamkeit, Vielseitigkeit und dekorativer Fruchtschmuck zeichnen die Felsenmispel aus. Mit ihrem je nach Art hängenden, kriechenden oder strauchförmigen Wuchs findet sie in Parks, Dachgärten und im Straßengrün häufig Verwendung. Unter den 50 in Europa, Nordafrika und Asien beheimateten Arten gibt es immergrüne und laubabwerfende. Mit letzteren wollen wir uns hier befassen, während die immergrünen Formen im Kapitel „Koniferen und Sträucher, die grün bleiben" (siehe S. 202) behandelt werden. Trichterförmig aufrecht mit bogig geschwungenen Zweigenden wächst *Cotoneaster bullatus,* der chinesische Mispelstrauch. Er wird etwa 3 m hoch, blüht im Mai und Juni in weißen Trugdolden und trägt im Herbst auffallend rote Früchte. Einen breiten, etwa 1,50 m hohen Strauch bildet *Cotoneaster divaricatus.* Sehr hübsch sind auch bei ihm die roten Beeren und die orangerote Herbstfärbung. An Fischgräten erinnern die Zweige von *Cotoneaster horizontalis.* Am besten kommt die charakteristische Wuchsform zur Geltung, wenn man das Gehölz vor einer hellen Wand plaziert. Wegen seines dichten, überhängenden Wuchses kann man schließlich *Cotoneaster dielsianus* für Balkone und Dachgärten empfehlen. Auch er trägt im Herbst rote Früchte.

Standort und Pflege: Alle genannten Arten sind vollkommen anspruchslos und gedeihen sowohl in der Sonne als auch im Halbschatten. Etwas empfindlich gegen Trockenheit ist *Cotoneaster bullatus.*

Cytisus

Geißklee, Zwergginster — Leguminosae, Schmetterlingsblütler

Höhe/Länge	0	**25cm**	**50cm**	75cm	1m	1,25m	1,5m	1,75m	2m	2,25m	2,5m	2,75m	3m ▷
Blütezeit	Jan	Feb	März	Apr	**Mai**	**Juni**	**Juli**	Aug	Sept	Okt	Nov	Dez	
Blütenfarbe	**weiß/beige**	**gelb**	orange	**rosa**	**rot**	purpur	violett	blau	grün				
Standort													

Die Verwandtschaft des Geißklees besteht aus ungefähr 50 Arten, wovon allerdings nur wenige ausreichend winterhart sind. Diese gehören jedoch zu den dankbarsten ausdauernden Pflanzen für Dachgärten und Balkone. Ein hübscher Zwergstrauch mit niederliegenden, kriechenden Zweigen und gelben Blüten im Mai ist *Cytisus* x *beanii.* Mit seiner geringen Höhe von 30 cm kann man ihn sogar in größere Blumenkästen pflanzen. Auch der nur 20 cm hohe, jedoch 60 cm breite, dichtbuschige Zwergginster, *Cytisus decumbens*, eignet sich für die Verwendung im Balkonkasten. Die Blüten sind ebenfalls gelb. Schöne rosarote Blüten bringt im Juni und Juli der Rosenginster, *Cytisus purpureus,* hervor. Bei einer Höhe von 40 cm wird er 80 cm breit. Ein besonders aparter Zwergginster steht uns schließlich in *Cytisus* x *kewensis* zur Verfügung. An seinen langen, überhängenden Zweigen trägt er im Mai cremefarbene bis schwefelgelbe Blüten.

Standort und Pflege: Ginster lassen sich nur schlecht verpflanzen, deshalb nur Pflanzen in Töpfen kaufen. Als Standort kommt jeder sonnige, warme Platz in Frage. Erde: Sandig und durchlässig. Düngung: Von April bis August alle 3 Wochen mit flüssigem Volldünger. Schädlinge und Krankheiten: Bei feuchter Witterung Blatt- und Stengelflecken durch Pilzbefall.

Verwendung: In großen Blumenkästen, zusammen mit Zwergkoniferen, Polsterstauden und Heide.

Cytisus-Hybriden

Edelginster — Leguminosae, Schmetterlingsblütler

Höhe/Länge	0	25cm	50cm	75cm	1m	**1,25m**	**1,5m**	1,75m	2m	2,25m	2,5m	2,75m	3m	▷
Blütezeit	Jan	Feb	März	Apr	**Mai**	**Juni**	Juli	Aug	Sept	Okt	Nov	Dez		
Blütenfarbe	weiß/beige	**gelb**	orange	rosa	**rot**	**purpur**	violett	blau	grün					
Standort	(Sonne)													

Mit ihren prächtigen Sorten sind *Cytisus* x *praecox* (Elfenbeinginster) und *Cytisus scoparius* (Besenginster) die dekorativsten *Cytisus*-Arten für den Dachgarten. Die dichtbuschigen Sträucher werden etwa 1,50 m hoch und ebenso breit. Edelginster sollte also in genügend große Gefäße gesetzt werden. Ein späteres Verpflanzen übersteht er nämlich nur sehr schlecht. Bewährte Sorten von *Cytisus* x *praecox* sind 'Allgold', dottergelb, 'Zitronenregen' ebenfalls gelb, sehr reichblühend und gedrungen im Wuchs und 'Hollandia', mit roten Blüten.

Bei *Cytisus scoparius* ist das Sortenangebot besonders groß. Empfehlenswert sind 'Luna', hellgelb mit Dunkelgelb, 'Burkwoodii', karminrot, 'Dragonfly', gelb mit Rot.

Standort und Pflege: Am besten entwickelt sich Edelginster an sonnigen, warmen Standorten in durchlässiger Erde. An und für sich handelt es sich um robuste Sträucher, nur eisige Winde im Winter vertragen sie schlecht. Ein kräftiger Rückschnitt nach der Blüte fördert die Blütenfülle und -größe im darauffolgenden Jahr. Da Ginster am zweijährigen Holz blüht, niemals im Frühjahr zurückschneiden.

Verwendung: In Dachgärten mit Heide- oder Steingartencharakter, zusammen mit Zwergkiefern in großen Trögen.

Euonymus

Spindelstrauch, Pfaffenhütchen — Celastraceae, Spindelbaumgewächse

Höhe/Länge	0	25cm	50cm	75cm	1m	1,25m	**1,5m**	**1,75m**	**2m**	**2,25m**	**2,5m**	**2,75m**	**3m**	**▷**
Blütezeit	Jan	Feb	März	Apr	**Mai**	Juni	Juli	Aug	Sept	Okt	Nov	Dez		
Blütenfarbe	weiß/beige	gelb	orange	rosa	rot	purpur	violett	blau	**grün**					
Standort	(Sonne)	(Halbschatten)	(Schatten)											

Die in den Baumschulen kultivierten Formen des Spindelstrauches kann man grob in zwei Gruppen unterteilen. Zur ersten Gruppe gehören sommergrüne, hohe Sträucher, die zweite besteht aus kriechenden oder kletternden Arten mit immergrünen Blättern.

Auf dieser Seite wollen wir uns nur mit den sommergrünen Formen befassen. Am bekanntesten darunter ist *Euonymus europaeus.* Seine eigenartigen roten Früchte, die an die Kopfbedeckung von katholischen Geistlichen erinnern, brachten ihm die deutsche Bezeichnung Pfaffenhütchen ein. Der Strauch wird etwa 4 m hoch und hat eine schirmartige Wuchsform. Nicht ganz so populär, wegen seiner schönen Herbstfärbung und den interessanten Korkleisten an den Zweigen, aber zu empfehlen ist *Euonymus alatus.* Er erreicht eine Wuchshöhe von 2 m und bildet dabei einen breiten, ausladenden Strauch. Bei Platzmangel hält man sich besser an die zierlichere Sorte 'Compactus'.

Standort und Pflege: Der Spindelstrauch gedeiht sowohl in der Sonne als auch im Halbschatten, eventuell sogar im Schatten. Hier fallen lediglich die Herbstfärbung und der Fruchtbehang nicht ganz so prächtig aus.

Verwendung: Durch seinen schirmartigen Wuchs kann man das Pfaffenhütchen selbst in einer Balkonecke unterbringen. *Euonymus alatus* eignet sich im Sommer auch gut als Sichtschutz.

Genista

Ginster — Leguminosae, Schmetterlingsblütler

Höhe/Länge	0	**25cm**	**50cm**	**75cm**	**1m**	1,25m	1,5m	1,75m	2m	2,25m	2,5m	2,75m	3m ▷
Blütezeit	Jan	Feb	März	Apr	Mai	**Juni**	**Juli**	Aug	Sept	Okt	Nov	Dez	
Blütenfarbe	weiß/beige	**gelb**	orange	rosa	rot	purpur	violett	blau	grün				
Standort													

Genista ist ein enger Verwandter von *Cytisus,* mit dem er wegen des gleichlautenden deutschen Namens auch häufig verwechselt wird. Im Gegensatz zu *Cytisus* findet man bei *Genista* jedoch fast ausschließlich gelbe Blüten. Insgesamt gibt es ca. 100 Ginsterarten in Europa, Nordafrika und im westlichen Asien. Davon sind jedoch nur wenige von gärtnerischer Bedeutung. Sehr bekannt ist *Genista tinctoria,* der Färberginster. Für die Bepflanzung von Gefäßen besorgen Sie sich am besten die gefüllt blühende Zwergform 'Plena'. Einen lockeren, kriechenden Wuchs entwickelt *Genista sagittalis,* wegen seiner breit geflügelten Triebe Flügelginster genannt. Er blüht von Juni bis Juli dottergelb und wird bei einer Höhe von 20 cm bis 40 cm breit. Wegen seines elegant überhängenden Wuchses für Balkonkästen und Tröge geradezu wie geschaffen ist der Balkanginster, *Genista lydia.* Er blüht besonders reich Anfang Juni.
Standort und Pflege: Alle *Genista*-Arten lieben volle Sonne und Wärme. Das Erdsubstrat sollte sehr durchlässig sein, bei *Genista lydia* leicht sauer. Pflanzen immer im Topf kaufen, da entwurzelter Ginster nur selten wieder anwächst. *Genista lydia* und *Genista sagittalis* im Winter durch Tannenzweige schützen.

Hamamelis

Zaubernuß — Hamamelidaceae, Zaubernußgewächse

Höhe/Länge	0	25cm	50cm	75cm	1m	1,25m	**1,5m**	**1,75m**	**2m**	2,25m	2,5m	2,75m	3m ▷
Blütezeit	**Jan**	**Feb**	**März**	Apr	Mai	Juni	Juli	Aug	Sept	Okt	Nov	Dez	
Blütenfarbe	weiß/beige	**gelb**	**orange**	rosa	**rot**	purpur	violett	blau	grün				
Standort													

Bereits im ganz zeitigen Frühjahr, bei günstiger Witterung schon im Januar, öffnet die Zaubernuß ihre gelben Blüten. Sie sollte daher in keinem Dachgarten fehlen. Aber auch auf dem Balkon läßt sie sich in einem ausreichend großen Kübel halten.
In den Baumschulen werden in der Regel die in Japan beheimatete *Hamamelis japonica* und die aus China stammende, etwas großblättrigere *Hamamelis mollis* angeboten. Durch Kreuzung beider Arten entstand die Hybride *Hamamelis* x *intermedia,* die mit verschiedenen, zum Teil rötlich blühenden Sorten aufwartet. Besonders schön ist die kupferfarbene 'Feuerzauber'. Unter den roten Sorten gilt 'Diane' als eine der besten. Ein warmes, fast ins Orange gehendes Gelb zeichnet die Sorte 'Orange Beauty' aus. *Hamamelis* werden im Alter ungefähr 3 bis 4 m hohe Sträucher. Es dauert jedoch Jahre, bis sie diese Größe erreicht haben. Daraus erklärt sich auch der relativ hohe Preis, den man bereits für sehr kleine Pflanzen bezahlen muß.
Standort und Pflege: Zaubernüsse lieben durchlässige, sandig-humose, leicht saure Erde und lichten Halbschatten. Düngung: Von Frühjahr bis August alle 3 Wochen.
Verwendung: Einzeln vor dunklem Hintergrund, zum Beispiel vor Koniferen oder einer dunklen Holzwand. Pflanzen so plazieren, daß sie auch vom Wohnzimmer aus gut zu sehen sind.

Hydrangea

Hortensie — Saxifragaceae, Steinbrechgewächse

Höhe/Länge	0	25cm	50cm	75cm	**1m**	**1,25m**	**1,5m**	**1,75m**	2m	2,25m	2,5m	2,75m	3m ▷
Blütezeit	Jan	Feb	März	Apr	Mai	Juni	**Juli**	**Aug**	Sept	Okt	Nov	Dez	
Blütenfarbe	**weiß/beige**	gelb	orange	**rosa**	**rot**	purpur	violett	**blau**	grün				
Standort													

Zu den interessantesten Sträuchern, die wir im Garten kennen, zählt die Hortensie. Ihre großen Blütendolden setzen sich aus kleinen, vollständig ausgebildeten Innenblüten und sterilen, auffälligen Randblüten zusammen. Von den in den Baumschulen angebotenen Arten läßt sich die im Frühsommer blühende Bauern- oder Gartenhortensie, *Hydrangea macrophylla*, am besten im Dachgarten oder auf dem Balkon ansiedeln. Zu dieser Art gehört auch die beliebte Topfhortensie, die, nachdem sie verblüht ist, oft in den Garten wandert und sich dort mitunter auch recht gut hält. Besser besorgen Sie sich aber von Beginn an echte Freilandsorten, z. B. 'Blue Bird', blau, 'Bouquet Rose', rot, oder 'Preciosa', tiefrosa. Ein anderes apartes Gewächs für den Dachgarten finden wir in der Samt-Hortensie, *Hydrangea aspera sargentiana*. Ihren Namen bekam sie wegen der samtigen Blätter. Die Blütendolden haben blaue Innenblüten und weiße Randblüten und erscheinen im Hochsommer.

Standort und Pflege: *Hydrangea macrophylla* gedeiht am besten an einem sonnigen bis halbschattigen Platz in frischer, durchlässiger Erde. Die Samt-Hortensie braucht sauren, humosen Boden und einen halbschattigen Standort. Beide Arten reichlich gießen und von April bis August alle 2 Wochen düngen.

Verwendung: Samt-Hortensien passen zum Beispiel gut zu Bambus. Bauernhortensien sehen einzeln im Kübel sehr hübsch aus.

Jasminum nudiflorum

Winterjasmin — Oleaceae, Ölbaumgewächse

Höhe/Länge	0	25cm	50cm	75cm	1m	1,25m	1,5m	1,75m	**2m**	**2,25m**	**2,5m**	**2,75m**	**3m** ▷
Blütezeit	Jan	**Feb**	**März**	Apr	Mai	Juni	Juli	Aug	Sept	Okt	Nov	Dez	
Blütenfarbe	weiß/beige	**gelb**	orange	rosa	rot	purpur	violett	blau	grün				
Standort													

Bei günstiger Witterung überrascht der Winterjasmin gelegentlich tatsächlich schon mitten im Winter mit seinen gelben Blüten. In der Regel blüht er jedoch im zeitigen Frühjahr, etwa ab Februar. Insgesamt gibt es etwa 200 *Jasminum*-Arten in den tropischen und subtropischen Gebieten der Erde. Davon ist allein der aus China stammende *Jasminum nudiflorum* winterhart. Seine dünnen, bis 3 m langen Zweige sind recht schwach. Er braucht daher eine Stütze, an der er emporklimmen kann. Noch dekorativer sieht er aus, wenn er locker über eine Mauer oder die Balkonbrüstung hängt.

Standort und Pflege: *Jasminum nudiflorum* liebt durchlässige, kalkhaltige Erde und einen warmen, sonnigen bis halbschattigen Standort. Je geschützter die Pflanze steht, um so früher blüht sie im Winter. Um die Blühfreudigkeit anzuregen, sollte man ältere Pflanzen im Frühjahr nach der Blüte ab und zu zurückschneiden.

Verwendung: Als Hänge- oder Kletterpflanze. Bei kletternden Pflanzen empfiehlt es sich, die Triebe leicht am Spalier festzubinden. Nehmen Sie dazu grünen Bast, dann fällt es gar nicht auf.

Perovskia abrotanoides

Silberstrauch, Blauraute

Labiatae, Lippenblütler

Höhe/Länge	0	25cm	50cm	**75cm**	**1m**	1,25m	1,5m	1,75m	2m	2,25m	2,5m	2,75m	3m
Blütezeit	Jan	Feb	März	Apr	Mai	Juni	Juli	**Aug**	**Sept**	Okt	Nov	Dez	
Blütenfarbe	weiß/beige	gelb	orange	rosa	rot	purpur	**violett**	**blau**	grün				
Standort	☼												

Ihre Trockenheitsverträglichkeit macht die Blauraute zu einer idealen Pflanze für heiße Südbalkone und sonnige Dachgärten. Von den beiden sich in Kultur befindenden Arten ist die 1 m hohe *Perovskia abrotanoides* die robustere. Der Strauch blüht im Spätsommer violettblau, erfreut aber schon vorher durch sein graufilziges, aromatisch duftendes Laub. *Perovskia atriplicifolia* ist dagegen sehr kälteempfindlich und friert in rauheren Gegenden oft bis zum Boden zurück. Meist treibt sie im Frühjahr dann allerdings wieder durch. Wie ihre Schwester blüht sie im Spätsommer blau. Ihre silbergrauen Zweige und Blätter wirken besonders vor dunklem Hintergrund außerordentlich dekorativ.

Standort und Pflege: Der Silberstrauch ist eine dankbare Pflanze für heiße, trockene Plätze in geschützter Lage. Substrat: Sandig und durchlässig, z. B. Einheitserde mit einem Drittel Sand oder Schotter vermischt. Nicht zu häufig düngen, da sich bei magerem Standort die Silberfärbung des Laubes stärker ausprägt. Schädlinge und Krankheiten: Braune Zweige, verfaulte Triebe durch Frost oder zu feuchten Stand im Winter. Vor zuviel Nässe schützen, z. B. durch Abdecken mit Folie.

Verwendung: In Gemeinschaft mit mediterranen Kübelpflanzen wie Oleander und Strauchmargeriten, zu rosa- und weißblühenden Sommerblumen und silbergrauen Stauden und Gräsern.

Potentilla fruticosa

Fingerstrauch

Rosaceae, Rosengewächse

Höhe/Länge	0	25cm	**50cm**	**75cm**	**1m**	1,25m	1,5m	1,75m	2m	2,25m	2,5m	2,75m	3m
Blütezeit	Jan	Feb	März	Apr	Mai	**Juni**	**Juli**	**Aug**	**Sept**	Okt	Nov	Dez	
Blütenfarbe	**weiß/beige**	**gelb**	**orange**	rosa	**rot**	purpur	violett	blau	grün				
Standort	☼												

In ihrer über 300 Arten zählenden Verwandtschaft gehört *Potentilla fruticosa* zu den wenigen strauchartig wachsenden Formen, während die meisten anderen Arten den Stauden zugeordnet werden. Meist bilden sie dichte, rundliche, bis 1 m hohe Büsche. Es gibt jedoch auch einige flache, fast kriechende Sorten.

Das hervorstechendste Merkmal des Fingerstrauches ist seine ungemein lange Blütezeit. Sie dauert mit wenigen Unterbrechungen von Juni bis in den Herbst hinein. Das umfangreiche Sortiment enthält Züchtungen mit roten, weißen und gelben Blüten. Die schönste weiße Sorte heißt 'Abbotswood', rot bis kupferfarben blüht 'Red Ace'. Unter den gelben Sorten bringt 'Hachmann's Gigant' die größten Blüten hervor. Wegen des flachen, ausgebreiteten Wuchses ist die nur 30 cm hohe, aber 80 cm breite gelbblühende Sorte 'Arbuscula' interessant, apartes silbergraues Laub zeichnet 'Primrose Beauty' aus.

Standort und Pflege: Die meisten Fingersträucher lieben volle Sonne und durchlässige Erde. Ansonsten sind sie sehr anspruchslos, vertragen Wind und Trockenheit. Schädlinge und Krankheiten: Bei regnerischem Wetter Rostpilze und Mehltau.

Verwendung: Für Gruppenpflanzungen, niedrige Sorten in größeren Balkonkästen, zum Beispiel mit Zwergkiefern, weiße Sorten auch hübsch zu Rosen.

Prunus

Zwergmandel, Zierkirsche — Rosaceae, Rosengewächse

Höhe/Länge	0 · 25cm · 50cm · **75cm · 1m · 1,25m · 1,5m · 1,75m · 2m · 2,25m · 2,5m · 2,75m · 3m** ▷
Blütezeit	Jan · **Feb · März · Apr** · Mai · Juni · Juli · Aug · Sept · **Okt · Nov** · Dez
Blütenfarbe	weiß/beige · gelb · orange · **rosa** · rot · purpur · violett · blau · grün
Standort	☼

Nur wenige Arten aus der Gattung der Zierkirschen, Zierpflaumen und Mandeln sind für den dauerhaften Aufenthalt in einem Pflanzgefäß geeignet. Gar keine Probleme bereitet jedoch die Zwergmandel. Der zierliche Strauch wird etwa 1 m hoch. Im April sind seine dünnen Zweige mit kleinen rosa Blütchen übersät, die bei der Sorte 'Fire Hill' noch etwas kräftiger gefärbt sind.
Als weitere *Prunus*-Art kann für die Kübelhaltung das bekannte Mandelbäumchen, *Prunus triloba*, mit gefüllten rosa Blüten empfohlen werden. Besonders hübsch sieht es als Hochstamm gezogen aus. Wegen der ungewöhnlichen Blütezeit im Herbst und zeitigen Frühjahr sei *Prunus subhirtella* 'Autumnalis', die Schneekirsche, erwähnt. Sie entwickelt sich zu einem kleinen, etwa 3–4 m hohen Baum und benötigt ein entsprechend großes Pflanzgefäß.
Standort und Pflege: Alle genannten *Prunus*-Arten fühlen sich an einem sonnigen Standort wohl. Hitze und Trockenheit vertragen sie jedoch schlecht. Bei *Prunus triloba* die Blütentriebe nach der Blüte etwa um die Hälfte zurückschneiden, dann blühen sie im folgenden Jahr besonders reich. Die anderen Arten nicht schneiden.
Verwendung: Mit Frühlingsstauden und Blumenzwiebeln. *Prunus tenella* und *Prunus triloba* auch einzeln im Kübel. Die Schneekirsche so plazieren, daß man sie von der Wohnung aus bewundern kann.

Rhus typhina

Essigbaum, Hirschkolben-Sumach — Anacardiaceae, Sumachgewächse

Höhe/Länge	0 · 25cm · 50cm · 75cm · 1m · 1,25m · 1,5m · 1,75m · **2m · 2,25m · 2,5m · 2,75m · 3m** ▷
Blütezeit	Jan · Feb · März · Apr · Mai · **Juni · Juli** · Aug · Sept · Okt · Nov · Dez
Blütenfarbe	weiß/beige · gelb · orange · rosa · rot · purpur · violett · blau · **grün**
Standort	☼

Seine Anspruchslosigkeit und der malerische, schirmartige Wuchs machen den Hirschkolben-Sumach zu einem idealen Baum für Balkone und Dachgärten. Im Herbst verfärben sich seine gefiederten, großen Blätter leuchtend orangerot. Die typischen rotbraunen Fruchtkolben bleiben bis in den Winter erhalten. Da die Art zweihäusig ist, entwickeln sie sich allerdings nur an weiblichen Pflanzen, wenn ein männlicher Bestäuber in der Nähe ist. Etwas schwächer als *Rhus typhina* selbst wächst die Sorte 'Laciniata'. Ihre feingefiederten Blätter sehen wie Farnwedel aus und färben sich im Herbst feuerrot. Oft entwickelt diese Form einen besonders bizarren Wuchs.
Standort und Pflege: Der Essigbaum liebt volle Sonne und nahrhafte, durchlässige Erde. Im Sommer regelmäßig gut gießen und von April bis August alle 2 Wochen düngen. Ein Schnitt ist in der Regel nicht notwendig.
Verwendung: Als Balkonbaum. Für Dachgärten mit südländischem Charakter.

Rosa

Rose, Balkonrose — Rosaceae, Rosengewächse

Höhe/Länge	0	**25cm**	50cm	75cm	1m	1,25m	1,5m	1,75m	2m	2,25m	2,5m	2,75m	3m	▷

Blütezeit	Jan	Feb	März	Apr	Mai	**Juni**	**Juli**	**Aug**	**Sept**	**Okt**	Nov	Dez

Blütenfarbe	**weiß/beige**	**gelb**	**orange**	**rosa**	**rot**	purpur	violett	blau	grün
Standort	☼								

Durch Züchtung kleinbleibender Zwergrosen ist es möglich geworden, die Königin der Blumen auch in Pflanzgefäßen und sogar in Balkonkästen zu halten. Geeignet sind im allgemeinen unter dem Begriff „Zwergbengalrosen" angebotene Sorten. Besonders gedrungen wachsen die sogenannten „Compacta-Rosen", z. B. die halbgefüllte rote 'Alberich' oder 'Degenhardt', mit großen rosafarbenen Blüten. Andere bewährte Zwergrosen sind: 'Coralin', korallenrot, 'Guletta', zitronengelb, 'Minuetta', orangerot, 'Meillandina', hellrot, 'Rosmarin', rosa, gefüllt. Außer Zwergrosen lassen sich Hochstammrosen im Kübel kultivieren.

Standort und Pflege: Obwohl Zwergrosen schwächer wachsen als ihre großen Schwestern, brauchen sie doch Pflanzgefäße von mindestens 20 cm Tiefe, Hochstammrosen Kübel von etwa 50 cm Tiefe. Als Standort kommen sonnige, windgeschützte Plätze in Frage. Erde: Lehmighumos, etwas kalkhaltig. Pflanzen stets feucht halten und von Mai bis Anfang August jede Woche düngen. Verblühte Blumen regelmäßig wegschneiden. Im Winter deckt man die Rosen mit Fichtenreisern ab oder stellt sie an einen schattigen, geschützten Platz, beispielsweise hinter die Balkonbrüstung. Hochstammrosen überwintern am besten in einem sehr kühlen, aber frostfreien Raum im Haus. Schädlinge und Krankheiten: Sternrußtau, Mehltau bei feuchter Witterung. Bei Trockenheit und Hitze Blattläuse.

Spiraea

Spiräe, Spierstrauch — Rosaceae, Rosengewächse

Höhe/Länge	0	25cm	50cm	**75cm**	**1m**	1,25m	1,5m	1,75m	2m	2,25m	2,5m	2,75m	3m	▷

Blütezeit	Jan	Feb	März	**Apr**	**Mai**	**Juni**	**Juli**	**Aug**	**Sept**	Okt	Nov	Dez

Blütenfarbe	**weiß/beige**	gelb	orange	**rosa**	rot	purpur	violett	blau	grün
Standort	☼								

Die Gattung der Spiräen umfaßt eine große Anzahl wunderschöner Blütensträucher. Zur Bepflanzung von Kübeln und Gefäßen sind in erster Linie die niedrigen Arten vorzuziehen, die auch nach Jahren noch mit dem beengten Wurzelraum auskommen. Im April verschwindet *Spiraea thunbergii* unter einer weißen Blütendecke. Kurz darauf zieht *Spiraea arguta* mit unzähligen weißen Blüten an ihren grazil überhängenden Zweigen die Aufmerksamkeit auf sich. Ab Ende Juni färben sich die Doldenblüten von *Spiraea* x *bumalda* 'Anthony Waterer' tief rosa. Oft dauert die Blüte dieser anspruchslosen Hybride bis in den Herbst hinein.

Standort und Pflege: In frischer, nahrhafter Erde wachsen Spiersträucher am besten. Dabei möchten sie sonnig, aber nicht in der glühenden Hitze stehen. Ein kräftiger Rückschnitt im Frühjahr fördert bei *Spiraea* x *bumalda* die Blütenbildung. Bei *Spiraea arguta* und *Spiraea thunbergii* wenn nötig nach der Blüte ältere Zweige herausschneiden. Schädlinge und Krankheiten: Mehltau ist die häufigste Krankheit bei Spiräen. Meist tritt sie während längerer Regenperioden auf.

Verwendung: *Spiraea* x *bumalda* zur Bepflanzung größerer Flächen in weiträumigen Dachgärten. Die beiden Frühjahrsblüher zusammen mit anderen Blütensträuchern, Frühlingsstauden und Blumenzwiebeln.

Tamarix

Tamariske — Tamaricaceae, Tamariskengewächse

Höhe/Länge	0	25cm	50cm	75cm	1m	1,25m	**1,5m**	**1,75m**	**2m**	2,25m	2,5m	2,75m	3m	▷
Blütezeit	Jan	Feb	März	Apr	**Mai**	Juni	**Juli**	**Aug**	Sept	Okt	Nov	Dez		
Blütenfarbe	weiß/beige	gelb	orange	**rosa**	rot	purpur	violett	blau	grün					
Standort	(Sonne)													

Unempfindlich gegen Wind und auch sonst sehr anspruchslos, ist die Tamariske für die oft extremen Standortbedingungen im Dachgarten geradezu wie geschaffen. In den Baumschulen werden im allgemeinen die im Frühling blühende *Tamarix parviflora* und die sommerblühende *Tamarix pentandra* angeboten. Beide Arten bilden etwa 3 m hohe Sträucher oder kleine Bäume mit grazil überhängenden Zweigen. Das feine, bei *Tamarix pentandra* bläulichgrüne Laub erinnert etwas an Heidekraut. Die üppigen, rosa Blütenähren erscheinen bei der Sommertamariske in endständigen Rispen, bei der Frühlingstamariske sitzen sie in kurzen Trauben entlang der vorjährigen Triebe, so daß der Strauch wie ein rosafarbener Wasserfall ausieht.
Standort und Pflege: Tamarisken vertragen pralle Sonne, sehr viel Wärme und vorübergehend Trockenheit. Ein Rückschnitt ist in der Regel nicht nötig und zerstört meist die elegante Wuchsform. Schädlinge und Krankheiten: Stehen Tamarisken beengt oder zu feucht, kann es zu Grauschimmel und zum Absterben der jungen Triebe kommen.
Verwendung: Möglichst einzeln plazieren, da nur dann der schöne Wuchs zur Geltung kommt. Auch für den Balkon geeignet, da die Triebe im unteren Bereich aufrecht wachsen und erst später schirmartig überhängen. Dadurch können sie über das Balkongeländer hinaushängen und nehmen nicht so viel Platz weg.

Viburnum

Schneeball — Caprifoliaceae, Geißblattgewächse

Höhe/Länge	0	25cm	50cm	75cm	**1m**	**1,25m**	**1,5m**	**1,75m**	**2m**	2,25m	2,5m	2,75m	3m	▷
Blütezeit	**Jan**	**Feb**	**März**	Apr	**Mai**	Juni	Juli	Aug	Sept	Okt	Nov	**Dez**		
Blütenfarbe	**weiß/beige**	gelb	orange	**rosa**	rot	purpur	violett	blau	grün					
Standort	(Halbschatten)													

Auf über 100 Arten bringt es die Gattung *Viburnum*. Die meisten davon kommen im subtropischen Asien und Nordamerika vor. Schaut man sich im reichhaltigen Angebot der Baumschulen um, so findet man doch mindestens 4 Schneeballarten, die man als ausgesprochen dachgartentauglich bezeichnen kann. Zwei davon sind immergrün und werden im entsprechenden Kapitel dieses Buches näher behandelt. Hier wollen wir uns nur mit den laubabwerfenden Arten befassen. Dabei handelt es sich zum einen um den Wohlriechenden Schneeball, *Viburnum carlesii*. Der breitbuschige Strauch wird etwa 1 m hoch. Seine rosaweißen Blütendolden erscheinen im Mai und duften betäubend. Wenn möglich, sollte man sich die Sorte 'Aurora' besorgen, bei der eine Schwäche des Schneeballs, das Krankwerden und vorzeitige Abfallen der Blätter, weitgehend verschwunden ist. Ein weiterer bemerkenswerter Schneeball begegnet uns in *Viburnum fragrans*. Er blüht in der sonst blütenarmen Zeit zwischen Dezember und März und duftet angenehm süß. Der straff aufrecht wachsende Strauch erreicht im Pflanzgefäß eine Höhe von etwa 2 m.
Standort und Pflege: Die genannten Arten nicht in die pralle Sonne pflanzen und feucht halten. Düngung: Von April bis August.
Verwendung: *Viburnum fragrans* einzeln, von der Wohnung aus gut sichtbar.

Koniferen und Sträucher, die grün bleiben

Koniferen und Sträucher, die grün bleiben

Wer träumt nicht davon – von einem Garten, in dem es immer, im Frühling wie im Herbst, im Sommer wie im Winter grün ist? Hat man sich jedoch erst einmal einen solchen immergrünen Garten angeschafft, stellt sich plötzlich heraus, daß es eigentlich der Wechsel der Jahreszeiten ist, der das Leben im Garten so reizvoll macht. Im immergrünen Garten kündigt sich der Frühling nicht mehr mit den ersten zarten Blättchen an und der Herbst verabschiedet sich nicht mehr mit leuchtend bunter Herbstfärbung. Viele Hobbygärtner, die sich für den eine zeitlang so populären völlig immergrünen Garten begeisterten, sind deshalb wieder zum herkömmlichen Garten zurückgekehrt, in dem immergrüne und sommergrüne Pflanzen gleichwertig, aber mit unterschiedlichen Aufgaben nebeneinander wachsen.

Die immergrünen Pflanzen bilden das beständige Gerüst einer Bepflanzung und geben dem Garten auch im Winter einen festen Rahmen. Gleichzeitig bilden sie ein ruhiges grünes Gegengewicht zu dem Farbfeuerwerk von Blütensträuchern, Stauden und Sommerblumen.

Die laubabwerfenden Gewächse füllen dagegen den Garten mit Leben und sorgen mit ihrem stets sich ändernden Erscheinungsbild für Abwechslung.

Die wichtigste Gruppe unter den immergrünen Pflanzen sind die Nadelgehölze. Sie tragen, wie der Name schon sagt, statt Blättern Nadeln. Aller Wahrscheinlichkeit nach haben sich diese Nadeln irgendwann in der Entwicklungsgeschichte der Pflanzen als Schutz gegen Kälte und Verdunstung gebildet. Betrachtet man einmal die Verbreitungsgebiete der Nadelgehölze, so sind sie besonders in kälteren Regionen stark ausgedehnt, während in wärmeren, luftfeuchten Gebieten die Laubgehölze überwiegen. Häufig werden Nadelgehölze auch als „Koniferen" bezeichnet, was soviel wie „Zapfenträger" bedeutet. Fast alle Nadelbäume tragen als Frucht Zapfen, mit Ausnahme der Eiben und Wacholder, deren Früchte beerenartigen Charakter besitzen und die daher strenggenommen nicht als Koniferen bezeichnet werden dürften, doch hält sich in der Praxis kaum jemand daran.

Die Nadelgehölze sind im Pflanzenreich nur mit wenigen Gattungen vertreten, die wichtigsten sind Tanne, Fichte, Kiefer, Scheinzypresse, Lebensbaum, Eibe und Wacholder. Von diesen gibt es allerdings eine schier unglaubliche Fülle von verschiedenen Formen. Die Wuchshöhen innerhalb der einzelnen Gattungen reichen von etwa Handbreite bis Haushöhe. Daraus läßt sich schon erkennen, daß es gerade bei der Bepflanzung von Balkonen und Dachgärten wichtig ist, die richtigen, nämlich schwachwüchsigen Sorten zu pflanzen. Einige wachsen nicht einmal oder gerade einen Zentimeter pro Jahr, so daß man sie problemlos über viele Jahre im Balkonkasten halten kann. Je zwergwüchsiger die Pflanzen, um so teurer sind sie natürlich auch, doch sollte man sich durch den Preis nicht zum Kauf stark wachsender Koniferen verleiten lassen. Schon wenige Jahre nach der Pflanzung sprengen sie den Rahmen der Pflanzgefäße und sehen aus Mangel an Wasser und Nährstoffen schon bald unschön aus.

Neben der Wuchsform variieren Form und Farbe der Nadeln bei den Koniferen außerordentlich. Bei einigen, z. B. Kiefern, können sie 15 cm und länger werden, bei anderen wieder sind sie nur als kleine Schuppen ausgebildet. Die Färbung reicht von fast Weiß über Silbergrau, Stahlblau und Grün bis Goldgelb, so daß für einige Sorten die Bezeichnung „Immerblaue" oder „Immergelbe" beinahe treffender wäre.

Die zweite Gruppe unter den Immergrünen sind die Laubgehölze. Hierbei handelt es sich zum Teil um tatsächlich immergrüne Gewächse, Pflanzen also, die ein und dasselbe Blattkleid jahrelang tragen und erst dann nach und nach wechseln, so daß man kaum etwas davon bemerkt. Der andere Teil ist dagegen nur wintergrün. Im Frühjahr werfen diese Pflanzen regelmäßig ihr Laub ab, wobei sich aber schon wieder die neuen Blätter bilden, so daß man durchaus von Immergrünen sprechen kann.

Eine ganze Reihe der immergrünen Laubgehölze gehört zu den sogenannten Moorbeetpflanzen, darunter auch die prächtigen Rhododendren und Azaleen. Sie brauchen saure Erde, ein Wunsch, der sich im Pflanzgefäß besser erfüllen läßt als im Freiland, in dem man statt normaler Pflanzerde einfach Rhodohum, ein speziell auf Moorbeetpflanzen abgestimmtes Substrat, verwendet. Damit sich der Kalkgehalt mit der Zeit nicht erhöht, darf später allerdings nur mit enthärtetem Wasser gegossen werden. Ebenso erfordert die Düngung besondere Sorgfalt. Chloridhaltige Dünger sind zu vermeiden. Am besten nimmt man spezielle Rhododendrondünger.

Geht es um die Pflege von Koniferen und Immergrünen, so kann eine Maßnahme nicht oft genug erwähnt werden: das Gießen im Winter. Wenn es kalt und ungemütlich ist, vergißt man das Zimmer im Freien oft wochenlang. Erst wenn im Frühjahr die Sonnenstrahlen durch die Balkontür scheinen, erinnert man sich daran, daß man dort ja hinausgehen kann. Für viele Immergrüne ist es dann leider schon zu spät. Im Gegensatz zu den anderen Laubgehölzen, deren Wasserbedarf im Winter auf ein Minimum reduziert ist, müssen Immergrüne und Koniferen stets feucht gehalten werden. Sowie die Temperaturen über dem Gefrierpunkt liegen, verdunsten die Pflanzen über ihre grünen Blätter verstärkt Wasser. An frostfreien Tagen deshalb unbedingt nachsehen, ob die Erde im Pflanzgefäß nicht trocken ist.

Nun kann es allerdings trotz regelmäßigem Gießen passieren, daß Pflanzen im Winter vertrocknen, dann nämlich, wenn die Sonne die Blätter erwärmt, so daß sie Wasser verdunsten, während die Wurzeln aus der noch gefrorenen Erde keine Feuchtigkeit nachziehen können.

Bei empfindlichen oder besonders wertvollen Immergrünen empfiehlt es sich daher gerade im Spätwinter, wenn es tagsüber schon öfter einmal warm und sonnig ist, für eine leichte Schattierung zu sorgen. Gut für diese Maßnahme eignen sich Tannen- und Fichtenreiser oder grüne Schattenleinen.

Die beste Pflanzzeit für immergrüne Pflanzen ist übrigens der Mai oder der September. Pflanzen in Containern können selbstverständlich das ganze Jahr über gesetzt werden. Dabei ist wie bei den Laubgehölzen darauf zu achten, daß der Ballen, sollte er trocken sein, vor dem Pflanzen durchdringend angefeuchtet wird (am besten etwa eine halbe Stunde in einen Eimer Wasser stellen). Die frisch gesetzten Gehölze dann nochmals gut angießen, größere Bäume und Sträucher, die an sehr windigen Stellen (z. B. Hochhaus-Dachgarten) stehen, sorgfältig festbinden.

Abies

Tanne — Pinaceae, Kieferngewächse

Höhe/Länge	0 **25cm 50cm 75cm 1m 1,25m 1,5m 1,75m 2m 2,25m 2,5m 2,75m 3m** ▷
Blütezeit	Jan Feb März Apr Mai Juni Juli Aug Sept Okt Nov Dez
Blütenfarbe	weiß/beige gelb orange rosa rot purpur violett blau grün
Standort	☼ ☁

Von den etwa 40 Arten der Tanne sind die meisten so starkwüchsig, daß man sie kaum über längere Zeit in einem Pflanzgefäß halten kann. Recht gut gedeiht noch die Koreatanne, *Abies koreana.* Sie wächst sehr langsam und erreicht erst nach vielen Jahren Höhen über 3 m. Ihr typisches und schönstes Merkmal sind die blauen, aufrecht stehenden Zapfen. Aber auch der kegelförmige Wuchs und die kurzen, bürstenförmig nach oben gerichteten Nadeln machen sie zu einer der attraktivsten Tannen. Eine reizende Zwergkonifere begegnet uns in *Abies balsamea* 'Nana', der Balsamtanne. Bei kugelförmigem Wuchs wird sie im Alter etwa 60 cm hoch und 1 m breit. Die dunkelgrünen Nadeln duften aromatisch.

Standort und Pflege: Beide Tannen lieben frische, durchlässige Erde, z. B. Einheitserde. Die Zwerg-Balsamtanne möchte sonnig stehen, während die Koreatanne auch mit einem halbschattigen Standort vorlieb nimmt. In jedem Fall sind beide sehr empfindlich gegen Trockenheit. Düngung im Frühjahr und Sommer mit Tannendünger. Schädlinge und Krankheiten: Häßliche Schäden verursachen Tannentriebläuse. Bei starkem Auftreten führen sie zu Krüppelwuchs. Bekämpfung im zeitigen Frühjahr mit einem Austriebsspritzmittel.

Verwendung: *Abies koreana* einzeln in Gemeinschaft mit Rosen, Stauden und Gräsern. *Abies balsamea* 'Nana' in Troggärten und geräumigen Balkonkästen zusammen mit anderen Zwergkoniferen und Immergrünen.

Azalea

Azalee — Ericaceae, Heidekrautgewächse

Höhe/Länge	0 **25cm 50cm 75cm 1m 1,25m 1,5m 1,75m 2m** 2,25m 2,5m 2,75m 3m ▷
Blütezeit	Jan Feb März Apr **Mai Juni** Juli Aug Sept Okt Nov Dez
Blütenfarbe	**weiß/beige gelb orange rosa rot purpur violett** blau grün
Standort	☁ ☼

Unter den Azaleen, die botanisch mittlerweile übrigens zu den Rhododendren gezählt werden, sind nur die Japanischen Azaleen wintergrün. Es handelt sich dabei um höchstens 1 m hohe Sträucher mit leuchtenden weißen, rosafarbenen, violetten oder karminroten Blüten im Mai. Besondere Aufmerksamkeit verdienen die „Diamant-Azaleen", eine besonders kleinwüchsige Gruppe der Japanischen Azaleen. Sie bilden kompakte, zierliche Büsche, blühen überreich und können sogar in größere Balkonkästen gepflanzt werden. Alle anderen Azaleen werfen, nachdem sie sich noch einmal herrlich orange oder rot verfärbt haben, im Herbst die Blätter ab. Die schönsten Blüten in Gelb, Weiß, Rosa, Rot und Orange bringen die Knap-Hill-Hybriden. Einen betäubenden Duft strömen die gelben Blüten der pontischen Azalee aus.

Standort und Pflege: Im lichten Halbschatten oder an einem schwach besonnten Platz wachsen Azaleen am liebsten. Sie benötigen saure Erde, z. B. Rhodohum mit etwas Sand. Zum Düngen speziellen Rhododendrondünger nehmen. Reichlich gießen, aber stauende Nässe vermeiden. Immergrüne Azaleen auch im Winter öfter einmal gießen.

Verwendung: Zusammen mit Rhododendren und anderen Moorbeetpflanzen. Hübsch sind auch einzelne Solitärpflanzen in Kübeln. Diamant-Azaleen zur Unterpflanzung von höheren Azaleen und für große Blumenkästen.

Berberis

Immergrüne Berberitze — Berberidaceae, Berberitzengewächse

Höhe/Länge	0	25cm	**50cm**	**75cm**	**1m**	**1,25m**	**1,5m**	**1,75m**	**2m**	2,25m	2,5m	2,75m	3m ▷
Blütezeit	Jan	Feb	März	**Apr**	**Mai**	**Juni**	Juli	Aug	Sept	Okt	Nov	Dez	
Blütenfarbe	weiß/beige	**gelb**	orange	rosa	rot	purpur	violett	blau	grün				
Standort													

Neben verschiedenen laubabwerfenden Berberitzen gibt es auch einige Arten, die den Winter über grün bleiben und für Dachgärten und Balkone besonders wertvoll sind. Aus dem westlichen China stammt *Berberis julianae,* ein etwa 2 m hoher Strauch mit lanzettförmigen, ledrigen Blättern, gelben Blütenbüscheln und blauschwarzen Früchten. Wegen der bis 4 cm langen Dornen sollte man sie allerdings nicht zu nahe an Wege und Sitzplätze pflanzen. Nur 1 m hoch wird *Berberis verruculosa,* wegen ihrer warzigen Rinde Warzenberberitze genannt. Der rundliche, dichte Strauch blüht im Mai und Juni zwei Wochen lang mit goldgelben, auffallenden Blüten. Mit einem echten Zwergstrauch von nur 30 cm Höhe haben wir es bei *Berberis buxifolia* 'Nana' zu tun. Die kleinen Blättchen sehen, wie der Name schon vermuten läßt, denen des Buchsbaumes sehr ähnlich. Die Blüten im April und Mai sind orangegelb.
Standort und Pflege: Berberitzen gedeihen in der Sonne und im Halbschatten. Bei vollsonnigem Stand empfiehlt sich im Winter eine Schattierung, da es sonst leicht zu Frost- und Trockenheitsschäden kommt. An das Substrat stellen die Sträucher keine besonderen Ansprüche. An frostfreien Tagen auch im Winter gießen.
Verwendung: *Berberis julianae* als Sichtschutz, *Berberis buxifolia* 'Nana' in Blumenkästen und Kübeln.

Calluna

Besenheide — Ericaceae, Heidekrautgewächse

Höhe/Länge	0	**25cm**	**50cm**	75cm	1m	1,25m	1,5m	1,75m	2m	2,25m	2,5m	2,75m	3m ▷
Blütezeit	Jan	Feb	März	Apr	Mai	Juni	Juli	**Aug**	**Sept**	Okt	Nov	Dez	
Blütenfarbe	**weiß/beige**	gelb	orange	**rosa**	**rot**	**purpur**	**violett**	blau	grün				
Standort													

Die Besenheide ist die typische Pflanze der norddeutschen Heidelandschaften. Mit ihren Blüten taucht sie im August weite Flächen in tiefes Rosa. Als Gartenpflanze wird der kriechende Zwergstrauch mit schuppenförmig anliegenden Blättern in unzähligen Sorten angeboten, die sich in der Blütenfarbe, aber auch in der Laubfärbung unterscheiden. Neben grünblättrigen Formen gibt es zum Beispiel auch Callunen mit gelbem oder grauem Laub. Einige zeigen im Winter eine kupferrote Färbung. Die Farbpalette der Blüten reicht von Weiß über Rosa bis Dunkelviolett. Es gibt einfach und gefüllt blühende Sorten. Letztere blühen erheblich länger.
Standort und Pflege: Die Besenheide gedeiht an sonnigen und halbschattigen Standorten. Erde: Sauer, durchlässig und feucht, z. B. Rhodohum oder Humintorf mit Sand. Zum Düngen bevorzugt organischen Dünger verwenden. Eine Gabe im Frühjahr und Frühsommer reicht aus. Sparrig wachsende Pflanzen im Frühjahr kräftig zurückschneiden.
Verwendung: Zusammen mit anderen Moorbeetpflanzen, wie Erika, Lavendelheide und Rhododendron, in Heidegärten. Im Balkonkasten zusammen mit Zwergkoniferen und Gräsern. Für die saisonale Balkonkastenbepflanzung im frühen Herbst.

Chamaecyparis lawsoniana

Lawson-Scheinzypresse — Cupressaceae, Zypressengewächse

Höhe/Länge	0 · 25cm · 50cm · 75cm · 1m · 1,25m · 1,5m · 1,75m · 2m · 2,25m · 2,5m · 2,75m · 3m ▷
Blütezeit	Jan · Feb · März · Apr · Mai · Juni · Juli · Aug · Sept · Okt · Nov · Dez
Blütenfarbe	weiß/beige · gelb · orange · rosa · rot · purpur · violett · blau · grün
Standort	

Chamaecyparis ist eine Pflanzengattung mit nur 7 Arten, aber einer verwirrenden Vielfalt von Gartenformen. Von *Chamaecyparis lawsoniana* gibt es die meisten Sorten. Meist handelt es sich um bis zu 10 m hohe Bäume mit säulenartigem oder kegelförmigem Wuchs und grünen, gelblichen oder bläulichen Nadeln. Für die Kultur in Gefäßen kann man in erster Linie die aus England stammende Sorte 'Ellwoodii' empfehlen. Sie wird nur 2 bis 3 m hoch, wächst sehr dicht und meist mehrstämmig. Ihre kurzen, feinen Nadeln sind stahlblau bis graugrün.

Standort und Pflege: *Chamaecyparis lawsoniana* 'Ellwoodii' wünscht sich einen sonnigen Standort und ständig frische, sandig-humose oder lehmig-humose Erde. Bei Trockenheit und Hitze beginnt sie zu kümmern. Düngung im Frühjahr und Sommer mit Tannendünger. Im Winter mit Fichtenreisern vor Sonne schützen. An frostfreien Tagen das Gießen nicht vergessen.

Verwendung: Einzelstand. Als Nachbarn eignen sich am besten Heide und Rosen.

Chamaecyparis obtusa

Hinoki-Scheinzypresse — Cupressaceae, Zypressengewächse

Höhe/Länge	0 · 25cm · 50cm · 75cm · 1m · 1,25m · 1,5m · 1,75m · 2m · 2,25m · 2,5m · 2,75m · 3m ▷
Blütezeit	Jan · Feb · März · Apr · Mai · Juni · Juli · Aug · Sept · Okt · Nov · Dez
Blütenfarbe	weiß/beige · gelb · orange · rosa · rot · purpur · violett · blau · grün
Standort	

Die Urform der Hinoki-Scheinzypresse stammt aus Japan, wo sie im Alter Wuchshöhen bis 40 m erreicht. In unseren Baumschulen werden vor allem Zwergformen dieser Scheinzypressenart angeboten. Hervorragend für die Bepflanzung von Gefäßen eignet sich die Sorte 'Nana Gracilis', mit ihren muschelförmig oder fächerartig gedrehten Zweigen als Muschelzypresse bekannt. Sie wächst kugel- oder kegelförmig und wird selten über 1,50 m hoch. Die Nadeln sind sehr schön hellgrün. Ebenso zu empfehlen ist die Sorte 'Pygmaea' mit einer Wuchshöhe von 1,20 m. Ein spezielles Merkmal sind ihre fächerförmigen, rotbraunen Zweige. Die frischgrünen Nadeln verfärben sich im Winter etwas bräunlich.

Standort und Pflege: Die Hinoki-Scheinzypresse liebt einen halbschattigen oder sonnigen Standort. Pralle Sonne jedoch vermeiden. Erde sandig-humos. Immer gut feucht halten. Pflanzen nicht zu häufig düngen, dann wachsen sie schön kompakt. Zum Düngen speziellen Tannendünger verwenden.

Verwendung: In Trögen, Steingärten und großen Balkonkästen. In Gemeinschaft mit niedrigen Stauden und Gräsern.

Chamaecyparis pisifera

Sawara-Scheinzypresse — Cupressaceae, Zypressengewächse

Höhe/Länge	0 25 **cm 50cm 75cm 1m** 1,25m 1,5m 1,75m 2m 2,25m 2,5m 2,75m 3m ▷
Blütezeit	Jan Feb März Apr Mai Juni Juli Aug Sept Okt Nov Dez
Blütenfarbe	weiß/beige gelb orange rosa rot purpur violett blau grün
Standort	

In Japan, wo die Sawara-Scheinzypresse zu Hause ist, gehört sie zu den 5 heiligen Bäumen, die früher hauptsächlich im Bereich von Tempeln angepflanzt wurden. Im Alter erreicht sie eine Höhe bis 50 m. Bei den in unseren Baumschulen gezogenen Sorten handelt es sich mehr oder weniger um Zwergformen, die sich zum Teil auch für die Bepflanzung von Gefäßen eignen. Die wichtigste Sorte ist *Chamaecyparis pisifera* 'Filifera Nana', wegen ihrer überhängenden, fadenförmigen Zweige „Fadenzypresse" genannt. Sie wächst dichtbuschig und wird auch nach etlichen Jahren kaum höher als 50 cm. Sehr apart ist auch die Form 'Filifera Nana Aurea' mit goldgelben Nadeln und etwas stärkerem Wuchs. Weiterhin kann man *Chamaecyparis pisifera* 'Nana' empfehlen. Wegen ihrer gedrungenen, kugeligen Gestalt wird sie mitunter als „Kissenzypresse" bezeichnet.

Standort und Pflege: Am liebsten stehen Faden- und Kissenzypressen in der Sonne oder im Halbschatten. Die Erde sollte leicht sauer, sandiglehmig und immer gut feucht sein. Düngung von April bis Juli alle 6 Wochen.

Verwendung: In Trögen und großen Balkonkästen, zusammen mit Gräsern und anderen Zwergkoniferen. Für Dachgärten im japanischen Stil.

Cotoneaster

Immergrüne Felsenmispel — Rosaceae, Rosengewächse

Höhe/Länge	0 25 **cm 50cm 75cm 1m 1,25m 1,5m 1,75m 2m** 2,25m 2,5m 2,75m 3m ▷
Blütezeit	Jan Feb März Apr Mai **Juni** Juli Aug Sept Okt Nov Dez
Blütenfarbe	**weiß/beige** gelb orange rosa rot purpur violett blau grün
Standort	

Im Vergleich zu den laubwerfenden *Cotoneaster*-Arten, die im Kapitel „Laubgehölze für Balkon und Dachgarten" (S. 188) behandelt werden, sind die immergrünen Formen etwas frostempfindlicher. Wenn sie nicht gerade an einer sehr windigen Ecke stehen und gut mit Wasser versorgt werden, überstehen sie den Winter aber meistens ohne Schaden. Die für Dachgärten und Balkone wertvollste Form ist *Cotoneaster salicifolius floccosus,* die Weidenblättrige Felsenmispel. Sie entwickelt sich zu einem mannshohen Bäumchen mit schirmartig überhängenden Zweigen. Daran erscheinen im Juni weiße Blütendolden, die sich zum Herbst hin in rote Beerentrauben verwandeln. Eine zweite, sehr bedeutende immergrüne Felsenmispel ist *Cotoneaster dammeri.* Hiervon gibt es viele Sorten, teils mit strauchförmigem, teils mit kriechendem Wuchs. Dachgartenbewährte Formen sind 'Skogholm', mit weit überhängenden, langen Zweigen, und die etwas zierlichere, reicher fruchtende 'Coral Beauty'. Alle genannten Formen schmücken sich im Herbst durch mehr oder weniger reichlichen roten Beerenbehang.

Standort und Pflege: Sonne oder Halbschatten. Sehr windige Stellen vermeiden. Substrat auch im Winter gut feucht halten. Von Ende April bis August alle vier Wochen düngen.

Verwendung: *Cotoneaster dammeri* als Bodendecker und in Brüstungströgen, *Cotoneaster salicifolius floccosus* hübsch als Balkonbaum.

Erica

Heide — Ericaceae, Heidekrautgewächse

Höhe/Länge	0	25cm	50cm	75cm	1m	1,25m	1,5m	1,75m	2m	2,25m	2,5m	2,75m	3m ▷
Blütezeit	Jan	Feb	März	Apr	Mai	Juni	Juli	Aug	Sept	Okt	Nov	Dez	
Blütenfarbe	weiß/beige	gelb	orange	rosa	rot	purpur	violett	blau	grün				
Standort													

Erica wird oft mit *Calluna,* der Besenheide, verwechselt oder umgekehrt. Bei näherem Betrachten kann man die beiden Arten aber jeweils schon an dem unterschiedlichen Laub erkennen, das bei *Calluna* schuppenartig anliegt, während es bei *Erica* die Form von kleinen Nadeln hat. Am bekanntesten ist die Winterheide, *Erica carnea.* Die Sorten mit rosa, weißen und roten Blüten erscheinen schon im zeitigen Frühjahr. Besonders früh ist 'Winter Beauty'. Einige Sorten zeichnen sich darüber hinaus durch eine interessante kupferbraune Winterfärbung des Laubes aus. Neben der Winterheide gibt es eine Reihe von sommerblühenden *Erica*-Arten, z. B. *Erica cinerea,* die Grauheide, *Erica tetralix,* die Glockenheide, und *Erica vagans,* die Cornwall-Heide. Von allen gibt es etliche Sorten mit weißen, rosa und rosavioletten Blüten.

Standort und Pflege: Wie die Besenheide wächst *Erica* am liebsten an einem sonnigen bis halbschattigen Standort. Wichtig für das Gedeihen ist die richtige Erde: sandig-humos und sauer. Am besten vermischt man Rhodohum mit etwas Sand. Düngung: Im Frühjahr, Frühsommer und Spätsommer mit organischen Düngern oder Rhododendrondünger.

Verwendung: Zusammen mit anderen Moorbeetpflanzen, in Heidegärten. Winterheide zur saisonalen Balkonkastenbepflanzung im Frühjahr. In dauerhaft bepflanzten Blumenkästen mit Zwergkoniferen und Immergrünen.

Euonymus fortunei

Kriechender Spindelstrauch — Celastraceae, Spindelbaumgewächse

Höhe/Länge	0	25cm	50cm	75cm	1m	1,25m	1,5m	1,75m	2m	2,25m	2,5m	2,75m	3m ▷
Blütezeit	Jan	Feb	März	Apr	Mai	Juni	Juli	Aug	Sept	Okt	Nov	Dez	
Blütenfarbe	weiß/beige	gelb	orange	rosa	rot	purpur	violett	blau	grün				
Standort													

Aus China stammt der Kriechende Spindelstrauch, der im Gegensatz zu seinen aufrecht wachsenden Verwandten immergrüne Blätter trägt. In den Baumschulen werden einige ausgezeichnete Sorten angeboten, die sich vielseitig verwenden lassen. Neben grünblättrigen Sorten wie 'Coloratus' und 'Minimus' sollte man den buntlaubigen Formen Aufmerksamkeit schenken. Auffallend gelbbuntes Laub trägt die Sorte 'Emerald'n Gold'. Im Winter verfärbt es sich leicht rosa. Bei den weißbunten Formen kann man zwischen 'Gracilis' und der etwas großblättrigeren, leider noch wenig bekannten 'Emerald Gaiety' wählen. Die meisten *Euonymus-fortunei*-Sorten werden nur 20–40 cm hoch. Bietet sich jedoch eine Gelegenheit, beginnen die Triebe mit Hilfe von Haftwurzeln zu klettern und können dann Höhen bis zu 2 m erreichen.

Standort und Pflege: Am wohlsten fühlt sich der Spindelstrauch im Halbschatten. Auch im Schatten gedeiht er noch, vollsonnige Standorte dagegen behagen ihm nicht. Die Erde – Einheitserde oder humoser Lehm – auch im Winter gut feucht halten. Vermehrung: Durch Abtrennen bereits bewurzelter, kriechender Triebe kann man den Kriechenden Spindelstrauch leicht selbst vermehren.

Verwendung: Zur Begrünung von Wänden und Spalieren, als Bodendecker oder Hängepflanze, buntlaubige Formen zusammen mit Zwergkoniferen in Blumenkästen.

Gaultheria procumbens

Scheinbeere — Ericaceae, Heidekrautgewächse

Höhe/Länge	0 **25cm** 50cm 75cm 1m 1,25m 1,5m 1,75m 2m 2,25m 2,5m 2,75m 3m ▷
Blütezeit	Jan Feb März Apr Mai Juni **Juli** **Aug** Sept Okt Nov Dez
Blütenfarbe	**weiß/beige** gelb orange **rosa** rot purpur violett blau grün
Standort	

Von den etwa 120 Arten der Scheinbeere ist bei uns fast ausschließlich *Gaultheria procumbens* im Handel, da sie als einzige wirkliche Winterhärte aufweist. Der nur 15 cm hohe Zwergstrauch breitet sich durch unterirdische Ausläufer aus und bildet mit der Zeit einen dichten Teppich aus immergrünen Blättern. Aus den rosaweißen Blüten im Sommer entwickeln sich zum Herbst leuchtend rote Früchte, die aufgrund des enthaltenen ätherischen Öls nicht von den Vögeln gefressen werden.
Standort und Pflege: Scheinbeeren bevorzugen schattige und halbschattige Standorte und saure, sandig-humose Erde. Am besten mischt man Rhodohum, einen Spezialtorf für Moorbeetpflanzen, mit etwas Sand. Während des ganzen Jahres für genügend Feuchtigkeit sorgen. Staunässe jedoch vermeiden. Düngung: Mit Rhododendrondünger oder einem chloridfreien Flüssigdünger. Schädlinge und Krankheiten: Durch eine Pilzkrankheit sterben mitunter die Triebe ab. Wird der Befall rechtzeitig bemerkt, hilft die Bekämpfung mit einem Fungizid.
Verwendung: Als Unterpflanzung von Rhododendren und Azaleen. Im Balkonkasten zusammen mit Zwergkoniferen und Immergrünen. Wegen der roten Beeren sehr hübsch in herbstlichen Blumenschalen und -kästen.

Hypericum

Johanniskraut — Guttiferae, Johanniskrautgewächse

Höhe/Länge	0 **25cm 50cm 75cm 1m** 1,25m 1,5m 1,75m 2m 2,25m 2,5m 2,75m 3m ▷
Blütezeit	Jan Feb März Apr Mai Juni Juli **Aug** **Sept** Okt Nov Dez
Blütenfarbe	weiß/beige **gelb** orange rosa rot purpur violett blau grün
Standort	

Fast handtellergroß und gelb wie Butterblumen sind die Blüten dieser wintergrünen Gartenpflanze. In Parks und Anlagen als anspruchsloser Bodendecker weit verbreitet ist vor allem das nur 20 bis 30 cm hohe *Hypericum calycinum*. Mit seinen mattgrünen, eiförmigen Blättern bildet es auch in halbschattigen und trockenen Lagen noch schöne, dichte Teppiche. Seltener als *Hypericum calycinum* sieht man *Hypericum patulum*, einen etwa meterhohen, kompakten Strauch aus Japan. Gerade Balkongärtner entdecken ihn jetzt aber mehr und mehr als dekorative Einzelpflanze für Kübel und Tröge. Besonders große Blüten trägt die Züchtung 'Hidcote'. Sie blüht von Ende Juli bis Anfang Oktober.
Standort und Pflege: Das Johanniskraut gedeiht in der Sonne und im Halbschatten, wobei *Hypericum calycinum* etwas mehr Schatten verträgt als *Hypericum patulum*. Zuviel Nässe ist nach Möglichkeit zu vermeiden, Trockenheit wird dagegen erstaunlich gut vertragen. Fallen die Blätter im Winter einmal ab, besteht kein Grund zur Sorge: Die Pflanzen reagieren damit lediglich auf sehr starken Frost. Im Frühjahr treiben sie ganz normal wieder aus.
Verwendung: *Hypericum calycinum* als Bodendecker im Dachgarten, *Hypericum patulum* einzeln im Kübel oder zusammen mit anderen Blütensträuchern und blauen, weißen oder violetten Stauden und Sommerblumen.

Ilex aquifolium

Stechpalme — Aquifoliaceae, Stechpalmengewächse

Höhe/Länge	0	25cm	50cm	**75cm**	**1m**	**1,25m**	**1,5m**	**1,75m**	**2m**	**2,25m**	**2,5m**	**2,75m**	**3m** ▷
Blütezeit	Jan	Feb	März	Apr	**Mai**	Juni	Juli	Aug	Sept	Okt	Nov	Dez
Blütenfarbe	**weiß/beige**	gelb	orange	rosa	rot	purpur	violett	blau	grün			
Standort	(Halbschatten)											

Will man seinen Balkon oder Dachgarten „mediterran" gestalten, so darf im halbschattigen Bereich der *Ilex* nicht fehlen. Er läßt sich ähnlich wie der Lorbeer verwenden, als Pyramide oder Kugelbäumchen im Kübel, ist dabei aber winterhart. Besonders viele der begehrten roten Beeren setzt die Sorte 'J. C. van Tol' an. Sie trägt zudem keine Dornen an den Blättern, was gerade auf einem kleinen Balkon von Vorteil ist. Wer weniger Wert auf Beeren als auf interessante Belaubung legt, besorge sich die gelbbunte Sorte 'Golden King' oder die weißpanaschierte 'Silver Queen'.

Standort und Pflege: *Ilex aquifolium* liebt frische, humose Erde und einen halbschattigen, windgeschützten Standort. Auf Trockenheit und Staunässe reagiert er gleichermaßen empfindlich. Im Winter vor direkter Sonnenbestrahlung schützen und an frostfreien Tagen das Gießen nicht vergessen.

Tip: Da *Ilex* zweihäusig ist, erscheinen die begehrten roten Beeren nur, wenn neben weiblichen Pflanzen auch eine männliche steht. Die Sorte ‚J. C. van Tol' ist in der Lage, sich selbst zu bestäuben. Schädlinge und Krankheiten: Gelegentlich kommen Blatt- und Schmierläuse vor.

Verwendung: Einzeln in Kübeln. Kegelförmigen Wuchs zeigt die Sorte 'Pyramidalis'. In guten Baumschulen bekommt man mitunter auch Kronenbäumchen, die allerdings nicht ganz billig sind.

Juniperus chinensis

Chinesischer Wacholder — Cupressaceae, Zypressengewächse

Höhe/Länge	0	25cm	**50cm**	**75cm**	**1m**	**1,25m**	**1,5m**	**1,75m**	**2m**	**2,25m**	**2,5m**	**2,75m**	**3m** ▷
Blütezeit	Jan	Feb	März	Apr	Mai	Juni	Juli	Aug	Sept	Okt	Nov	Dez
Blütenfarbe	weiß/beige	gelb	orange	rosa	rot	purpur	violett	blau	grün			
Standort	(Sonne)	(Halbschatten)										

Ähnlich wie beim Gemeinen Wacholder sind auch die Gartenformen des Chinesischen Wacholders wesentlich schwachwüchsiger als die ursprüngliche Art, die an ihrem Naturstandort in China, Japan und der Mongolei bis zu 20 m hoch werden kann. Die bekannteste Gartensorte ist *Juniperus chinensis* 'Pfitzeriana'. Man darf sie fast schon als Allerweltskonifere bezeichnen, so häufig findet man sie in Gärten und Anlagen. Sie wird 3 m hoch und sehr breit, dennoch verwendet man sie wegen ihrer Anspruchslosigkeit häufig auch als Dachgarten- und Kübelpflanze. Etwas schwachwüchsiger als die grüne Form ist die gelbe Varietät 'Pfitzeriana Aurea'. Besonders flach bleibt 'Pfitzeriana Old Gold'. Mit einer echten Zwergkonifere haben wir es bei *Juniperus chinensis* 'Plumosa' zu tun. Seine Äste wachsen fächerförmig aufrecht, die Zweige sind apart gefiedert, weshalb dieser *Juniperus* auch den passenden Namen „Feder-Wacholder" trägt. Neben der grünen Sorte gibt es eine Form mit gelben Nadeln: 'Plumosa Aurea'.

Standort und Pflege: Der Chinesische Wacholder ist vollkommen anspruchslos. Er wächst in der Sonne oder im Halbschatten in jeder normalen Blumenerde. Düngung: Von Frühjahr bis Spätsommer alle 4 Wochen.

Verwendung: 'Pfitzeriana' nur in großen Dachgärten. Alle anderen in Trögen oder großen Gefäßen zusammen mit Stauden, Gräsern und anderen Zwergkoniferen.

Juniperus communis

Gemeiner Wacholder — Cupressaceae, Zypressengewächse

Höhe/Länge	0 25cm 50cm 75cm 1m 1,25m 1,5m 1,75m 2m 2,25m 2,5m 2,75m 3m ▷
Blütezeit	Jan Feb März Apr Mai Juni Juli Aug Sept Okt Nov Dez
Blütenfarbe	weiß/beige gelb orange rosa rot purpur violett blau grün
Standort	

Der Wacholder ist in Nordamerika, Nordasien und in Europa beheimatet. Oft kommt er zum Beispiel in den norddeutschen Heidegebieten vor, wo er strauchig oder aber baumartig wächst. Gelegentlich erreicht er dabei Wuchshöhen bis 12 m. Wesentlich kleiner bleiben die vielen verschiedenen Gartenformen. Für Dachgärten und Balkone interessant ist *Juniperus communis* 'Repanda' mit kriechendem Wuchs und einer Höhe von nur 40 cm. Die dichtstehenden Nadeln sind silbrig gestreift und ganz weich. Goldgelbe Nadeln trägt die Zwergsorte 'Nana Aurea'. Ihre Zweige sind flach ausgebreitet und hängen an den Spitzen sanft über. Als dritter dachgartentauglicher Wachholder bietet sich der Irländische Säulenwacholder, *Juniperus communis* 'Hibernica' an. Im Pflanzgefäß erreicht er eine Höhe von 3 m und wächst säulen- bis kegelförmig. Die kurzen Nadeln an den aufrechten Zweigen haben eine bläulichgrüne Farbe.
Standort und Pflege: Der Wacholder gedeiht in der Sonne oder im Halbschatten und ist an und für sich vollkommen anpruchslos und sehr winterhart. Erde: Sandig-humos. Nicht zu feucht halten.
Verwendung: Irländischer Säulenwacholder in Heidegärten zusammen mit *Erica, Calluna,* Gräsern und anderen Koniferen. 'Repanda' und 'Nana Aurea' in Trögen und großen Balkonkästen, ebenfalls in Gemeinschaft mit Heidepflanzen.

Juniperus

Zwergwacholder — Cupressaceae, Zypressengewächse

Höhe/Länge	0 25cm 50cm 75cm 1m 1,25m 1,5m 1,75m 2m 2,25m 2,5m 2,75m 3m ▷
Blütezeit	Jan Feb März Apr Mai Juni Juli Aug Sept Okt Nov Dez
Blütenfarbe	weiß/beige gelb orange rosa rot purpur violett blau grün
Standort	

Außer den Zwergformen von *Juniperus communis* und *Juniperus chinensis* bekommt man in der Baumschule eine ganze Reihe weiterer Wacholder-Zwerge. Flach und breit wächst der Kriechwacholder, *Juniperus horizontalis.* Seine Nadeln sind blau- bis graugrün. Auffallend stahlblaue Nadeln zeichnen die Zwerg-Blauzeder, *Juniperus squamata* 'Blue Star' aus. Ihr Wuchs ist flachkugelig. Höhe etwa 50 cm, Breite bis 80 cm. Der Tamarisken-Wacholder, *Juniperus sabina* 'Tamariscifolia', trägt feine hellgrüne Nadeln. Im Alter wird er 150 cm breit und 80 cm hoch.
Standort und Pflege: Alle drei Zwergwacholder gedeihen in der Sonne und im Halbschatten, der Kriechwacholder auch im Schatten. Als Pflanzerde bevorzugen sie ein durchlässiges, sandig-humoses Substrat. Der Tamarisken-Wacholder liebt kalkhaltigen Boden. Regelmäßig gießen, auch im Winter, aber stauende Nässe vermeiden.
Verwendung: In Trögen und geräumigen Balkonkästen, in Pflanzgemeinschaft mit anderen Zwergkoniferen, Gräsern und Heide.

Juniperus virginiana ‘Skyrocket‘

Raketen-Wacholder — Cupressaceae, Zypressengewächse

Höhe/Länge	0 · 25cm · 50cm · 75cm · 1m · 1,25m · 1,5m · 1,75m · 2m · 2,25m · 2,5m · 2,75m · 3m ▷
Blütezeit	Jan · Feb · März · Apr · Mai · Juni · Juli · Aug · Sept · Okt · Nov · Dez
Blütenfarbe	weiß/beige · gelb · orange · rosa · rot · purpur · violett · blau · grün
Standort	

Liebhaber von Gärten im mediterranen Stil finden im Raketen-Wacholder einen guten Ersatz für die leider nicht winterharte Echte Zypresse. Die blaugrün benadelte Konifere bildet eine schlanke Säule von 4 m Höhe und maximal 40 cm Breite. Dabei wächst sie relativ schnell. Entdeckt wurde dieser wertvolle Wacholder als Wildform im amerikanischen Bundesstaat Indiana. Mitunter findet man den Raketen-Wacholder deshalb auch unter der Bezeichnung „Indiana-Wacholder".

Standort und Pflege: *Juniperus virginiana* ‘Skyrocket‘ stellt keine besonderen Ansprüche an den Standort. Er gedeiht in der Sonne oder auch im Halbschatten in jeder mäßig feuchten Blumenerde. Stehende Nässe vermeiden und im Winter an frostfreien Tagen das Gießen nicht vergessen.

Verwendung: In Dachgärten mit südländischem Charakter. Einzeln in Kübeln, zum Beispiel links und rechts der Tür. Passende Partner sind Sommerblumen und Kübelpflanzen. Genausogut macht sich Raketen-Wacholder aber in Heidegarten zusammen mit Gräsern, *Calluna* und *Erica*.

Lonicera pileata

Immergrüne Heckenkirsche — Caprifoliaceae, Geißblattgewächse

Höhe/Länge	0 · 25cm · 50cm · 75cm · 1m · 1,25m · 1,5m · 1,75m · 2m · 2,25m · 2,5m · 2,75m · 3m ▷
Blütezeit	Jan · Feb · März · Apr · Mai · Juni · Juli · Aug · Sept · Okt · Nov · Dez
Blütenfarbe	weiß/beige · gelb · orange · rosa · rot · purpur · violett · blau · grün
Standort	

Frischgrüne Blätter und flacher Wuchs machen die Immergrüne Heckenkirsche zu einem dankbaren Füllstrauch, der sich überall unterbringen läßt, wo noch eine Lücke zu schließen ist. Auf den ersten Blick kann man das kniehohe, oft 1 m breit wachsende Gehölz mit einigen Formen des *Cotoneaster* verwechseln. Die Blätter zeigen jedoch meist ein frischeres Grün. Etwas höher als die Art selbst wird die Sorte ‘Yunnanensis‘. Ihre Zweige wachsen trichterförmig aufrecht und lassen die Spitzen elegant überhängen.

Standort und Pflege: Als sehr anspruchsloser Strauch gedeiht die Immergrüne Heckenkirsche an sonnigen und halbschattigen Plätzen. Pralle Sonne liebt sie allerdings nicht so sehr. Im Winter empfiehlt sich bei sonnigem Stand eine leichte Schattierung. Zwar nimmt *Lonicera pileata* vorübergehende Trockenheit nicht allzu tragisch, nach Möglichkeit sollte sie aber immer gut gegossen werden, an frostfreien Tagen auch im Winter. Düngung: Von Frühjahr bis August alle 2 Wochen mit einem flüssigen Volldünger.

Verwendung: Zur Unterpflanzung von höheren Gehölzen, im Blumenkasten zwischen Zwergkoniferen, generell als Füllstrauch.

Mahonia

Mahonie — Berberidaceae, Berberitzengewächse

Höhe/Länge	0	25cm	50cm	75cm	**1m**	**1,25m**	**1,5m**	1,75m	2m	2,25m	2,5m	2,75m	3m ▷
Blütezeit	Jan	**Feb**	**März**	**Apr**	**Mai**	Juni	Juli	Aug	Sept	Okt	Nov	Dez	
Blütenfarbe	weiß/beige	**gelb**	orange	rosa	rot	purpur	violett	blau	grün				
Standort													

Die Mahonie ist eines der unkompliziertesten Gehölze für schattige und halbschattige Lagen. Von den etwa 80 in Asien und Amerika verbreiteten Arten werden nur sehr wenige als Gartenpflanzen kultiviert. Am bekanntesten ist *Mahonia aquifolium* aus Nordkalifornien, ein etwa 1,5 m hoher Strauch mit leicht duftenden, gelben Blütentrauben im April und Mai und blauschwarzen, an Heidelbeeren erinnernden Früchten im Spätsommer. Die dornig gezähnten, ledrigen Blätter verfärben sich im Winter zum Teil dunkelrot. Wesentlich attraktiver als *Mahonia aquifolium,* aber auch empfindlicher ist *Mahonia bealii* aus China. Die bis 40 cm langen, gefiederten, ledrigen Blätter wirken sehr exotisch, ebenso die gelben, bis 15 cm langen Blütentrauben, die zwischen Februar und April, manchmal aber auch schon im Winter zum Vorschein kommen.

Standort und Pflege: Mahonien gedeihen beinahe überall, nur nicht in der prallen Sonne. Erde: Einheitserde oder TKS 2. Beide Arten müssen stets feucht gehalten werden. Auch im Winter das Gießen nicht vergessen. *Mahonia bealii* vor Wind und Wintersonne schützen. Schädlinge und Krankheiten: Mahonienrost, rotgelbe Flecken an den Blattoberseiten, meist durch Trockenheit verursacht.

Verwendung: *Mahonia aquifolium* als Unterpflanzung von höheren Sträuchern. *Mahonia bealii* sehr dekorativ einzeln in einem Terrakottakübel.

Microbiota decussata

Microbiota — Cupressaceae, Zypressengewächse

Höhe/Länge	0	**25cm**	**50cm**	75cm	1m	1,25m	1,5m	1,75m	2m	2,25m	2,5m	2,75m	3m ▷
Blütezeit	Jan	Feb	März	Apr	Mai	Juni	Juli	Aug	Sept	Okt	Nov	Dez	
Blütenfarbe	weiß/beige	gelb	orange	rosa	rot	purpur	violett	blau	grün				
Standort													

Es gibt kaum eine andere Konifere, die sich besser für die Bepflanzung von Trögen, Kübeln und Blumenkästen eignet als *Microbiota.* Vom Aussehen her könnte man das Nadelgehölz zunächst für einen flachwachsenden Lebensbaum *(Thuja)* halten. Seine Äste wachsen breit, fast waagerecht. Die Zweige hängen an den Spitzen sanft über. Im Balkonkasten wächst *Microbiota* sogar hängend. Die schuppenartig anliegenden Blätter sind im Sommer frischgrün. Sowie es im Herbst kalt wird, nehmen sie jedoch einen bräunlichen Ton an. Man meint dann, die Pflanzen gingen ein. Im Frühling wechselt das Braun jedoch wieder in helles Grün über. Wenn *Microbiota* trotz ihrer wertvollen Eigenschaften noch nicht so bekannt ist, dann liegt das vor allem daran, daß sie noch gar nicht so lange in den Baumschulen zu haben ist. Erst 1968 kamen die ersten Pflanzen nach Deutschland. Seither gewann die anspruchslose Konifere unter den Balkon- und Dachgärtnern aber schon viele Freunde.

Standort und Pflege: *Microbiota* wächst fast überall, am liebsten aber in der Sonne. Gelegentliche Trockenheit übersteht sie schadlos, doch hält man sie am besten gleichmäßig feucht. Als Erde eignet sich zum Beispiel Einheitserde oder Torfkultursubstrat (TKS).

Verwendung: In Balkonkästen und Trögen.

Pachysandra terminalis

Dickanthere — Buxaceae, Buchsbaumgewächse

Höhe/Länge	0	25cm	50cm	75cm	1m	1,25m	1,5m	1,75m	2m	2,25m	2,5m	2,75m	3m ▷
Blütezeit	Jan	Feb	März	Apr	Mai	Juni	Juli	Aug	Sept	Okt	Nov	Dez	
Blütenfarbe	weiß/beige	gelb	orange	rosa	rot	purpur	violett	blau	grün				
Standort													

Aus gepflegten Parks und Gärten kennt man *Pachysandra terminalis* als zuverlässigen Bodendecker, der sich durch Ausläufer ausbreitet und rasch eine dichte Decke aus grobgezähnten, immergrünen Blättern bildet. Im April erscheinen dazwischen kleine, weiße Blütenähren. Für die Anpflanzung im begrenzten Raum des Dachgartens wählt man am besten die schwachwüchsige, zierliche Auslese 'Green Carpet'. Ist der vorgesehene Standort schattig und dunkel, wird er durch *Pachysandra terminalis* 'Variegata' mit ihrem hellpanaschierten Laub gleich viel sonniger erscheinen.

Standort und Pflege: Im Schatten oder Halbschatten wächst *Pachysandra* am liebsten. An sonnigen Plätzen gedeiht sie nur, wenn die Erde stets sehr feucht gehalten wird. Erde: TKS 2 oder Einheitserde. Von April bis August wöchentlich mit flüssigem Blumendünger versorgen. Vermehrung: Durch Ausläufer. Schädlinge und Krankheiten: Gelbe Blattfärbung bei zu trockenem Standort. Schwarze Blattflecken durch Pilzbefall. Verwendung: Zur Unterpflanzung von Bäumen und Sträuchern. Hübsch auch zwischen Immergrünen im Balkonkasten, z. B. auf Nord-, Ost- und Westbalkonen.

Pernettya mucronata

Torfmyrte — Ericaceae, Heidekrautgewächse

Höhe/Länge	0	25cm	50cm	75cm	1m	1,25m	1,5m	1,75m	2m	2,25m	2,5m	2,75m	3m ▷
Blütezeit	Jan	Feb	März	Apr	Mai	Juni	Juli	Aug	Sept	Okt	Nov	Dez	
Blütenfarbe	weiß/beige	gelb	orange	rosa	rot	purpur	violett	blau	grün				
Standort													

Im Herbst wird die Torfmyrte mit ihrem aparten Beerenschmuck oft in Blumengeschäften oder Gartencentern angeboten. Wer die Pflanze behalten und sich jedes Jahr wieder neu an den Früchten erfreuen möchte, sollte sich bei einer guten Baumschule zu der beerentragenden weiblichen Torfmyrte eine männliche Pflanze besorgen. Von 25 in Mittel- und Südamerika verbreiteten Arten der Torfmyrte gilt allein *Pernettya mucronata* bei gutem Winterschutz als einigermaßen winterhart. Der dichtbuschige Strauch wird etwa kniehoch und trägt im Mai und Juni rosaweiße Blütentrauben. Die nadelförmigen, ledrigen Blättchen sind immergrün. Außer Pflanzen mit weißen oder rosa Beeren gibt es die Sorte 'Beel's Seedling' mit roten Früchten.

Standort und Pflege: An schattigen oder halbschattigen Standorten gedeiht die Torfmyrte am besten. Erde: Sandig-humos und sauer. Pflanzen Sommer und Winter gut feucht halten und von April bis September mit chloridfreiem Dünger versorgen. Winterschutz durch Tannenreiser. In sehr rauhen Gegenden bringt man die Sträucher vorsichtshalber an einen frostfreien, hellen Platz im Haus.

Verwendung: Zusammen mit anderen Moorbeetpflanzen, auch einzeln in formschönen Kübeln. Als Herbstschmuck in Blumenkästen.

Picea abies

Fichte, Rottanne — Pinaceae, Kieferngewächse

Höhe/Länge	0	25cm	50cm	75cm	1m	1,25m	1,5m	1,75m	2m	2,25m	2,5m	2,75m	3m
Blütezeit	Jan	Feb	März	Apr	Mai	Juni	Juli	Aug	Sept	Okt	Nov	Dez	
Blütenfarbe	weiß/beige	gelb	orange	rosa	rot	purpur	violett	blau	grün				
Standort	☼												

Für unsere Forstwirtschaft zählt die Fichte oder Rottanne zu den wichtigsten Bäumen. Aber auch als Zierpflanze für den Garten spielt diese Fichtenart keine geringe Rolle. Unter den vielen Formen befinden sich einige Zwergsorten, die man problemlos in Pflanzgefäßen halten kann. Dichte, kugelige Kissen bildet *Picea abies* 'Echiniformis', die Igel-Fichte. Nur selten wird sie einmal höher als 20 cm, dabei aber mehr als doppelt so breit. Auch nicht viel stärker wächst 'Little Gem'. Sie ist eine Zwergform der an sich schon recht kleinen Nestfichte, *Picea abies* 'Nidiformis'. Bläulichgrüne Nadeln besitzt die Sorte 'Pumila Glauca'. Selbst im hohen Alter wird die flachkugelige Konifere kaum höher als 60 cm. Bereits seit 1800 in Kultur ist die Gnomen-Fichte, *Picea abies* 'Pygmaea'. Sie gilt als eine der ältesten Zwergfichten, wächst kugelförmig und wird dabei gerade kniehoch.

Standort und Pflege: Zwergfichten lieben vorwiegend sonnige Standorte. Als Pflanzsubstrat eignet sich Einheitserde oder eine andere lehmig-humose Mischung. Wichtig: Stets für ausreichende Feuchtigkeit sorgen. Trockenheit und Hitze nehmen die Zwerge recht übel. Schädlinge und Krankheiten: Vergilben und Abfallen der Nadeln im mittleren und unteren Kronenbereich deutet auf Befall durch die Sitkalaus. Bekämpfung ab Ende März mit einem systemischen Insektizid.

Verwendung: In Steingärten und Troggärtchen zusammen mit Polsterstauden.

Picea

Fichte — Pinaceae, Kieferngewächse

Höhe/Länge	0	25cm	50cm	75cm	1m	1,25m	1,5m	1,75m	2m	2,25m	2,5m	2,75m	3m
Blütezeit	Jan	Feb	März	Apr	Mai	Juni	Juli	Aug	Sept	Okt	Nov	Dez	
Blütenfarbe	weiß/beige	gelb	orange	rosa	rot	purpur	violett	blau	grün				
Standort	☼												

Außer den Zwergformen *Picea abies* bieten sich für Balkone und Dachgärten drei weitere schwachwüchsige Fichten an. Bekannt und beliebt ist die Zuckerhutfichte, *Picea glauca* 'Conica'. Sie wächst streng kegelförmig und wird nach Jahren einmal 2 m hoch. 3 m erreicht, ebenfalls erst nach vielen Jahren, *Picea omorika* 'Nana', die Zwergform der Serbischen Fichte. Ihr Wuchs ist breit kegelförmig, die Nadeln zeigen eine auffällig blausilbrige Unterseite. Mit schönen blauen Nadeln schmückt sich *Picea pungens* 'Glauca'. Hierbei handelt es sich um eine kugelig wachsende Zwergform der beliebten Blautanne oder Blaufichte. Sie wird im Alter 1 m hoch und 1,50 m breit.

Standort und Pflege: An einem sonnigen, aber nicht heißen Platz wachsen die genannten Zwergfichten am liebsten. Erde: Sandig-lehmig, z. B. Einheitserde. Reichlich wässern, aber „nasse Füße" vermeiden. Schädlinge und Krankheiten: Vor allen Dingen die Serbische Fichte reagiert schon auf kurzzeitige Staunässe mit Schäden. Trockenheit und Lufttrokkenheit haben bei der Zuckerhutfichte häufig einen Befall durch die Rote Spinne zur Folge.

Verwendung: In Gemeinschaft mit Stauden und Gräsern. Zwerg-Blaufichte und Zuckerhutfichte in großen Trögen, in Gartenpartien mit Heide- oder Steingartencharakter.

Pieris

Lavendelheide — Ericaceae, Heidekrautgewächse

Höhe/Länge	0	25cm	50cm	**75cm**	**1m**	**1,25m**	1,5m	1,75m	2m	2,25m	2,5m	2,75m	3m ▷
Blütezeit	Jan	Feb	**März**	**Apr**	**Mai**	Juni	Juli	Aug	Sept	Okt	Nov	Dez	
Blütenfarbe	**weiß/beige**	gelb	orange	**rosa**	**rot**	purpur	violett	blau	grün				
Standort													

Ein auffallend roter oder broncefarbener Austrieb sind das besondere Merkmal der Lavendelheide. Von den insgesamt 8 Arten werden 2 als Gartenpflanzen kultiviert. *Pieris floribunda* wächst unter günstigen Bedingungen im Alter zu einem Strauch von 150 cm Höhe heran. Die weißen aufrechten Blütenrispen erscheinen ab Ende März. Noch attraktiver ist die Japanische Lavendelheide, *Pieris japonica*. Sie wächst breit aufrecht. Ihre immergrünen lanzenförmigen Blätter glänzen und sind im Austrieb besonders bei der Sorte 'Forest Flame' überaus zierend. Die weißen, in Rispen angeordneten Blüten erinnern an Maiglöckchen. Inzwischen gibt es auch schon Formen mit roten oder rosa Blüten. Andere Sorten zeichnen sich durch kompakten Wuchs aus, z. B. 'Stöckmann' oder 'Pygmaea'. Interessante weißbunte Blätter trägt 'Variegata'.

Standort und Pflege: Die Lavendelheide ist eine typische Moorbeetpflanze. Sie braucht humose, saure Erde (Rhodohum) und immer genügend Feuchtigkeit. Der Standort sollte schattig oder halbschattig sein. Düngung von April bis September mehrmals mit Rhododendrondünger. Im Winter vor Sonne und kalten Winden schützen. An frostfreien Tagen das Gießen nicht vergessen.

Verwendung: Zu Rhododendron, Azaleen und anderen Moorbeetpflanzen. Auch einzeln, zum Beispiel in einem schönen Holz- oder Tonkübel.

Pinus

Kiefer — Pinaceae, Kieferngewächse

Höhe/Länge	0	25cm	**50cm**	**75cm**	**1m**	**1,25m**	**1,5m**	**1,75m**	**2m**	**2,25m**	**2,5m**	**2,75m**	**3m** ▷
Blütezeit	Jan	Feb	März	Apr	Mai	Juni	Juli	Aug	Sept	Okt	Nov	Dez	
Blütenfarbe	weiß/beige	gelb	orange	rosa	rot	purpur	violett	blau	grün				
Standort													

Durch die langen Nadeln ist die Kiefer auch von Laien leicht von anderen Koniferen zu unterscheiden. Insgesamt fand man bisher rund 100 verschiedene Kiefernarten auf der nördlichen Erdhalbkugel. Davon liefert *Pinus montana*, die heimische Bergkiefer oder Latsche, besonders viele hübsche Zwergformen. Sehr langsam wachsen die Sorten 'Gnom' und 'Mops'. Mit ihrer kugeligen Wuchsform und den langen Nadeln sehen sie wie angriffslustige Igel aus. Einen kissenartig niederliegenden Wuchs zeigt die Kriechkiefer, *Pinus montana pumilio*. Nur in seltenen Fällen wird sie über 80 cm hoch. Außer diesen beiden grünnadeligen Zwergkiefern sind zwei blaulaubige Formen für die Bepflanzung von Kübeln und Gefäßen recht interessant. *Pinus pumila* 'Glauca' ist eine blaue Zwergform der ostasiatischen Bergkiefer. Ihre Zweige wachsen ganz flach, fast waagerecht. Die Nadeln sind bis 7 cm lang. Die blaue Mädchenkiefer, *Pinus parviflora* 'Glauca', zeigt dagegen einen bizarren, strauchartigen Wuchs. Im Gefäß wird sie jedoch kaum höher als 3 m. Hübsch sind neben den langen, blaugrünen Nadeln die eiförmigen Zapfen.

Standort und Pflege: Kiefern lieben sonnige Ecken und frische, sandig-humose Erde. Im Winter das Gießen nicht vergessen. Stehende Nässe jedoch vermeiden.

Verwendung: In Trögen und – mit Ausnahme der Mädchenkiefer – in großen Blumenkästen. In Stein- und Heidegärten, zusammen mit Gräsern, Stauden und Rosen.

Prunus laurocerasus

Kirschlorbeer, Lorbeerkirsche — Rosaceae, Rosengewächse

Höhe/Länge	0 · 25cm · 50cm · **75cm · 1m · 1,25m · 1,5m · 1,75m · 2m · 2,25m · 2,5m** · 2,75m · 3m ▷
Blütezeit	Jan · Feb · März · Apr · **Mai** · Juni · Juli · Aug · Sept · Okt · Nov · Dez
Blütenfarbe	**weiß/beige** · gelb · orange · rosa · rot · purpur · violett · blau · grün
Standort	

Auf den ersten Blick möchte man es kaum glauben, daß es sich bei der Lorbeerkirsche um eine Verwandte der prachtvoll blühenden Zierkirschen, Zierpflaumen und Mandeln handelt. Erst wenn sich im Mai die weißen Blütenkerzen zeigen, entdeckt man zumindest eine entfernte Ähnlichkeit mit einigen Kirscharten. Nur wenig haben die Pflanzen dagegen mit dem Lorbeer gemein, obwohl sie ihm vom Blatt her zum Verwechseln gleichen. Das Sortiment der Baumschulen besteht aus großblättrigen und kleinblättrigeren Formen, wobei letztere für die Kübelbepflanzung durchweg besser geeignet sind. Sie weisen meist auch eine bessere Winterhärte auf. Empfehlenswerte Sorten sind 'Otto Luyken', breit im Wuchs, etwa 1 m hoch, und 'Zabeliana', 60–80 cm hoch mit waagerecht ausgebreiteten Zweigen. 'Schipkaensis Macrophylla', 2 bis maximal 3 m hoch, gilt als eine der zuverlässigsten großblättrigen Lorbeerkirschen.

Standort und Pflege: Lorbeerkirschen lieben halbschattige Standorte und frische, humose, nahrhafte Erde. Im Sommer und Winter regelmäßig reichlich gießen. Von Frühjahr bis Hochsommer alle 14 Tage bis 3 Wochen düngen. Im Winter vor Sonne und Wind schützen.

Verwendung: In Trögen und Kübeln, auch auf Nordbalkonen, 'Schipkaensis Macrophylla' eignet sich gut als Sichtschutz.

Rhododendron

Rhododendron, Alpenrose, Zimmerazalee — Ericaceae, Heidekrautgewächse

Höhe/Länge	0 · 25cm · 50cm · **75cm · 1m · 1,25m · 1,5m** · 1,75m · 2m · 2,25m · 2,5m · 2,75m · 3m ▷
Blütezeit	Jan · Feb · **März · Apr · Mai** · Juni · Juli · Aug · Sept · Okt · Nov · Dez
Blütenfarbe	**weiß/beige** · gelb · orange · **rosa · rot · purpur · violett** · blau · grün
Standort	

Fragt man in den Baumschulen nach, dann gehört der Rhododendron zu den am meisten verlangten Blütensträuchern. Auch im Dachgarten und selbst auf dem Balkon kann man sich an den wertvollen Pflanzen erfreuen, wenn man die richtigen Sorten wählt. Aus dem riesigen Sortiment kommen vor allem die niedrigen, rot blühenden *Repens*-Hybriden und verschiedene kleinwüchsige Wildarten wie der Veilchen-Rhododendron, *Rhododendron impeditum,* die Echte Alpenrose, *Rhododendron ferrugineum,* und die Vorfrühlings-Alpenrose, *Rhododendron* x *praecox,* in Frage. Letztere öffnet ihre rosavioletten Blüten schon im März. Der Glocken-Rhododendron, *Rhododendron williamsianum,* mit seinen roten und rosafarbenen Sorten kann ebenfalls für die Bepflanzung von Gefäßen empfohlen werden. Er wird ungefähr 150 cm hoch. Der Rhododendron für Kübel und Gefäße wird aber wohl in Zukunft *Rhododendron yakusimanum* mit seinen Hybriden werden. Die Sträucher wachsen wunderbar kompakt, blühen aber überreich in den Farben Rot, Weiß und Rosa.

Standort und Pflege: Gut gefällt es dem Rhododendron an einem halbschattigen bis leicht sonnigen Platz. Pralle Sonne jedoch vermeiden, ebenso tiefen Schatten. Im Winter vor Sonne schützen. Erde: Sandighumos und sauer, z. B. Rhodohum mit Sand. Stets, auch im Winter gut gießen, stauende Nässe aber vermeiden. Düngung: Von Frühjahr bis Herbst mit Rhododendron-Dünger.

Skimmia japonica

Skimmie — Rutaceae, Rautengewächse

Höhe/Länge	0	25cm	50cm	75cm	1m	1,25m	1,5m	1,75m	2m	2,25m	2,5m	2,75m	3m ▷
Blütezeit	Jan	Feb	März	Apr	Mai	Juni	Juli	Aug	Sept	Okt	Nov	Dez	
Blütenfarbe	weiß/beige	gelb	orange	rosa	rot	purpur	violett	blau	grün				
Standort													

Wintergärten und Innenhöfe sind an und für sich die richtigen Standorte für diesen empfindlichen kleinen Strauch mit den immergrünen, lorbeerähnlichen Blättern und zauberhaftem rotem Beerenschmuck. Oft genug finden sich aber auch auf einem geschützten Balkon geeignete Standortbedingungen. Notfalls stellt man das kniehohe Gewächs im Winter an einen kühlen, hellen Platz im Haus. Die Blüten, weiße, aufrechte Rispen, erscheinen im Mai und duften angenehm. Im Herbst entstehen daraus die rotglänzenden erbsengroßen Beeren. Da *Skimmia japonica* zweihäusig ist, muß man neben weibliche Pflanzen immer mindestens eine männliche stellen, damit sich nach erfolgter Bestäubung die Beeren entwickeln.

Standort und Pflege: Skimmien gedeihen am besten im lichten Halbschatten an einem windgeschützten Platz. Im Winter in der Sonne stehende Pflanzen mit Tannenreisern schattieren. Erde: Humos und leicht sauer. Das ganze Jahr über gut feucht halten, auch im Winter das Gießen nicht vergessen. Düngung: Von April bis August alle 2 Wochen mit einem flüssigen Volldünger.

Verwendung: Zusammen mit Rhododendron und anderen Immergrünen. Im Herbst wegen des Fruchtschmucks besonders schön in Blumenkästen und Schalen.

Viburnum

Immergrüner Schneeball — Caprifoliaceae, Geißblattgewächse

Höhe/Länge	0	25cm	50cm	75cm	1m	1,25m	1,5m	1,75m	2m	2,25m	2,5m	2,75m	3m ▷
Blütezeit	Jan	Feb	März	Apr	Mai	Juni	Juli	Aug	Sept	Okt	Nov	Dez	
Blütenfarbe	weiß/beige	gelb	orange	rosa	rot	purpur	violett	blau	grün				
Standort													

Die bekannteste Art unter den Immergrünen Schneebällen dürfte *Viburnum rhytidophyllum* sein. Mit seiner Höhe von bis zu 4 m eignet er sich jedoch nur bedingt für Dachgärten. Auf einem Balkon hat der ausladende Strauch schon gar keinen Platz. Besser ist der nur mannshohe *Viburnum* x *burkwoodii,* der Osterschneeball, unterzubringen. Er blüht im April und Mai mit rosa dann weißen kugeligen Dolden. Bei starkem Frost wirft er allerdings seine lanzettförmigen Blätter ab. Aus China stammt ein weiterer Immergrüner Schneeball: *Viburnum davidii.* Nur 50 cm hoch, zählt er zu den echten Zwergsträuchern. Sein lederartiges Laub erhält durch eingesenkte Blattnerven eine interessante Zeichnung. Die rotweißen Blütendolden kommen im Juni zum Vorschein. Im Herbst trägt der kleine Strauch blaubereifte, winzige Steinfrüchte. Leider ist diese hübsche Art nur wenig winterhart.

Standort und Pflege: Immergrünen Schneeball möglichst nicht in die pralle Sonne, sondern in den Halbschatten pflanzen. Gleichmäßig feucht halten und von April bis August alle 2 Wochen düngen. Erde: Humos, bei *Viburnum davidii* leicht sauer. *Viburnum davidii* braucht darüber hinaus einen guten Winterschutz. In sehr rauhen Gegenden holt man die Pflanze am besten über den Winter wie Kübelpflanzen ins Haus und hält sie kühl und hell.

Kletterpflanzen

Kletterpflanzen

Es ist schon eine merkwürdige Sache mit den Kletterpflanzen: Während Bäume, Sträucher, Stauden und Sommerblumen im Garten gleichbleibend Konjunktur haben, schwankt sie bei den Kletterpflanzen von einem Extrem ins andere. Zu manchen Zeiten findet man Kletterpflanzen fast an jeder Hauswand, an jedem Torpfosten, an jedem Gartenzaun. Dann wieder scheint diese interessante Pflanzengruppe wie vom Erdboden verschluckt.

Ein Blick in die Geschichte der Gartenkunst bringt bald zu Tage, daß Kletterpflanzen immer dann auf den Plan traten, wenn sich die Menschen nach einer Phase der Naturentfremdung der Natur wieder verstärkt zuwandten. Dies war zum Beispiel in der Renaissance, die wahre Kunstwerke von Laubengängen und Spalieren hervorbrachte, oder auch im Anschluß an die Gründerjahre der Fall.

Kletterpflanzen haben etwas Urwüchsiges, Wildes an sich. In ihrem üppigen Wachstum kommt die ganze ungebrochene Kraft der Natur zum Ausdruck. Man denke beispielsweise an ältere Wohngebäude, die vom Erdgeschoß bis zum Dach in 15 Meter Höhe ein Kleid aus Blättern des Wilden Weins tragen, an völlig eingegrünte Gartenlauben oder Mauern, die unter einem Berg von Efeu verschwinden.

Kein Wunder, daß diese Gewächse heute wieder so gefragt sind. Gerade auf dem Balkon können sie mehr als alle anderen Pflanzen leisten. Um viele Quadratmeter Grün hervorzubringen, benötigen sie verhältnismäßig wenig Wurzelraum. Fortschrittliche Stadtgrünplaner nützen diesen Vorteil und schaffen mit Kletterpflanzen selbst in restlos zubetonierten Straßen noch beachtliche Grünflächen. Dem Wilden Wein genügt schon ein Viertelquadratmeter offener Boden, um eine Fläche von bis zu 100 Quadratmetern mit einer grünen Laubdecke zu überziehen.

In der Botanik werden die Kletterpflanzen allgemein unter der von Alexander von Humboldt eingeführten Bezeichnung „Lianen" zusammengefaßt. Ihre eigentümliche Wuchsform entwickelten sie einst im Kampf um einen Platz an der Sonne. Im Dickicht des Urwalds – die meisten Lianen stammen aus den Wäldern der Tropen – standen die Pflanzen vor der Wahl, sich entweder an ein Leben im Schatten anzupassen oder zwischen den größeren und stärkeren Pflanzen hindurch einen Weg nach oben zum Licht zu suchen.

Viele „wählten" dabei den zweiten Weg. Sie begannen zu klettern. Dabei bedienten sie sich unterschiedlicher Methoden. Die Botaniker unterscheiden insgesamt vier Klettertypen. Erstens die Schlingpflanzen oder Winder. Hierzu gehören das Geißblatt und der Knöterich. Ihre Triebe wachsen in spiralenförmiger Weise und umschlingen dabei jeden Stab, jeden Zweig oder jeden anderen Gegenstand an den sie stoßen. Jede Art windet sich dabei immer in die gleiche Richtung, entweder im oder gegen den Uhrzeigersinn.

Um besser Halt zu finden, sind viele Schlingpflanzen zusätzlich mit nach unten gerichteten Haaren oder kleinen Borsten ausgestattet, die sich gegen ihr Klettergerüst stemmen.

Der zweite Klettertyp arbeitet sich mit Hilfe von Ranken an jeder sich bietenden Unterlage empor. Diese Ranken haben sich irgendwann in der Entwicklungsgeschichte aus unterschiedlichen Teilen der Pflanze, z. B. aus Blättern oder Achselsprossen, gebildet.

Sowie die, je nach Art längeren oder kürzeren, fadenförmigen Ranken nun auf einen Gegenstand treffen, beginnen sie sich fest darum zu ringeln. Bei manchen Pflanzen haben sich die Ranken aber auch kleine Haftscheiben zugelegt. Der Wilde Wein klettert mittels solcher Haftranken beispielsweise ohne jede zusätzliche Unterstützung sogar glatte Wände hinauf.

Eine weitere Art des Kletterns finden wir bei der Kletterhortensie oder dem Efeu. Hier sind es kurze, haftende Wurzeln, die den Pflanzen helfen, sich dem Licht entgegenzuarbeiten. Dabei bleiben sie jedoch immer an der Oberfläche ihrer Unterlage, dringen also nicht, wie oft befürchtet, in Putz und Wände ein.

Der vierte Klettertyp unter den Lianen sind die „Spreizklimmer". Kletterrosen und Brombeeren sind seine bekanntesten Vertreter. Kletterpflanzen dieser Gruppe bilden rasch steife und oft lange Seitentriebe, die sich über andere Gewächse legen oder sich ins Geäst größerer Nachbarn schieben, um sich so langsam hochzuarbeiten. Oft bedienen sie sich dabei irgendwelcher Stacheln oder Dornen, die sich im Klettergerüst festhaken.

Je nachdem, um welchen Klettertyp es sich handelt, muß man als Gärtner für eine passende Kletterhilfe sorgen. Ganz ohne Unterstützung kommen im allgemeinen nur die Wurzelkletterer und Ranker mit Haftscheiben aus. Für Ranker ohne Haftscheiben eignen sich als Klettergerüst am besten grober stabiler Maschendraht oder waagerecht gespannte Drähte. Schlinger halten sich gut an Stangen oder senkrecht gezogenen Drähten, während Spreizklimmer am leichtesten an Gitterspalieren vorankommen.

Was die Verwendung der Kletterer betrifft, so bieten sich im Balkon- und Dachgartenbereich unzählige Möglichkeiten an. Ob Sichtschutz geschaffen, eine graue Wand verdeckt, eine Pergola beginnt oder ein langweiliges Balkongeländer belebt werden soll, Kletterpflanzen lösen viele Gestaltungsprobleme elegant und vor allem auch schnell. Denn wo die ausdauernden Arten zunächst vielleicht noch Lücken lassen, kann man sich im ersten Jahr mit schnellwachsenden einjährigen Klimmern helfen.

Ein herrlicher grüner Sicht- und Sonnenschutz für den Balkon läßt sich zum Beispiel aus Zierkürbissen oder Japanischem Hopfen schaffen. Dazu spannt man zwischen dem eigenen Balkongeländer und dem des Nachbarn im nächst höheren Stockwerk in Zickzack-Manier eine Schnur oder dünnen Draht. Daran läßt man nun vom Balkonkasten aus die wüchsigen Kletterer hinaufranken und kann sich schon bald über einen frischgrünen Vorhang freuen. Damit er sich recht lange, möglichst bis in den September hinein hält, ist allerdings eine gute Pflege nötig. Die langen Triebe und großflächigen Blätter der Pflanzen brauchen eine beachtliche Menge an Wasser und Dünger, und leider kommt man auch nur selten ohne Pflanzenschutzmittel aus, denn Blattläuse und Weiße Fliege haben geradezu eine Schwäche für das saftige, zarte Laub. Dafür spart man sich die Markise oder den Sonnenschirm, der Blattvorhang hält mit Sicherheit dicht.

Abgesehen davon, ist ein natürliches Pflanzenkleid in der kälteren Jahreszeit ein guter Wärmeschutz.

Actinidia chinensis

Kiwi, Strahlengriffel — Actinidiaceae, Strahlengriffelgewächse

Höhe/Länge	0 · 25cm · 50cm · 75cm · 1m · 1,25m · 1,5m · 1,75m · 2m · 2,25m · 2,5m · 2,75m · **3m ▷**
Blütezeit	Jan · Feb · März · Apr · Mai · **Juni** · **Juli** · Aug · Sept · Okt · Nov · Dez
Blütenfarbe	weiß/beige · gelb · orange · rosa · **rot** · purpur · violett · blau · grün
Standort	☼

Früher wurde *Actinidia chinensis* in erster Linie als Klettergewächs angepflanzt. Mit seinen großen, rundlichen Blättern und den rasch wachsenden, bis 8 m langen Trieben grünt es schnellstens Pergolen und Spaliere ein. Seit die Frucht des Chinesischen Strahlengriffels, die Kiwi, in Mode kam, rückt der Kletterer auch als Nutzpflanze in den Vordergrund. Kiwis erinnern äußerlich an Kartoffeln, schmecken aber ähnlich wie Stachelbeeren. Leider erscheinen die begehrten Früchte bei uns nur in milden Gebieten, beispielsweise in Weinbaugegenden. Außerdem braucht die fruchttragende weibliche Kiwi unbedingt eine männliche Partnerpflanze.

Standort und Pflege: Kiwis benötigen einen sonnigen und warmen Platz. Am besten gedeihen sie in einer geschützten Ecke in südlicher Lage. Erde: Einheitserde oder TKS 2. Pflanzen immer reichlich gießen und von Frühjahr bis Spätsommer großzügig mit flüssigem Dünger versorgen. Verwendung: Als Lieferant der schmackhaften Kiwi-Früchte, die in unserem Klima allerdings nicht so groß wie die gekauften Früchte werden. Als dekorative, blattschöne Kletterpflanze.

Clematis

Waldrebe — Ranunculaceae, Hahnenfußgewächse

Höhe/Länge	0 · 25cm · 50cm · 75cm · 1m · 1,25m · 1,5m · 1,75m · 2m · 2,25m · **2,5m · 2,75m · 3m ▷**
Blütezeit	Jan · Feb · März · Apr · **Mai** · **Juni** · **Juli** · **Aug** · Sept · Okt · Nov · Dez
Blütenfarbe	**weiß/beige** · **gelb** · orange · **rosa** · **rot** · **purpur** · **violett** · **blau** · grün
Standort	◐ ☼

Von dieser Pflanzengattung sind etwa 230 Arten auf der ganzen Erde verbreitet. Einige bilden Sträucher oder wachsen in Form von Stauden, die meisten jedoch klettern. Als Gartenpflanzen besonders begehrt sind die *Clematis*-Hybriden. Ihre bis 20 cm breiten Sternblüten in Violett, Blau, Rot, Rosa oder Weiß sind so leuchtend und farbenprächtig, daß selbst so manche tropische Pflanzenschönheit daneben verblaßt. Durchschnittlich erreichen *Clematis*-Hybriden eine Wuchshöhe von 2–4 m, sie sind also relativ schwachwüchsig. Erheblich flotter wachsen einige Wildarten. Sie tragen allerdings kleinere Blüten. Merken sollten Sie sich *Clematis montana* 'Rubens'. Sie klettert ungefähr 8 m hoch und verschwindet im Mai und Juni für zwei bis drei Wochen unter einer Flut von rosaroten Blüten. Andere hübsche Wildarten sind *Clematis paniculata,* ein starker Kletterer mit weißen Blütenrispen, *Clematis tangutica,* die Gold-Waldrebe, schwachwachsend, aber mit interessanter gelber Blüte, und *Clematis alpina,* die Alpen-Waldrebe, ebenfalls schwach kletternd, mit hübscher lavendelblauer Blüte.

Standort und Pflege: Waldreben brauchen ein großes Pflanzgefäß mit einem Durchmesser von mindestens 40 cm. Substrat: Humos und kalkhaltig. Ein wichtiger Tip: Den Wurzelraum der *Clematis* durch Unterpflanzung mit Stauden oder Sommerblumen kühl halten. Schädlinge und Krankheiten: Absterben der oberirdischen Pflanzenteile (= Clematiskrankheit). Verursacher ist ein Pilz.

Cobaea scandens

Glockenrebe — Polemoniaceae, Sperrkrautgewächse

Höhe/Länge	0	25cm	50cm	75cm	1m	1,25m	1,5m	1,75m	2m	2,25m	**2,5m**	**2,75m**	**3m**	**▷**
Blütezeit	Jan	Feb	März	Apr	Mai	Juni	Juli	**Aug**	**Sept**	Okt	Nov	Dez		
Blütenfarbe	**weiß/beige**	gelb	orange	rosa	rot	purpur	**violett**	blau	grün					
Standort	☼													

Das tropische Amerika ist die Heimat dieser leider nur selten verwendeten Kletterpflanze. Mit Hilfe von Blattranken erklimmt sie Höhen bis 5 m. Die blauen Glockenblüten der *Cobaea scandens* erscheinen von Juli bis Oktober. Darüber hinaus gibt es die Sorte 'Alba' mit weißen Blüten und sogar eine Form mit weißbuntem Laub.

Anzucht und Pflege: Die Glockenrebe gedeiht am besten in der vollen Sonne. Wenn es sein muß, kommt sie aber auch noch mit einem halbschattigen Platz aus. Da sie nicht winterhart ist, muß sie jedes Jahr neu herangezogen werden. Gesät wird frühzeitig, möglichst schon im März. Man steckt jeweils 2–3 Samenkörner in einen mit sandiger Erde gefüllten kleinen Blumentopf und stellt sie am Fenster auf. Nach zwei Wochen keimen die ersten Samen. Gelingt die Aussaat nicht, so liegt dies unter Umständen an zu altem Saatgut. Die Keimfähigkeit geht bei den Samen der Glockenrebe nämlich schon nach einem Jahr verloren. Im Mai kommen die Jungpflanzen mit Abstand von 50 cm an die vorgesehenen Plätze im Freien. Während des Sommers gut gießen und wöchentlich düngen.

Verwendung: Zum Begrünen von Lauben, Pergolen und Spalieren. An glatten Wänden muß ein Klettergerüst aus Draht oder Schnüren gespannt werden.

Cucurbita pepo

Zierkürbis — Cucurbitaceae, Kürbisgewächse

Höhe/Länge	0	25cm	50cm	75cm	1m	1,25m	1,5m	1,75m	2m	2,25m	**2,5m**	**2,75m**	**3m**	**▷**
Blütezeit	Jan	Feb	März	Apr	Mai	**Juni**	**Juli**	**Aug**	Sept	Okt	Nov	Dez		
Blütenfarbe	weiß/beige	**gelb**	orange	rosa	rot	purpur	violett	blau	grün					
Standort	☼	⛅												

Gäbe es einen Wettbewerb, wer unter den einjährigen Schlingenpflanzen wohl am schnellsten klettert, so würde der Zierkürbis sicherlich das Rennen machen. Mit seinen großen weichen Blättern bildet er rasch undurchsichtige grüne Wände, in denen zunächst die großen gelben Blüten und später die verschieden geformten farbigen Früchte erscheinen.

Anzucht und Pflege: Zierkürbisse kann man ganz einfach selbst heranziehen. Mitte Mai, nach den Eisheiligen, legt man die Samen direkt in das mit nahrhafter Erde gefüllte Pflanzgefäß und deckt sie nur leicht ab. Während des ganzen Sommers sind die wegen ihrer großen Blätter stets durstigen Gewächse sehr fleißig zu gießen. An warmen Tagen morgens und abends. Hängen die Blätter erst einmal, erholen sie sich nur langsam wieder. Zu knapp gegossene Pflanzen ziehen außerdem Blattläuse und die Weiße Fliege an. Für ein gesundes, flottes Wachstum sorgt weiterhin eine regelmäßige Düngung (ein- bis zweimal wöchentlich mit flüssigem Volldünger). Die langen Triebe, denen man beim Wachsen fast zusehen kann, müssen an gespannter Schnur oder Draht aufgebunden werden.

Verwendung: Als Sichtschutz für sonnige oder halbschattige Balkone und Dachgärten, zum Begrünen von Wänden, Pfosten und Geländern.

Hedera

Efeu — Araliaceae, Araliengewächse

Höhe/Länge	0	25cm	50cm	75cm	1m	1,25m	1,5m	1,75m	**2m**	**2,25m**	**2,5m**	**2,75m**	**3m ▷**
Blütezeit	Jan	Feb	März	Apr	Mai	Juni	Juli	**Aug**	**Sept**	**Okt**	Nov	Dez	
Blütenfarbe	weiß/beige	gelb	orange	rosa	rot	purpur	violett	blau	**grün**				
Standort													

Nicht von ungefähr ist der Efeu inzwischen zu einer der wichtigsten Pflanzen für Dachgärten und Balkone geworden. Ob als Kletter- oder Hängepflanze, als Bodendecker oder Sichtschutz am Spalier kann man ihn eigentlich an jedem Platz gebrauchen.
Von den fünf in Europa, Asien und Nordafrika verbreiteten Arten werden bei uns das heimische *Hedera helix* und das großblättrige *Hedera colchica* angeboten. Vor allem von *Hedera helix* gibt es eine Reihe schönster Varietäten mit interessant geformten Blättern. Ausgesprochen frohwüchsig ist die Sorte 'Hibernica', die mitunter jedoch bei Frost leidet. 'Goldheart' hat große, dreieckige, grüne Blätter mit gelber Mitte, bei 'Sagittifolia' sind die fünf Enden der Blätter spitz wie Pfeile. Von der sehr großblättrigen *Hedera colchica* gibt es ebenfalls einige Sorten. Sehr zu empfehlen ist 'Sulphur Heart' mit gelb marmorierten Blättern, oder die weißbunte 'Dentata Variegata'.
Standort und Pflege: Efeu ist eine dankbare Pflanze für schattige und halbschattige Plätze. Pralle Sonne und Hitze meiden. Für humoses, feuchtes Substrat sorgen. Auch im Winter regelmäßig gießen, sobald die Erde nicht gefroren ist.
Verwendung: Als selbsthaftende Kletterpflanze an Wänden, als Unterpflanzung von Gehölzen, zum Begrünen von Spalieren und Sichtschutzwänden, in Blumenampeln.

Humulus scandens

Japanischer Hopfen — Cannabinaceae, Hanfgewächse

Höhe/Länge	0	25cm	50cm	75cm	1m	1,25m	1,5m	1,75m	2m	2,25m	**2,5m**	**2,75m**	**3m ▷**
Blütezeit	Jan	Feb	März	Apr	Mai	Juni	**Juli**	**Aug**	Sept	Okt	Nov	Dez	
Blütenfarbe	weiß/beige	gelb	orange	rosa	rot	purpur	violett	blau	**grün**				
Standort													

Wie sein Bruder *Humulus lupulus,* dessen Früchte zum Bierbrauen verwendet werden, möchte auch der aus Ostasien stammende Japanische Hopfen immer hoch hinaus. 4–6 m erklimmt er, wenn er nur tüchtig Dünger und Wasser erhält. Seine rauhen Triebe brauchen allerdings Stäbe, gespannte Schnur oder ein Rankgitter als Unterstützung. Neben der grünblättrigen Art gibt es die Sorte 'Variegata' mit silbrigweiß gefleckten Blättern. Wer etwas Abwechslung liebt, pflanzt beide Formen nebeneinander.
Anzucht und Pflege: *Humulus scandens* wächst sowohl in der Sonne als auch im Schatten, eine der wenigen Pflanzen also für Nordseiten, die außerdem noch eine ganze Portion Wind verträgt. Die Anzucht erfolgt jedes Jahr neu aus Samen. Gesät wird Anfang April in Töpfe, die man am Fensterbrett aufstellt und gleichmäßig feuchthält. Ab Mitte Mai kommen die Jungpflanzen in ihre endgültigen Gefäße auf dem Balkon oder im Dachgarten. Im Sommer reichlich gießen und jede Woche düngen. Einmal schlapp gewordene Blätter behalten meist Schäden zurück. Schlecht gewässerte Pflanzen ziehen Schädlinge geradezu magisch an.
Schädlinge und Krankheiten: Blattläuse, Weiße Fliege, vor allem bei zu trockenem Sand. Bekämpfung durch ein Insektizid. Sorgfältiger gießen.
Verwendung: Ähnlich wie der Zierkürbis, als Sichtschutz, zum schnellen Begrünen von Wänden, Pfosten und Geländern.

Hydrangea petiolaris

Kletterhortensie — Saxifragaceae, Steinbrechgewächse

Höhe/Länge	0	25cm	50cm	75cm	1m	1,25m	1,5m	1,75m	**2m**	**2,25m**	**2,5m**	**2,75m**	**3m ▷**
Blütezeit	Jan	Feb	März	Apr	Mai	Juni	**Juli**	Aug	Sept	Okt	Nov	Dez
Blütenfarbe	**weiß/beige**	gelb	orange	rosa	rot	purpur	violett	blau	grün			
Standort												

Als Topfpflanzen haben sich die Hortensien seit langem einen festen Platz erobert. Auch die verschiedenen Freilandhortensien ziehen mehr und mehr in die Gärten ein. Daß es auch eine Kletterhortensie gibt, ist vielen Hobbygärtnern dagegen noch völlig unbekannt. Sie heißt *Hydrangea petiolaris* und stammt aus Ostasien. An ihr zusagendem Standort klettert sie mit den Haftwurzeln bis zu 7 m an Hauswänden, Mauern und Gerüsten hinauf. Die herzförmigen Blätter sind schön frisch grün und treiben sehr früh aus. Im Juli erscheinen die großen, flachen, doldenartigen Blütenstände mit relativ unscheinbaren Innenblüten und auffälligen, großen, weißen Randblüten, die jedoch steril sind und lediglich als Lockmittel für Insekten dienen.

Standort und Pflege: Kletterhortensien bevorzugen halbschattige Standorte und brauchen humose, leicht saure Erde. Düngung von April bis August alle 14 Tage mit einem flüssigen Blumendünger. Stets gut gießen. Bereits ausgetriebene Hortensien bei Frostgefahr im Frühjahr mit Rohrmatten schützen. Zweige durch vorsichtiges Festbinden beim Klettern unterstützen.

Verwendung: Zum Begrünen von Pergolen, Spalieren, Balkongeländern und Wänden. Freistehend auch als Strauch verwendbar.

Ipomoea

Prunkwinde — Convolvulaceae, Windengewächse

Höhe/Länge	0	25cm	50cm	75cm	**1m**	**1,25m**	**1,5m**	**1,75m**	**2m**	**2,25m**	**2,5m**	**2,75m**	**3m** ▷
Blütezeit	Jan	Feb	März	Apr	Mai	Juni	Juli	Aug	Sept	Okt	Nov	Dez	
Blütenfarbe	weiß/beige	gelb	orange	rosa	**rot**	**purpur**	**violett**	**blau**	grün				
Standort													

Von den über 400 in den Tropen und Subtropen verbreiteten Ipomoea-Arten sind für den Gärtner vor allem *Ipomoea purpurea* und *Ipomoea tricolor* interessant. *Ipomoea purpurea* blüht in verschiedenen Purpurtönen. Mehrere empfehlenswerte Mischungen sind im Handel erhältlich. *Ipomoea tricolor* bekommt bis 10 cm große himmelblaue Blüten. Beide Arten sind üppige Schlinger, die sich an allem, was sich als Klettergerüst bietet, bis 3 m hochwinden.

Anzucht und Pflege: Prunkwinden werden im März und April am Fensterbrett in kleine Töpfe ausgesät. Wenn man sie gleichmäßig feucht und warm hält, keimen die Samen nach 2 bis 3 Wochen. Ab Mitte Mai dürfen die frostempfindlichen Kletterer ins Freie. Man kann aber auch direkt im Freiland aussäen, wenn man damit bis Anfang Mai wartet. Als Standort ziehen Prunkwinden eine geschützte sonnige Lage vor. Während des Sommers reichlich gießen und düngen. Als Kletterhilfe eignen sich grober Maschendraht, gespannte Schnur oder ein Gitterspalier. Auch Balkongeländer und andere Pflanzen werden sofort „eingewickelt".

Verwendung: Als Sichtschutz, zum Begrünen von Wänden, Pfosten und Pergolen.

Lathyrus odoratus

Wohlriechende Wicke — Leguminosae, Hülsenfrüchtler

Höhe/Länge	0	25cm	**50cm**	**75cm**	**1m**	**1,25m**	**1,5m**	**1,75m**	**2m**	2,25m	2,5m	2,75m	3m

Blütezeit	Jan	Feb	März	Apr	Mai	Juni	**Juli**	**Aug**	**Sept**	**Okt**	Nov	Dez

Blütenfarbe	**weiß/beige**	gelb	orange	**rosa**	**rot**	**purpur**	**violett**	**blau**	grün

Standort	

Wegen ihres süßen Duftes und der zauberhaften Blüten gewinnt die Rankpflanze aus Süditalien und Sizilien immer mehr Verehrer. Die Farbpalette reicht von Weiß über Rosa, Rot und Blau bis Violett. Lediglich gelbe Wicken gibt es nicht. Neben den bis zu 2 m hoch kletternden Wickensorten haben die Züchter auch niedrige Formen entwickelt. Sie werden nur 30 cm hoch und können in den Balkonkasten gepflanzt werden.

Anzucht und Pflege: Die Wohlriechende Wicke wächst einjährig. Ab März bzw. April kann sie direkt an Ort und Stelle gesät werden. Dabei legt man alle 5–10 cm zwei Samenkörner und deckt sie leicht mit Erde ab. Spätestens wenn die ersten Ranken erscheinen, ist für eine Kletterhilfe zu sorgen. Prima eignet sich zum Beispiel Maschendraht. Außerdem darf man jetzt nicht an Wasser und Dünger sparen. Abgeblühte Blumen müssen laufend entfernt werden. Haben sich erst einmal Schoten mit Samen gebildet, läßt die Blühwilligkeit nämlich sofort nach. Schädlinge und Krankheiten: Abfallen der Knospen bei ständiger Zugluft. Bei feuchter Witterung Mehltau und Grauschimmel.

Verwendung: Zum Begrünen von Wänden, Balkongittern und Pfosten, als Schnittblume. Je mehr Blüten übrigens geschnitten werden, um so mehr Knospen kommen nach.

Lonicera

Geißblatt — Caprifoliaceae, Geißblattgewächse

Höhe/Länge	0	25cm	50cm	75cm	1m	1,25m	1,5m	1,75m	**2m**	**2,25m**	**2,5m**	**2,75m**	**3m**

Blütezeit	Jan	Feb	März	Apr	**Mai**	**Juni**	Juli	Aug	Sept	Okt	Nov	Dez

Blütenfarbe	**weiß/beige**	**gelb**	orange	rosa	rot	purpur	violett	blau	grün

Standort	

Die Verwandtschaft von *Lonicera* besteht aus sehr verschiedenartigen Pflanzen. Während es sich bei den einen um über mannshohe Sträucher handelt, gehören die anderen zu den Bodendeckern. Hier sollen nun *Lonicera*-Arten mit kletterndem Wuchs vorgestellt werden. Der populärste Vertreter aus der Reihe der kletternden Geißblätter ist *Lonicera caprifolium,* besser bekannt als Jelängerjelieber. Es blüht von Mai bis Juni gelblichweiß und klettert bis 5 m hoch. Wunderbar duftende, gelbrote Blumen bringt *Lonicera* x *heckrottii* hervor. Blütezeit ist im Juni. Wer eine starkwüchsige Kletterpflanze sucht, dem sei *Lonicera* x *tellmanniana* empfohlen. Ihre dottergelben, in Quirlen angeordneten Blüten erscheinen ebenfalls im Juni. Alle genannten Arten sind sommergrün und vollkommen winterhart.

Standort und Pflege: Am besten gedeiht das Geißblatt an einem halbschattigen Platz, zum Beispiel auf einem Ost- oder Westbalkon. Auf alle Fälle aber sollte der Wurzelbereich beschattet sein. Als Pflanzsubstrat eignen sich TKS 2, Einheitserde oder Kompost. Wichtig: *Lonicera* immer gut feucht halten. Düngung: Von April bis Ende Juli alle 2 Wochen mit einem flüssigen Volldünger.

Verwendung: Zum Begrünen von Lauben, Pfosten, Balkongeländern und Wänden. Braucht eine Kletterhilfe, zum Beispiel Draht oder ein Spalier.

Parthenocissus

Wilder Wein, Jungfernrebe — Vitaceae, Weinrebengewächse

Höhe/Länge	0	25cm	50cm	75cm	1m	1,25m	1,5m	1,75m	**2m**	**2,25m**	**2,5m**	**2,75m**	**3m ▷**
Blütezeit	Jan	Feb	März	Apr	Mai	Juni	Juli	Aug	Sept	Okt	Nov	Dez	
Blütenfarbe	weiß/beige	gelb	orange	rosa	rot	purpur	violett	blau	grün				
Standort													

Von den etwa 15 Arten dieser Pflanzengattung sind vor allem *Parthenocissus quinquefolia* und der aus Japan kommende *Parthenocissus tricuspidata* von gärtnerischer Bedeutung. Mittels kleiner Haftscheiben an den Trieben klettern sie ohne fremde Hilfe hohe Wände hinauf. Ein besonders begabter Kletterer ist *Parthenocissus tricuspidata* 'Veitchii', der mitunter Höhen bis 15 m erreicht. Außer durch seine Kletterkunst zeichnet sich der Wilde Wein durch eine weitere charmante Eigenschaft aus, die man jedoch erst im Herbst kennenlernt. Bevor das Laub vom Herbstwind weggeblasen wird, wechselt das satte Grün der Blätter für wenige Tage in ein feuriges Rot über und zaubert so zum Ende des Gartenjahres noch einmal Farbe auf den Balkon. Die Blüte des Kletterers ist unscheinbar.

Standort und Pflege: Je nachdem, wie groß das Pflanzgefäß ist, entwickelt sich der Wilde Wein mehr oder weniger schnell. Auf jeden Fall sollte man ihn immer mit reichlich Wasser versorgen und von April bis Anfang August alle 2 Wochen düngen. Als Substrat eignet sich jede handelsübliche Blumenerde oder TKS 2.

Verwendung: Wilder Wein ist eine ideale Kletterpflanze für Lauben und Pergolen. Hinter seinem dekorativen Blattwerk verschwinden häßliche Wände, unschöne Dächer und Pfosten.

Phaseolus coccineus

Feuerbohne, Prunkbohne — Leguminosae, Hülsenfrüchtler

Höhe/Länge	0	25cm	50cm	75cm	1m	1,25m	1,5m	1,75m	**2m**	**2,25m**	**2,5m**	**2,75m**	**3m** ▷
Blütezeit	Jan	Feb	März	Apr	Mai	**Juni**	**Juli**	**Aug**	**Sept**	Okt	Nov	Dez	
Blütenfarbe	weiß/beige	gelb	orange	rosa	**rot**	purpur	violett	blau	grün				
Standort													

Wegen ihrer leuchtendroten Blüten ist diese Bohnenart zu einer beliebten Zierpflanze geworden. Wie man es von den Stangenbohnen im Gemüsegarten kennt, klettert auch diese Bohne unermüdlich. An ein Spalier gepflanzt, bildet sie mit ihren großen Blättern innerhalb weniger Wochen dichte, grüne Wände.

Da die Früchte dieser Zierbohne eßbar sind, schlägt man sozusagen gleich drei Fliegen mit einer Klappe: Zum einen hat man von Juni bis September die schönen Blüten, dann den ganzen Sommer über einen frischgrünen Sichtschutz und zu guter Letzt auch noch die Bohnen. Da diese schnell hart werden, empfiehlt es sich allerdings, sie möglichst jung zu ernten.

Anzucht und Pflege: Die aus Südamerika stammende Bohne gilt als sehr genügsam, braucht aber einen vorwiegend sonnigen Platz und Wärme. Herangezogen wird die einjährige Kletterpflanze aus Samen. Ab Anfang Mai legt man die schön marmorierten Samenkerne in große Töpfe mit nahrhafter, durchlässiger Erde. Gut feucht halten und auch später gut gießen, denn die großen Blätter verbrauchen sehr viel Wasser. Wöchentlich düngen. Als Rankhilfe spannt man Schnüre oder Draht.

Verwendung: Zum Begrünen von Balkongeländern, Wänden und Mauerpfosten, als Sichtschutz. Junge Bohnen ergeben ein gutes Gemüse für die Küche.

Polygonum aubertii

Kletternder Knöterich — Polygonaceae, Knöterichgewächse

Höhe/Länge	0	25cm	50cm	75cm	1m	1,25m	1,5m	1,75m	2m	2,25m	2,5m	2,75m	**3m ▷**
Blütezeit	Jan	Feb	März	Apr	Mai	Juni	Juli	**Aug**	**Sept**	Okt	Nov	Dez	
Blütenfarbe	**weiß/beige**	gelb	orange	rosa	rot	purpur	violett	blau	grün				
Standort	sonnig	halbschattig											

Wegen seiner ungestüm wachsenden Triebe, mit denen er binnen kürzester Zeit alles eingrünt, was ihm in den Weg kommt, wird der Knöterich in manchen Gegenden scherzhaft „Klettermaxe" genannt. Im freien Boden ausgepflanzt erreichen seine Zweige Längen bis zu 15 m. Aber auch im Pflanzgefäß läßt sich der Klettermaxe nicht lumpen. 5 bis 7 m schafft er allemal. Sein sommergrünes Laub ist nicht sonderlich auffällig. Sehr hübsch sind aber die zierlichen Blütenrispen, die den Knöterich im Herbst für zwei Wochen unter einem weißen Schleier verschwinden lassen.

Standort und Pflege: Da der Knöterich über keine Haftwurzeln verfügt, braucht er ein Spalier oder Ähnliches als Kletterhilfe. Als Standort bevorzugt er sonnige und halbschattige Lagen. Im Pflanzgefäß muß ein so flotter Wachser natürlich reichlich gedüngt und gut gegossen werden. Läßt man die Blätter auch nur einmal schlapp werden, vertrocknen sie und fallen ab, was allerdings nicht allzu tragisch ist, denn es bilden sich schnell wieder neue. Schädlinge und Krankheiten: Bei Trockenheit Blattläuse und Weiße Fliege.

Verwendung: Zum schnellen Begrünen von Wänden, Pfosten, Balkongeländern, Pergolen und Lauben.

Thunbergia alata

Schwarzäugige Susanne — Acanthaceae, Bärenklaugewächse

Höhe/Länge	0	25cm	50cm	75cm	**1m**	1,25m	1,5m	1,75m	2m	2,25m	2,5m	2,75m	3m ▷
Blütezeit	Jan	Feb	März	Apr	Mai	**Juni**	**Juli**	**Aug**	**Sept**	**Okt**	Nov	Dez	
Blütenfarbe	**weiß/beige**	**gelb**	**orange**	rosa	rot	purpur	violett	blau	grün				
Standort	sonnig												

Eine Zeitlang schien die Schwarzäugige Susanne fast verschollen. In der letzten Zeit klettert sie aber wieder in vielen Gärten an Pfosten und Spalieren. Das hübsche Gewächs aus Südostafrika rankt nur etwa 1 m hoch. Wer möchte, kann es daher auch als Hängepflanze verwenden. In der Regel läßt man die Pflanze jedoch an einem Kletterstab emporwachsen. Am bekanntesten ist die ursprüngliche Art mit gelben Blütenblättern und schwarzer Mitte. Zusätzlich gibt es aber auch Sorten mit weißen oder orangefarbenen Blütenblättern, die es wert sind, öfter gepflanzt zu werden.

Anzucht und Pflege: Da die Schwarzäugige Susanne keinen Frost verträgt, wird sie bei uns einjährig gezogen. Ab April sät man sie im Zimmer in eine Schale aus und stellt sie an einem warmen Fensterplatz auf. Nachdem die Sämlinge stark genug sind, vereinzelt man sie in kleine Töpfe. Ausgepflanzt werden die Jungpflanzen nicht vor Ende Mai. Am besten gibt man der wärmeliebenden Dame einen sonnigen, geschützten Platz, wo sie, wenn sie wochentlich Dünger bekommt und sorgfältig gegossen wird, von Juni bis in den Oktober ihre aparten Blüten treibt.

Schädlinge und Krankheiten: Blattläuse, Spinnmilben, Weiße Fliege, vor allem bei zu großer Trockenheit.

Verwendung: Sehr schön zum Beranken von Gitterspalieren und Balkongeländern, auch als Ampelpflanze geeignet.

Der Balkon als Nutzgarten

Der Balkon als Nutzgarten

Noch vor wenigen Jahren lächelte man amüsiert über Balkongärtner, die mehr Spaß an einem bohèmehaften Gemüse- und Kräuterdurcheinander hatten, als am petunien- und geraniengeschmückten Paradebalkon. Heute ist es „in", den Balkon nicht nur hübsch und individuell zu gestalten, sondern ihn auch für Gaumenfreuden zu nutzen.
Warum auch nicht? Beinahe alles, was im Garten machbar ist, läßt sich auch auf den wenigen Quadratmetern des Balkons realisieren. Natürlich im kleineren Maßstab und mit kleineren Ernteergebnissen, aber schließlich sind auch die Familien kleiner geworden, und mehr als ein oder zwei Salatköpfe kann man sowieso nicht auf einmal essen. Samenzüchter nehmen die Balkongärtnerei durchaus ernst. Sie haben bereits Gemüsesorten geschaffen, die dem geringeren Platzangebot angepaßt sind und gedrungener wachsen. Die duftenden Würzkräuter fügen sich ohnehin überall ein.
Auf den folgenden Seiten finden Sie Porträts der wichtigsten Küchen- und Heilkräuter sowie die typischen Gemüse- und Obstklassiker für die Balkongärtnerei. Damit sind die Möglichkeiten aber noch längst nicht erschöpft. Wer Lust hat, kann hoch oben im 12. Stock sogar Kartoffeln ziehen.
Doch alles hübsch der Reihe nach. Beginnen wir zunächst mit den wichtigsten Voraussetzungen für eine erfolgreiche Balkonbewirtschaftung. Als optimale Lage werden der Südost- und Südwestbalkon angesehen, weil hier die Licht- und Temperaturverhältnisse vom Frühling bis zum Herbst stimmen. Ausgesprochene Südbalkons, das weiß jeder, können sich während der Hundstage über Mittag in wahre Brutkästen verwandeln. Diese Hitze überleben nur wenige Pflanzen, es sei denn, man schattiert sie ab 11 Uhr mit einer Markise.
Auf dem Nordbalkon gedeiht außer den betont sonnenhungrigen Pflanzen alles, vor allem aber Pflück- und Schnittsalat, Brunnenkresse, Petersilie und Sauerampfer. Auch bei besser gelegenen, aber durch hohe Bäume schattierten Balkons ist das Sortiment auf eher schattenliebende Gewächse beschränkt.
Die zweite Bedingung lautet: Windschutz. Balkone in luftigen Höhen sind oft sehr zugig, besonders wenn ihre Brüstungen luftdurchlässig sind. Ein Tip: Schaffen Sie sich mit Kletterpflanzen grüne und blühende Windschutzwände!
Der dritte wichtige Punkt ist die ausreichende und gesicherte Wasserversorgung. Man muß sich dabei immer vor Augen halten, daß den Wurzeln nur ein begrenzter Lebensraum zur Verfügung steht. Wenn sie nur einmal austrocknen, stockt das Wachstum.
Praktisch sind daher die neuen Balkonkästen mit Langzeit-Wasserspeicher oder einer Tröpfchenbewässerung ausgestattet. Über die Tröpfchenbewässerung läßt sich sogar die Düngung automatisieren. Dies ist besonders für Sommerurlauber angenehm, da die Pflanzen zu dieser Zeit den höchsten Nährstoffbedarf haben.
Achten Sie vor allem auch darauf, daß die Gefäße mindestens 15–20 Zentimeter tief sind. Paprika, Tomaten, Krachsalat, Endivien und Chinakohl lieben sogar eine Tiefe von 25–30 Zentimeter.
Was Sie im einzelnen auf Ihrem Balkon anbauen möchten, hängt in erster Linie von Ihren Bedürfnissen ab. Begeisterte Hobbyköche schätzen besonders ein breit gefächertes Würzkräutersortiment in unmittelbarer Kochtopfnähe. Andere wieder möchten sich ihre Kräutertees selbst ziehen und lassen aus allen Töpfen und Kästchen Pfefferminze, Kamille, Salbei und Thymian sprießen. Ein dritter ißt nur selbstgezogenen Salat und eigenes Gemüse. Auf seinem Balkon werden Tomaten, Auberginen, Gurken, Bohnen, Zucchinis und Paprika wachsen.
Um das bißchen Platz so gut wie möglich auszunützen, sollten Sie „in die Luft" und „die Wände hochgehen". Schmale Regale erlauben Topfkultur in mehreren Etagen. In Gartencentern und besonders im Heimwerkerbedarf finden Sie Kletterhilfen jeder Art und Gitter zum Einhängen von Töpfen und Ampeln in verschiedenen Materialien. Übrigens: Auch unter den Haushaltwaren entdeckt man manches, das sich für eine Saison zweckentfremden läßt: Etagenkörbe aus buntem Drahtnetzwerk, andere Körbe, Schalen und vieles mehr. Wer zu Gemüsegrün und Kräuterduft noch Sommerblumenbunt gesellt, zaubert sich die reinsten „Hängenden Gärten der Semiramis"!
Die vorhin erwähnte Kartoffelkultur ist der zur Zeit heißeste Balkon-Tip. Dabei ist sie, unter uns gesagt, nichts Neues, sondern lediglich eine moderne Version der Kartoffelkiste von annodazumal. Heute nimmt man dazu normale 10-Liter-Eimer oder preiswerte schwarze Mörteleimer, die es im Baustoffhandel für wenig Geld zu kaufen gibt. Bevor man loslegt, müssen natürlich Wasserabzugslöcher gebohrt werden. Zuerst füllt man eine Handbreit hoch mit Sand vermischte Blumenerde in das Gefäß. Darauf kommen je nach Gefäßgröße zwei oder mehrere Saatkartoffeln. Man deckt sie mit Erde zu und stellt das Gefäß warm und sonnig auf. Nach etwa zwei Wochen zeigen sich die ersten Blätter. Wenn sie etwa eine Handbreit herausgewachsen sind, füllt man bis genau unter die untersten Blätter Erde nach. Damit wird das Anhäufeln nachgeahmt und der Laubtrieb der Kartoffel animiert, Seitensprosse zu bilden. Wenn man diesen Vorgang solange wiederholt, bis der Topf voll ist, können sich in allen „Erdetagen" an den Seitensprossen Kartoffeln bilden. Aus den ursprünglich zwei gelegten entwickeln sich so leicht 20 Stück. Wenn man die Kübel gleichmäßig feucht hält und gelegentlich düngt, sind die tollen Knollen nach etwa 12 bis 14 Wochen erntereif. Man kann natürlich auch – wie draußen auf dem Feld – warten bis das Laub vergilbt ist. Jetzt kippt man den Kübel einfach um – und schon hat man den ersehnten Kartoffelsegen!
Alle, die dieses Experiment schon einmal gemacht haben, beteuern, nie köstlichere Kartoffeln gegessen zu haben. Das Gleiche erlebt man auch mit dem eigenen Salat, dem ersten, selbst gezogenen Gemüse, den ersten Früchten vom Topfobstbaum oder vom Johannisbeerhochstämmchen. Da weiß man eben, was man hat! Nämlich frische Ware. Vom Balkon ist der Weg in die Küche nun mal kürzer als vom Markt oder Gemüseladen.
Das Wesentliche aber ist nicht materiell. Es ist das Erlebnis, praktisch hautnah zu erleben, wie alles wächst und gedeiht. Stadtkindern, die diesbezüglich nicht verwöhnt sind, sollte man dieses Abenteuer nicht vorenthalten. Sie werden es im Gedächtnis bewahren, bis sie erwachsen sind. Und in 20 Jahren wird vielleicht wieder eine neue Kartoffelkiste ihr Comeback feiern.

Allium schoenoprasum

Schnittlauch — Liliaceae, Liliengewächse

Höhe/Länge	0	**25cm**	50cm	75cm	1m	1,25m	1,5m	1,75m	2m	2,25m	2,5m	2,75m	3m ▷
Blütezeit	Jan	Feb	März	Apr	Mai	**Juni**	**Juli**	Aug	Sept	Okt	Nov	Dez	
Blütenfarbe	weiß/beige	gelb	orange	**rosa**	rot	purpur	**violett**	blau	grün				
Sonstiges													

Es gibt wohl kein Küchenkraut, das häufiger verwendet wird als der Schnittlauch. Er wächst beinahe in jedem Hausgarten und immer häufiger auch auf Balkonen und Fensterbänken. Die Wildform des winterharten Gewächses findet man noch öfter an Bächen und auf feuchten Wiesen. Der leicht zwiebelartige Geschmack der Blattröhren läßt schon die enge Verwandtschaft mit der Zwiebel und dem Knoblauch erkennen. Noch deutlicher wird sie, wenn die Pflanzen in Blüte kommen.

Anzucht und Pflege: Man sät im April direkt in den Balkonkasten. Bis die Saat aufgeht, vergehen zwischen 20 und 30 Tage. Schneller erhält man neue Pflanzen, indem man einen alten Horst einfach mehrmals teilt. Damit der Schnittlauch gut gedeiht, muß man ihn ständig feucht halten und wöchentlich düngen. Pflanzen, die im Winter am Fenster angetrieben werden sollen, hält man ab Oktober trocken, bis die oberirdischen Teile vergilbt sind. Danach kommen sie in Töpfe mit frischer Erde, werden gut angegossen und an einem warmen Fensterplatz aufgestellt.

Verwendung: Schnittlauch immer roh verwenden. Man mischt ihn kleingeschnitten unter Quark, Rührei, grünen oder Kartoffelsalat oder streut ihn einfach auf ein Butterbrot.

Anethum graveolens

Dill — Umbelliferae, Doldenblütler

Höhe/Länge	0	25cm	**50cm**	**75cm**	**1m**	1,25m	1,5m	1,75m	2m	2,25m	2,5m	2,75m	3m ▷
Blütezeit	Jan	Feb	März	Apr	Mai	**Juni**	**Juli**	**Aug**	Sept	Okt	Nov	Dez	
Blütenfarbe	weiß/beige	**gelb**	orange	rosa	rot	purpur	violett	blau	grün				
Sonstiges													

Schon im Altertum war der Dill als heilsames Kraut bekannt. Man nahm ihn bei Kopfschmerzen und zur Beruhigung. Im Mittelalter galt ein Sträußlein Dill über der Haustür als zuverlässiges Abwehrmittel gegen Hexenzauber. Heute spielt das Kraut, das wegen seiner gefiederten Blätter gelegentlich mit dem Fenchel verwechselt wird, eine wichtige Rolle als Küchenkraut. Wer will, kann die doldigen Blüten auch als Schnittblumen in Wildstaudensträußen verwenden.

Anzucht und Pflege: Ab Mitte April kann die einjährig wachsende Pflanze im Freien ausgesät werden. Damit ständig frische, junge Blättchen zur Verfügung stehen, empfehlen sich Folgeaussaaten alle 3–4 Wochen. 6 Wochen nach der Aussaat kann die Ernte in der Regel beginnen. Als Standort für Dill eignen sich sonnige und halbschattige Lagen. Man sollte regelmäßig gut gießen, Staunässe jedoch vermeiden.

Verwendung: Dill verbraucht man am besten frisch, getrocknet verliert er viel von seinem Aroma. Besonders gut schmeckt er zu Gurkensalat, grünem Salat und Fisch sowie als Zutat zu Kräuterquark, Mayonnaise und kalten Soßen.

Anthriscus cerefolium

Kerbel — Umbelliferae, Doldenblütler

Höhe/Länge	0	25cm	**50cm**	75cm	1m	1,25m	1,5m	1,75m	2m	2,25m	2,5m	2,75m	3m ▷
Blütezeit	Jan	Feb	März	Apr	Mai	**Juni**	Juli	Aug	Sept	Okt	Nov	Dez	
Blütenfarbe	**weiß/beige**	gelb	orange	rosa	rot	purpur	violett	blau	grün				
Sonstiges													

Das 30–60 cm hohe Gewächs war schon bei den Römern eine beliebte Heil- und Würzpflanze. Ursprünglich im Mittelmeergebiet zu Hause, kam es im Mittelalter auch in nördlichere Regionen, wo man ihm bald sogar übernatürliche Kräfte nachsagte. Inzwischen hat das zarte Kraut seine hervorragende Stellung im Kräutergarten schon längst eingebüßt. Häufig betrachtet man Kerbel nur als eine Art „armen Verwandten" der Petersilie, dabei hat er einen durchaus eigenen, sehr typischen Geschmack, der sich mit dem der Petersilie weder vergleichen noch durch diesen ersetzen läßt. Wer keinen Kerbel pflanzt, weil er doch schon Petersilie hat, bringt sich daher selbst um so manche Gaumenfreude.

Anzucht und Pflege: Kerbel wächst sehr schnell und liefert schon 6 Wochen nach der Aussaat die ersten Blättchen für die Küche. Ab Mitte März kann gesät werden. Folgesaaten alle 3–4 Wochen sorgen dafür, daß immer junges Grün vorhanden ist. Als Standort empfiehlt sich ein sonniger bis halbschattiger Platz. Die Erde stets feucht halten und für jede neue Aussaat auswechseln.

Verwendung: Zu Suppen, Kräutersoßen, Tomatensalat und Fischgerichten. Unentbehrlich für die berühmte Frankfurter „Grüne Soße". Durch Kochen verliert Kerbel sein feines Aroma, darum immer frisch verwenden. Für den Winter lassen sich kleine Portionen einfrieren.

Artemisia dracunculus

Estragon — Compositae, Korbblütler

Höhe/Länge	0	25cm	50cm	**75cm**	1m	1,25m	1,5m	1,75m	2m	2,25m	2,5m	2,75m	3m ▷
Blütezeit	Jan	Feb	März	Apr	Mai	Juni	Juli	**Aug**	**Sept**	**Okt**	Nov	Dez	
Blütenfarbe	weiß/beige	gelb	orange	rosa	rot	purpur	violett	blau	**grün**				
Sonstiges													

Die winterharte Pflanze gehört zu den wichtigsten und vielseitigsten Küchenkräutern und sollte deshalb in keinem Balkon-Kräutergarten fehlen. Besonders aromatisch ist der Französische oder Deutsche Estragon. Er stellt allerdings auch etwas höhere Ansprüche an den Standort als der außerordentlich robuste, jedoch weniger würzkräftige Russische Estragon. Auch läßt er sich nicht wie dieser aus Samen heranziehen.

Anzucht und Pflege: Estragon gedeiht auch noch im Halbschatten, das volle Aroma entwickelt sich aber nur in der direkten Sonne. Russischen Estragon sät man im Frühjahr aus. Vom Französischen Estragon besorgt man sich beim Gärtner ein Pflänzchen, da er sich nur durch Teilung oder Stecklinge vermehren läßt. Später kann man ihn auf diese Weise dann selbst vermehren. Da die Staude rasch wächst, muß man sie nach ein bis zwei Jahren ohnehin aus dem Topf nehmen, teilen und neu einpflanzen.

Verwendung: Das würzige Kraut paßt zu Fleisch- und Fischgerichten, vor allem zu Wild und Sauerbraten. Für den Wintervorrat friert man Estragon ein oder legt die Blätter in Öl oder Essig ein. Erst beim Kochen entfaltet sich sein volles Aroma.

Borago officinalis

Borretsch — Boraginaceae, Borretschgewächse

Höhe/Länge	0	25cm	**50cm**	75cm	1m	1,25m	1,5m	1,75m	2m	2,25m	2,5m	2,75m	3m ▷
Blütezeit	Jan	Feb	März	Apr	**Mai**	**Juni**	**Juli**	Aug	Sept	Okt	Nov	Dez	
Blütenfarbe	weiß/beige	gelb	orange	rosa	rot	purpur	violett	**blau**	grün				
Sonstiges													

Die himmelblauen Blüten dieses Küchenkrauts sind so hübsch, daß man es fast als Zierpflanze bezeichnen könnte. In erster Linie wird es aber wegen des frischen, gurkenähnlichen Geschmacks seiner rauhen Blätter angepflanzt. Ursprünglich stammt es aus dem Mittelmeerraum, in unsere Kräutergärten zog es aber schon vor über 500 Jahren ein.

Anzucht und Pflege: Borretsch wächst einjährig und wird jedes Frühjahr aufs neue ausgesät. Damit immer frische, junge Blätter zur Verfügung stehen, sät man am besten bis Juli alle 4–6 Wochen nach. Auch ein Rückschnitt bewirkt, daß von neuem junge Blätter treiben. Beim Säen darauf achten, daß der Samen etwa 1 cm dick mit Erde bedeckt wird, da Borretsch nur bei Dunkelheit keimt. Die Samen sind so groß, daß man sie gleich im richtigen Abstand in die Erde bringen kann. Ein Vereinzeln ist also nicht mehr notwendig, wird im übrigen auch nicht gut vertragen. Mit seinen großen Blättern braucht der Borretsch sehr viel Feuchtigkeit; steht er einmal zu trocken, werden sie gleich schlapp. Im allgemeinen erholen sie sich aber schnell wieder, wenn man rechtzeitig das versäumte Gießen nachholt.

Verwendung: Roh zu grünem oder Gurkensalat, zu Kräuterquark, in kalten Soßen und Tunken. Zum Trocknen eignet sich das Kraut nicht. Man kann es aber einfrieren.

Capsicum annuum

Paprika — Solanaceae, Nachtschattengewächse

Höhe/Länge	0	25cm	**50cm**	**75cm**	**1m**	1,25m	1,5m	1,75m	2m	2,25m	2,5m	2,75m	3m ▷
Blütezeit	Jan	Feb	März	Apr	Mai	**Juni**	**Juli**	Aug	Sept	Okt	Nov	Dez	
Blütenfarbe	**weiß/beige**	gelb	orange	rosa	rot	purpur	violett	blau	grün				
Sonstiges													

Ähnlich wie seine Verwandte, die Tomate, ist der Paprika im Begriff, sich einen festen Platz als Balkonpflanze zu erobern. Da es auf Balkonen häufig besonders geschützte Ecken gibt, gedeiht das aus Mittel- und Südamerika stammende Gewächs hier manchmal sogar besser als im Garten. Die Früchte, die bekannten Paprikaschoten, sind zunächst grün und färben sich später, je nach Sorte, rot oder gelb. Man ißt sie als Gemüse, roh in Salaten oder nimmt sie zum Würzen.

Anzucht: Die Aussaat erfolgt im Februar in eine Schale auf der warmen Fensterbank oder in einem beheizten Anzuchtbeet. Zum Keimen ist eine Bodentemperatur von 18 °C erorderlich. Die Sämlinge werden zunächst in Torftöpfe vereinzelt. Nach den Eisheiligen kommen sie in große Töpfe und ins Freie. Standort und Pflege: Der sonnigste und wärmste Platz ist gerade gut genug für den Paprika. Dazu braucht er gute, nahrhafte Erde (TKS 2, Einheitserde) und sehr viel Wasser. An heißen Sommertagen mindestens zweimal pro Tag wässern und jede Woche Volldünger ins Gießwasser geben. 70 bis 80 Tage nach der Aussaat sind in der Regel die ersten Schoten ernterеif.

Cyphomandra betacea

Baumtomate, Tamarillo, Tomatenbaum — Solanaceae, Nachtschattengewächse

Höhe/Länge	0	25cm	50cm	75cm	1m	1,25m	1,5m	1,75m	2m	2,25m	**2,5m**	**2,75m**	**3m ▷**
Blütezeit	Jan	Feb	März	Apr	Mai	**Juni**	**Juli**	**Aug**	Sept	Okt	Nov	Dez	
Blütenfarbe	**weiß/beige**	gelb	orange	**rosa**	rot	purpur	violett	blau	grün				
Sonstiges													

Dieser im nördlichen Südamerika von Peru bis Brasilien heimische kleine Baum wird von den Indios seit Jahrhunderten kultiviert. Er erzeugt zahlreiche Blütenstände mit rosaweißen Sternblüten, aus denen sich später die taubeneigroßen, knallroten, länglichen Früchte entwickeln. Sie sind, wie die verwandten Tomaten, eßbar, schmecken aber durch den geringeren Gehalt an Fruchtsäure milder und süßer. Da man den Tomatenbaum als fertige Pflanze selten antrifft, zieht man ihn selbst aus Samen heran.

Anzucht und Pflege: Januar bis Mai in ein heizbares Vermehrungsbeet. Bodentemperatur: 20°–25°C. Bei Aussaat in Töpfen Plastikhaube überstülpen und die Gefäße hell und warm stellen. Keimdauer: 2–4 Wochen. Kleine Pflänzchen bald pikieren und in Töpfe pflanzen. Reichlich wässern und düngen. Ab Mitte Mai können die Pflanzen auch an einen sonnigen, windgeschützten Platz ins Freie. Blüten und Früchte gibt es ab dem zweiten Standjahr. Standort im Zimmer: Hell, warm, sonnig, luftig. Im Winter die Pflanzen hell und bei 10°–15°C halten. Benötigt Einheitserde oder TKS mit Lehm und Sand. Während der Wachstumszeit reichlich gießen, im Winter weniger. Von März bis Oktober jede Woche düngen. Schädlinge, Krankheiten und ihre Ursachen: Bei schlecht gewähltem Standort ist Blattlausbefall möglich.

Fragaria vesca semperflorens

Monatserdbeere — Rosaceae, Rosengewächse

Höhe/Länge	0	**25cm**	50cm	75cm	1m	1,25m	1,5m	1,75m	2m	2,25m	2,5m	2,75m	3m ▷
Blütezeit	Jan	Feb	März	Apr	**Mai**	**Juni**	Juli	Aug	Sept	Okt	Nov	Dez	
Blütenfarbe	**weiß/beige**	gelb	orange	rosa	rot	purpur	violett	blau	grün				
Sonstiges													

Für Balkongärtner, die sich erstmals als Obstgärtner betätigen wollen, sind Monatserdbeeren die dankbarsten „Versuchskaninchen". Man kann die winterharten, rankenlosen Pflanzen selbst heranziehen, und oft tragen sie noch im gleichen Jahr die ersten Früchte. Allerdings werden Monatserdbeeren im Durchmesser, trotz anderslautender Versprechungen auf den Samentütchen, nicht größer als 2 cm. Seit neuestem gibt es jedoch eine großfruchtige Erdbeere, die sich ebenfalls aus Samen heranziehen läßt. Sie heißt 'Sweetheart' und vereinigt in sich die positiven Eigenschaften der Monatserdbeere und der Gartenerdbeere.

Anzucht: Die Aussaat erfolgt ab Februar in eine Saatschale am Fensterbrett, ab Mai auch im Freien. Die Sämlinge werden in Torftöpfe pikiert und später ausgepflanzt. Standort und Pflege: 'Sweetheart' gedeiht in der Sonne und im Halbschatten. Wichtig ist ein nahrhaftes, humoses Substrat. Pflanzen immer gut gießen und von Frühjahr bis Herbst wöchentlich düngen.

Verwendung: In Balkonkästen und Blumenampeln, als Nutz- und Zierpflanze.

Lavandula angustifolia

Lavendel — Labiatae, Lippenblütler

Höhe/Länge	0 · **25cm · 50cm · 75cm** · 1m · 1,25m · 1,5m · 1,75m · 2m · 2,25m · 2,5m · 2,75m · 3m ▷
Blütezeit	Jan · Feb · März · Apr · Mai · **Juni · Juli** · Aug · Sept · Okt · Nov · Dez
Blütenfarbe	weiß/beige · gelb · orange · rosa · rot · purpur · violett · **blau** · grün
Sonstiges	

In Südfrankreich und anderen Mittelmeerländern baut man Lavendel felderweise zur Gewinnung von Lavendelöl an, um daraus Parfüms, Badezusätze u. dgl. herzustellen. Hierzulande sieht man den Zwergstrauch dagegen mehr als Zierpflanze an. Entsprechend haben sich auch schon die Züchter ans Werk gemacht und einige besonders blütenschöne Sorten entwickelt. Geradezu für Balkone und Dachgärten geschaffen ist zum Beispiel die sehr niedrige, nur 30 cm hoch wachsende, dunkelblau blühende 'Hidcote Blue'. Wer dagegen eher einen kleinen Strauch haben möchte, sollte die Sorte 'Grappenhall' pflanzen. Sie wird 60 cm hoch und blüht himmelblau.
Anzucht und Pflege: Der Standort für Lavendel sollte warm und relativ trocken sein. Wird besonderer Wert auf den Duft gelegt, darf man ihn nicht zu stark düngen. Je magerer die Pflanzen stehen, um so intensiver duften nämlich Blüten und Blätter. Werden die Sträucher nach zwei bis drei Jahren sparrig, wirkt ein Rückschnitt nach der Blüte wie eine Verjüngungskur. Vermehrung: Bei der Grundart ist Aussaat möglich. Sorten durch Stecklinge vermehren.
Verwendung: Man erntet die Blüten, bevor sie sich öffnen und trocknet sie an schattiger Stelle. Später kann man sie in Duftkissen füllen. Sträußchen von Lavendel im Kleiderschrank sollen Motten und andere Schädlinge vertreiben.

Lepidium sativum

Kresse — Cruciferae, Kreuzblütler

Höhe/Länge	0 · **25cm** · 50cm · 75cm · 1m · 1,25m · 1,5m · 1,75m · 2m · 2,25m · 2,5m · 2,75m · 3m ▷
Blütezeit	Jan · Feb · März · Apr · Mai · **Juni · Juli** · Aug · Sept · Okt · Nov · Dez
Blütenfarbe	**weiß/beige** · gelb · orange · rosa · rot · purpur · violett · blau · grün
Sonstiges	

Wer sich zum erstem Mal ein Kräutergärtchen zulegt, sollte mit dieser Pflanze beginnen. Bei ihr kann man eigentlich kaum etwas falsch machen. Kresse wächst außerdem sehr rasch. Der Samen keimt nach 2 Tagen, und bereits nach 14 Tagen kann geerntet werden, bei Zimmerkultur sogar schon nach einer Woche.
Schon den alten Römern und Griechen war das wuchsfreudige Gewächs als Heilpflanze bekannt. Heute schätzt man es hauptsächlich wegen seines hohen Vitamin-C-Gehaltes.
Anzucht und Pflege: Kresse kann von April bis September im Freien und in den restlichen Monaten im Zimmer herangezogen werden. Man sät auf sandige Erde, feuchte Watte oder Papiertaschentücher und übersiebt das Ganze mit einer dünnen Schicht Sand, wodurch später die Samenschalen abgestreift werden. Wichtig ist, daß die Saat ständig feucht gehalten wird und hell, aber nicht in der prallen Sonne steht.
Verwendung: Man erntet das Kraut am besten, wenn es noch jung und zart ist. Ältere Pflanzen bekommen einen scharfen Geschmack. Kresse immer roh verwenden, zum Beispiel als Salat oder als Beigabe zu grünem Salat, Quark oder Kräuterbutter.

Lycopersicon esculentum

Tomate — Solanaceae, Nachtschattengewächse

Höhe/Länge	0	25cm	50cm	**75cm**	**1m**	**1,25m**	1,5m	1,75m	2m	2,25m	2,5m	2,75m	3m ▷
Blütezeit	Jan	Feb	März	Apr	Mai	**Juni**	**Juli**	**Aug**	**Sept**	Okt	Nov	Dez	
Blütenfarbe	weiß/beige	**gelb**	orange	rosa	rot	purpur	violett	blau	grün				
Sonstiges													

Um die Jahrhundertwende waren die Tomaten, damals Liebes- oder Paradiesäpfel genannt, bei uns ausschließlich als Zierpflanzen bekannt. Die roten Früchte hielt man für giftig. Inzwischen gehören Tomaten zum festen Bestandteil der meisten Hausgärten. Auch als Kübelpflanzen auf dem Balkon haben sie sich schnell durchgesetzt, lange bevor der Balkon als „Gemüsegarten" entdeckt wurde. Von den verschiedenen Tomatensorten wählt man für die Kultur im Pflanzgefäß möglichst niedrige Formen aus, z. B. 'Minibel' oder Cocktailtomaten.
Anzucht: Anfang März werden die Tomaten am Fensterbrett in eine Saatschale ausgesät. Später vereinzelt man die Sämlinge in kleine Torftöpfe. Damit die Pflanzen nicht lang und dünn werden, müssen sie sehr hell stehen. Im April kann man sie zum Abhärten tagsüber schon einmal ins Freie stellen. Nachts jedoch wieder hereinholen, denn Tomaten vertragen überhaupt keinen Frost. Endgültig ausgepflanzt werden sie erst nach dem 20. Mai. Standort und Pflege: Tomaten brauchen große Töpfe und gute, nahrhafte Erde. Den Standort möglichst sonnig und geschützt wählen. Während des Sommers reichlich gießen und wöchentlich mit einem flüssigen Volldünger düngen. Damit die Pflanzen nicht umkippen, bindet man sie an einem Stab fest. Triebe, die sich in den Blattachseln bilden, regelmäßig ausbrechen.

Majorana hortensis

Majoran — Labiatae, Lippenblütler

Höhe/Länge	0	**25cm**	50cm	75cm	1m	1,25m	1,5m	1,75m	2m	2,25m	2,5m	2,75m	3m ▷
Blütezeit	Jan	Feb	März	Apr	Mai	**Juni**	Juli	Aug	Sept	Okt	Nov	Dez	
Blütenfarbe	**weiß/beige**	gelb	orange	**rosa**	rot	purpur	violett	blau	grün				
Sonstiges													

Wie viele Würzpflanzen ist der Majoran im Mittelmeergebiet zu Hause, wo man seine Blätter schon im Altertum als Gewürz verwendete. Auch heute noch ist die Mittelmeerküche ohne Majoran nicht denkbar. Oft ist er es, der bei einer Pizza, Spaghetti mit Tomatensoße oder Lasagne die typisch italienische Geschmacksnote bringt. Aber auch als Heilpflanze wurde der Majoran geschätzt. Ein Tee von Majoranblättern wurde gegen Husten und Durchfall genommen.
Anzucht und Pflege: Majoran ist recht frostempfindlich und wird aus diesem Grund bei uns nur einjährig gezogen. Die Aussaat erfolgt ab Mitte April direkt an Ort und Stelle. Bis die Samen nach 2–3 Wochen aufgehen, muß man sie feucht und schattig halten. Später möchte das Kraut möglichst sonnig und warm stehen.
Verwendung: Die Ernte des Majoran muß vor der Blüte erfolgen. Später verliert er viel von seinem Aroma. Die Blättchen werden frisch als Würze zu Fleischgerichten, Soßen, Fisch oder Wild, zu Erbsen- und Bohneneintöpfen gegeben. Zum Trocknen ganze Zweige aufhängen und später die Blätter abstreifen. Wegen der starken Würzkraft, die auch beim Kochen nicht verlorengeht, ist eine vorsichtige Dosierung angebracht.

Matricaria chamomilla

Echte Kamille — Compositae, Korbblütler

Höhe/Länge	0	**25cm**	50cm	75cm	1m	1,25m	1,5m	1,75m	2m	2,25m	2,5m	2,75m	3m
Blütezeit	Jan	Feb	März	Apr	Mai	**Juni**	**Juli**	**Aug**	Sept	Okt	Nov	Dez	
Blütenfarbe	**weiß/beige**	gelb	orange	rosa	rot	purpur	violett	blau	grün				
Sonstiges													

Die Kamille ist eine der bekanntesten Heilpflanzen und wird auch heute noch häufig und vielseitig verwendet. Aus den aromatisch duftenden Blüten bereitet man beruhigende Tees und entzündungshemmende, schmerzlindernde Tinkturen. Die etwa 30 cm hohe Pflanze wächst wild in Getreidefeldern und an Wegrändern, kommt jedoch immer seltener vor. Deshalb sollte man die Pflanze ruhig mit in den Balkon-Kräutergarten aufnehmen. Der Echten Kamille äußerlich und von den Inhaltsstoffen her sehr ähnlich ist, obwohl sie zu einer anderen Pflanzengattung gehört, die Römische Kamille, *Anthemis nobilis.* Sie entwickelt etwas weniger Aroma, wächst dafür aber mehrjährig, während die Echte Kamille einjährig ist.

Anzucht und Pflege: Beide Kamillenarten können von März bis Juli aus Samen gezogen werden. Am besten gedeihen sie in voller Sonne in durchlässiger Erde. Zuviel Feuchtigkeit und stauende Nässe vermeiden. Die Römische Kamille im Winter mit Stroh oder Laub abdecken.

Verwendung: Die voll geöffneten Blüten bei sonnigem Wetter pflücken und an einem schattigen Platz schnell trocknen. Kamillentee wirkt beruhigend und krampflösend. Bäder, Spülungen und Umschläge helfen äußerlich bei Entzündungen und Wunden.

Melissa officinalis

Zitronenmelisse — Labiatae, Lippenblütler

Höhe/Länge	0	25cm	**50cm**	**75cm**	1m	1,25m	1,5m	1,75m	2m	2,25m	2,5m	2,75m	3m
Blütezeit	Jan	Feb	März	Apr	Mai	**Juni**	**Juli**	**Aug**	Sept	Okt	Nov	Dez	
Blütenfarbe	**weiß/beige**	gelb	orange	rosa	rot	purpur	violett	blau	grün				
Sonstiges													

Mit ihren gesägten Blättern und den weißen Lippenblüten sieht die Zitronenmelisse auf den ersten Blick wie eine Taubnessel aus. Zerreibt man jedoch ein Blatt zwischen den Fingern, kann man sie schnell an dem intensiven Zitronengeruch erkennen. Die Melisse stammt aus dem östlichen Mittelmeerraum, von wo aus Mönche sie im Mittelalter über die Alpen brachten. Lange Zeit war sie in den Kloster- und Bauerngärten eine wichtige Heil- und Nutzpflanze. Bekannt ist der schon im 17. Jahrhundert von den Karmelitermönchen in Nürnberg hergestellte Karmelitergeist oder der Klosterfrau-Melissengeist, der auf die Nonne Maria Clementine Martin zurückgeht.

Anzucht und Pflege: Die Aussaat der ausdauernden Pflanze lohnt im Grunde nicht, da man in der Regel mit ein bis zwei Pflanzen auskommt. Der Standort sollte sonnig, die Erde immer gut feucht, aber nicht zu naß sein. Auch bei guter Düngung (im Sommer wöchentlich mit Flüssigdünger) muß die Staude nach zwei bis drei Jahren geteilt und umgetopft werden.

Verwendung: In der Küche dient Zitronenmelisse zur Verfeinerung der meisten Speisen, für die man sonst Zitronenschale oder -saft nimmt, zum Beispiel zu Salat, Fisch, Quarkspeisen und Dressings. Die aromatischen Blätter vor der Blüte ernten und grundsätzlich nicht mitkochen.

Mentha x piperita

Pfefferminze — Labiatae, Lippenblütler

Höhe/Länge	0	25cm	50cm	75cm	1m	1,25m	1,5m	1,75m	2m	2,25m	2,5m	2,75m	3m	▷
Blütezeit	Jan	Feb	März	Apr	Mai	Juni	**Juli**	**Aug**	Sept	Okt	Nov	Dez		
Blütenfarbe	weiß/beige	gelb	orange	rosa	rot	purpur	**violett**	blau	grün					
Sonstiges														

Die Pfefferminze ist die populärste Vertreterin unter den Minzen. Sie entstand vermutlich in England aus einer Kreuzung von Bachminze und Grüner Minze und zeichnet sich durch einen hohen Gehalt an Menthol aus. Besonders aromareich ist die Sorte 'Mitcham'. Die Pfefferminze wächst mehrjährig und breitet sich durch Wurzelausläufer aus. An ihr zusagenden Standorten wird sie bis 40 cm hoch.

Anzucht und Pflege: Die echte Pfefferminze kann nur vegetativ, zum Beispiel durch Wurzelausläufer, vermehrt werden. Bieten Samenhandlungen trotzdem Pfefferminzsamen an, handelt es sich immer um eine andere Minzenart. Am besten kommen die Pflanzen an einem halbschattigen Platz in recht feuchter Erde vorwärts. Nach zwei Jahren werden die flachwurzelnden Stauden geteilt und wieder neu eingepflanzt.

Verwendung: Der beste Zeitpunkt für die Ernte ist kurz vor der Blüte, wenn die Pflanzen den höchsten Mentholgehalt aufweisen. Man nimmt die Blätter für Tees gegen Blähungen und zur Anregung der Nierentätigkeit. Zum Hammel- oder Lammbraten bereitet man daraus die berühmte Mintsoße.

Nasturtium officinale

Brunnenkresse — Cruciferae, Kreuzblütler

Höhe/Länge	0	25cm	50cm	75cm	1m	1,25m	1,5m	1,75m	2m	2,25m	2,5m	2,75m	3m	▷
Blütezeit	Jan	Feb	März	Apr	Mai	**Juni**	Juli	Aug	Sept	Okt	Nov	Dez		
Blütenfarbe	**weiß/beige**	gelb	orange	rosa	rot	purpur	violett	blau	grün					
Sonstiges														

Obwohl die Brunnenkresse sehr reich an Vitaminen und Mineralstoffen ist, wird sie leider nur selten angepflanzt. Dies liegt vor allem an der landläufig verbreiteten Meinung, sie gedeihe nur an fließendem Wasser. Tatsächlich kann man sie jedoch ebensogut in wasserdichten Gefäßen in stehendem Wasser heranziehen und dort vom zeitigen Frühjahr bis in den Herbst die schmackhaften Blätter ernten.

Anzucht und Pflege: Man sät die Kresse im Frühjahr in eine wasserdichte Schale und hält die Saat recht naß, bis die Sämlinge nach ca. 2 Wochen auflaufen. Später kommen die Pflänzchen an einen halbschattigen Platz in einen ungelochten Balkonkasten, den man so weit mit Wasser auffüllt, daß der Wasserstand immer 1 cm über der Substratoberfläche liegt. Tägliches Nachfüllen also nicht vergessen. Alle zwei Wochen außerdem einen Flüssigdünger ins Gießwasser geben.

Verwendung: Geerntet werden die Triebspitzen. Pflanzen dabei nicht weiter als bis auf 5 cm zurückschneiden. Bei der ersten Ernte sollten die Pflanzen mindestens 10 cm hoch sein. Man ißt das frische Kraut pur als Salat oder mischt es unter andere grüne Salate. Sehr fein schmeckt auch Brunnenkressequark. Zum Trocknen oder Einfrieren ist Brunnenkresse nicht geeignet.

Ocimum basilicum

Basilikum, Königskraut — Labiatae, Lippenblütler

Höhe/Länge	0	**25cm**	**50cm**	75cm	1m	1,25m	1,5m	1,75m	2m	2,25m	2,5m	2,75m	3m ▷
Blütezeit	Jan	Feb	März	Apr	Mai	**Juni**	**Juli**	**Aug**	Sept	Okt	Nov	Dez	
Blütenfarbe	**weiß/beige**	gelb	orange	rosa	rot	purpur	violett	blau	grün				
Sonstiges													

Basilikum, auch Königskraut genannt, kam ehemals aus dem tropischen Vorderindien nach Europa. Heute kennt man es hauptsächlich aus italienischen Lokalen, wo es zur Verfeinerung von Tomatengerichten gebraucht wird. Wegen seiner beträchtlichen Würzkraft sollte man es anfangs mit Vorsicht verwenden.

Anzucht und Pflege: Zum Gedeihen benötigt das Königskraut sehr viel Wärme und Sonne. Die Aussaat erfolgt Anfang April in eine Schale, die bis zum Keimen der Samen feucht und sehr warm (zwischen 22° und 25°C) gehalten werden muß. Erst nach den Eisheiligen darf man die Jungpflanzen ins Freie setzen. Während des Sommers reichlich gießen und düngen. Zum Herbst hin, wenn die Temperaturen häufig unter 10°C fallen und das Basilikum das Wachstum einstellt, schneidet man die ganzen Pflanzen ab und hängt sie zum Trocknen auf. Später lassen sich die getrockneten Blätter leicht von den Stielen abstreifen.

Verwendung: Basilikum paßt zu Tomatengerichten, zu frischen Salaten, Schweine- und Kalbfleisch, Geflügel. Weiterhin findet es zum Beispiel bei der Herstellung von Kräuterbutter und Kräuteressig Verwendung.

Origanum vulgare

Oregano — Labiatae, Lippenblütler

Höhe/Länge	0	**25cm**	50cm	75cm	1m	1,25m	1,5m	1,75m	2m	2,25m	2,5m	2,75m	3m ▷
Blütezeit	Jan	Feb	März	Apr	Mai	Juni	**Juli**	**Aug**	**Sept**	Okt	Nov	Dez	
Blütenfarbe	weiß/beige	gelb	orange	**rosa**	rot	purpur	violett	blau	grün				
Sonstiges													

Oregano ist eng mit dem Majoran verwandt und wird deshalb mitunter auch Staudenmajoran genannt. Er wächst mehrjährig und kommt besonders in Süddeutschland häufig auf sonnigen Hängen und an Waldrändern vor. Wegen seiner hübschen, rosafarbenen Blütenbüschel steht er in vielen Gärten oftmals nicht als Würzpflanze, sondern als Zierstaude. Meist handelt es sich hierbei jedoch um eine niedrig bleibende Gartenform namens 'Compacta' oder die goldlaubige Sorte 'Aureum'. Beide erreichen nur eine Höhe von 15 cm, während der normale Oregano etwa doppelt so hoch wird. Im Geschmack ähnelt das Kraut sehr dem Majoran, doch würzt es nicht ganz so stark. Wie dieser gehört er zum unentbehrlichen Bestandteil der italienischen Küche.

Anzucht und Pflege: Oregano kann man leicht durch Samen vermehren. Die Aussaat erfolgt ab April direkt in das vorgesehene Pflanzgefäß. Später lassen sich die Stauden dann durch Teilung vermehren und dabei verjüngen. Als Standort bevorzugt die Gewürzpflanze einen sonnigen, warmen Platz. Stauende Nässe ist zu vermeiden. Düngung alle vierzehn Tage mit einem Flüssigdünger, ab August jedoch nicht mehr, da die Pflanzen, wenn sie bis in den Herbst hinein treiben, nicht genug ausreifen und im Winter Frostschäden erleiden.

Verwendung: Wie Majoran wird Oregano, zum Beispiel zu Kalbfleisch, Schweinebraten, Pizza, italienischen Nudelgerichten, Tomaten, Zucchini verwendet.

Petroselinum crispum

Petersilie — Umbelliferae, Doldenblütler

Höhe/Länge	0	25cm	50cm	75cm	1m	1,25m	1,5m	1,75m	2m	2,25m	2,5m	2,75m	3m ▷
Blütezeit	Jan	Feb	März	Apr	Mai	Juni	Juli	Aug	Sept	Okt	Nov	Dez
Blütenfarbe	weiß/beige	gelb	orange	rosa	rot	purpur	violett	blau	grün			
Sonstiges												

Neben dem Schnittlauch ist die Petersilie das am meisten verbreitete Küchenkraut. Außer zum Würzen vieler Gerichte dient es mit seinen dunkelgrünen, krausen Blättern auch zur Verzierung angerichteter Speisen. Man unterscheidet zwischen der Blattpetersilie und der Wurzelpetersilie. Letztere bildet eine fleischige lange Wurzel und ist für den Balkonkasten weniger geeignet. Bei der Blattpetersilie gibt es glattblättrige Sorten mit sehr ausgeprägtem Aroma und die weniger aromatischen aber dekorativeren krausblättrigen Züchtungen.

Anzucht und Pflege: Petersilie ist eine zweijährige Pflanze, die nach der Blüte im zweiten Jahr ihren Wert verliert, und deshalb jedes Jahr neu ausgesät werden sollte. Die Aussaat erfolgt Mitte April direkt in das vorgesehene Gefäß. Als Standort kommen sonnige wie halbschattige Lagen in Frage. Regelmäßiges Gießen und eine Flüssigdüngung alle vierzehn Tage sorgen dafür, daß den ganzen Sommer über frische Petersilie zur Hand ist. Für den Winterbedarf setzt man einige Pflanzen in Töpfe und stellt sie ans Küchenfenster.

Verwendung: Petersilie paßt als eine Art Universalgewürz zu allen gesalzenen Speisen, besonders aber zu Salaten. Die Vitamin A-, B- und C- haltigen Blätter immer frisch verwenden.

Pimpinella anisum

Anis, Anis-Bibernelle — Umbelliferae, Doldenblütler

Höhe/Länge	0	25cm	50cm	75cm	1m	1,25m	1,5m	1,75m	2m	2,25m	2,5m	2,75m	3m ▷
Blütezeit	Jan	Feb	März	Apr	Mai	Juni	Juli	Aug	Sept	Okt	Nov	Dez
Blütenfarbe	weiß/beige	gelb	orange	rosa	rot	purpur	violett	blau	grün			
Sonstiges												

Anis wird etwa 40 cm hoch und erinnert äußerlich etwas an Kerbel. Das einjährige Kraut kam schon frühzeitig aus seiner Heimat Ägypten und Griechenland nach Mitteleuropa, wo es vor allem in Bauern- und Klostergärten gezogen wurde.

Anzucht und Pflege: Die Aussaat erfolgt Anfang April an einem geschützten, warmen Standort im Freien. Die Erde sollte nahrhaft sein und nicht zu feucht gehalten werden. Im August sind die Samen in günstigen Jahren reif und können geerntet werden.

Verwendung: Man nimmt die getrockneten Samen für beruhigende Tees bei Blähungen und gegen Husten; auch bei der Weihnachtsbäckerei (Anisplätzchen, Lebkuchen), gelegentlich auch beim Brotbacken findet Anis Verwendung. Aus Anissamen zubereitete Liköre wirken appetitanregend und verdauungsfördernd.

Rosmarinus officinalis

Rosmarin — Labiatae, Lippenblütler

Höhe/Länge	0	25cm	**50cm**	**75cm**	**1m**	1,25m	1,5m	1,75m	2m	2,25m	2,5m	2,75m	3m ▷
Blütezeit	Jan	Feb	März	Apr	**Mai**	**Juni**	Juli	Aug	Sept	Okt	Nov	Dez	
Blütenfarbe	weiß/beige	gelb	orange	rosa	rot	purpur	violett	**blau**	grün				
Sonstiges				W	(i)								

Der Immergrüne, etwa meterhoch wachsende Strauch stammt aus dem Mittelmeerraum, wo er an felsigen Berghängen wild wächst. Seine nadelartigen graugrünen Blätter haben einen kampferartigen Geruch und sind reich an ätherischem Öl. Hierzulande wird Rosmarin fast ausschließlich als Gewürzpflanze gezogen, in England ist er mit seinen blauen Blüten auch als Zierpflanze sehr geschätzt.

Anzucht und Pflege: Rosmarin ist nicht ganz frosthart und muß im Winter ins Haus genommen werden. Am besten stellt man ihn in einen hellen, kühlen Raum, sobald die ersten stärkeren Fröste angesagt sind. Während der Wintermonate sollte man ihn kaum gießen und nicht düngen. Im Sommer möchte der Strauch einen sonnigen, geschützten Platz, mäßig Wasser und Dünger. Die Anzucht aus Samen ist möglich, lohnt sich aber kaum, da man nur eine oder zwei Pflanzen benötigt. Besser besorgt man sich Jungpflanzen oder Stecklinge.

Verwendung: Rosmarin paßt zu vielen Gerichten der Mittelmeerküche, zu Schweinefleisch, Wild, Hammel und Fisch. In allen Fällen wird er mitgekocht oder mitgebraten. Man kann aus den stark duftenden Zweigen aber auch einen Aufguß herstellen und ihn als kreislaufanregenden Badezusatz verwenden.

Rumex acetosa

Sauerampfer — Polygonaceae, Knöterichgewächse

Höhe/Länge	0	**25cm**	**50cm**	**75cm**	1m	1,25m	1,5m	1,75m	2m	2,25m	2,5m	2,75m	3m ▷
Blütezeit	Jan	Feb	März	Apr	**Mai**	**Juni**	**Juli**	**Aug**	Sept	Okt	Nov	Dez	
Blütenfarbe	weiß/beige	gelb	orange	**rosa**	rot	purpur	violett	blau	grün				
Sonstiges													

Der Sauerampfer ist eine ausdauernde, einheimische Pflanze, die vorzugsweise auf Wiesen und an Bachläufen, also an relativ feuchten Standorten vorkommt. Die lanzettförmigen Blätter sind bei der Gartenpflanze größer und zarter als bei der Wildform, haben einen säuerlichen Geschmack und enthalten reichlich Vitamin C. Im Mai und Juni treibt die wüchsige Staude hohe Blütenrispen, die man, um eine gute Blatternte zu erhalten, frühzeitig ausbrechen sollte.

Anzucht und Pflege: Das mehrjährige Kraut wird im April oder August ausgesät und später vereinzelt, so daß zwischen den einzelnen Pflanzen ein Abstand von 15–20 cm besteht. Häufig wird die Herbstaussaat bevorzugt, weil Frühjahrsaussaaten meist schnell in Blüte schießen. Wichtig für ein rasches Wachstum ist reichlich Feuchtigkeit. Stehen die Stauden häufiger zu trocken, verlieren die Blätter ihre Zartheit, und es dauert nicht lange, dann stellen sich die ersten Schädlinge ein. Im Garten hält sich Sauerampfer über mehrere Jahre an einer Stelle. Im Balkonkasten teilt und verpflanzt man die Staude nach zwei Jahren oder sät wieder neu aus.

Verwendung: Man erntet die zarten, jungen Blätter, läßt das Herz der Pflanze dabei aber stehen. Unentbehrlich ist Sauerampfer für die Frankfurter „Grüne Soße“ oder die in Frankreich so beliebte Sauerampfersuppe. Gut schmeckt er auch kleingehackt in frischen Salaten.

Salvia officinalis

Salbei — Labiatae, Lippenblütler

Höhe/Länge	0	25cm	**50cm**	75cm	1m	1,25m	1,5m	1,75m	2m	2,25m	2,5m	2,75m	3m	▷
Blütezeit	Jan	Feb	März	Apr	Mai	**Juni**	**Juli**	Aug	Sept	Okt	Nov	Dez		
Blütenfarbe	weiß/beige	gelb	orange	rosa	rot	purpur	**violett**	**blau**	grün					
Sonstiges														

Wie die meisten Gewürzkräuter ist auch der Salbei eine Pflanze mit Vergangenheit. Bereits die Dichter der Antike erwähnten ihn lobend. Karl der Große ordnete den Anbau an. Im Mittelalter bezeichnete man den Salbei als das „heilige Kraut des Altertums". Die Pflanze wächst strauchartig und wird am optimalen Standort 60 cm hoch. Im Balkonkasten erreicht er diese Größe allerdings kaum. Seine ovalen, graugrünen Blätter enthalten ätherisches Öl. Getrocknet entfalten sie mehr Würzkraft als wenn man sie frisch verwendet.

Anzucht und Pflege: Salbei wächst mehrjährig und kann aus Samen herangezogen werden. Die Aussaat erfolgt im Mai in eine Saatkiste. Später pflanzt man die Sämlinge im Abstand von 25 cm in das vorgesehene Gefäß. Am besten entwickelt sich Salbei an einem sonnigen oder halbschattigen Platz in nur mäßig feuchter Erde. Im Winter sollte man ihn mit Laub oder Tannenreisig abdecken und im Frühjahr die Triebe zurückschneiden.

Verwendung: Salbeitee ist als altes Hausmittel gegen Husten und Erkältung bekannt. In der Küche wird er zum Würzen von Wild, Hammelfleisch, Fisch und Schweinebraten genommen. Geerntet wird das Kraut, zum frischen Verzehr oder zum Trocknen, bevor die blauen Blüten erscheinen.

Sanguisorba minor

Pimpinelle — Rosaceae, Rosengewächse

Höhe/Länge	0	25cm	**50cm**	75cm	1m	1,25m	1,5m	1,75m	2m	2,25m	2,5m	2,75m	3m	▷
Blütezeit	Jan	Feb	März	Apr	**Mai**	**Juni**	Juli	Aug	Sept	Okt	Nov	Dez		
Blütenfarbe	weiß/beige	gelb	orange	rosa	rot	**purpur**	violett	blau	grün					
Sonstiges														

Die ausdauernde, oft wintergrüne Pflanze wird wegen ihres deutschen Namens häufig mit *Pimpinella saxifraga*, einem Doldenblütengewächs, verwechselt, das der Pimpinelle auch vom Blatt her sehr ähnlich sieht. Geschmacklich unterscheiden sich die beiden Pflanzen jedoch erheblich. Während *Sanguisorba minor* eher milde, nach Nüssen oder Gurken schmeckt, ist der Geschmack von *Pimpinella saxifraga* deutlich strenger und scharf. Auf trockenen Wiesen und an Waldrändern findet man die einheimische Staude mit ihren dichten Blattbüscheln zum Teil noch wild. Im allgemeinen gilt sie als anspruchslos.

Anzucht und Pflege: Die Pimpinelle läßt sich schlecht verpflanzen. Man sät sie im April direkt in das vorgesehene Gefäß, in dem sie meist über 2 bis 3 Jahre bleiben kann. Die Samen laufen nach ca. 14 Tagen auf. Die Wuchshöhe des Krauts beträgt 40–50 cm. Damit die Pflanzen nicht zuviel Kraft in die Blüten stecken, bricht man die Knospen aus, sowie sie sich im Sommer aus den Blattbüscheln herausschieben.

Verwendung: Die Vitamin-C-haltige Pimpinelle immer frisch verbrauchen. Man gibt sie kleingehackt zu Salaten, Kräuterbutter oder kurz vor dem Servieren an Suppen und Fisch. Ein Tee von den Blättern wird bei Verdauungsstörungen empfohlen.

Satureja

Bohnenkraut — Labiatae, Lippenblütler

Höhe/Länge	0 · **25cm** · 50cm · 75cm · 1m · 1,25m · 1,5m · 1,75m · 2m · 2,25m · 2,5m · 2,75m · 3m ▷
Blütezeit	Jan · Feb · März · Apr · Mai · Juni · **Juli** · **Aug** · **Sept** · **Okt** · Nov · Dez
Blütenfarbe	**weiß/beige** · gelb · orange · **rosa** · rot · purpur · **violett** · blau · grün
Sonstiges	

Beim Bohnenkraut unterscheidet man zwischen dem mehrjährigen Stauden- oder Winterbohnenkraut (*Satureja montana*) und dem einjährigen Sommerbohnenkraut (*Satureja hortensis*). Während ersteres über mehrere Jahre an Ort und Stelle bleiben kann, aber meistens erst im zweiten Sommer volle Ernten bringt, muß das einjährige Bohnenkraut jährlich neu ausgesät werden. Es hat jedoch den Vorteil, schon nach kurzer Zeit erntereif zu sein.

Anzucht und Pflege: Einjähriges Bohnenkraut Ende April auf dem Fensterbrett in eine Schale aussäen. Nach den Eisheiligen werden die Sämlinge in das vorgesehene Gefäß gepflanzt, wo sie sich bei genügend sonnigem Standort rasch entwickeln. Mehrjähriges Bohnenkraut sät man ab April im Freien aus. Pflanzen in Töpfen im Winter ins Haus nehmen, in größeren Gefäßen können sie draußen bleiben. Nach dem Winter fördert ein Rückschnitt bis auf Handbreite den Neuaustrieb.

Verwendung: Bohnenkraut paßt, der Name sagt es schon, zu Bohnen, aber auch zu anderen Hülsenfrüchten, die durch das Würzkraut bekömmlicher werden. Gern verwendet man es auch zu Bratkartoffeln, gebratenem Huhn, zu grünen Salaten und Fisch.

Solanum tuberosum

Kartoffel — Solanaceae, Nachtschattengewächse

Höhe/Länge	0 · **25cm** · 50cm · 75cm · 1m · 1,25m · 1,5m · 1,75m · 2m · 2,25m · 2,5m · 2,75m · 3m ▷
Blütezeit	Jan · Feb · März · Apr · Mai · **Juni** · **Juli** · Aug · Sept · Okt · Nov · Dez
Blütenfarbe	**weiß**/beige · gelb · orange · rosa · rot · purpur · violett · blau · grün
Sonstiges	

Krummbirne, Erdapfel, Erd- oder Grundbirne – die verschiedenen Namen der Kartoffel sind fast so zahlreich wie die Gerichte, die man aus der vielgeliebten Knolle bereiten kann. Ursprünglich stammt das Nachtschattengewächs aus Peru. In Europa tauchte es erstmals im 16. Jahrhundert auf. Größere Bedeutung als Grundnahrungsmittel erlangte die Knolle aber erst zweieinhalb Jahrhunderte später.

Inzwischen sind Kartoffeln auf dem Tisch längst nichts Besonderes mehr. Es sei denn, sie stammen aus eigener Anzucht vom Balkon.

Anzucht und Pflege: Eine spezielle Anbaumethode erlaubt es, Kartoffeln nicht nur im Garten, sondern auch auf dem Balkon anzupflanzen. Man nimmt einen 10-Liter-Eimer (mit Abzugslöchern im Boden) oder einen entsprechend großen Blumentopf und füllt ihn knapp handbreit mit Erde. Nun werden 3 bis 4 vorgekeimte Kartoffeln eingesetzt und soweit mit Erde bedeckt, daß die Triebspitzen gerade noch herausschauen. In den folgenden Wochen füllt man alle zwei Tage immer soviel Erde nach, daß die flott wachsenden Triebe gerade noch mit dem Herz herausschauen. Ist der Eimer gefüllt, wartet man ab, bis das Kartoffelkraut abstirbt. Danach kann geerntet werden. Bis dahin regelmäßig gießen und düngen.

Thymus vulgaris

Thymian — Labiatae, Lippenblütler

Höhe/Länge	0	**25cm**	50cm	75cm	1m	1,25m	1,5m	1,75m	2m	2,25m	2,5m	2,75m	3m ▷
Blütezeit	Jan	Feb	März	Apr	**Mai**	**Juni**	**Juli**	**Aug**	**Sept**	Okt	Nov	Dez	
Blütenfarbe	weiß/beige	gelb	orange	rosa	rot	purpur	**violett**	blau	grün				
Sonstiges													

Bevor der Thymian im Mittelalter in unsere Klostergärten gelangte, war er in den Mittelmeerländern zu Hause und dort schon seit der Antike als wertvolle Gewürzpflanze bekannt. Die etwa 20 cm hohe Pflanze wächst kriechend, wobei die Zweige im unteren Teil verholzen. Deshalb zählt man den Thymian zu den sogenannten Halbsträuchern. Neben seiner würzkräftigen Blättchen bringt er von Mai bis September hübsche hellviolette Blüten hervor, so daß er auch als Zierpflanze Verwendung findet. Nicht zu verwechseln ist dieser Thymian jedoch mit dem Zier-Thymian, *Thymus serpyllum,* der im Kapitel „Winterharte Stauden, Gräser und Zwiebelblumen" (S. 166) eingehender behandelt wird.

Anzucht und Pflege: Neben dem ausdauernden Deutschen Thymian wird gelegentlich Französischer Thymian angeboten, der jedes Jahr neu angezogen werden muß. Die Aussaat erfolgt im März und April in eine Schale. Sowie die Sämlinge etwas größer sind, pflanzt man sie in den Balkonkasten oder ins Kräuterbeet. Als Standort eignet sich ein sonniger, warmer Platz. Im Winter empfiehlt sich ein Schutz aus Tannenreisern.

Verwendung: Thymian ist besonders in der französischen Küche beliebt. Er eignet sich zum Würzen von Fleisch, Fisch, Kartoffel- und Tomatengerichten und Hülsenfrucht-Eintöpfen. Für den Wintervorrat im Juni und September die noch unverholzten Triebe pflücken und zum Trocknen aufhängen.

Topf-Obstbäume

Höhe/Länge	0	25cm	50cm	75cm	1m	1,25m	**1,5m**	**1,75m**	**2m**	2,25m	2,5m	2,75m	3m ▷
Blütezeit	Jan	Feb	März	**Apr**	**Mai**	Juni	Juli	Aug	Sept	Okt	Nov	Dez	
Blütenfarbe	**weiß/beige**	gelb	orange	**rosa**	rot	purpur	violett	blau	grün				
Standort													

Zu einem beliebten Hobby hat sich die Haltung von Obstbäumen in Töpfen und Kübeln entwickelt. Dabei handelt es sich im Grunde um nichts Neues. Schon im vorletzten Jahrhundert kultivierte man in den Gärtnereien der Fürstenhöfe Topf-Obstbäume. Für die Gefäßkultur geeignet sind Apfelsorten wie 'Golden Delicious', 'James Grieve' und 'Idared', Birnensorten wie 'Clapps Liebling' und 'Williams Christ' sowie Pfirsiche, Aprikosen und Sauerkirschen. Süßkirschen sind dagegen im allgemeinen zu starkwüchsig. Gut halten sich wiederum Hochstämmchen von Johannisbeeren und Stachelbeeren. Beim Kauf sollte man dem Gärtner sagen, daß die Bäumchen als Topfpflanzen gedacht sind. Dann sucht er entsprechend schwachwüchsige Veredlungen heraus. Wichtig ist auch, daß man jeweils eine passende Bestäuberpflanze hinzunimmt. Für Balkongärtner mit wenig Platz bieten sich die 'Duo-' oder 'Pärchenbäume' an. Hierbei sind zwei oder mehr Sorten, die sich gegenseitig bestäuben, auf einen Stamm veredelt.

Standort und Pflege: Obstbäume verlangen nahrhafte, durchlässige Erde und einen sonnigen Standort. Gleichmäßig gießen und von April bis August alle 14 Tage düngen. Die Überwinterung erfolgt in einem kühlen Raum oder im Freien. Hier empfiehlt es sich, den Topf mit Holzwolle, Laub oder Stroh vor Frost zu schützen.

Fachausdrücke

Abhärten: allmähliches Gewöhnen von Gewächshauspflanzen an Freilandbedingungen.

Abmoosen: Vermehrungsart, bei der der Steckling sich an der Mutterpflanze bewurzelt. Wo später die Jungpflanze abgetrennt werden soll, schneidet man die Rinde keilförmig an, umgibt die Stelle mit einer Handvoll feuchtem Torfmoos und umwickelt schließlich alles mit einer Plastikfolie.

Achsel: die Stelle, an der ein Blatt oder Zweig vom Stamm abzweigt. Viele Blütenstände sind „achselständig".

alpin: Pflanzen des Hochgebirges.

Anzuchtkasten: oft elektrisch beheizbare, größere Schale mit Glashaube.

Art: Gruppe von Pflanzen mit überwiegend gemeinsamen Merkmalen; sie lassen sich miteinander kreuzen.

Ausknipsen, Ausgeizen: entfernen der Sproßspitzen, um bessere Verzweigung der Pflanzen zu erreichen.

Ausläufer: oberirdischer oder unterirdischer kriechender Seitensproß.

Beere: Fleischige, einen oder mehrere Samen enthaltende Frucht.

Blüte: Organ der Pflanzen für die geschlechtliche Fortpflanzung, meist aus Kelch- und Blütenblättern sowie Staubgefäßen und Stempel bestehend.

Blütenstand: Anordnung der Blüten, z. B. Rispe, Traube oder Dolde.

Bractee (Braktee): Hochblätter, die sich unter der eigentlichen Blüte einer Pflanze befinden. Sie werden fälschlicherweise oft für Blütenblätter gehalten, sind aber nur anders gefärbte Blätter, z. B. bei Poinsettien, Bougainvilleen und verschiedenen Euphorbien.

Dolde: Ansammlung von Blüten, die alle aus einem Punkt entspringen.

Durchlässigkeit des Bodens: je nach Zusammensetzung des Bodens kann Wasser gut oder schlecht abfließen. Sand verbessert die Durchlässigkeit.

Einheitserde: nach patentiertem Verfahren hergestelltes Pflanzensubstrat aus Ton, Torf und mineralischen Nährstoffen.

Einjährige: Pflanzen, die ihren Lebenszyklus in einem Jahr vollenden.

epiphytisch: über dem Boden lebend. Epiphyten sind Pflanzen, die auf Ästen oder moosigen Felsen leben. Die meisten Bromelien gehören hierzu. Sie sind nicht parasitär und benutzen ihre „Wirtspflanzen" nur als Träger.

Familie: Gruppe von Pflanzengattungen, die sich in vielerlei Hinsicht gleichen. Die Endung der lateinischen Familiennamen lautet in fast allen Fällen -aceae (z. B. Orchidaceae), die deutschen Familienbezeichnungen enden meist auf -gewächse oder -blütler (z. B. Orchideengewächse, Korbblütler).

Farne: blütenlose Pflanzen mit prächtigen Blattwedeln.

Frühbeet: mit Fenstern abgedeckter Anzuchtkasten im Freien.

Fungizid: Pilzbekämpfungsmittel.

Gattung: Gruppe von Pflanzen mit vielen gemeinsamen Merkmalen. Cyclamen (Alpenveilchen), Abies (Tanne) oder Hedera (Efeu) sind Gattungen. Eine Gattung besteht meist aus mehreren bis zahlreichen Arten, mehrere Gattungen mit ähnlichen Merkmalen wiederum bilden eine Familie.

Habitus: äußere Erscheinungsform, Wuchsform.

harte Pflanzen: Pflanzen, die Frost vertragen können und jährlich wieder austreiben.

Humus: zersetzter, organischer Anteil des Gartenbodens oder Substrats.

Hybride: durch Kreuzung zweier verschiedener Eltern entstanden.

Insektizid: Insektenbekämpfungsmittel.

Kalthaus: Gewächshaus mit einer Temperatur bis 12°C.

Keimung: das erste Stadium bei der Entwicklung einer Pflanze aus Samen.

Kelchblätter: äußerer Teil der Blütenbestandteile. Sie sind für gewöhnlich grün.

Knolle: dicker, fleischiger Wurzelstock (Dahlie, Kartoffel), der als Speicherorgan dient und die Pflanze Trocken- oder Kälteperioden ohne Schaden überstehen läßt.

krautig: nicht holzig, ohne ausdauernden Stamm.

lanzettliche Blätter: Blätter, die mehr oder weniger lanzenförmig ausgebildet sind.

panaschiert: Blätter, die verschiedenfarbig gemustert sind (z. B. bei Efeu, Liguster, Pfaffenhütchen, Abutilon, Funkie).

Pikieren: Vereinzeln von Sämlingen.

Pseudobulben: falsche Bulben (Knollen), Verdickungen an Wachstumssprossen, die als Speicherorgane dienen können.

Ranke: Organ der Pflanze zum Festhalten an einer Stütze.

Rhizom: Wurzelstock, Verdickung (unterirdisch), aus der Wurzeln und Wachstumssprosse entstehen.

Rosette: kreisförmig um einen Mittelpunkt angeordnete Blätter, die sich meist in Bodennähe befinden (viele Saxifragen).

Ruhezeit: im natürlichen Wachstumsablauf einer Pflanze vorkommende Vegetationspause, z. B. typisch bei Kakteen, Laubbäumen, Blumenzwiebeln.

Sorte: durch Züchtung oder zufällig entstandene Varietät einer Art.

Sphagnum: Torfmoos. Lockert Substrate auf und trägt zu deren Versäuerung (von manchen Pflanzen gewünscht) bei.

Sporen: winzige, staubförmige Körper, die meist nur aus einer einzigen Zelle bestehen. Sie dienen Farnen und Moosen (niederen Pflanzen) zur Fortpflanzung.

Steckling: Von einer Pflanze abgetrennter Blatt-, Sproß- oder Wurzelteil, aus dem eine neue Pflanze herangezogen werden soll. Die bekanntesten Formen sind der Kopfsteckling (Triebspitze mit mehreren Blättern), der Blattsteckling (einzelnes Blatt, z. B. beim Usambaraveilchen) und Wurzelstecklinge bzw. -schnittlinge.

Substrat: Erdmischung.

Sukkulenten: Pflanzen, die Wasser in ihren Zweigen oder Blättern speichern können (z. B. Hauswurz, viele Euphorbien und Kakteen).

Teilung: Vermehrungsart für zahlreiche Pflanzenarten, insbesondere für Stauden, die man durch Teilung der Wurzelstöcke verjüngt und vermehrt.

temperiertes Haus: Gewächshaus mit Temperaturen zwischen 12° und 18 °C.

TKS, Torfkultursubstrat: Pflanzerde aus Torf, Kalk und mineralischen Nährstoffdüngern. Im Handel sind TKS 1 mit schwachem Nährstoffgehalt für Jungpflanzen und TKS 2 mit höherem Nährstoffgehalt für Topf- und Balkonpflanzen.

Treiberei: vorzeitiges Erzeugen von Blüten.

Versalzung: Übersättigung des Bodens oder Substrates mit Mineralien.

Warmhaus: Gewächshaus mit Heiztemperaturen zwischen 18° und 25 °C.

Zweijährige: eine Pflanze, die zwei Wachstumsperioden zur Vollendung ihres Lebenskreislaufs benötigt.

Zwiebeln: umgewandelte Blätter, die den Pflanzen als Speicherorgane dienen. Sie befinden sich meist unter der Erde.

Bildnachweis

J. Apel, Baden-Baden (32 Abb.)
Bildarchiv Dr. Jesse, Köln (2 Abb.)
Bildarchiv Orbis Verlag, München (14 Abb.)
Bildarchiv Sammer, Neuenkirchen (2 Abb.)
Bonsai-Zentrum, Heidelberg (6 Abb.)
A. Kögel, Oberkirch (3 Abb.)
Mein Schöner Garten, Offenburg (2 Abb.)
D. Mitschke, München (1 Abb.)
U. Schneiders, Lindau (1 Abb.)
H. Schrempp, Oberimsingen (2 Abb.)
C. Sperling & Co., Lüneburg (4 Abb.)
M. F. Wetterwald, Offenburg (4 Abb.)
Nova-Photo-Graphik, Wien: Alle übrigen Aufnahmen

Register

Zwergpomeranze

Citrus aurantium

Die Pomeranze kann man in vielen Varietäten bewundern: Vom Bonsai bis hin zur ausgewachsenen Kübelpflanze. Alle aber tragen sie hübsche Früchte, ideal für die Zubereitung von Marmelade.

Citrus aurantium var. myrtifolia bekommt gelbrote Früchte, die etwa zur Weihnachtszeit völlig reif sind.

Zum rohen Essen allerdings, so wie andere Zitrusfrüchte, sind diese nicht geeignet. Das Fruchtfleisch schmeckt recht bitter. Aber eine ausgezeichnete Marmelade können Sie daraus kochen. Die berühmte englische Orangenmarmelade wird aus diesen Früchten (die auch Bittere Orangen genannt werden) hergestellt.

Vermehrung aus Stecklingen

Citrusgewächse können Sie ohne große Probleme aus Stecklingen anziehen. Allerdings sollten Sie vorher wissen, daß das Ergebnis zwar eine hübsche Pflanze ist – die aber nur selten blüht und kaum Früchte trägt.

Am besten im Frühjahr

Etwa Ende Februar/Anfang März sollten Sie gut 10 cm lange Triebspitzen abschneiden. Entfernen Sie die beiden untersten Blätter, und stippen Sie den Steckling in ein Bewurzelungspräparat.
Dann kommt er in ein Torf-Sand-Gemisch. Stülpen Sie über den Topf eine gelochte Plastiktüte, sorgen Sie für viel Bodenwärme. Wenn sich Wurzeln gebildet haben (ein Zeichen dafür sind neues Wachstum, neue Blätter), wird die Pflanze in normale Blumenerde umgesetzt. Dann beginnt auch die übliche Pflege. Und die hält sich bei der Zwergpomeranze in Grenzen.
Das heißt, Sie dürfen nie zuviel gießen. Die Pomeranze steht gerne etwas trockener als die anderen Citrusgewächse. Am kühlen Winterplatz sollte die Erde sogar nur ganz leicht feucht sein.
Auch mit dem Dünger müssen Sie sparsam umgehen, sonst wird die Pflanze schnell für einen Kübel viel zu groß. Der Fachhandel bietet aber Kübel nun mal nicht in unendlich vielen Größen an.

PFLANZENDOKTOR

☐ **Schildläuse** kommen leider häufig vor. Da kaum ein chemisches Mittel den harten Panzer durchdringt, kratzen Sie am besten Laus für Laus mit einem spitzen Messer ab. Dann betupfen Sie die Blattunterseite mit einem alkoholgetränkten Wattebausch, anschließend – nach kurzer Einwirkungszeit – mit klarem Wasser.

☐ **Braune Blattränder** sind ein Zeichen für zuviel Dünger.
Bei der Pomeranze können Sie auf gute Ernährung verzichten.

Zwergpomeranze – ein Mitglied der großen Familie der Citrusgewächse

Apfelsine, Mandarine, Tangerine, Limette und Limone – sie alle gehören zur großen Gattung der Citrusgewächse und sind dadurch aufs engste mit der Zwergpomeranze verbunden.
Kennengelernt haben die meisten von uns sie bei einem Urlaub in den Mittelmeerländern, wo man Citrus-Arten oft sogar ausgepflanzt im Garten findet.

Ein Exote

Bis die Pomeranze allerdings ans Mittelmeer gelangte, hatte sie schon eine weite Reise hinter sich.
Ursprünglich wuchs sie an den Südhängen des Himalayas. Etwa vom 9. Jahrhundert ab wurde sie in Arabien angebaut. Im Jahre 1000 n. Chr. ist sie schon in Sizilien zu Hause. Aber noch einmal 500 Jahre vergingen, bis sie in Deutschland auftauchte. Und zwar unter dem klangvollen Namen „Aurantiorum arboreum arbusculae aliquot". Bis heute allerdings hat sie sich als Kübelpflanze nicht so durchgesetzt, daß man sie in jeder Gärtnerei bekommen würde. Die größten Erfolgsaussichten haben Sie in Baumschulen, die sich auf den Vertrieb südländischer Kübelpflanzen spezialisiert haben.

Mit Dornen

Alle Pomeranzen haben Äste und Zweige mit Dornen, die einen mehr, die anderen auch etwas weniger.
Und alle haben sie die für Citrusgewächse typisch kleinen, relativ harten Blätter, die mit Öldrüsen besetzt sind.
Auch die kleinen, weißen Blüten ähneln denen der Verwandtschaft. Die orangefarbenen Früchte, die sich nach der Bestäubung entwickeln, haben etwa 7 cm im Durchmesser und sind oben etwas abgeflacht. Ihre Schale ist sehr rauh und sehr dick.

Reiche Ernte

Wenn Sie eine ausgewachsene Pflanze haben, ernten Sie mit etwas Glück im Jahr mehrere Pfund Pomeranzen.

Nach der Bestäubung entwickeln sich zuerst grüne, dann orangefarbene Früchte.

EINKAUFSTIPS

Pomeranzen bekommen Sie in speziellen Kübelpflanzen-Gärtnereien.

Lebensdauer: Sie können auch im Kübel viele Jahre alt werden.

Saison: Die Pflanzen sehen das ganze Jahr über äußerst dekorativ aus.

Schwierigkeitsgrad: Etwas Mühe macht die Zwergpomeranze schon. Auch die Suche nach dem kühlen Winterplatz ist problematisch.

KURZE RATSCHLÄGE

Größe und Wuchs

Eine ausgewachsene Pomeranze ist mehrere Meter hoch. Es gibt aber niedrigere Sorten. Sie wächst als buschiger Strauch oder als Baum.

Blüte und Duft

Die Blüten sind klein und weiß. Sie besitzen einen feinen Duft, wie auch die Blätter. Nach der Bestäubung entwickeln sich Früchte.

Licht und Temperatur

Ab Mitte Mai bis zum ersten Frost sollte die Pomeranze im Freien stehen, an einem warmen, sonnigen, aber windgeschützten Platz. Im Winter braucht sie einen hellen, aber kühlen Platz mit etwa 5°C.

Gießen und Düngen

Nicht zuviel Wasser im Sommer, wenig im Winter. Düngen Sie nicht zuviel.

Erde und Umpflanzen

Die Pflanze ist mit normaler Blumenerde zufrieden. Umgepflanzt wird alle paar Jahre im Frühling.

Schneiden

Nicht notwendig.

Vermehren

Die Pflanze läßt sich durch Stecklinge vermehren (siehe auch Innenteil der Karte).

Umgebung

Eine Zwergpomeranze muß während der Wachstumssaison unbedingt im Freien stehen – eine typische Kübelpflanze.

Chinesischer Roseneibisch

Hibiscus rosa-sinensis

Die Farbenpracht und die Leuchtkraft der großen roten, gelben oder gescheckten Trichterblüten, die fast das ganze Jahr über erscheinen, machen den Roseneibisch zu einer sehr begehrten Zimmerpflanze.

ms Jahr

Dezember – Januar

Jetzt hat die Pflanze ihre Ruhezeit. Auch wenn man sie weiterwachsen läßt, braucht sie niedrigere Temperaturen. Sparsam gießen, aber den Wurzelballen nie austrocknen lassen.

Den Roseneibisch bekommt man in unzähligen Variationen – mit einfachen oder gefüllten Blüten in allen Abstufungen von Rot und Gelb.

PFLANZEN-DOKTOR

☐ **Blattläuse** befallen oft Triebspitzen und Knospen. Zuerst fallen meist die zerknitterten Blätter und verkrüppelten Triebe auf. Achten Sie beim Gießen darauf. Falls Läuse vorhanden sind, kann man sie mit lauwarmem Wasser unter der Dusche abspritzen.

☐ **Spinnmilben** sind kleine, gelbliche Schädlinge, die unter den Blättern sitzen und auftreten, wenn die Pflanze zu trocken ist. Die Blätter bekommen Flecken und welken. Beugen Sie vor durch häufiges Abduschen der Pflanze.

☐ **Gelbe Blätter** sind die Folge von Trockenheit oder kranken Wurzeln, etwa durch Überdüngung.

☐ **Abfallende Knospen.** Schuld ist Zug oder starker Temperaturwechsel.

☐ **Verdickte Blätter** mit mißgebildeten Blattnerven, zu niedrige Temperaturen.

Ein weißer Roseneibisch war früher sehr selten. Heute gibt es mehrere, z.B. Hibiscus 'Casa Blanca'.

EINKAUFS-TIPS

Die Pflanze sollte viele Knospen, frische grüne Blätter und kräftige Triebe haben. Achten Sie auf Blattlausbefall.
Lebensdauer: Der Roseneibisch hält mehrere Jahre. Trotzdem behalten ihn viele Leute nur eine Saison.
Saison: Wird von Januar bis Herbst verkauft.

KURZE RATSCHLÄGE

Größe und Wuchs

Die buschigen Pflanzen werden normalerweise mit 20–40 cm Höhe verkauft, erreichen aber 50–100 cm, wenn man sie nicht zurückschneidet. Oft aber bleiben sie niedriger, weil sie schon in der Gärtnerei mit wachstumshemmenden Mitteln behandelt wurden.

Blüte und Duft

Die Blüten entspringen in den Blattachseln und halten etwa drei Tage. Sie haben keinen besonderen Duft.

Licht und Temperatur

Der Eibisch braucht einen hellen, lichten Platz, im Sommer auch draußen, verträgt aber keine pralle Sonne. Die ideale Wintertemperatur beträgt etwa 15° C.

Gießen und Düngen

Gleichmäßiges und gründliches Gießen ist wichtig; Vorsicht aber vor Fußbädern! Von Zeit zu Zeit duschen. Während der Blüte alle 10 Tage düngen.

Erde und Umpflanzen

Im Frühjahr umtopfen. Nehmen Sie keine zu großen Töpfe und keine torfhaltige Erde. Besser ist Einheitserde mit hohem Lehmanteil. Für gute Drainage sorgen.

Schneiden

Wenn die Pflanze in die Höhe schießt und sparrig wird, kann man sie im Frühjahr kräftig zurückschneiden.

Vermehren

Am besten im Mai durch 10–15 cm lange Triebstecklinge. Stecken Sie je 2–3 in Blumenerde und stülpen Sie eine Plastiktüte oder Glasglocke darüber. Bei 22° C Luft- und Bodenwärme bekommen sie nach 3–4 Wochen Wurzeln. Dann werden sie verpflanzt und, wenn sie gut angewachsen sind, zwei- bis dreimal kräftig gestutzt.

Umgebung

Die Pflanze braucht einen Platz mit ganz gleichmäßiger Temperatur und Luftfeuchtigkeit.

Wächst als Strauch oder Bäumchen

Normalerweise wächst der Eibisch buschig, hat eiförmige, stark gezähnte, glänzend dunkelgrüne Blätter und riesige Blüten. Je nach Geschmack kann man zwischen einfachen und gefüllten Blüten in einer ganzen Reihe von Farben wählen: Gelb, Orange, Weiß, Rot und sogar gesprenkelt.
Wer will, kann ihn aber auch zum Bäumchen erziehen: indem die untersten Triebe immer wieder abgeknipst werden, bis sich eine Krone gebildet hat.

Kann auf zwei Arten überwintern

Der Roseneibisch ist ideal für Leute, denen in jedem Jahr wieder der kühle, helle Überwinterungsplatz fehlt: Er verträgt das ganze Jahr über normale Zimmertemperaturen. Er muß dann aber auch im Winter mehr gegossen und gedüngt werden. Besser allerdings wird er in den dunkleren Monaten kühler gestellt, weniger gegossen und gar nicht gedüngt. Dann sammelt er Kraft und blüht im Frühjahr umso eifriger. Ideal sind bei dieser „klassischen" Überwinterung Temperaturen von 15° C; auf keinen Fall sollte er kühler als 10–12° C stehen, dann erfriert er.

Mit dem Roseneibisch rund

Februar

Jetzt hört die Winterruhe auf. Setzen Sie die Pflanze in einen Topf mit frischer Erde (lehmhaltig), gießen Sie langsam etwas mehr, lassen Sie den Eibisch aber noch kühl stehen.

März–April

Allmählich an die Zimmertemperatur gewöhnen. Reichlicher gießen und ab April alle 10 Tage Flüssigdünger geben. Mit einer kurzen Trockenpause kann man die Pflanze zum Blühen zwingen.

Mai–Oktober

Den ganzen Sommer über regelmäßig gießen und düngen und für gleichmäßige Wärme sorgen.

November

Soll die Pflanze kühler überwintern, damit sie im nächsten Jahr schöner blüht, wird nun allmählich weniger gegossen, die Temperatur zurückgedreht und das Düngen ganz eingestellt. Soll sie den Winter im warmen Zimmer verbringen, braucht sie weiterhin Wasser und Dünger.

Wie lange ein Strauß in der Vase hält, hängt von den Blumen, vor allem aber von der richtigen Pflege ab.

Frischhaltemittel

Im Blumenhandel bekommen Sie sogenannte Frischhaltemittel, die in das Vasenwasser gemischt werden. Sie enthalten nicht nur einige Nährstoffe, sondern vor allem Bakterienhemmer. Dadurch wird der Fäulnisprozeß im Wasser erschwert oder sogar ganz verhindert. Wird dem Wasser so ein Mittel zugegeben, sollte immer nur verbrauchtes Wasser nachgefüllt werden. Stehen die Blumen dagegen in normalem Leitungswasser, müssen Sie das Wasser jeden Tag wechseln. Übrigens ist handwarmes Wasser eiskaltem Leitungswasser vorzuziehen.

Für Sauberkeit sorgen

Daß man Vasen immer gründlich scheuern sollte, ist wohl selbstverständlich. Besonders aber in Keramikvasen können sich Fäulnisbakterien einnisten. Deshalb kann es nicht schaden, wenn man diese nach mehrmaligem Gebrauch gelegentlich mit einem Desinfektionsmittel säubert.
Fäulnis verhindern soll auch das „Entlauben" der Stiele, das Entfernen sämtlicher Blätter, die ins Wasser ragen würden.

Licht und Temperatur

Schnittblumen können sehr rasch welken, wenn sie in allzu greller Sonne stehen. Lassen Sie einen Blumenstrauß deshalb nicht in der Mittagshitze an einem Südfenster leiden – stellen Sie ihn so lange auf einen Tisch.
Überhaupt gefällt Blumensträußen – wie auch den meisten Topfpflanzen – ein kühler Platz besser als ein sehr warmer. Zwar werden Sie den Blumen zuliebe nicht frieren wollen, aber wenn es möglich ist, sollte ein Strauß nicht zu nah am Heizkörper stehen. Oder stellen Sie ihn wenigstens nachts kühler. Auch auf Zugluft reagieren Blumen empfindlich.

Denken Sie daran:

- Schnittblumen sollen ganz frisch sein.
- Zuerst in einen Eimer mit Wasser stellen.
- Schnittflächen stets schräg anschneiden.
- Frischhaltemittel ins Wasser geben oder Wasser täglich wechseln.
- Blumen nachts kühler stellen.
- Einen Blumenstrauß nie neben Obst stellen, er welkt dann schneller.

Pflegen Sie auch Schnittblumen

Schnittblumen sind von unterschiedlicher Haltbarkeit. Manche bleiben nur einige Tage lang frisch, obwohl sie nach allen Regeln der Kunst behandelt werden. Die Iris zum Beispiel ist so eine kurzlebige Schönheit. Zwei, drei Tage – dann ist es mit der Pracht vorbei. Andere dagegen bleiben eine ganze Woche oder auch länger in der Vase schön, ohne daß man viel tun muß. Wer solche Pflanzen sucht, der sollte zum Beispiel einige Stiele mit Amaryllisblüten in die Vasen stellen. Es ist also ganz wichtig, daß man für seine speziellen Erwartungen die richtigen Blumen aussucht.

Blumen aus dem Garten

Wer das Glück hat und seine Blumensträuße im eigenen Garten schneiden kann, sollte dies am frühen Morgen tun – niemals in der Mittagshitze. Wenn der Tau noch auf den Blättern liegt, dann halten die Blumen auch in der Vase eine ganze Weile aus. Zunächst einmal sollten Sie den frisch geschnittenen Blumen etwas Zeit zur Erholung geben und sie für ein bis zwei Stunden in einem Eimer mit Wasser an einen schattigen Platz stellen – so wie es auch der Fachmann macht. Wichtig ist, wie „reif" Blüten und Stiel beim Schnitt sind. Junge Triebe haben einen besonders hohen Wasserverbrauch und welken in der Vase sehr schnell. Der beste Zeitpunkt zum Schneiden ist dann, wenn die Stiele fest sind, die Blätter saftiggrün und die Blüten leicht geöffnet. Zu knospig geschnittene Blumen öffnen sich oft nicht in der Vase.

Bevor sie in die Vase kommen, sollten die Blumen einige Zeit bis zum Hals im Wasser stehen, im Eimer oder in einer sehr hohen Vase.

Blumen vom Wegesrand

Wer beim Spaziergang einen Blumenstrauß pflückt, muß diese besonders sorgfältig behandeln, damit sie auch den Heimweg überstehen. Am besten haben Sie immer eine kleine Tüte dabei, in die Sie die Blumen locker legen können. Noch besser – wenn man schon mit Pflückabsichten losgeht – ist ein Korb. Für Zuhause gilt das gleiche wie bei den Gartenblumen: zuerst in einen Eimer mit Wasser stellen.

Blumen aus dem Laden

Wer Blumen im Laden kauft, muß sich darauf

verlassen, daß der Händler die Blumen auch richtig gelagert hat – und zwar kühl. Solche, die in greller Sonne standen, vielleicht auch im Zug neben der Ladentür, sind schon geschädigt, bevor man sie überhaupt zuhause hat. Natürlich können Sie den Händler nur schlecht kontrollieren. Die beste Methode: Wenn Sie einmal schlechte Erfahrungen mit Sträußen gemacht haben, kaufen Sie beim nächsten Mal woanders.

Schneiden Sie alle Blütenstiele noch einmal schräg an, damit die Stiele mehr Wasser aufnehmen können.

Wenn die Blumen zuhause sind...

Blumensträuße, die man in der kalten Jahreszeit kauft oder geschenkt bekommt, sollte man nicht sofort auspacken. Lassen Sie sie etwa eine halbe Stunde in ihrer Verpackung liegen, um den starken Temperaturunterschied zwischen drinnen und draußen allmählich auszugleichen. Achten Sie aber auch, wenn Sie selbst einkaufen, darauf, daß man im Winter die Sträuße zuerst in dickes Zeitungspapier einwickelt. Im dünnen Seidenpapier könnten sie Ihnen schon unterwegs erfrieren. Werden die Blumen dann aus ihrer Hülle befreit, kommen sie zuerst in eine hohe Vase oder einen Eimer mit Wasser. Der Wasserstand sollte bis dicht unter die Blüten reichen. Ideal, wenn die Blütenköpfe sich am Rand des Gefäßes abstützen können. Groß in Mode gekommen sind Sträuße in durchsichtiger Folie verpackt. Wenn der Strauß in die Vase kommt, muß die Folie ab. Einen Faden oder ein Gummiband, das den Strauß in Form hält, brauchen Sie nicht abzunehmen. Bevor die Blumen endgültig in die Vase kommen, werden mit einem scharfen Messer noch einmal alle Stiele nachgeschnitten. Nehmen Sie möglichst keine Schere; damit werden die Stiele leicht zerquetscht. Der Schnitt sollte immer schräg sein, weil so die wasseraufnehmende Fläche größer wird. Beim Schmücken von Blumenarrangements nicht auf die letzte Minute warten. Blumen bewegen und verändern sich.

Für kleine Arrangements kann man im Blumenladen Steckmasse kaufen.

Schnittblumenpflege

Blumen sind immer wunderschön – ganz egal, ob man sie geschenkt bekommt, im Laden kauft, im Garten schneidet oder am Wegesrand pflückt. Hier erfahren Sie, wie sie lange Freude machen.

Im Frühsommer entwickeln sich kleine weiße Blüten.

Aus den Blüten reifen Beeren, erst grün, dann rot. Die Blüten sind so unscheinbar, daß man sie oft gar nicht bemerkt und erst von den hübschen Beeren überrascht wird. Allerdings kommen nur ältere Pflanzen zum Blühen. Was wie Blätter aussieht, sind eigentlich Nadeln, sogenannte Scheinblätter.

EINKAUFS-TIPS

Kaufen Sie nur frische, grüne Pflanzen mit vielen neuen Trieben.
Lebensdauer: Nach drei bis vier Jahren verliert die Pflanze oft ihre Kraft und Üppigkeit.
Saison: Zierspargel kann das ganze Jahr über gekauft werden.
Schwierigkeitsgrad: Eine anspruchslose und robuste Pflanze.

KURZE RATSCHLÄGE

Größe und Wuchs

Zierspargel ist eine buschige Pflanze mit natürlich hängenden oder sich schlängelnden Zweigen, die ziemlich lang werden können. Bei richtigem Gießen entwickelt sie 5–6 Triebe pro Jahr.

Blüte und Duft

Die kleinen weißen Blüten haben keinen Duft und die Beeren, die sich daraus entwickeln, sind ungenießbar.

Licht und Temperatur

Zierspargel ist eine ideale Ampelpflanze und bevorzugt helle Standorte, sollte aber nicht in die direkte Sonne gestellt werden, am besten in ein Ost- oder Westfenster. Sie kann im Winter kühl gestellt werden – muß aber nicht.

Gießen und Düngen

Gießen und düngen Sie die Pflanze regelmäßig. Wenn sie den Winter über in einem zentralbeheizten Raum steht, muß sie gelegentlich übersprüht werden. In dieser Zeit braucht sie etwas weniger Gießwasser.

Erde und Umpflanzen

Topfen Sie die rasch wachsende Pflanze im März in gute Humuserde um, wobei Sie den Wurzelballen etwas reduzieren dürfen.

Schneiden

Zierspargel verträgt es, weit zurückgeschnitten zu werden. Er treibt dann von der Basis neu aus.

Vermehren

Siehe Innenteil der Karte.

Umgebung

Am schönsten ist der Zierspargel als Ampelpflanze.

Eine Grünpflanze von besonderem Charme

Der Spargel, eine schon im Altertum bekannte Gemüsepflanze, hat eine Reihe verwandter Arten, die als Zimmerpflanzen beliebt sind. Der Schleierzierspargel – Asparagus setaceus – wird gern als Schnittgrün zum Auffüllen von Blumensträußen verwendet. Für Ampeln oder Blumentöpfe wird der A. densiflorus bevorzugt. Zierspargel gehört zur Familie der Liliengewächse.

Wächst üppig und schnell

Seine Beliebtheit verdankt der Zierspargel seinem schnellen und üppigen Wuchs. Die Stengel können auch an einem Spalier hochgebunden werden. Die beste Wirkung erreicht man jedoch, wenn man sie aus einer Ampel herunterwachsen läßt.

Richtige Blätter und Scheinblätter

Gemeinsam ist allen Sorten des Zierspargels, daß sie zwei Arten von Blättern haben: echte und Scheinblätter. Die echten Blätter wachsen klein und schuppig an den Verästelungen der Zweige. Die Scheinblätter, die Phyllokladien, sind nadelförmig und sitzen dicht an dicht, einzeln oder in Büscheln an den stark verzweigten Stengeln.
Als Zimmerpflanzen blühen nur wenige Arten. Aus den Blüten entwickeln sich zierliche Beerenfrüchte.

Der Zierspargel hat kräftige Speicherwurzeln, die es ermöglichen, einen Vorrat an Feuchtigkeit und Nahrung anzulegen für Trockenzeiten oder für andere schwierige Wachstumsbedingungen.

So pflegen Sie die Pflanze richtig

Zierspargel ist eine dankbare Zimmerpflanze, die keine großen Anforderungen an Temperatur und Lichtverhältnisse stellt. Sie nimmt es auch nicht so genau, wo sie im Zimmer steht. Am besten gedeiht sie aber in einem Ost- oder Westfenster. Im Winter hängt ihr Wasserverbrauch von ihrem Standort ab. Bleibt sie im geheizten Zimmer, wird sie gegossen wie alle anderen Grünpflanzen. Sie mag gelegentlich eine Dusche, weil die Luftfeuchtigkeit dadurch erhöht wird. Im Sommer darf der Asparagus densiflorus auch eine Sommerfrische auf dem Balkon genießen.

Öfters umpflanzen

Da Zierspargel am besten in kleinen Behältern gedeiht und außerdem schnell wächst, ist regelmäßiges Umpflanzen nötig, auf jeden Fall dann, wenn die Wurzeln durch die Drainagelöcher von Topf oder Schale wachsen. Die Erde muß humusreich und gut drainiert sein.

Austrocknen und Wiederbeleben

Zierspargel kann sogar nach starkem Austrocknen gerettet werden Stengel bis zur Erde abschneiden sowie Topf in eine Wanne mit Wasser setzen. Steigen keine Luftblasen hoch, Pflanze aus der Wanne nehmen und kühl stellen, bis neue Triebe emporschießen.

Mehrere Pflanzen

Zierspargel wird durch Samen oder durch Teilung älterer Pflanzen beim Umtopfen vermehrt. Ausgesät wird von Januar bis März. Die Saattöpfe sollen bei etwa 20°C stehen. Der Samen verliert bei langem Lagern seine Keimfähigkeit.

PFLANZENDOKTOR

☐ **Schildläuse** erkennen Sie an gelbbraunen Flecken auf den Blättern. Versuchen Sie, die Insekten vorsichtig mit einem Messer oder mit einem alkoholgetränkten Wattebausch zu entfernen.

☐ **Spinnmilbenbefall** läßt die Scheinblätter gelb werden oder abfallen. Es gelingt selten, befallene Pflanzen zu retten.

☐ **Blattlausbefall** mit häufigem Duschen bekämpfen.

☐ **Thripsebefall** tritt meistens im Spätsommer auf. Bei starkem Befall und da sich mehrere Generationen bilden können, sollten Sie die Raubmilbe ansetzen.

Zierspargel

Asparagus densiflorus

Der Zierspargel, eine weitverbreitete Zimmerpflanze, wirkt sehr dekorativ durch seine immergrünen, elegant überhängenden Stengel, die dicht mit spitzen, nadelförmigen Scheinblättern besetzt sind.

Birkenfeige

Ficus benjamina

Die immergrüne, dekorative Birkenfeige gehört zu den beliebtesten Zimmerpflanzen. Sie ist anspruchslos und pflegeleicht.
Wird sie nicht gestutzt, kann sie mehrere Meter hoch wachsen.

So wird die Birkenfeige vermehrt

Am leichtesten geht es mit frischen Spitzen- oder Seitentriebstecklingen. Das Frühjahr ist die beste Zeit. Die Stecklinge sollen 8–10 cm lang und genau oberhalb eines Blattpaares abgeschnitten sein. Die Schnittfläche kann in ein Hormonmittel getaucht werden, bevor sie in ein Sand-Torf-Gemisch gepflanzt werden. Stellen Sie den Topf auf die Fensterbank über der Heizung. Unterwärme fördert die Wurzelbildung.

Ältere Pflanzen beschneiden
Wenn Sie die Birkenfeige in einer bestimmten Höhe halten wollen, können Sie jeweils den Spitzentrieb entfernen. Schneiden Sie kräftiger zurück, kann ein Saftverlust durch Bestreichen der Schnittfläche mit pulverisierter Holzkohle vermieden werden. Verliert die Pflanze Blätter, weil sie zu dunkel stand, kann das Zurückschneiden das Wachstum anregen. Luftwurzeln nicht entfernen.

GRÜNER TIP

Mit Hilfe von Stäben oder Schnüren kann die Birkenfeige auch hochklettern.

Halten Sie die Pflanze mit der Schere in Form
Triebspitzen abschneiden, wenn die Birkenfeige die gewünschte Größe erreicht hat.

Keine Düngung von Dezember bis Januar
Die Pflanze braucht eine Ruhepause, also nicht düngen. Bei künstlicher Beleuchtung alle zwei Wochen mit schwacher Dosis düngen.

PFLANZENDOKTOR

☐ **Spinnmilbenbefall** zeigt sich durch gelb- oder braungefleckte Blätter. Entfernen Sie die befallenen Teile. Sprühen Sie häufig mit Wasser, oder duschen Sie die Pflanze ab. Chemische Mittel sollten Sie nur im äußersten Notfall einsetzen.

☐ Die Birkenfeige kann auch von **Schild- oder Wolläusen** befallen werden. Wolläuse erkennen Sie an dem watteartigen Wachsbelag. Vereinzelter Befall schadet gesunden Pflanzen wenig, wenn man die Schädlinge entfernt. Bevor Sie zu chemischen Mitteln greifen, versuchen Sie mit einem in Alkohol getauchten Wattebausch die Schädlinge zu entfernen.

☐ **Blattabwurf, braune Flecken:** Licht- oder Feuchtigkeitsmangel.

Die Birkenfeige mag es gern warm

Temperaturen von 20 bis 25°C im Sommer und nicht weniger als 17°C im Winter sind für die Birkenfeige am besten. Sie verträgt sogar Temperaturen bis 30°C, allerdings ohne direkte Sonne. Wenn es sehr warm ist, müssen die Blätter täglich mit lauwarmem Wasser besprüht werden.

Gewöhnliche Erde

Die Birkenfeige wächst gut in normaler Blumenerde. Sie braucht kein regelmäßiges Umpflanzen, es sei denn, sie hört auf zu wachsen oder wird zu groß für den Topf. Neue Erde oben im Topf angehäuft mag sie aber jedes Jahr.

Stellen Sie die Pflanze ins Licht

Zwar braucht die Birkenfeige keine optimalen Lichtverhältnisse, doch wenn sie zu dunkel steht, sprießen ihre Blätter nicht so zahlreich. Dieses Problem kann mit künstlichem Licht gelöst werden. Richten Sie einen für Pflanzenwuchs geeigneten Strahler auf die Pflanze, und übersprühen Sie die Blätter regelmäßig, um ein Austrocknen zu vermeiden.

Ein wenig extra Pflege

Die Blätter der Birkenfeige sind normalerweise frisch und grün, aber mit der Zeit kann ihnen Kalk und Staub ein mattes Aussehen verleihen. Waschen Sie die Blätter in einem solchen Fall vorsichtig mit destilliertem Wasser ab. Sprühen Sie danach ein wenig Blattglanz. Auch Magermilch gibt blanke Blätter.

Die Birkenfeige hat leicht hängende Zweige und eiförmig-lanzettartige Blätter. Hier steht sie (links) neben Pflanzen derselben Familie, einem F. retusa und einem F. stricta (rechts). Diese Sorten sind leicht zu verwechseln.

Verschiedene Sorten

Auch andere Sorten werden häufig unter der Bezeichnung „Birkenfeige“ verkauft. Außer Ficus stricta, der mehr Licht benötigt, werden alle Sorten auf die gleiche Weise gepflegt.

EINKAUFS-TIPS

Auf frischentwickelte Blätter achten und darauf, daß keine Insekten an den unteren Blattseiten sitzen.

Lebensdauer: Die Pflanze kann alt werden.

Saison: Das ganze Jahr.

Schwierigkeitsgrad: Nach der Eingewöhnung einfach zu pflegen.

KURZE RATSCHLÄGE

Größe und Wuchs

Die Birkenfeige entwickelt sich im Laufe der Jahre zu einem Zimmerbaum von mehreren Metern Höhe.

Blüte und Duft

Als Zimmerpflanze entwickelt die Birkenfeige weder Blüten noch Früchte.

Licht und Temperatur

Am besten gedeiht die Pflanze an einem hellen Standort, sie kommt aber auch mit weniger Licht aus. Im Sommer sollte die Temperatur 20 bis 25°C, im Winter nicht weniger als 17°C betragen.

Gießen und Düngen

Gießen Sie während der Wachstumsperiode reichlich. Der Wurzelballen darf nicht trocken werden, es darf aber auch kein Wasser in der Unterschale stehen bleiben. Fügen Sie dem Gießwasser alle zwei Wochen Flüssigdünger zu. Im Winter wird nicht gedüngt und nur wenig gegossen.

Erde und Umpflanzen

Benutzen Sie gewöhnliche Blumenerde. Umgepflanzt wird im Frühling nach der Ruhephase. Wenn die Pflanze gut gedeiht, ist das aber nicht jedes Jahr nötig. Großen Pflanzen neue Erde oben in den Topf geben.

Schneiden

Entfernen Sie regelmäßig den Spitzentrieb, wenn die Pflanze in einer bestimmten Höhe gehalten werden soll.

Vermehren

Durch Stecklinge im Frühling (siehe Innenseite der Karte).

Umgebung

Die Birkenfeige braucht Wärme und hohe Luftfeuchtigkeit. Kleine Exemplare eignen sich zum Zusammenpflanzen, große stehen am besten allein.

Ursprünglich sind die Blüten immer rot. Inzwischen gibt es aber auch Züchtungen mit weißen und rosa Blüten.

EINKAUFS-TIPS

Kaufen Sie immer Pflanzen mit vielen Knospen, aber ohne gelbgefärbte Blätter.

Lebensdauer: Bei guter Pflege können sie alt werden.

Saison: Blütezeit von Juni bis September.

Schwierigkeitsgrad: Sie sind nicht ganz einfach.

Andere Namen: Bengalrose, Chinesische Rose, Damenröschen.

KURZE RATSCHLÄGE

Größe und Wuchs

Diese Röschen wachsen strauchig, werden bis zu 30 cm groß. Die Sprossen sind bestachelt, die eiförmigen bis länglichen Blättchen werden etwa 5 cm lang.

Blüte und Duft

Kußröschen blühen den ganzen Sommer über, die ursprüngliche Art nur rot. Heute gibt es aber auch Sorten mit anderen Blütenfarben. Die Blüten können 5 – 6 cm im Durchmesser erreichen. Viele Sorten duften.

Licht und Temperatur

Hell und sonnig sollte der Standort sein. Im Sommer ruhig auf dem Balkon, im Winter möglichst kühl, nicht über 8°C.

Gießen und Düngen

Vom Frühjahr bis zum Herbst müssen Sie reichlich gießen. Im Winter dagegen nur so viel, daß die Erde nicht austrocknet. Geben Sie während der Wachstumszeit einmal pro Woche Flüssigdünger zum Gießwasser.

Erde und Umpflanzen

Umtopfzeit ist zu Beginn des Frühjahrs. Normale Blumenerde reicht aus. Besser noch ist etwas untergemischter Sand. Wichtig: Nehmen Sie für Kußröschen nie zu große Töpfe; dann werden sie blühfaul.

Schneiden

Beim Umtopfen kann man die Rosen leicht zurückschneiden.

Vermehren

Im August durch halbreife Stecklinge. Oder auch durch Aussaat im Frühjahr.

Umgebung

Die kleinen Rosen sind überall ein Blickfang, ob auf der Fensterbank oder dem Balkon.

Kußröschen kennt man bereits seit über 150 Jahren

Eine Neuheit sind die hübschen, zierlichen Kußröschen nicht. Schon im Jahre 1815 wurde die Rosa chinensis 'Minima' gezüchtet, die „Mutter" aller heutigen Zwergrosen. Schon damals eroberte sie sich alle Herzen, so daß bald neue Sorten entstanden, wie zum Beispiel die bekannte 'Roulettii'. In den letzten Jahren wurden diese Züchtungen immer winziger, bis man wirklich bei kaum handgroßen Minis angelangt war (siehe andere Karte). Der Ursprung dieser kleinen Rose aber liegt in Mittelasien, vor allem in China. Dort werden sie schon seit langem als blühwillige Zierpflanzen gehalten.

Sieht es nicht aus wie ein rosafarbener Traum? So ein Hochstämmchen sollten Sie besonders gut pflegen, damit es viele Jahre hält und immer wieder blüht.

Rosen für alle Fälle

Nicht nur auf der Fensterbank machen die Kußröschen einen guten Eindruck. Auf dem Balkon fühlen sie sich genauso wohl wie drinnen. Ganz besonders hübsch sieht es aus, wenn man ein Exemplar mit längeren Trieben in eine Ampel setzt, wenn die Röschen dicht an dicht im Balkonkasten stehen, wenn man eine einzelne Rose im feinen Porzellantopf mitten auf die Kaffeetafel setzt: Es gibt viele Möglichkeiten.

Die schönsten Sorten

Von den vielen Züchtungen sind die folgenden die bekanntesten.
'Baby Maskerade' aus dem Jahre 1955 hat Blüten, die anfangs gelb, später rötlich sind.
'Little Buckaroo', eine sehr haltbare Sorte, besitzt rote Blüten mit gelber Mitte.
'Midget', fast 50 Jahre alt, hat hellrote, gefüllte Blüten.

als Topfpflanzen

Bei 'Perla de Montserrat' aus dem Jahre 1945 sind sie klein, blaßrosa, mit zartem Duft.
'Pompon de Paris', auch als 'Roulettii' bekannt, stammt aus dem Jahre 1839. Die gefüllten rosa Blüten erscheinen viele Monate lang.
'Zwergkönig' aus dem Jahre 1954 blüht blutrot und gefüllt.
Die 'Zwergkönigin' ein Jahr jünger, bekommt rosafarbene, seidigglänzende, gefüllte Blütenbüschel.

Richtig überwintern

Zwar werden Kußröschen oft als winterhart angeboten (im Prinzip sind sie das auch). Dennoch sollte man, wenn sie in Gefäßen wachsen, ein wenig vorsichtig sein.
Am besten aufgehoben sind sie im Winter an einem kühlen, aber frostfreien und hellen Platz. Dort, wo auch Agaven, Fuchsien und andere Kübelpflanzen die kalten Monate zubringen. 5 bis 8°C sind ideal. Auf keinen Fall sollen die Kußröschen im warmen Wohnzimmer bleiben. Dort überleben sie nicht lange.
Ab Mitte Februar, wenn sie wieder neu austreiben, kann man die Temperatur langsam wieder bis auf Wohnzimmerwärme steigern.

PFLANZENDOKTOR

☐ **Spinnmilben** tauchen vor allem bei zu trockener Luft auf. Sprühen Sie häufig mit Wasser.

☐ **Blattläuse** treten auf, wenn die Röschen auf dem Balkon stehen. Versuchen Sie, die Läuse mit einem Wasserstrahl abzuspülen.

☐ **Mehltau** kommt leider bei kleinen Rosen genauso häufig wie bei großen vor. Vor allem dann, wenn die Luft zu trocken ist und die Temperatur nicht stimmt. In so einem Fall müssen Sie alle kranken Teile abschneiden und den Rest mit einem Fungizid besprühen.

☐ Gegen Schädlinge aller Art können Sie auch vorbeugen: Indem Sie ein Pflanzenschutzzäpfchen in die Erde stecken.

Bei richtiger Pflege bekommen Kußröschen immer neue Blüten

Die reichliche Blüte Ihres Kußröschens können Sie durch entsprechende Pflege unterstützen. Das beginnt bereits beim richtigen Einpflanzen. Setzen Sie die Rose immer in einen relativ kleinen Topf. Dann nämlich steckt sie mehr Kraft in die Blütenentwicklung, statt viele Wurzeln auszubilden.
Zwar gedeiht sie auch in normaler Blumenerde, noch besser aber wächst sie, wenn der Erde etwas Sand und, falls vorhanden, ein wenig Kompost untergemischt wird.

Platz an der Sonne

Dann sollten Sie den Topf so sonnig wie möglich stellen, an ein Südfenster oder auf einen Südbalkon. Sie müssen nur aufpassen, daß er am Fenster nicht zu dicht an der Scheibe steht. Dann besteht Verbrennungsgefahr. Sorgen Sie für eine etwas feuchtere Luft. Gelegentliches Sprühen an heißen Tagen schadet nicht.

Welkes abschneiden

Und schließlich sollten Sie welke Blüten immer sofort abschneiden, damit sich gar nicht erst Samen entwickeln. Schneiden Sie immer dicht über einem vollentwickelten (fünfblättrigen) Trieb und zwar etwas schräg.

Kußröschen

Rosa chinensis 'Minima'

Einen Hauch von Romantik bringen die Kußröschen ins Zimmer. Bei guter Pflege blühen sie den ganzen Sommer über. Wer will, kann sie auch auf den Balkon setzen, in Kübel oder sogar in schmale Kästen.

Beispiel Radermachera: Auch hier bekam die linke Pflanze reichliche Düngergaben, die rechte weniger und die zurückgebliebene in der Mitte gar keinen Dünger.

Jahreszeiten bestimmen den Düngerbedarf

Wieviel Dünger eine Pflanze nun wirklich braucht und wie oft sie gedüngt werden muß, das ist recht unterschiedlich. Genauere Angaben dazu finden Sie auf den einzelnen Pflanzenkarten. Grundsätzlich aber werden Pflanzen nur während ihrer Wachstumszeit gedüngt. Bei den meisten entspricht das dem Frühjahr und Sommer. Während ihrer Ruhepause dagegen, meist im Herbst und Winter, bekommen sie keinen Dünger, damit sie nicht unter schlechten äußerlichen Wachstumsbedingungen (zu wenig Licht) zum Wachsen animiert werden. Anfang April bis Ende August ist übliche Düngezeit.

Dünger und Wasser

Meist enthält unser Gießwasser Kalk, der sich als schädlicher Bestandteil in der Topferde ablagert. Das Resultat sind bei vielen Pflanzen gelbe Blätter von oben bis unten. Ein guter Blumendünger ist so zusammengesetzt, daß er den Kalkablagerungen wenigstens zum Teil entgegenwirkt. Ist der Kalkgehalt allerdings sehr hoch oder wurden die Pflanzen lange Zeit nicht gedüngt, hilft folgendes Rezept: Bei Kalküberschuß in der Erde dem Gießwasser wöchentlich einen Teelöffel Salmiak hinzufügen.

Frisch umgetopfte Pflanzen düngen

Pflanzen, die im Frühjahr in frische Erde gesetzt wurden, braucht man erst nach etwa vier bis sechs Wochen zum ersten Mal zu düngen, da in einer guten Blumenerde ein gewisser Düngervorrat enthalten ist. Bei älteren Pflanzen, die nicht mehr umgetopft werden (oder nur alle paar Jahre), wird die oberste Erdschicht entfernt. Spülen Sie die Erde kräftig mit Wasser durch, dem ganz wenig Düngemittel zugesetzt wurde, und füllen Sie frische Erde auf.

Langzeitdünger

Im Fachhandel kann man Düngetabletten und Düngestäbchen kaufen, die in die Erde gesteckt werden. Sie geben den Dünger über eine längere Zeit in genau dosierter Menge an die Erde ab. Eine feine Sache, wenn man längere Zeit verreist. Jedoch wachsen sie nicht so gut, als wenn sie wöchentlich mit dem Gießwasser ihre gleichmäßige Portion Flüssigdünger bekommen.

Balkonblumen

Es ist kein Unterschied, ob Pflanzen im Zimmer, im Topf oder im Balkonkasten wachsen.

Nicht zu viel – und nicht zu wenig

Pflanzen, die im Freien wachsen, können sich mit ihren Wurzeln weit in der Erde ausbreiten und sich so die notwendige Menge an Nahrungsstoffen herbeischaffen.
Im Topf jedoch sind die Wurzeln auf einem engen Raum gefangen. Dünger, der dann zuviel gegeben wird, kann verheerende Folgen haben. Man muß also lernen, mit den zusätzlich zugeführten Nahrungsstoffen richtig umzugehen – so daß weder ein Mangel noch ein Überschuß das Wachstum der Pflanzen hemmt.

Was für Mineralstoffe Pflanzen brauchen

Drei Nahrungsstoffe gibt es, auf die Pflanzen ganz besonders angewiesen sind. Das ist einmal Stickstoff, der für die Blattentwicklung notwendig ist und für das Wachsen der Pflanze, Phosphor, der die Wurzelentwicklung fördert und Kali, der die Pflanze gesund erhält und sie zum Blühen bringt.
Daneben brauchen Pflanzen noch größere Mengen Kalzium und Magnesium, außerdem eine Reihe von Mikronahrungsstoffen wie Eisen, Mangan, Kupfer, Molybdän und andere. Alle diese Stoffe werden mit dem Dünger künstlich zugeführt.
Wenn Sie sich eine Düngemittelpackung genau ansehen, finden sie darauf eine Anzahl von Buchstaben und Zahlen, die Sie über die Zusammensetzung informieren. N – steht für Stickstoff, P– für Phosphor und K – bedeutet natürlich dann Kalium.
Das Verlangen der Pflanzen nach den einzelnen Stoffen ist unterschiedlich. Während Blattpflanzendünger besonders viel Stickstoff enthalten, sollten Blütenpflanzen vor allem zur Zeit der Knospenbildung eher kalibetont gedüngt werden.
Trotzdem hat sich eine Art Durchschnittsverhältnis herausgebildet, das für die meisten Pflanzen richtig ist. Es

Verschieden gedüngte Petunien

Die Pflanze signalisiert die Nahrungsverhältnisse

Werden die unteren Blätter gelb und fallen ab – mit Stickstoffdünger gründlich wässern und auch düngen.

Sehen die Blätter blaß gelbgrün aus – Kalküberschuß entfernen, zukünftig entkalktes Wasser benutzen.

Braune Blattränder oder abgestorbene Blattspitzen. Hilfe: Salzüberschuß entfernen. Vorsichtig düngen.

. Die linke Pflanze bekam täglich, die rechte wöchentlich, die in der Mitte gar keinen Dünger.

lautet: N= 100, P= 15, K= 85.
Dieses Verhältnis findet man bei den meisten käuflichen Düngemitteln umgesetzt. Sie enthalten etwa 7% Stickstoff, 1% Phosphor und 5% Kalium. Die Mikronahrungsstoffe werden nicht mehr angegeben, da sie nicht in Prozent, sondern nur noch in Promille gemessen werden können.

Dünger für neugekaufte Pflanzen

In den Großgärtnereien werden Topfpflanzen heutzutage meist in einer recht nahrungsarmen Erdmischung herangezogen, dafür aber ununterbrochen mit einer sehr schwachen Lösung gedüngt. Da Wasserbedarf, Düngerbedarf und Wachstum aufeinander abgestimmt sind, bekommen sie bis zum Verkauf alles, was sie brauchen. Aber: In Gärtnereien wird oft von unten gegossen; die Düngesalze dagegen sammeln sich in der oberen Erdschicht. Gießt man nun später die frischgekaufte Pflanze zuhause wie üblich von oben, werden die vorhandenen Nahrungsstoffe auf den Boden gespült. Wenn sich rund um die Wurzeln zuviel Salz konzentriert, verbrennen sie.
Stellen Sie die Pflanze in den Ausguß und spülen Sie die Erde mit Wasser durch. Nach zwei Wochen normal düngen.

Zuviel Düngesalze an den Wurzeln können Sie auswaschen. Nach zwei Wochen wieder Flüssigdünger geben.

Pflanzennahrung

Dies ist eine ganz wichtige Karte für alle, die gerne wissen möchten, wie man mit den handelsüblichen Düngern richtig umgeht. Es ist nämlich nicht egal, ob es sich um eine frischgekaufte oder eine gerade umgetopfte Pflanze handelt.

Jede Pflanze besteht aus drei Hauptbestandteilen: zunächst einmal aus Wasser, das etwa 80–95 % ausmacht. Dann aus Kohlenstoff, der in Mengen zwischen 5 und 20 % vorkommt. Und schließlich aus Mineralstoffen, in Größenordnungen zwischen 0,5 und 1,5 %.

Wasser braucht eine Pflanze das ganze Jahr über. Mangelerscheinungen fallen sofort ins Auge. Kohlenstoff besorgt sie sich selbst aus der Luft. Mineralien dagegen müssen wie das Wasser künstlich zugeführt werden, und zwar dann, wenn die Pflanze sie braucht.

Den richtigen Zeitpunkt abzupassen, an dem die Königin der Nacht ihre Blüten öffnet, wird Sie einige schlaflose Nächte kosten. Es lohnt sich!

EINKAUFS-TIPS

Die Königin der Nacht gehört zu den selten vorkommenden Kakteen. Die Pflanze muß unbeschädigt sein und darf keine Flecken an den Trieben haben.

Lebensdauer: Der Nachtkaktus kann sehr alt werden. Er blüht erst nach einigen Jahren.

Saison: Das ganze Jahr.

Schwierigkeitsgrad: Sie gedeiht am besten in einem warmen Treibhaus oder im Wintergarten. Man kann einige auch im Zimmer halten.

KURZE RATSCHLÄGE

Größe und Wuchs

Die Königin der Nacht ist ein schlangenartiger Kaktus mit meterlangen Stengeln. Sie muß hoch abgestützt werden.

Blüte und Duft

Die Blüten werden etwa 25 Zentimeter lang und haben einen Durchmesser von etwa 20–30 Zentimeter. Die weißen Kronenblätter sind von gelbbraunen Becherblättern umgeben. Die Blüten, die sich nur eine Nacht im Juni oder Juli öffnen, duften stark nach Vanille.

Licht und Temperatur

Im Winter braucht der Nachtkaktus einen hellen Platz und eine Temperatur von 12–18°C. Im Frühling und Sommer muß er vor direkter Sonne geschützt werden. Die Temperatur darf dann etwas höher sein.

Gießen und Düngen

Im Sommer wird viel gegossen, bis zur Blüte zusätzlich gesprüht und Kakteendünger gegeben. Von November bis April steht die Pflanze ziemlich trocken.

Erde und Umpflanzen

Sie braucht kalkfreie, närstoffreiche Erde, die beim Umtopfen, etwa alle drei Jahre, mit Sand vermischt wird.

Schneiden

Normalerweise wird die Pflanze nicht beschnitten. Wird sie im Lauf der Jahre zu groß, können Sie sie vorsichtig etwas zurückschneiden, ohne daß sie Schaden nimmt.

Vermehren

Die Königin der Nacht wird durch Stecklinge vermehrt. Nähere Beschreibung im Innenteil der Karte.

Umgebung

Die Königin der Nacht braucht hohe Luftfeuchtigkeit, deshalb steht sie am besten mit anderen Pflanzen zusammen.

Ihre Heimat ist Westindien

Die Königin der Nacht ist auf den westindischen Inseln zu Hause. Dort leben diese Pflanzen als Epiphyten, d.h. sie wachsen auf Bäumen, ohne jedoch zu schmarotzen. Die Königin der Nacht kriecht mit Hilfe von Luftwurzeln in die Höhe. Die Triebe oder Pflanzenstengel sind fünf- bis siebeneckig und haben Areolen an den Kanten. In den Areolen sitzen etwa 2 Zentimeter lange, gelbliche Dornen. Die Stengel sind schmal und schlängeln sich. Wenn die Pflanze in einem Topf steht, müssen sie abgestützt werden.

Phantastische Blüten

Der Artname 'Grandiflorus' heißt „große Blume" und weist auf die großen, trichterförmigen Blüten hin, die sich in einer Juni- oder Julinacht entfalten. Die Blütenknospe ist zuerst als eine behaarte Vertiefung am Stengel zu erkennen. Man kann beobachten, wie sie wächst und danach ungefähr den Zeitpunkt ihrer Entfaltung schätzen. Die Knospe wird etwa 25 Zentimeter lang, bis sie reif ist, sich zu öffnen.

Nicht ganz einfach

Die Königin der Nacht gedeiht am besten bei Wärme und hoher Luftfeuchtigkeit, deshalb ist sie nicht so gut fürs Wohnzimmer, sondern eher für einen Wintergarten geeignet. Vereinzelt gibt es aber veredelte, kräftigere und daher problemloser zu haltende Sorten zu kaufen.

Das Jahr mit der Königin der Nacht

Dezember bis März

Die Pflanze braucht eine Temperatur von 12–18°C. Gießen Sie vorsichtig, aber sorgen Sie dafür, daß die Erde niemals völlig austrocknet. Der Kaktus muß hell stehen.

April bis September

Sobald die Frühlingssonne anfängt zu wärmen, müssen sie die Pflanze in den Schatten, aber nicht zu dunkel stellen. Gießen Sie jetzt stärker und sprühen Sie zusätzlich. Geben Sie ab Ende Mai bis Ende August einmal wöchentlich Kakteendünger.

Juni und Juli

In dieser Zeit entfaltet der Kaktus seine Pracht für eine einzige Nacht. Danach kann er umgepflanzt werden, was aber nur etwa alle drei Jahre nötig ist. Benutzen Sie Plastiktöpfe. Sie halten die Feuchtigkeit besser als Tontöpfe.

Vermehrung

Schneiden Sie junge, frische Stengelstücke vorsichtig ab. Sie müssen 10–15 Zentimeter lang und dürfen nicht zu alt sein. Lassen Sie die abgeschnittenen Stecklinge liegen, bis die Schnittfläche trocken ist, danach stecken Sie sie ca. 2 Zentimeter tief in trockenen Torf, den sie gleichmäßig feucht halten. Lange, dünne Triebe müssen gestützt werden.

PFLANZENDOKTOR

☐ **Pilzbefall und Fäulnis** wird meist durch zuviel Wasser oder schlechte Drainage verursacht und kann nur gering bekämpft werden. Wenn der Stengel nur im oberen Bereich fault, können Sie das Stück abschneiden, wird jedoch die Pflanze im unteren Teil schwarz, sollten Sie sie wegwerfen.

☐ **Wurzelläuse** saugen an den Wurzeln. Man kann sie als kleine, weiße Flecken erkennen, meist beim Umpflanzen. Entfernen Sie die alte Erde völlig und sprühen Sie.

☐ **Woll- und Schildläuse** (weiße Wollflocken oder braune Schilder) mit Messer oder Pinzette abheben.

☐ **Spinnmilben** – erzeugen gelbe Flecken an den Trieben. Häufiges Abduschen kann helfen.

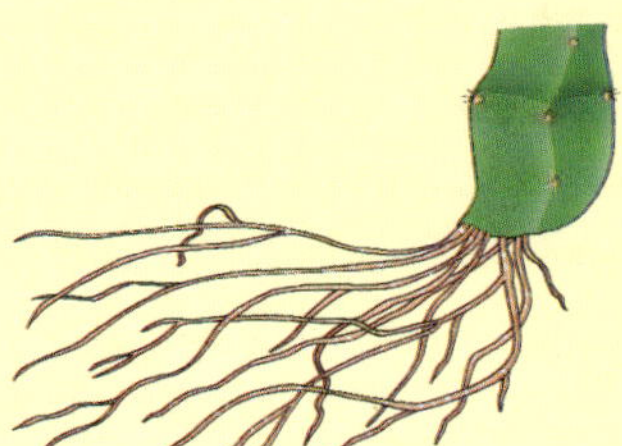

Königin der Nacht

Selenicereus grandiflorus

Die herrlichen Blüten der Königin der Nacht sind von vergänglicher Art. Sie entfalten ihre Schönheit und verströmen ihren vanilleartigen Duft nur einmal im Jahr für eine einzige Nacht.

Ideen, die Kindern Spaß machen

Kinder haben Spaß an allem, bei dem sie mitmachen können, am liebsten mit Händen und Füßen. Leicht muß es von der Hand gehen, wie diese Spiele mit Samen und Früchten.

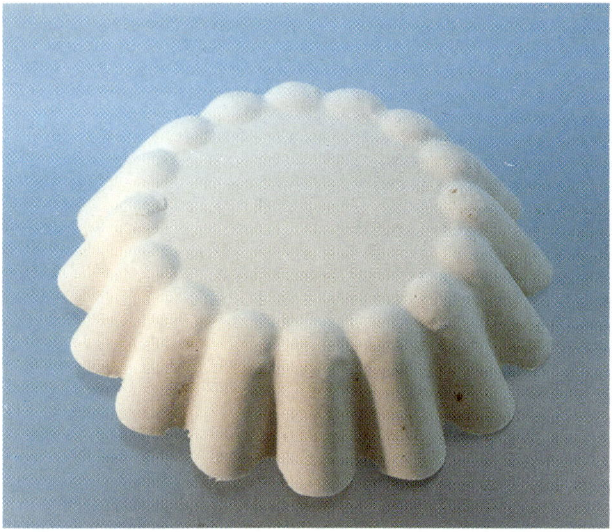

3 ***Die hart gewordene Gipsmasse aus der Form nehmen.***

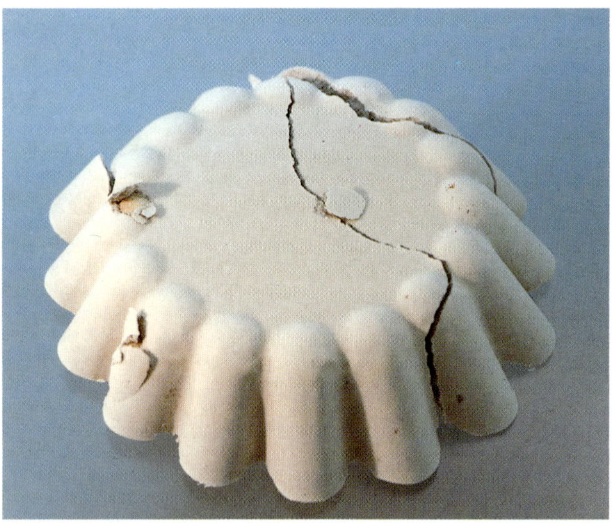

4 ***Die Erbsen, auch noch so klein, sprengen den Gips!***

Wasser aus dem Gips, werden dick und dicker und schließlich – peng, sprengen sie sich aus dem Gips.

Der Weltrekord liegt bei zwei Stunden

Wer es zuerst geschafft hat, bekommt die Goldmedaille. Übrigens, der Weltrekord liegt bei 2 Stunden – vom Eingipsen bis zur Sprengung. Wer schneller ist, kann stolz sein. Ist doch super, wenn einer den Erbsen-Weltrekord brechen würde.

Haarwuchsmittel gegen Kartoffel-Glatzen

Ist Euch eigentlich schon mal aufgefallen, daß alle Kartoffeln eine Glatze haben? Nein? Na, dann seht mal genau hin. Gemeint sind natürlich rohe Kartoffeln, keine Pellkartoffeln oder Pommes frites. Die Kartoffeln können einem leid tun, so ganz ohne Haare. Deshalb sollten wir dafür sorgen, daß ihnen schleunigst welche wachsen. Wir brauchen dazu eine schöne dicke Kartoffel, Watte, ein paar Stecknadeln mit großen Köpfen, 1 Messer, 1 kleine Wasserschüssel oder 1 tiefen Teller, 1 kleine Mohrrübe, Kresse, Grassamen oder Vogelfutter für Stubenvögel, gerade was da ist.

Zuerst höhlt Ihr die Kartoffel an der Spitze trichterförmig aus und stopft die vorher naß gemachte Watte hinein. Dann schneidet Ihr die Kartoffel unten gerade ab und stellt sie in eine kleine Schüssel mit Wasser. In diesem Untersatz muß sich immer Wasser befinden.

Kartoffelhaare, die man essen kann

Die Kartoffel sieht besonders toll aus, wenn Ihr aus Stecknadeln mit roten oder schwarzen Köpfen ein paar Augen macht und auch der Mohrrübe eine rote Nase. Und jetzt kommt das

Weltmeisterschaft der gelben Erbsen

Wenn's regnet oder zu kalt ist, wird ferngesehen, ist klar. Aber macht das auf die Dauer Spaß? Ich mache Euch einen Vorschlag: Ihr spielt mal Weltmeisterschaft oder Olympiade. Nein – nicht auf einem Sportplatz, sondern zuhause auf der Terrasse oder auf dem Balkon. Bei schlechtem Wetter natürlich drinnen, am besten in der Küche, sonst gibt's Ärger.

Start-Vorbereitungen

Es geht dabei um Pflanzen, oder genauer gesagt – bei diesen sportlichen Küchen- und Gartenspielen – um Erbsen, von denen wir wissen wollen, welche die stärkste ist. Mitspielen kann jeder, bis zu 20 Leuten und sogar noch mehr. Die Kämpfer, das sind gelbe Erbsen, die Ihr von Eurer Mutter bekommt.
Dann braucht Ihr noch Plastikbecher, ausgelöffelte Joghurtbecher zum Beispiel, Kuchenformen und Gips. Jeder erhält dann eine Erbse, einen Becher und eine Kuchenform. Den Gips schütten wir in eine Schüssel, geben mehrere Löffel hinein, damit sich jeder bedienen kann.

Die Erbsen gehen in die Luft

Ach so, eine gefüllte Wasserkanne braucht Ihr auch noch. Nun kann es losgehen. Zuerst füllt Ihr den Becher bis zu einem Drittel mit Wasser. Dann den Gips ins Wasser schütten – bis kleine Gipsinseln entstehen. Anschließend den Gips umrühren, ihn sofort in die Kuchenform schütten und in die weiche Masse die Erbsen drücken. Das muß alles sehr schnell gehen. Ist der Gips hart geworden, dann nehmt Ihr die Form ab. Dadrin liegen nun Eure Erbsen-Asse und saugen das

***1** Gips, Erbsen, Wasser und eine Kuchenform für das Spiel.*

***2** In die weiche Gipsmasse legt man die Erbsen hinein.*

Eine rohe Kartoffel, eine Mohrrübe und Kresse braucht man für das Kartoffel-Spiel.

Wichtigste: Oben auf die Watte wird Grassamen, Vogelfutter oder Kresse gesät. Am besten Kresse, weil die so gut schmeckt. Komisch, Kartoffelhaare, die man essen kann! Und dann noch grüne! Aufgepaßt: Die Watte muß immer feucht sein, sonst gibt es statt grüner Haare dürres Stroh!

Erdnußplantage im Kinderzimmer

Jeder ißt gerne Erdnüsse. Die schmecken ja auch wirklich lecker. Keiner weiß aber, daß es sich bei Erdnüssen um die Samen einer ganz tollen Pflanze handelt.
Ihr kennt Walnüsse und Haselnüsse. Sie wachsen auf Bäumen oder Sträuchern. Die Erdnuß jedoch gräbt ihre Früchte in die Erde ein.

Erdnußplantage daheim

Wenn Ihr's nicht glaubt, probiert's doch mal aus. Nicht im Garten, sondern zuhause. Dazu füllt man einen kleinen Topf mit Blumenerde und legt die aus den Schoten gedrückten Nüsse 2–3 cm tief in die Erde. Aber bitte keine gerösteten oder gesalzenen Erdnüsse nehmen. Da könnt Ihr lange warten! Verwendet solche, die sich in den ungeöffneten Schoten befinden. Ihr bekommt sie im Zoofachgeschäft oder im Gemüseladen.

Das Geheimnis der Erdnüsse

Den Blumentopf könnt Ihr ans Zimmerfenster oder auf den Balkon stellen. Aufpassen, daß die Erde feucht ist, aber nicht zu naß. Im Laufe der nächsten Woche passiert folgendes: Zuerst erscheinen Blätter, dann schöne gelbe Blüten, aus denen später hellbraune Schoten werden. Und dann... aber das wird nicht verraten. Das sollt Ihr selbst erleben.

Ein lustiges Kartoffelgesicht in Watte eingebettet.

Eierkartonhälften sind ideale Saatkisten, denn sie lösen sich später in der Erde auf.

Auch zur Verlängerung des Lebens Ihrer Schnittblumen gibt es eine ganze Menge bewährter Tips. So sollen zum Beispiel die weißen Stielenden bei Tulpen und Narzissen immer weggeschnitten werden, weil sie die Wasseraufnahme behindern. Ebenso wird die Wasseraufnahme behindert, wenn Sie Stiele von Flieder oder anderen Blumen mit dem Hammer plattklopfen. Schneiden Sie lieber alle Stiele mit einem scharfen Messer schräg an. Wer an Rosen lange Freude haben will, sollte sie stramm in Papier wickeln und für eine Nacht in einem Eimer mit Wasser in einen kühlen Raum stellen. Eine solche Behandlung macht auch schlappe Tulpen wieder munter. Sonnenblumen dagegen sollten, bevor sie in die Vase kommen, kurz mit den Stielenden in heißes Wasser getaucht werden.

Vorsicht vor falschen Tips

Leider gibt es auch eine ganze Reihe von Tips und Tricks, die immer mal wieder in Zeitschriften zu lesen sind, die man aber besser gleich wieder vergißt.
Dazu gehört zum Beispiel dieser Überwinterungstip für Geranien: Mit den Wurzeln nach oben im Keller an eine Leine hängen. Zu Großmutters Zeiten war das sicher eine fantastische Methode der Überwinterung. Heute allerdings werden die meisten von uns im Frühjahr nur noch vertrocknete Strünke von den Leinen nehmen. Das liegt ganz einfach daran, daß früher die Keller in den Häusern ziemlich feucht waren. Heute tut man schon beim Bau alles, um für einen trockenen Kellerraum zu sorgen. Und auch der gelegentlich zu hörende Rat, Kakteen zur Überwinterung in Zeitungspapier zu wickeln und irgendwo auf einem Schrank zu stapeln, gehört wohl zu denjenigen, die man mit etwas Mißtrauen betrachten sollte.

Manche Kniffe sind ein bißchen ungewöhnlich

Wußten Sie schon, daß junge Bromelien schneller die Blüten öffnen, wenn man einen reifen Apfel auf die Topferde legt und über beides, Topf und Apfel, eine Plastiktüte zieht?
Oder wußten Sie schon, daß es eine ganz einfache, billige Methode gibt, im Winter bei trockener Heizungsluft für mehr Feuchtigkeit zu sorgen? Sie brauchen nur auf der Fensterbank zwischen den Pflanzen einige Wassergefäße, zum Beispiel Untersetzer oder Gläser mit Wasser, zu verteilen.
Von solchen Tips, oft noch aus Großmutters Trickkiste, gibt es eine ganze Menge. Zu praktisch allen Gebieten der Zimmerpflanzenpflege.

Ein Untersatz mit Wasser gefüllt sorgt für eine feuchte Luft.

Knoblauch hilft gegen Schädlinge

Wer im Zimmer häufig mit Schädlingen zu kämpfen hat, sollte es mal mit Knoblauch versuchen. Einfach eine Knoblauchzehe in die Erde stecken, das vertreibt Insekten aller Art (siehe auch Titelfoto der Karte). Sie müssen nur aufpassen, wenn die Zehe austreibt: Dann sofort die Triebe abschneiden, sonst bilden sich zu viele Wurzeln. Aber noch eine ganze Reihe von anderen Methoden helfen gegen ungebetene Gäste. Lavendel zum Beispiel, zwischen Balkonblumen in die Kästen gepflanzt, hält Blattläuse fern; Marienkäfer, die man auf Pflanzen setzt, fressen die Läuse mengenweise.

Tips zum Thema „Richtiges Düngen“

Raucher können aus Zigarettenkippen (5 Kippen über Nacht in 1 Liter Wasser einweichen) eine Spritzbrühe herstellen, die kaum ein Schädling überlebt. Allerdings ist diese Brühe recht giftig und für empfindliche Gewächse nicht geeignet.
Früher, als es noch kaum industriell hergestellte Düngemittel gab,

Ein schwarzer Plastikeimer sorgt bei Kurztagespflanzen für die dringend notwendige Dunkelheit.

verwendeten unsere Großmütter allerlei Hausmittelchen, um ihre Pflanzen zu stärken. Einige davon sind immer noch gut.

Schwierig, aber möglich: Zuviel Dünger können Sie unter fließendem Wasser aus der Erde spülen.

Aufgebrühte Teebeutel zum Beispiel sollten Sie nicht einfach wegwerfen, sondern den Inhalt in die Topferde von Farnen geben. Kaffeesatz, mit Torf vermischt, ist eine ideale Erde für Azaleen und andere Moorbeetpflanzen.

Abgestandenes Mineralwasser, das bei der nächsten Feier als Rest in den Flaschen bleibt, kommt ebenfalls nicht mehr in den Ausguß, sondern an die Pflanzen. Es enthält noch allerlei wichtige Mineral- und Nährstoffe. Manche Leute sagen sogar Eierwasser (also Wasser, in dem Eier gekocht wurden) eine gewisse Düngewirkung nach. Diese spezielle Wirkung allerdings ist jedoch ein wenig umstritten.

Manchmal passiert auch des Guten zuviel. Wenn Pflanzen einmal zuviel Düngesalze bekommen haben, vielleicht sogar noch auf trockene Erde, wenn sich schon ein weißer, körniger Belag auf der Erde zeigt, hilft folgender Trick: Halten Sie den Topf unter einen laufenden Wasserhahn, und spülen Sie so den Dünger zusammen mit dem Wasser aus dem Bodenloch heraus. Nach so einer Gewaltkur allerdings müssen Sie in den nächsten Tagen mit dem Gießen vorsichtig sein. Schließlich ist die Erde dann völlig durchnäßt.

Mit einem Feuerzeug oder einer brennenden Zigarette stoppen Sie auslaufenden Milchsaft.

Torf macht hartes Wasser weich

Wer mit kalkhaltigem Gießwasser zu kämpfen hat, sollte es einmal mit Torf versuchen: Einfach über Nacht ein Säckchen mit feinem Torf in eine große Gießkanne hängen. Das zieht den Kalk aus dem Wasser. Das Torfsäckchen können Sie drei- bis viermal benutzen, dann muß der Torf ausgewechselt werden. Torf hilft aber auch, wenn Ihre Pflanzen sich während Ihres Urlaubs allein versorgen müssen: Die Töpfe bis zum Rand in eine mit feuchtem Torf gefüllte Wanne einsenken. Allerdings klappt diese Selbstversorgungs-Methode nur bei Ton-, nicht bei Plastiktöpfen.

Tips + Tricks für Zimmergärtner

Wohl jeder Zimmergärtner hat einen ganz persönlichen Tip, wie Pflanzen noch besser gedeihen. Hier finden Sie eine Zusammenstellung solcher Tips, die sich in der täglichen Praxis bewährt haben.

Phönixpalme

Phoenix canariensis

Die Phönixpalme ist die anspruchsloseste unter allen Palmen. Sie braucht nur wenig Licht, wächst gut im Zimmer, kann aber auch im Sommer an einem schattigen Platz auf der Terrasse stehen.

So vermehrt man Phönixpalmen

Man kann selbst säen ...

Zwar kann man die Phönixpalme preiswert kaufen – es macht aber auch Spaß, sie selbst auszusäen. Besonders, wenn man sich den Samen selbst aus dem Urlaub mitgebracht hat. Lassen Sie ihn nicht zu lange liegen, dann keimt er nicht mehr so gut.

Die Samen werden in leichte Erde gesät, in eine Mischung aus Sand, Torfstreu und gewöhnlicher Blumenerde. Stellen Sie das Keimgefäß 20–24°C warm, und halten Sie die Erde gut feucht. Nach vier bis sechs Wochen zeigen sich die ersten Blätter. Dann wird es bald Zeit, die Pälmchen einzeln einzutopfen. Achten Sie darauf, daß dabei der Samen nicht entfernt wird. Nach einigen Monaten wird noch einmal in kräftigere Erde und größere Töpfe umgesetzt.

Manchmal bilden ältere Phönixpalmen Wurzelschößlinge aus. Diese kann man vorsichtig abnehmen und für sich einpflanzen.

Umtopfen und Wurzelschnitt

Wenn man eine Phönixpalme in neue Erde setzt, dann schießt sie anschließend meist ordentlich in die Höhe. Die beste Zeit zum Umtopfen ist das Frühjahr, der April, wenn es schon hell und warm ist. Aber wenn eine Pflanze am Ende des Sommers aus ihrem Topf herausgewachsen ist, kann sie auch dann noch umgesetzt werden. Nehmen Sie immer recht hohe Töpfe. Dringend Zeit zum Umtopfen ist es, wenn die Wurzeln schon unten durch das Topfloch wachsen oder die Pflanze oben richtig aus dem Topf herausdrücken. Bei älteren Palmen kann man beim Umtopfen gleichzeitig die Wurzeln beschneiden. Das begrenzt das Wachstum.

PFLANZENDOKTOR

☐ **Welke Blattränder und braune Blätter** entstehen durch Überdüngung, Überwässerung oder zu starke Austrocknung.

☐ **Neue Blätter,** die sich noch nicht entfaltet haben, sehen oft verwelkt und häßlich aus, weil sie von einem braunen Bastbelag bedeckt sind. Das ist aber normal und keine Krankheit.

☐ **Braune, runde Flecken** an den Blattspitzen deuten auf eine Pilzerkrankung hin. Spritzen Sie im Abstand von acht Tagen mehrmals mit einem Pilzmittel.

☐ **Läuse** können auch die widerstandsfähigste Phönixpalme befallen: Schild- und Wolläuse können Sie mit einem Messer abkratzen; reiben Sie danach die Blätter mit einem spiritusgetränkten Wattebausch ab. Gegen Blattläuse hilft das Sprühen mit einer Schmierseifenbrühe.

Straßenbäume auf den Kanarischen Inseln

Phoenix canariensis stammt von den Kanarischen Inseln, wo sie über 20 Meter hoch wird. Dort steht die Palme auf Marktplätzen, in Parkanlagen und sogar am Straßenrand. Oft trägt sie Samen, die von Urlaubern abgekniffen und mit nach Hause genommen werden.

Einfach zu pflegen

In unserem Klima wird die Palme selten mehr als 1 Meter hoch.
Die Pflege ist relativ einfach. Steht die Palme kühl, braucht sie nur wenig Wasser. Steht sie aber wärmer und hell, muß sie gut gegossen und im Sommer auch regelmäßig gedüngt werden.

Andere Phönix-Arten

Etwa 13 verschiedene Phönix-Arten gibt es. Zwei von ihnen sind noch als Zimmerpflanze interessant. Einmal ist es die Echte Dattelpalme (Phoenix dactylifera), die etwas wärmer überwintert als die Kanarische. Die Sumpf-Dattelpalme, Phoenix roebelenii, aus Indochina ist feiner und zarter im Wuchs, braucht das ganze Jahr über viel Wärme und eine hohe Luftfeuchtigkeit.

☐ **Das unterste Blattpaar teilt sich nicht.** Dabei handelt es sich um die Keimblätter junger Palmen, die sich nicht teilen.

Eine junge Phönixpalme sollte niedrig und kompakt sein. Wenn es ihr an Licht fehlt, wird sie lang und dünn. Dann tut ihr ein Sommeraufenthalt auf dem Balkon gut.

EINKAUFS-TIPS

Kaufen Sie nur schöne kompakte Palmen mit steifen Blättern. Dünne, hochgeschossene Pflanzen werden auch so weiterwachsen.

Lebensdauer: Phönixpalmen können sehr alt werden, besonders wenn sie in großen Kübeln im Wintergarten stehen.

Saison: Man kauft sie das ganze Jahr über.

Andere Namen: Kanarische Dattelpalme.

KURZE RATSCHLÄGE

Größe und Wuchs

Die Phönixpalme gehört zu den Palmen mit gefiederten Wedeln. Sie wird meist als etwa 40 cm hohe Pflanze gekauft. Im Zimmer wird sie selten höher als einen Meter.

Blüte und Duft

In ihrer Heimat bekommt die Palme Blütentrauben in den Blattecken, bei uns allerdings kaum. Die Blüten duften nicht; die Früchte sind klein und ungenießbar.

Licht und Temperatur

Junge Pflanzen sollten stets im Schatten stehen; ältere wachsen im Schatten, aber auch in der vollen Sonne. Die Phönix verträgt hohe Sommertemperaturen; im Winter genügen ihr 4 bis 8°C. Zu warme Überwinterung macht sie anfällig für Schildläuse. Palmen, die im Freien stehen, müssen hereingenommen werden, wenn es nachts 2–3°C kalt wird.

Gießen und Düngen

Gießen Sie mehrmals in der Woche mit temperiertem und enthärtetem Wasser. Im Winter wird weniger gegossen. Das ganze Jahr über häufig sprühen. Von April bis September alle zwei Wochen düngen.

Erde und Umpflanzen

Etwa alle drei Jahre wird im Frühjahr umgetopft. Größere Palmen kann man dabei an den Wurzeln beschneiden.

Schneiden

Bei selbstgezogenen Pflanzen wird das erste Blattpaar, die Keimblätter, nach einiger Zeit abgeschnitten. Welke Blätter und Blattspitzen abschneiden.

Vermehren

Die Vermehrung durch Samen ist üblich und einfach. Manchmal kommen auch Wurzelschößlinge vor (Seite 3).

Umgebung

Die Phönixpalme macht sich gut im Sommer auf der Terrasse. Drinnen im Wohnzimmer kann sie sowohl allein als auch mit anderen Pflanzen zusammen stehen.

Pflanzsubstrat

Neben den anderen Faktoren ist für die Knospenbildung der Orchideen auch eine gute Erde, in diesem Fall besser: ein gutes Pflanzsubstrat notwendig.

Substrat für epiphytische Orchideen

Orchideen, die in der Natur als Epiphyten auf Bäumen wachsen, brauchen ein leichtes, feuchtigkeitsbindendes Substrat, so daß ihre Wurzeln sowohl Wasser als auch Nahrung aufnehmen können. Eine gute Mischung könnte aus folgenden Teilen bestehen:
ein Teil Torfmoos,
ein Teil Holzkohle,
drei Teile Borkenmull.
Aber auch eine Mischung aus 1 bis 2 Teilen Osmunda, den Wurzeln des Königsfarn, und 1 Teil Sphagnum (Sumpfmoos) ist gut geeignet. Zur Ergänzung kann man unverrottetes Buchenlaub, ersatzweise Kiefernborke oder Styroporflocken zugeben. Osmunda wird heute auch oft durch Baumfarnfasern ersetzt.

Substrat für Erdorchideen

Für die tropischen Erdorchideen kann man den Pflanzstoff für Epiphyten als Grundlage benutzen und ihn zusätzlich mit sandigem Lehm oder Einheitserde anreichern.
Eine Mischung könnte etwa so aussehen:
ein Teil Torfmull,
ein Teil Sand,
ein Teil kompostiertes Birkenlaub und mullhaltige Erde.
Der Anteil der Erde darf aber auf keinen Fall so groß sein, daß die Luftdurchlässigkeit des Gemisches vollständig verschwindet.
Wenn man diese Ratschläge befolgt, ist es kein so großes Problem mehr, Orchideen zum Blühen zu bringen.
Trotzdem sollten Sie die einzelnen Orchideenkarten aufmerksam durchlesen, weil Sie dort noch mehr über Sonderwünsche einzelner Arten erfahren.

Phalaenopsis bekommt sehr viele Blüten.

Paphiopedilum ist eine der bekanntesten Orchideen.

Wenn man weiß, wie ...

Wenn Sie Orchideen Jahr für Jahr immer wieder zur Blüte bringen wollen, dann sollten Sie sich ein wenig Hintergrundwissen über die natürlichen Lebensbedingungen der einzelnen Arten verschaffen. Gelingt es Ihnen dann, die verschiedenen Bedürfnisse der einzelnen Arten auch im Zimmer zu erfüllen, dann kommt die Blüte fast von selbst. Allzu schwierig ist es nicht, eine blühend gekaufte Orchidee auch im nächsten Jahr wieder erblühen zu lassen.

Auch als Grünpflanze hübsch anzusehen

Orchideen blühen nun einmal nicht das ganze Jahr über. Aber glücklicherweise gibt es heute sowohl Wildarten als auch Hybriden mit sehr dekorativen Blättern. So sind die Orchideen auch dann noch hübsch anzusehen, wenn sie nicht blühen. Am schönsten ist es natürlich, wenn Sie eine Orchideensammlung so zusammenstellen, daß es in irgendeinem Topf immer blüht, daß eine Art immer von der nächsten blühenden abgelöst wird.

Orchideen kann man selbst heranziehen

Bei einiger Geduld und exakter Pflege kann es Ihnen sogar gelingen, selbstgezogene Orchideen zum Blühen zu bringen. Allerdings müssen Sie dazu wirklich viel Zeit mitbringen. Wenn es schnell geht, vergehen vier bis fünf Jahre von der Aussaat bis zur Blüte; bei einigen Arten können ohne weiteres 15 Jahre bis zur ersten Blüte vergehen.

Die Ruhepause ist das Wichtigste

Die wichtigste Zeit für die Orchideenblüte ist die Ruhepause der Pflanze. In dieser Zeit werden die Pflanzen nur ganz vorsichtig gewässert. Und nur unter diesen Bedingungen bilden sich Knospen. Deshalb ist es wichtig zu wissen, wann welche Orchidee ihre Ruhe braucht. Erdorchideen wie zum Beispiel Venusschuh und Cymbidium haben keine ausgesprochene Ruhephase. Sie werden gleichmäßig das ganze Jahr über feucht gehalten, am feuchtesten jedoch während der eigentlichen Blütezeit. Während der drei dunkelsten Monate des Jahres spart man etwas mit dem Wasser, darf sie aber nie ganz austrocknen lassen.
Andere Orchideen dagegen wie Calanthe und einige Dendrobium-Arten sollen so sehr austrocknen, daß fast keine Spur mehr von Feuchtigkeit im Topf und im Pflanzensubstrat vorhanden ist.

So verschieden können Orchideenblüten aussehen. Hier sehen Sie von links nach rechts: Cymbidium, Cattleya, Paphiopedilum, Cattleya und Renanthera monachica.

Ein weiterer Faktor: das Licht

Auch die Helligkeit hat einen großen Einfluß auf die Knospenbildung. In den Tropen dauert ein normaler Tag zwölf Stunden. Diese Tageslänge ist zur Knospenbildung ideal. In unseren Breiten kann das Licht während der Sommermonate zu kräftig sein und Pflanzen schädigen, die in der prallen Sonne stehen. Als Faustregel gilt: Orchideen mit dicken kräftigen Blättern vertragen mehr Sonne als solche mit dünnen, weichen Blättern.

Zusatzbeleuchtung im Winter

Während der Wintermonate haben wir nur sieben bis acht Stunden lang Tageslicht, und dann meist noch sehr schwaches. Am besten sorgen Sie für eine Zusatzbeleuchtung. Eine Neonröhre ist die einfachste Lösung; es gibt aber auch spezielle Pflanzenleuchten. Bei schlechten Lichtverhältnissen kann die Zusatzbeleuchtung zwölf Stunden am Tag brennen; bei nicht ganz so schlechten genügt es, die helle Zeit nur um entsprechende Stunden zu verlängern. Zuviel Licht dürfen die Orchideen natürlich auch wieder nicht bekommen, denn das würde die Blüte schädigen.

Temperatur und Luftfeuchtigkeit

Tropische Orchideen brauchen eine höhere Luftfeuchtigkeit als Arten, die aus den temperierten Teilen der Erde stammen. Normalerweise zieht man die meisten Orchideen bei Temperaturen zwischen 20 und 25 °C. Wichtiger als die Temperatur ist die Luftfeuchtigkeit. Sie muß sich zwischen 60 und 70 % bewegen. Das läßt sich in einem normalen Zimmer nur dann bewerkstelligen, wenn man die Pflanzen regelmäßig mit enthärtetem Wasser besprüht oder einen Luftbefeuchter aufstellt.

Nährstoffe

Wenn Orchideen ungefähr alle zwei bis drei Jahre umgepflanzt werden, brauchen sie in der Zwischenzeit meist keine zusätzliche Nährstoffversorgung. Düngt man jedoch, muß dies während der Wachstumszeit geschehen. Nehmen Sie eine schwächere Lösung als für andere Topfpflanzen.

Wie man Orchideen zum Blühen bringt

Das Schönste an den Orchideen sind viele Rispen mit zauberhaften Blüten. Kennt man ihre natürlichen Lebensbedingungen, dann bringt man die Orchidee auch im Zimmer zum Blühen.